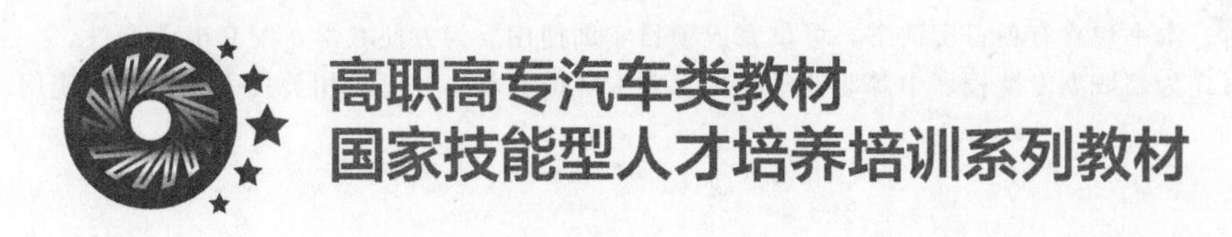

高职高专汽车类教材
国家技能型人才培养培训系列教材

新能源汽车技术

XINNENGYUAN QICHE JISHU

张亚宁　王 瑾　主编
孙国君　副主编
张维军　主审

化学工业出版社
·北 京·

内容简介

《新能源汽车技术》讲述了纯电动汽车、混合动力汽车的基础知识，并详细讲解了电动汽车动力电池系统、电动汽车电机驱动系统、电动汽车底盘与车身系统、电动汽车电气系统、电动汽车充电系统等的结构、原理及检修内容。书中内容以代表性的典型车型为载体，理论与实践紧密结合，突出能力培养与实际应用。同时，本书包含有项目实训书，可供完成项目实训使用。为方便教学，配套电子课件。

本书可作为高职高专院校、中等职业学校汽车类专业的教材，并可供相关技术人员参考使用。

图书在版编目（CIP）数据

新能源汽车技术/张亚宁，王瑾主编. —北京：化学工业出版社，2021.1（2023.7重印）
全国高职高专汽车类规划教材 国家技能型人才培养培训系列教材
ISBN 978-7-122-37822-4

Ⅰ.①新… Ⅱ.①张… ②王… Ⅲ.①新能源-汽车-高等职业教育-教材 Ⅳ.①U469.7

中国版本图书馆CIP数据核字（2020）第185242号

责任编辑：韩庆利 葛瑞祎　　装帧设计：史利平
责任校对：张雨彤

出版发行：化学工业出版社（北京市东城区青年湖南街13号 邮政编码100011）
印　　装：北京建宏印刷有限公司
787mm×1092mm 1/16 印张18 字数475千字 2023年7月北京第1版第2次印刷

购书咨询：010-64518888　　售后服务：010-64518899
网　　址：http://www.cip.com.cn
凡购买本书，如有缺损质量问题，本社销售中心负责调换。

定　价：49.80元（含实训项目书）

前言

新能源汽车作为国家的战略性新兴产业，伴随着国家政策和资金大力扶持，得到了快速的发展。目前，潜力巨大的新能源汽车市场已经形成，因此人才市场也产生了对新能源汽车技术人员的大量需求。为满足新能源汽车市场对新能源汽车人才的需求以及职业院校新能源汽车专业的教学要求，突出职业教育的特点，编者以多年的新能源汽车科研及课程教学经验为基础，编写了本书。

本书的教学内容紧贴实际工作岗位的具体需要，围绕新能源汽车技术的三大核心（即“三电”——电池、电机、电控）展开，主要内容包括新能源汽车的检查与维护、电动汽车电池管理系统检修、电动汽车电机控制系统检修、电动汽车充电系统检修等。本书具有以下特色：

1. 按照电动汽车维修市场的需求设计学习内容，让学生不断积累电动汽车相关理论知识，积极动手提升实践能力，实现学生职业心理角色的转换。

2. 以企业需求为依据，以就业为导向，以培养高素质技能型人才为根本任务，重点介绍新能源汽车领域的新知识、新技术、新工艺和新方法，使学生更多地了解或掌握最新技术的发展及相关技能。

3. 以学生为主体，以培养学生的专业能力和工作能力为主线，以行动导向的教学模式组织教学内容。

本书深入贯彻二十大精神。在内容设计方面，以国家相关职业标准为基本依据，以比亚迪E5和E6车型为例进行系统讲解与分析；在结构安排方面，以行动导向的教学模式为指导，不仅注重知识体系的完整性，更加注重学生操作技能、动手能力和素质的培养。本书力求在行动导向的教学模式和国家职业标准之间进行融合，力求通过真实的工作任务，以教、学、做三位一体的方式，理论结合实践，使学生不仅学会知识、学会技能，最主要的是学会工作。

本书包含实训项目书，可供完成项目实训使用。

本书由张亚宁副教授、王瑾副教授担任主编，孙国君教授担任副主编。其中张亚宁编写了第五～九章并统稿，孙国君编写了第一章，王瑾编写了第三、四章，王章杰编写第二章。编写过程中，查阅了大量书籍、文献和资料，广泛参考借鉴了国内外新能源汽车方面的研究成果，也得到了有关新能源汽车生产厂家和深圳风向标有限公司的极大的支持。在此，对这些成果的研究人员表示衷心的感谢。

由于新能源汽车技术的飞速发展，以及编者水平有限，本书难免有疏漏之处，敬请广大专家和读者批评指正。

编　者

目 录

第一章 绪论 1

第一节 新能源汽车的概念、分类与优缺点 / 1

一、新能源汽车的概念 / 1

二、新能源汽车的分类 / 1

三、新能源汽车的优缺点 / 2

第二节 新能源汽车国内外发展情况 / 3

一、新能源汽车国外发展情况 / 3

二、新能源汽车国内发展情况 / 4

课后习题 / 6

第二章 纯电动汽车 7

第一节 电动汽车的概念与分类 / 7

一、电动汽车的概念 / 7

二、电动汽车的分类 / 7

三、纯电动汽车的优缺点 / 7

四、纯电动汽车的关键技术 / 7

第二节 纯电动汽车的结构 / 9

一、电力驱动控制模块 / 9

二、纯电动汽车底盘部分 / 12

三、纯电动汽车低压电气系统 / 13

四、纯电动汽车车身系统 / 13

第三节 纯电动汽车的工作原理 / 13

第四节 纯电动汽车的高压安全 / 15

一、纯电动汽车的高压安全措施 / 15

二、纯电动汽车作业要求 / 17

三、纯电动汽车高压电操作规范 / 18

四、纯电动汽车的安全驾驶 / 18

五、触电急救 / 20

课后习题 / 21

第三章 电动汽车动力电池系统 24

第一节 动力电池概述 / 24

一、动力电池的作用和分类 / 24

二、动力电池的主要性能指标 / 26
三、电动汽车对动力电池的要求 / 30
第二节 电动汽车常用动力电池的结构与工作原理 / 30
一、磷酸铁锂电池 / 31
二、铅酸电池 / 33
三、燃料电池 / 34
四、镍氢电池 / 36
五、超级电容器 / 37
六、电动汽车动力电池冷却系统 / 37
第三节 电动汽车动力电池管理系统 / 39
一、电池管理系统的组成 / 40
二、电池管理系统的功能 / 40
三、电池管理系统的热管理 / 42
四、电池信息采集器 / 43
第四节 辅助元器件 / 43
一、接触器 / 44
二、预充接触器与预充电阻 / 44
三、加热继电器和加热保险 / 44
四、电流传感器 / 44
五、保险 / 45
六、高低压线束 / 45
七、维修开关 / 46
第五节 电池管理系统电路分析 / 46
一、 BMS 供电系统 / 46
二、电池管理系统自检 / 46
三、负极接触器电路的控制 / 46
四、主预充接触器和 DC/DC 预充接触器的控制 / 46
五、放电主接触器和 DC/DC 接触器的控制 / 46
六、空调接触器的控制 / 50
七、交流充电接触器的控制 / 50
八、直流充电接触器的控制 / 50
第六节 动力电池的保养与维护 / 50
一、动力电池的使用注意事项 / 50
二、动力电池的维护和保养 / 51
三、动力电池的更换 / 52
课后习题 / 53

第四章 电动汽车电机驱动系统 58
第一节 电动汽车整车控制器 / 58
一、整车控制器的结构 / 58
二、整车控制器的功能 / 59
第二节 电动汽车电机控制器 / 60
一、电机控制器的结构与类型 / 61

二、电机控制器的功能 / 63
三、电压变换器 / 63
四、电机控制器的控制过程 / 69
五、旋转变压器 / 70
第三节 驱动电机 / 71
一、电动机的基本组成与类型 / 71
二、常用驱动电机 / 73
第四节 电动汽车驱动系统控制过程 / 89
一、无刷直流电动机驱动系统电路 / 89
二、永磁同步电动机驱动系统电路 / 92
三、开关磁阻电动机驱动系统电路 / 95
四、开关磁阻电动机的功率变换器类型 / 97
第五节 电动汽车驱动系统的保养与维护 / 99
一、高压线束绝缘性的检查 / 99
二、驱动电机三相绕组的绝缘性和导通性的检查 / 99
三、变速箱齿轮油的更换 / 99
四、防冻液的更换 / 99
五、底盘检查保养 / 99
课后习题 / 100

第五章 103
电动汽车底盘与车身系统
第一节 电动汽车真空助力制动系统 / 103
一、电动汽车真空助力制动系统的组成 / 103
二、电动汽车真空助力的工作过程 / 104
三、再生制动 / 104
四、真空助力制动系统的故障诊断与排除方法 / 105
五、电动汽车真空助力制动系统故障诊断案例 / 106
六、电动汽车真空助力制动系统的保养与维护 / 107
第二节 电动汽车空调系统 / 107
一、电动汽车和传统汽车空调系统的区别 / 108
二、电动汽车空调系统特点 / 108
三、电动压缩机制冷与电加热混合调节空调系统 / 109
四、空调系统工作过程分析 / 110
课后习题 / 112

第六章 113
电动汽车电气系统
第一节 电动汽车高低压电气系统 / 113
一、低压电气系统 / 113
二、高压电气系统 / 113
三、高压电气系统维修步骤 / 115
第二节 电动汽车仪表 / 115
一、电动汽车仪表显示 / 116

二、电动汽车新增仪表 / 116
第三节 电动汽车通信系统 / 119
一、CAN 总线 / 120
二、汽车车载网络系统故障类型 / 123
三、CAN 总线的故障诊断与排除方法 / 126
四、电动汽车 CAN 总线的应用 / 127
五、LIN 总线 / 129
六、FlexRay 总线系统 / 132
七、MOST 总线系统 / 135
课后习题 / 138

第七章 电动汽车充电系统 140
第一节 电动汽车充电方式 / 140
一、有线充电方式 / 140
二、无线充电方式 / 142
第二节 电动汽车充电 / 143
一、交流充电 / 143
二、直流充电 / 148
第三节 充电设施 / 152
一、充电机 / 152
二、充电站 / 152
第四节 充电设施的操作管理规范 / 154
一、充电工作岗位要求 / 154
二、充电操作注意事项 / 154
三、充电机安全操作规程 / 155
四、电动汽车充电操作方法 / 156
课后习题 / 159

第八章 混合动力电动汽车 161
第一节 混合动力电动汽车的概述与分类 / 161
一、混合动力电动汽车的概述 / 161
二、混合动力汽车的主要动力组件 / 161
三、混合动力电动汽车的分类 / 162
第二节 常见混合动力汽车类型 / 163
一、串联混合动力电动汽车 / 163
二、并联混合动力电动汽车 / 164
三、混联动力电动汽车 / 166
四、插电式混合动力电动汽车 / 169
课后习题 / 169

第九章 纯电动汽车的故障诊断与排除 170
一、故障 1：纯电动汽车无法启动 / 170

二、故障 2：纯电动汽车启动后无法通高压电 / 189
三、故障 3：纯电动汽车通高压电后无法行驶 / 190
四、故障 4：纯电动汽车无法正常充电 / 190
课后习题 / 191

参考文献 —— 194

第一章

绪论

学习目标:

了解新能源汽车的概念与分类

了解新能源汽车的优缺点

了解新能源汽车的国内外发展情况

了解电动汽车的国内外发展情况

第一节　新能源汽车的概念、分类与优缺点

一、新能源汽车的概念

新能源汽车是指除汽油、柴油发动机之外所有其他能源汽车，其废气排放量比较低。据不完全统计，全世界现有超过400万辆液化石油气汽车、100多万辆天然气汽车。目前中国市场上在售的新能源汽车多是混合动力汽车和纯电动汽车。按照中华人民共和国国家发展和改革委员会公告定义，新能源汽车是指采用非常规的车用燃料作为动力来源（或使用常规的车用燃料、采用新型车载动力装置），综合车辆的动力控制和驱动方面的先进技术，形成的技术原理先进、结构新颖的汽车。

二、新能源汽车的分类

新能源汽车主要包括纯电动汽车、混合动力汽车、燃料电池汽车和太阳能汽车等，目前市场上新能源汽车主要是指各种电动汽车。

1. 纯电动汽车

纯电动汽车（Blade Electric Vehicle，BEV）是一种采用单一蓄电池作为储能动力源的汽车，它通过电池向电动机提供电能、驱动电动机运转，从而推动汽车行驶。纯电动汽车根据电池类型不同可分为铅酸蓄电池电动汽车、镍铬和镍氢电池电动汽车、锂电池电动汽车、钠硫电池电动汽车等。

2. 混合动力汽车

混合动力汽车（Hybrid Electric Vehicle，HEV）是指驱动系统由两个或多个能同时运转的驱动系联合组成的车辆，车辆的行驶功率依据实际的车辆行驶状态由单个驱动系单独或多个驱动系共同提供。因组成部件、布置方式和控制策略不同，混合动力汽车可有多种形式。混合动力汽车主要包括串联混合动力汽车、并联混合动力汽车、混联混合动力汽车和增程式电动汽车。

3. 燃料电池汽车

燃料电池是一种将存在于燃料与氧化剂中的化学能直接转化为电能的发电装置。将燃料和空气分别送进燃料电池，电就会被奇妙地生产出来。它从外表上看有正负极和电解质等，

像一个蓄电池，但实质上它不能“储电”，而是一个“发电厂”。

燃料电池主要包括碱性燃料电池（Alkaline Fuel Cell，AFC）、质子交换膜燃料电池（Proton Exchange Mernbrane Fuel Cell，PEMFC）、磷酸燃料电池（Phosphoric Acid Fuel Cell，PAFC）、熔融碳酸盐燃料电池（Molten Carbonate Fuel Cell，MCFC）以及固体氧化物燃料电池（Solid Oxide Fuel Cell，SOFC）等。根据现有情况，最有发展潜力的是质子交换膜燃料电池。

4. 太阳能汽车

从某种意义上讲，太阳能汽车也是电动汽车的一种，所不同的是电动汽车的蓄电池靠工业电网充电，而太阳能汽车用的是太阳能电池。太阳能汽车使用太阳能电池把光能转化成电能，电能会在蓄电池中存起备用，用来推动汽车的电动机。由于太阳能汽车不采用化石燃料，故不会放出有害物，所以太阳能汽车是真正意义的新能源汽车。

三、新能源汽车的优缺点

1. 纯电动汽车的优缺点

纯电动汽车优点是结构相对简单成熟，只要有电力供应的地方就能够充电。缺点是蓄电池单位重量储存的能量太少，还因电动车的电池较贵，又没形成经济规模，故购买价格较贵；至于使用成本，有些试用结果比汽车贵，有些试用结果仅为汽车的1/7～1/3，这主要取决于电池的寿命及当地的油、电价格。

2. 混合动力汽车的优缺点

混动动力汽车的优点是采用混合动力后可按平均需要的功率来确定内燃机的最大功率，其发动机相对较小，可在油耗低、污染少的最优工况下工作。由于内燃机可持续工作，电池又可以不断充电，故其行程和普通汽车一样；因为有电池，可以十分方便地回收下坡时的动能，在繁华市区，可关停内燃机，由电池单独驱动，实现“零”排放；因为有内燃机，可以十分方便地解决耗能大的空调、取暖、除霜等纯电动汽车遇到的难题；可以利用现有的加油站加油，不必再投资；可让电池保持在良好的工作状态，不发生过充或过放，能延长其使用寿命，降低成本；整车由于多个动力源可同时工作，故整车的动力性能优良。缺点是系统结构相对复杂，长距离高速行驶时省油效果不明显。

3. 燃料电池汽车的优缺点

燃料电池在使用中排放几乎为零；能量转化效率高，燃料电池的能量转换效率可高达60%～80%，且寿命长，为内燃机的2～3倍；燃料电池本身工作没有噪声，没有运动性，没有振动，其电极仅作为化学反应的场所和导电的通道，本身不参与化学反应，没有损耗；燃料来源广泛，可以从可再生能源获得，不依赖于石油燃料。无论是高于额定功率运行或低于额定功率运行，它都能承受且效率变化不大。由于燃料电池的运行高度可靠，可作为各种应急电源和不间断电源使用。缺点是燃料电池成本高，特别是初期建制成本高，技术门槛高，需要基础设施的配合，当燃料电池的负载有变动时，它会很快响应。

4. 太阳能汽车的优缺点

太阳能汽车的优点是，由于不用燃油，太阳能汽车不会排放污染大气的有害气体；由于没有内燃机，太阳能汽车在行驶时听不到燃油汽车内燃机的轰鸣声；易于驾驶，无需电子点火，只需踩踏加速踏板便可启动，利用控制器即可使车速变化；不需换挡、踩离合器，简化了驾驶的操作。但缺点是太阳能汽车造价高，技术不够成熟，太阳能转换效率还不够高，速度慢，体积庞大，还无法进入实用阶段；同时太阳能辐射强度较弱，光伏电池板造价昂贵，加之蓄电池容量和天气的限制，使得完全靠太阳能驱动的汽车的实用性受到极大的限制，不利于推广。

第二节 新能源汽车国内外发展情况

一、新能源汽车国外发展情况

1. 新能源汽车国外发展历程

自1888年世界第一辆电动公交车在英国诞生以来，电动客车经历了漫长的发展过程。受能源、环境危机的影响，国外电动客车直到进入21世纪以来，其推广规模才逐渐扩大。

以美国、日本和欧洲为代表，国外部分国家及地区相继出台了重视和推动新能源汽车普及的政策，进一步加快了新能源汽车产业化的步伐。整体来看，无论是核心技术，还是市场渗透率，国外新能源汽车都迅猛发展，其成功经验值得研究和借鉴。

2. 新能源汽车国外发展现状

任何新兴产业的发展都离不开政府的扶持政策。在国外，以美国、日本、欧洲为代表的发达国家及地区对新能源汽车技术高度重视，从汽车技术变革和产业升级的战略出发，颁布制定了优惠的政策措施，积极促进本国新能源汽车产业发展，以期提升本国产业国际竞争力，在全球汽车产业新一轮竞争中占据有利地位。为推进新能源汽车以及环保汽车的发展，国外从2009年4月1日起实施“绿色税制”，它的适用对象包括纯电动汽车、混合动力车、清洁柴油车、天然气汽车以及获得认定的低排放且燃油消耗量低的车辆。2015年，德国、英国、荷兰、挪威、美国18个州等国家和地区组成了“零排放车辆同盟”，承诺到2050年，该联盟内国家或地区将不再销售燃油车。此后各个国家纷纷出台具体计划，欧洲是最早制定燃油汽车全面禁售计划的地区。

美国的新能源汽车技术研发和政策支持一直走在世界前列。美国曾提出过许多的政策来扶持新能源汽车的发展，后将重点放在充电式混合动力汽车上，通过政府采购、示范运行、立法规范、退坡补贴、税收抵扣以及不断完善的积分机制等策略扶持新能源汽车发展。2013年，美国能源部发布《电动汽车普及蓝图》，明确美国未来十年在电动汽车动力电池、电机等关键技术领域的研发道路，提出到2022年，每户家庭都能拥有插电式电动汽车。2016年，美国联邦政府发布关于“加快普及电动汽车”计划的声明，希望通过加强政府与企业合作，进一步推动并加强电动汽车和充电基础设施建设。2017年9月，美国新能源汽车销量再创新高，达到21282辆，同比增长29.19%，累计销量达到142471辆，同比增长31.18%。截止到2018年10月，美国新能源汽车销量为31.3万辆，同比增长56.6%。

日本政府则是采取绿色税制、购车补贴和分层次建设充电设施等多种措施发展新能源汽车。日本曾在《2010年新一代汽车战略》提出：设定到2020年，在日本销售的新车中，电动车和混合动力车等“新一代汽车”总销量比例达到50%的目标。然而2013年新能源汽车的销量已经达到了2020年的目标，发展速度相当快。2013年和2014年，日本政府分别提出“日本重振战略”和“汽车战略2014”，加大对电动汽车的补贴。2014年6月，日本政府发布《氢燃料电池战略规划》，明确下一步政策重点从混合动力汽车向燃料电池汽车转移，提出全力打造“氢社会”的目标。在日本《氢能燃料电池发展战略路线图》中，提出到2025年，日本燃料电池汽车保有量将达到200万辆。目前，日本正全面发展三类电动汽车：混合动力汽车全球销量第一；在纯电驱动方面，规划和产业化推进步伐也是最快的；另外，日本燃料电池产品的研发和产业化推进也优于其他国家。

欧洲的新能源汽车发展在早期主要以生物质燃料、天然气、氢燃料为主。近些年来，欧洲对电动汽车给予高度关注。例如，德国2009年下半年发布电动汽车计划，高度重视纯电驱动的电动汽车发展，以纯电为重点，并提出到2030年突破600万辆，2050年基本实现新能源汽车普及，并设立“国家电动汽车平台”，保证计划的实施。2016年，德国在柏林气候论坛上表示，德国计划在2030年之前规定禁止燃油车登记，全力推广新能源汽车。2016年5月，德国出台政策激励电动汽车发展，支持政策主要包括研发支持、示范支持、使用支持和财税支持等。充电基础设施方面，2016年6月，德国总计有6517个公共充电设施，与2015年末相比提高了10%。从2017年到2019年，法国新能源乘用车渗透率由1.8%提升至2.7%。法国政府确定了在2022年新能源汽车销量较2017年提升5倍的目标。其中，在推广绿色出行方面，法国将采取惩补并行的举措，一方面加大对新能源汽车的补贴力度，另一方面加大对燃油汽车的处罚力度。

3. 新能源汽车国外发展趋势

在国外，目前新能源汽车主要以纯电动和插电式混合动力为主，其中纯电动汽车的销量较大。纯电动汽车的应用前景广泛，低噪声、高效能、无污染都是纯电动车所具有的优势，但是也存在着充电后行驶里程较短、蓄电池生命周期短、蓄电池储存能量小的缺点。从全球看，现在燃料电池汽车处于产业化的初期，也就是产品的市场导入阶段，主要的销量是在日本、美国，实际上主要是丰田的销量。未来，国外新能源汽车的发展在于其本身的技术革新，重点核心还是在动力电池方面，包括如何提升能量密度、如何拉长电池生命周期、如何提升续驶里程、如何降低成本等。新能源汽车发展的大趋势主要集中在三个方面：轻量化、智能化、低碳化。综合来看，国外一些发达国家均已根据自身的经济条件、技术现状以及能源比例出台了促进本国新能源汽车发展的创新政策。新能源汽车的发展总体上遵循节能（降低总能耗）、环保（减少污染物排放）两大趋势，能够逐步实现对石油类传统能源的替代。发展新能源汽车是当今各国调整汽车产业机构、解决能源危机和环境污染的必然趋势。

二、新能源汽车国内发展情况

1. 新能源汽车国内发展历程

2001年，新能源汽车研究项目被列入国家“十五”期间的“863”重大科技课题，并规划了以汽油车为起点，向氢动力车目标挺进的战略。“十一五”以来，我国提出“节能和新能源汽车”战略，政府高度关注新能源汽车的研发和产业化，形成了完整的新能源汽车研发、示范布局。

2008年，新能源汽车在国内已呈全面出击之势。2008年成为我国“新能源汽车元年”。2008年，新能源汽车的销量增长主要是乘用车的增长，新能源乘用车销售899辆，同比增长117%，而商用车的新能源车共销售1536辆，同比下滑17%。

2009年，在密集扶持政策的背景下，我国新能源汽车驶入快速发展轨道。虽然新能源汽车在中国汽车市场的比重依然微乎其微，但它在中国商用车市场上的增长潜力已开始释放。2009年1～11月，新能源乘用车销量为310辆，同比下降61.96%。2009年1～11月，新能源商用车（主要是液化石油气客车、液化天然气客车、混合动力客车等）销量为4034辆，同比增长178.98%。相比乘用车市场的冷遇，“新能源汽车”在中国商用车市场已开始迅猛增长。

2010年，我国开始加大对新能源汽车的扶持力度，2010年6月1日起，国家在上海、长春、深圳、杭州、合肥等5个城市启动私人购买新能源汽车补贴试点工作。2010年7月，国家将节能与新能源汽车示范推广试点城市由20个增至25个。新能源汽车进入全面政策扶持阶段。

2. 新能源汽车国内发展现状

2015年我国新能源汽车呈现爆发式增长，成为全球最大的新能源汽车的增量市场。近年来，我国新能源汽车持续快速增长。数据显示，截止到2018年底，我国新能源汽车市场销量增长至125.6万辆，同比增长61.7%。2019年初，新能源汽车补贴政策进行调整，一项重要改变就是地方财政补贴不再用来补贴购车，而是用来补贴充电基础设施建设和运营。北京、深圳等城市相继出台了充电基础设施运营补贴，在一定程度推动了充电基础设施的发展，具体表现为公共充电桩数量明显增加、充电设施运营企业“重建设轻管理”问题有所改善、车主充电便利性和体验感提高。中国电动汽车充电基础设施促进联盟数据显示，2019年1～11月，我国新投运公共充电桩共16.4万个，比去年同期增长116.6%。

氢燃料电池汽车方面，产业发展较为迅速。一系列促进氢能发展的利好政策出台。2019年初，氢能首次被写入政府工作报告；5月，《长三角氢走廊建设发展规划》发布；各地方政府也出台了系列支持政策。氢燃料电池公交车在上海、郑州、成都、云浮、张家口等城市示范运营。各大企业纷纷加速布局氢燃料电池汽车领域。各企业的积极布局，推动了氢燃料电池技术的突破性发展。氢燃料电池发动机核心零部件首次完全实现国产化，功率密度突破500W/kg，使用寿命延长。中国汽车工业协会数据显示，2019年1～11月，我国氢燃料电池汽车产销分别为1426辆和1337辆，同比分别增长398.6%和375.8%。

从各国市场布局来看，新能源汽车市场主要集中在中国、美国、德国、法国、荷兰、瑞典、加拿大、日本等。

3. 新能源汽车国内发展趋势

新能源汽车近期发展明显加速，但问题是，从绝对产量的角度来看，半年不到8万辆的累计产量，仍凸显出新能源汽车要想在中国汽车市场实现大规模市场化还有很长的路要走。通过分析可知，除了目前国家对于新能源汽车发展很积极和主动外，从市场需求的角度来说，新能源汽车加快发展的动力并不十分强劲，特别是面对当前新的宏观发展环境。

其一，中国汽车市场整体低迷，新车销量步入低增速的“新常态”。

根据中国汽车工业协会的统计数据，2019年上半年，作为市场主体的国内狭义乘用车市场实现新车销量为946.7万辆，同比增长仅为6.9%，增幅较以往数年同期都出现了明显的回落。逐月来看，虽然2019年一季度的三个月份，狭义乘用车市场的销量增速表现总体不错，但进入第二季度，国内狭义乘用车市场新车销量增速呈现逐月回落的态势，虽然4月份开始越来越多的汽车厂商加大了降价促销力度，但仍然没能有效地抑止新车销量增速的明显回落，特别是6月份还出现了多年未见的同比负增长。在这样的背景之下，越来越多的汽车厂商加入到调低全年产销目标的行列中来。在传统动力汽车销量不景气的背景下，作为售价相对高昂，且技术和配套等领域都有还较大完善空间的新能源汽车，其面临的市场化压力可想而知。更值得一提的是，国内有些城市已经不再对购买新能源汽车有诸如免费获得牌照等利好政策，这更让新能源汽车的销售形势不容乐观。

其二，宏观经济形势仍面临下行压力，油价预期也难以大幅上涨。

2019年，受宏观经济压力较大、国五燃油车降价挤出效应、相关支持政策退坡等多重因素叠加影响，我国新能源汽车产销出现下滑，但全年产销仍超过120万辆，保持全球领先地位。汽车行业转型升级、环保标准切换及新能源补贴退坡等因素令行业承受了较大压力，是造成产销量降幅扩大的主因。2019年新能源汽车产销分别完成124.2万辆和120.6万辆，同比分别下降2.3%和4.0%。其中，纯电动汽车生产完成102万辆，同比增长3.4%；销售完成97.2万辆，同比下降1.2%；插电式混合动力汽车产销分别完成22.0万辆和23.2万辆，同比分别下降22.5%和14.5%；燃料电池汽车产销分别完成2833辆和2737辆，同比分别增长85.5%和79.2%。回顾2019年新能源汽车市场，受补贴退坡影响，下半年呈现大幅下降态势。

其三，汽车企业推动新能源汽车市场化的动力仍不足，在当前整个市场低迷的情况下尤甚。

课后习题

一、判断题

1. 按照2019新能源乘用车补贴标准，续航里程超过250km，即可一次性享受1.8万元的国家财政补贴。（　）

2. 新能源乘用车补贴政策对动力电池系统的质量、能量、密度没有任何要求。（　）

3. 根据最新的法规政策，插电式混合动力汽车不再列入乘用车补贴政策范围内。（　）

4. 从2019年开始，对运营里程有要求的车辆，完成销售上牌后即预拨一部分资金，满足里程要求后，可按程序申请清算。（　）

5. 按照《节能与新能源汽车技术路线图》规划，到2025年充电桩保有量将超过2000万个。（　）

6. 2030年前我国将基本建成智能网联汽车产业链与智慧交通体系。（　）

7. 按照2019新能源乘用车补贴标准，对于私人购买非营运的新能源乘用车，不再享受国家财政补贴。（　）

8. 2020年实现：电池单体成本0.6元/(W·h)，系统成本1.0元/(W·h)。（　）

二、简答题

1. 什么是新能源汽车？

2. 什么是纯电动汽车？纯电动汽车分为哪些类型？

3. 燃料电池电动汽车有哪些类型？

4. 什么是太阳能汽车？

第二章

纯电动汽车

学习目标:

了解电动汽车和燃油汽车组成的区别
熟悉电动汽车的组成
熟悉电动汽车各元器件的作用和工作原理
熟悉电动汽车的诊断方法及诊断程序

第一节 电动汽车的概念与分类

一、电动汽车的概念

电动汽车是指以车载电源为动力，用电机驱动车轮行驶，符合道路交通、安全法规各项要求的车辆。

二、电动汽车的分类

按照目前的技术状态和车辆驱动原理，电动汽车分纯电动汽车（BEV）、混合动力汽车（HEV）和燃料电池电动汽车（Fuel Cell Electric Vehicle，FCEV）。

本书主要以纯电动汽车为例讲解其结构及工作过程。

三、纯电动汽车的优缺点

1. 纯电动汽车的优点

纯电动汽车具有在行驶过程中零排放、零污染、噪声小的特点，其结构简单，维修方便；相对于燃油汽车和其他类型的电动汽车，纯电动汽车能量利用效率最高而且电力价格便宜，使用成本低；纯电动汽车可以利用夜间用电低谷充电，只要有电力供应的地方都能够充电，同时具有调节电网系统峰谷负荷、提高电网效能的作用；纯电动汽车驾驶起来操作方便，只有前进和后退两个挡位。

2. 纯电动汽车的缺点

纯电动汽车的动力电池成本占了整车的三分之一，更换动力电池成本高；充电设备不完善；缺少足够有效的充电设施；续航里程不足；后期保养费用高；报废电池的处理和电网系统的优化亦为需要解决的关键问题。

四、纯电动汽车的关键技术

1. 电动机及其控制技术

纯电动汽车的驱动电动机属于特种电动机，是电动汽车的关键部件。要使电动汽车有良好的使用性能，驱动电动机应具有较宽的调速范围、较高的转速、足够大的启动转矩、体积小、质量轻、效率高且有动态制动强和能量回馈的性能。纯电动汽车所用的电动机正在向大功率、高转速、高效率和小型化方向发展。

随着电动机及驱动系统技术的发展，控制系统趋于智能化和数字化。变结构控制、模糊控制、神经网络控制、自适应控制、专家系统以及遗传算法等非线性智能控制技术，都将应用于电动汽车的电动机控制系统。它们的应用将会使系统结构更加简单、响应更加迅速、抗干扰能力增强，可大大提高整个系统的综合性能。

纯电动汽车再生制动控制系统可以节约能源、提高续驶里程，具有显著的经济价值和社会效益。再生制动还可以减少汽车制动片的磨损，降低车辆故障率及使用成本。

2. 电池双管理技术

电池是电动汽车的动力源，一直是制约电动汽车发展的关键因素。电动汽车所用电池要求比能量高、比功率大、使用寿命长，但目前的电池能量密度低、电池组过重、续驶里程短、价格高、循环寿命有限。

电动汽车动力电池经过三代的发展历程，已取得了突破性的进展。第一代是铅酸电池，由于其比能量较高、价格低，能高倍率放电，是目前唯一能大批量生产的电动汽车用电池。第二代是碱性电池，主要有镍镉、镍氢、钠硫、锂离子和锌空气等，其比能量和比功率都比铅酸电池高，因此大大提高了电动汽车的动力性能和续驶里程，但其价格比铅酸电池高。只要能采用廉价材料，电动汽车用锂离子电池就能获得长足的发展，目前关键是要降低批量化生产的成本，提高电池的可靠性和一致性，延长寿命。第三代是以燃料电池为主的电池。燃料电池能量转化效率、比能量和比功率都高，并且可以控制反应过程，能量转化过程可以连续进行，因此是理想的车用电池。

电池组性能直接影响整车的加速性能、续驶里程以及制动能量回收的效率等。电池的成本和循环寿命直接影响车辆的成本和可靠性，所有影响电池性能的参数必须得到优化。电动汽车的电池在使用中发热量很大，电池温度会影响电池电化学系统的运行、循环寿命和充电可接受性、功率和能量、安全性和可靠性。所以，为了达到最佳的性能和寿命，需将电池包的温度控制在一定范围内。减小包内不均匀的温度分布可以避免模块间的不平衡，以此避免电池性能下降，且可以消除相关的潜在危险。由于电池包的设计既要密封、防水、防尘、绝缘等，又要考虑空气流流场分布、均匀散热，所以电池包的散热通风设计是电动汽车研究的一个重要领域。

3. 整车控制技术

新型纯电动轿车整车控制系统采用 CAN 总线网络结构进行全车控制器的通信，包括高速 CAN 总线和低速 CAN 总线。

4. 整车轻量化技术

整车轻量化始终是汽车技术研究的重要内容。纯电动汽车由于布置了电池组，整车质量增加较多，轻量化问题更加突出。可以采用以下措施减轻整车质量。

① 通过对整车实际使用工况和使用要求的分析，对电池的电压、容量，驱动电动机功率、转速和转矩，以及整车性能等车辆参数整体优化，合理选择电池和电动机参数。

② 通过结构优化、集成化和模块化优化设计减轻动力总成、车载能源系统的质量。这里包括对电动机、驱动器、传动系统、冷却系统、空调和制动真空系统的集成和模块设计，使系统得到优化；也包括对由电池、电池箱、电池管理系统、车载充电机组成的车载能源系统的合理集成和分散，实现系统优化。

③ 积极采用轻质材料，如电池箱的结构框架、箱体封皮、轮毂等采用轻质合金材料。

第二节 纯电动汽车的结构

纯电动汽车与传统的燃油汽车在外形结构上没有很大的区别，纯电动汽车的外形如图 2-1 所示。但是从内部结构上来说，与常规的燃油汽车有较大区别，尤其是动力系统，具体如表 2-1 和图 2-2 所示。传统汽车动力系统主要是发动机和变速器，纯电动汽车主要是驱动电动机；传统汽车有油箱和进气系统，纯电动汽车主要是动力电池和车载充电器等。纯电动汽车由车载动力电源、电池组管理系统、电源辅助设施、电动机控制器、底盘、车身六部分组成，按传统汽车四大部分组成来分，可将纯电动汽车分成电力驱动系统、底盘、车身和电气四大部分。电力驱动系统又由能源子系统（动力源）、电机驱动子系统和辅助子系统组成。

图 2-1 纯电动汽车的外形

表 2-1 纯电动汽车与常规燃油汽车的区别

组成要素	纯电动汽车	常规燃油汽车
能量补给方式	从电网充电	从加油站加油
车载能量源	动力电池组	汽(柴)油箱
动力装置	电动机	发动机
传动系统	变速器等	离合器、变速器、万向传动装置、差速器、半轴等
辅助系统	车身电气、低压供电、整车控制、制动、转向、空调等	车身电气、低压供电、制动、转向、空调等

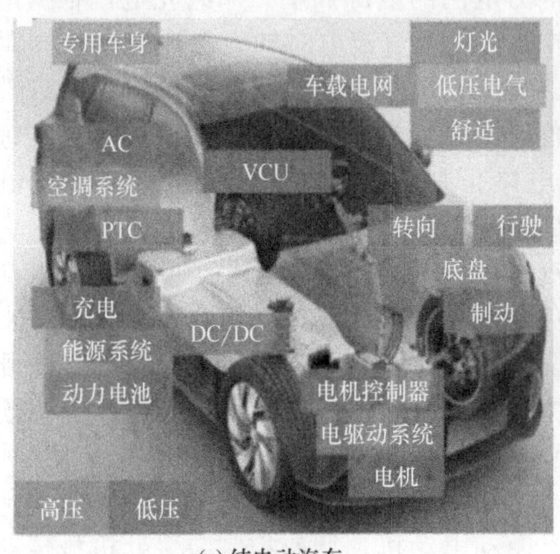

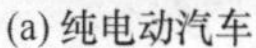
(a) 纯电动汽车

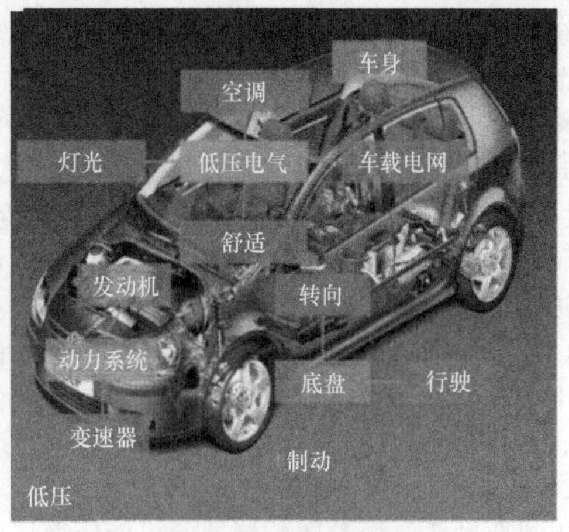

(b) 常规燃油汽车

图 2-2 纯电动汽车与常规燃油汽车组成区别

一、电力驱动控制模块

1. 动力源

动力源是电动汽车的核心组成之一，可为电动汽车高压用电设备供电，同时为低压用电设备提供电能。动力源主要包括主电源、能量管理系统、车载充电机、紧急维修开关、高压配电箱等。

（1）主电源（动力电池） 主电源是电动汽车的动力源，也称动力电池。动力电池的储存电量决定了电动汽车的续航里程，纯电动汽车一般使用96～600V高压电的动力电池，纯电动汽车之所以采用高电压供电，是因为在功率小变化情况下，提高电压可以降低电动机的工作电流。其好处是减小了导线的直径，减轻了整车的重量，降低了整车的成本，减少了能量在电路内的损耗，既提高了能量的利用效率，同时也降低了动力电池、电动机和能量转换器的工作温度，减少了对冷却系统的压力。

主电源（动力电池）除了向驱动电动机供电以驱动汽车行驶外，还要通过DC/DC将高压电转化为12V低压电向全车低压系统供电，同时给电动汽车空调系统供电。所以既要求它容量大，以增加汽车的续驶里程，又要求它输出电流大，以便于电动机产生较大扭矩增加其动力性。

（2）能量管理系统（BMS） 能量管理系统也叫电池管理系统，英文全称为Battery Management System，简称BMS，是对动力电池进行管理的系统，具有测量电池电压、电流、温度的功能，又能防止或避免电池过放电、过充电、过温等异常状况出现。随着技术的发展，目前功能已更多。

电池管理系统与电动汽车动力电池紧密结合在一起，通过传感器对电池的电压、电流、温度进行实时检测，同时还可以进行漏电检测、热管理、电池均衡管理、报警提示，计算电池剩余容量（State of Charge，SOC）、放电功率，报告电池健康状态（State of Health，SOH），根据电池的电压、电流及温度用算法控制最大输出功率以获得最大行驶里程，以及用算法控制充电机进行最佳电流的充电，通过CAN总线接口与车载总控制器、电机控制器、能量控制系统、车载显示系统等进行实时通信。在电池出现漏电、碰撞、电压过低或温度异常时，及时控制接触器以保护动力电池。

（3）车载充电机 车载充电机是指固定安装在电动汽车上的充电机，用于向主电源动力电池提供交流充电，充电的电源为工业或民用电力电网的电源插座。车载充电机根据电池管理系统（BMS）提供的数据，将220V交流电转换升压为直流电对动力电池充电，同时能动态调节充电电流或电压参数，执行相应的动作，完成充电过程，其具有变压、调压、整流和滤波等基本功能。功能较为完备的车载充电设备还接受能量管理系统的控制，可自动进行充电方式（定压、定流、均衡充电等）选择、充电终止判别、自动停止充电控制、充电异常（温度、电压、电流异常）的判别和自动停充保护控制等。

（4）紧急维修开关 紧急维修开关是电动汽车中一种常用的紧急手动开关，在电动汽车需要进行维修和检查时，断开维修开关可以避免维修人员受到高压伤害。

（5）高压配电箱 高压配电箱是整车高压配电装置，实现电源的分配、接通、断开。高压配电箱主要由多个接触器组成，接触器包括主预充接触器、DC预充接触器、空调预充接触器、主接触器、DC接触器、空调接触器、负极接触器、充电接触器等。

2. 电机驱动系统

电机驱动系统由整车控制器、电能转换器、驱动电动机、调速控制装置、机械传动装置和驱动车轮等组成，其中机械传动装置因纯电动汽车的结构类型不同而差别较大，在此不作过多介绍。

（1）整车控制器 整车控制器根据接收的制动踏板和加速踏板输入信号，通过CAN总线传输给电能转换器，电能转换器根据其信号对电动机的转速、转矩和转动方向进行控制，同时整车控制器通过对电池管理系统和电能转换器的协调控制，实现能量回馈控制和能量匹配控制。

（2）电能转换器 电能转换器在电动汽车中也叫电机控制器，电能转换器是动力电池和驱动电动机之间的控制装置，当电动汽车在驱动工况时，电能转换器控制电动机的转矩、转速及转向；当电动汽车在制动工况时，电能转换器控制电动机工作在发电状态，将驱动电动机的三相交流电转换为直流电，对动力电池进行充电。

（3）驱动电动机　驱动电动机是将主电源的电能转化为机械能，通过传动装置或直接驱动车轮的工作装置。随着电动机控制技术的发展，目前纯电动汽车所使用的电动机主要有直流无刷电动机、开关磁阻电动机、交流异步电动机和交流同步电动机。

（4）调速控制装置　电动机调速控制装置是为电动汽车的变速和方向变换等设置的，其作用是控制电动机的电压或电流，完成电动机的驱动转矩和旋转方向的控制。

在驱动电动机的旋向变换控制中，直流电动机依靠接触器改变电枢或磁场的电流方向，实现电动机的旋向变换，这使得电路复杂、可靠性降低，现已很少采用。当采用交流异步电动机驱动时，电动机转向的改变只需变换磁场三相电流的相序即可，可使控制电路简化。此外，采用交流电动机及其变频调速控制技术，可使电动汽车的制动能量回收控制更加方便，控制电路更加简单。目前，纯电动汽车上应用较广泛的是晶闸管斩波调速，通过均匀地改变电动机的端电压，控制电动机的电流来实现电动机的无级调速。

随着电力电子技术的不断发展，晶闸管斩波调速装置正逐渐被其他晶体管（如 GTO、MOSFET、BTR 及 IGBT）斩波调整装置所取代。从技术的发展来看，伴随着新型驱动电动机的应用，纯电动汽车的调速控制转变为直流逆变技术的应用将成为必然趋势。

3. 辅助模块

（1）辅助动力源　辅助动力源用于向纯电动汽车上的电气和电子控制装置提供电力。辅助动力源通常配备 DC/DC 转换器和蓄电池，以便将主电源动力电池的高压直流电转换为车载用电设备所需的低压直流电。

（2）纯电动汽车空调系统　纯电动汽车空调系统与传统燃油汽车空调系统整体结构区别比较小，相同的不再讲述，不同的主要是压缩机控制和暖风系统热源的区别。①电动压缩机。传统汽车的压缩机是通过压缩机电磁离合器的吸合，促使发动机带动压缩机运转。纯电动车没有发动机，它的压缩机是通过高压电源直接驱动的。为了与传统汽车的压缩机区别，这里将电动汽车上的空调压缩机称为电动压缩机。②PTC 加热器。传统汽车上空调暖风系统的热源是引入发动机冷却液的热量，纯电动汽车上冷却系统温度相对较低，无法满足需求，因此需要专门的制热装置，一般采用 PTC（Positive Temperature Coefficient）加热装置。PTC 的作用就是制热。同时在低温情况下，电池包需要一定的热量才能正常工作，这时候需要 PTC 加热装置给电池包进行预热。

4. 动力电池相关传感器

（1）动力电池温度传感器　纯电动汽车电池只有在精确定义的工作温度下才能提供最佳的能量输出，因此要求对电池温度进行可靠的监控和调节，以防止电池出现过热现象，并最大限度地延长其工作寿命。当温度传感器监测到动力电池温度异常时，电池管理系统控制高压直流断电，对高压系统起到保护作用。温度传感器测量的是动力电池某一范围内的平均温度，温度传感器的数量少于单体电池数目，不同车辆温度传感器的数量不同。动力电池温度传感器和传统汽车温度传感器一样，均采用负温度系数温度传感器。

（2）动力电池电压传感器　动力电池电压传感器主要监测动力电池单体电池电压，当某一单体电池电压与其他单体电池电压差值超过极限时，电池管理系统控制高压直流断电，对动力电池起到保护作用。动力电池电压传感器数量等于动力电池单体电池数。

（3）电流传感器　电流传感器主要是监测动力电池的充放电电流，通过测量电流以及其他物理量来计算动力电池的剩余电量。电流传感器一般选用霍尔式电流传感器，电流传感器安装在高压配电箱内部的动力电池正极。

二、纯电动汽车底盘部分

纯电动汽车底盘部分包括传动系统、制动系统、转向系统、行驶系统，如图 2-3 所示。

图 2-3 纯电动汽车底盘组成

1. 传动系统

传统汽车传动系统包括变速箱、主减速器、差速器、半轴和车轮，当发动机工作时，发动机的动能通过传动系统促使车辆行驶。纯电动汽车传动系统包括主减速器、差速器、半轴和车轮，纯电动汽车没有变速器，因为驱动电机的旋向速度和方向可以通过电路控制实现变换，所以纯电动汽车无需内燃机汽车多速比的变速箱，电动机转动速度的快慢和方向决定了车辆的运行速度和行驶方向。当采用电动机无级调速控制时，纯电动汽车可以忽略传统汽车的变速器；在采用电动轮驱动时，纯电动汽车也可以省略传统内燃机汽车传动系统的差速器。

2. 制动系统

制动系统是保护汽车安全的一道重要屏障，纯电动汽车和燃油车的制动系统工作原理相同，结构大部分相同，均由真空助力系统、传统液压系统、ABS 防抱死制动系统等组成，纯电动汽车和传统汽车不同的是真空助力系统工作原理，同时纯电动汽车制动系统具有能量回收装置。

纯电动汽车没有发动机，不能像汽油车和柴油车利用发动机进气歧管的真空产生的负压进行真空助力，所以纯电动汽车就增加了一套专门产生真空的电动真空助力系统。真空助力系统由真空泵、真空罐、真空压力传感器以及相关控制电路等组成。

为了节约能量，纯电动汽车的制动系统还配置了制动能量回收装置，当车辆减速或制动时，三相电动机转换为发电机进行发电，向动力电池充电，起到能量回收的作用，同时对车辆起到制动作用。

3. 转向系统

转向系统是为实现汽车的转弯而设置的，由转向机、方向盘、转向机构和转向轮等组成。作用在方向盘上的控制力，通过转向机和转向机构使转向轮偏转一定的角度，实现汽车的转向。传统汽车转向系统由无助力转向系统、液压助力转向系统、电控液压助力转向系统和电动助力转向系统组成。纯电动汽车的转向系统一般由电动助力转向系统和电动液压助力转向系统组成，此系统能量效率比较高。

比亚迪 E6 纯电动汽车采用电子控制式液压助力转向系统（Electronic Hydraulic Power Steering，EHPS），结构如图 2-4 所示，主要由转向盘、转向管柱、万向节总成、转角传感器、防尘罩、液压助力转向器、转向管路、转向油罐、电动助力转向油泵及支架组成。其转向泵是由电子控制单元（ECU）控制、电动机带动工作的。

ECU 可根据车速信号判别出车辆的行驶状态，再根据从管柱上的转角传感器获取的转角信号，判定出需要提供的助力，控制电动机的转速，进而控制转向泵的输出，达到控制助力转向的目的。

4. 行驶系统

行驶系统的作用是将电动机的驱动力矩通过车轮变成对地面的作用力，驱动车轮行走。纯电动汽车的行驶系统同其他汽车的构成是相同的，由车轮、轮胎和悬架等组成。

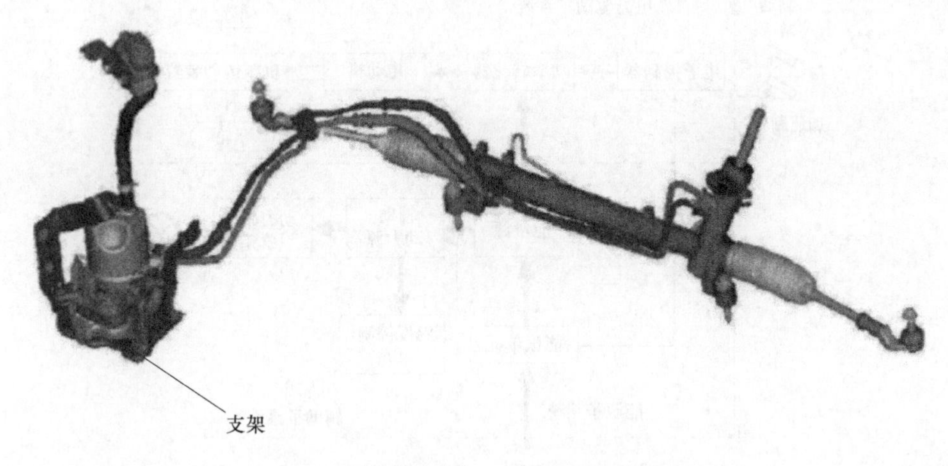

图 2-4　电子控制式液压助力转向系统结构

三、纯电动汽车低压电气系统

纯电动汽车低压电气系统包括电源系统和车载用电设备。

电源系统包括蓄电池和 DC/DC，传统汽车主要靠发电机发电提供电能，并向全车用电设备供电，纯电动汽车没有安装发动机和发电机，所以用 DC/DC 代替了发电机，将动力电池直流高压电转化为 12V 的低压电，向汽车所有低压用电设备供电，同时对蓄电池充电，起到了发电机的功能。

纯电动汽车车载用电设备和传统汽车大部分相同，主要有仪表系统、信号系统、照明系统、辅助系统、电控系统等。

四、纯电动汽车车身系统

纯电动汽车车身系统与传统燃油汽车相比，既有相近之处，又有较大区别。纯电动汽车车身系统主要由车身本体、开启件（车门、车窗、后备箱和车顶等）、汽车座椅、内外饰附件和安全保护装置（保险杠、安全带、安全气囊灯）等组成。

在进行车身设计时，既要考虑增加了动力电池重量后车架的强度，而且要考虑到动力电池充电、维护及更换的方便性，还考虑到动力电池的散热和温度控制情况。为确保安全，还需采取密封、防火等预防措施，以防车辆发生撞击事故时电解液泄漏伤及人身。

第三节　纯电动汽车的工作原理

纯电动汽车主要由能量源、能量管理系统、功率转化器、电子控制器、电动机和传动装置以及辅助系统的辅助动力源等组成，其工作原理如图 2-5 所示。

电子控制器接收到制动踏板、加速踏板和挡位控制器输入的信号，将信号传输给电能转换器，电能转换器根据其信号控制驱动电动机的转速、转矩和转向。在制动时，能量管理系统和能量转换器一起控制制动和能量的回收。辅助动力源主要给动力转向、空调以及其他电气系统提供电能，同时将高压电转化为 12V 的低压电，为全车低压电气设备供电。

以比亚迪 E6 纯电动汽车为例，其结构组成与工作原理如图 2-6 所示。

在放电时，电池组提供的直流电在 BMS 电池管理系统的控制下，通过配电箱分配到电

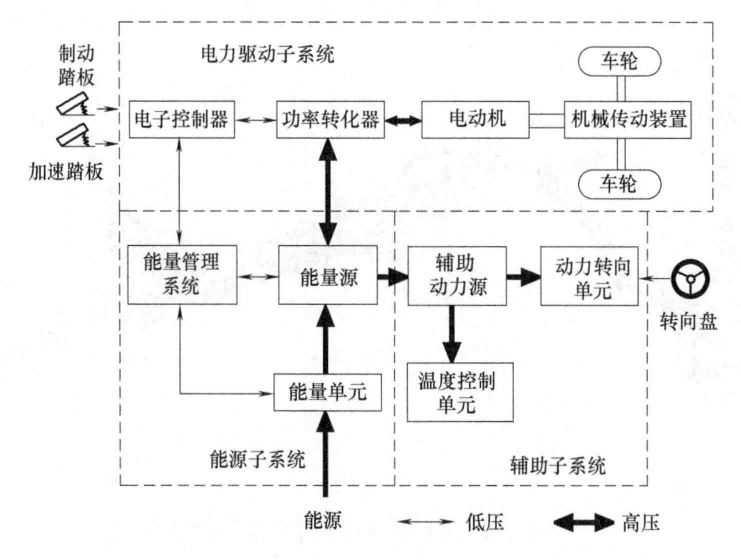

图 2-5 纯电动汽车工作原理

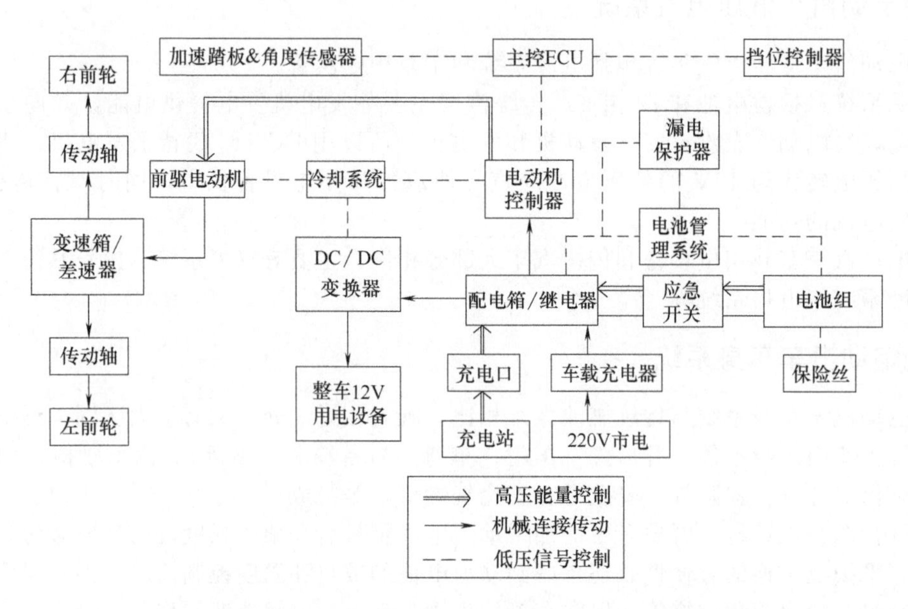

图 2-6 比亚迪 E6 纯电动汽车的结构组成与工作原理

动机控制器、DC/DC 变换器两路。一路由电动机控制器根据主控 ECU 提供的加速踏板信号和挡位信号将直流电变为三相交流电，向电动机提供电能，电动机将电源的电能转化为机械能，通过传动装置或直接驱动车轮和工作装置来驱动汽车行驶。另一路经过 DC/DC 变换器将电池组的高压直流电转化为 12V 的直流电，向整车低压用电设备提供电能，同时电池组接受电池管理系统的管理，将电池组的瞬时电压、电流、温度、存电情况等信息传递给电池管理系统，以防止电池组过放电或温度过高损坏电池组。如果发生漏电情况，漏电保护器开始起作用，一旦发生紧急短路，保护装置熔丝即熔断进行保护。

在充电时，有两种充电方式：直流充电或采用 220V 交流充电。交直流充电是接通充电枪后，在 BMS 电池管理系统的控制下，通过充电枪、充电口、充电接触器、应急维修开关到电池组进行充电，充电电流的大小和时间由 BMS 电池管理系统进行控制。

第四节 纯电动汽车的高压安全

一、纯电动汽车的高压安全措施

为了提高纯电动汽车的高压安全性，纯电动汽车上采取了多种措施以保证纯电动汽车的高压安全性。

1. 漏电保护器

纯电动汽车采用漏电保护，一旦有动力电池正母线或负母线与车身相连，保护器就报警，这就避免了电机壳体漏电成为高压正极，站在车上的人触摸负极造成电击伤害。这样的设计也可避免空调系统高压、DC/DC系统高压的泄漏。

比亚迪纯电动汽车采用漏电传感器检测高压是否漏电，如图2-7所示，一旦发生漏电，漏电传感器将信号发送给电池管理系统（BMS），BMS控制高压配电箱接触器断电，从而防止电动汽车在漏电时运行。

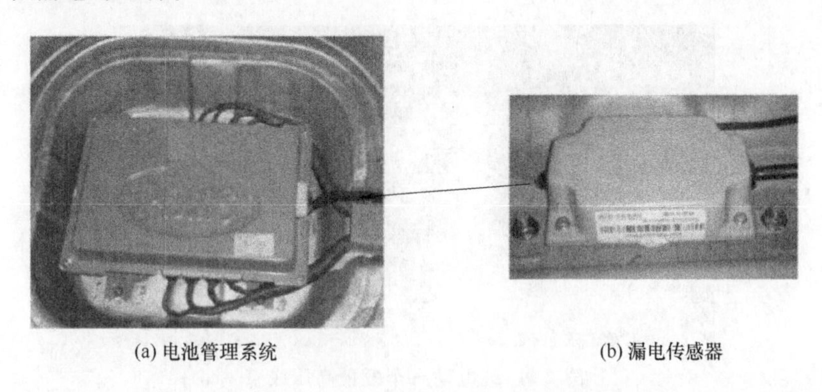

(a) 电池管理系统　　(b) 漏电传感器

图2-7 电池管理系统与漏电传感器

2. 高压互锁装置

高压互锁是指通过低压小信号来检查高压产品、导线、连接器及护盖的电气连接情况，在高压接插件未插紧或高压设备打开时，低压闭合回路会断开，控制器接收到高压互锁电路处于断开的信号，控制器自动断开主接触器使高压电路无法通电，从而确保车辆使用安全。

纯电动汽车中高压互锁装置串联成一个网络，不同纯电动汽车连接装置不同，比亚迪E5纯电动汽车高压互锁装置如图2-8所示。从电池管理系统开始，经PTC、高压电控总成、动力电池包，再回到电池管理系统，连成一个整体。当有一处断开时，电池管理系统（BMS）检测到断开信号，切断动力电池高压电，停止充放电。

3. 橙色警示高压线束

用橙色粗电线表示纯电动汽车高压线束，同时每个高压设备上面都有警示标志，如图2-9所示。

4. 多层绝缘保护

带高压电零件的防接触保护采用多层（三层）绝缘，防止意外直接或间接接触带电零件。

5. 隔离高压电

传统汽车低压电采用负极搭铁，纯电动汽车隔离高压电采用正负极与车辆接地绝缘。发生高压危险故障时，这种保护可以防止电击。

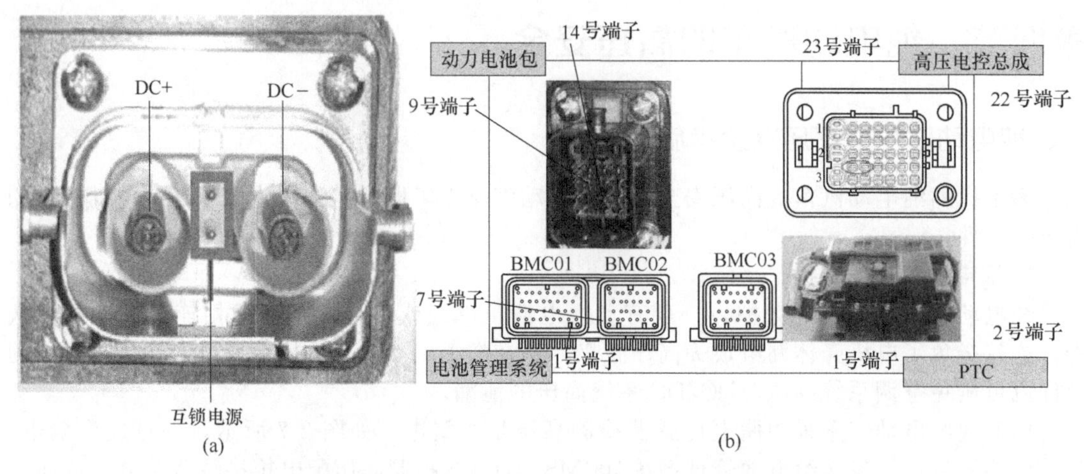

图 2-8　比亚迪 E5 纯电动汽车高压互锁装置

图 2-9　纯电动汽车橙色高压线束

6. 紧急维修开关和接触器

纯电动汽车高压断电系统的电气断开有两处，紧急维修开关和接触器，如图 2-10 所示。启动按钮旋转至“OFF”位置，接触器就会断开，高压线路被切断；在碰撞时，碰撞传感器识别到碰撞发生时，即通过电池管理系统（BMS）断开接触器，从而切断高压回路。平时断电方式就是操作启动按钮，当需要进行高压电气设备维修和检查时，不仅要将启动按钮置于“OFF”位置，接触器打开，同时要断开蓄电池负极，拔下维修开关。

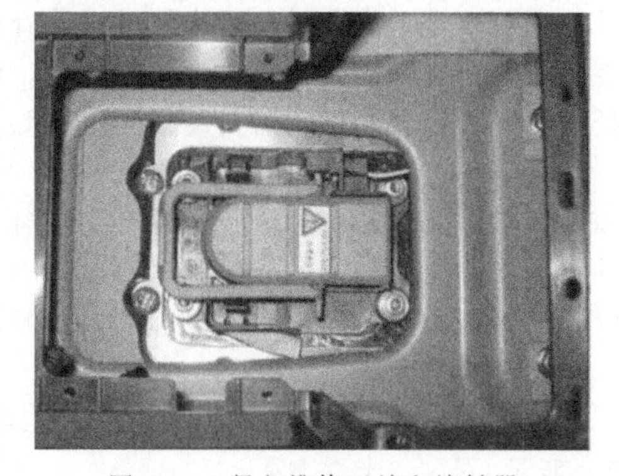

图 2-10　紧急维修开关和接触器

为了检测维修开关是否可靠连接，纯电动汽车装有维修开关检测开关，当维修开关没有可靠连接时，检测开关将检测信号传输到电池管理系统（BMS），电池管理系统控制其不通高压电。

因涉及高压安全，故紧急维修开关的规范操作非常重要，不规范的操作不仅可能造成车辆故障，还有可能引起高压拉弧等危险。维修开关操作规范如下。

① 紧急维修开关在特殊情况下才使用，如车辆维修、漏电报警等情况。在非特殊情况下不允许对紧急维修开关进行操作。

② 紧急维修开关应由专业人员进行操作，至少操作人员应该进行过相关培训。

③ 操作时，操作人员必须佩戴必要的防护用品，如绝缘手套、绝缘胶鞋等，其电压等级必须大于电池组的最高电压。

④ 拔下紧急维修开关手柄后，必须妥善保管，直至检修完，避免误操作。

⑤ 拆开紧急维修开关之后，必须等待至少 10min 后方能进行维修操作，以确保高压线路的余电已释放，如果条件允许，建议等待更长时间，以确保余电彻底释放。

二、纯电动汽车作业要求

1. 监护人员要求

① 对纯电动汽车结构和控制原理非常熟悉。

② 监护维修人员对绝缘工具套装的使用、防护用品佩戴、备件安全保护、维修安全警示牌的放置等是否符合要求。

③ 检查手动维修开关的接通和断开，检查车辆电源的接通和断开。

④ 负责检查维修过程中的操作规程，检测人员在做完一个操作后要告知监护人员，监护人员要在作业流程单上做标记。

⑤ 监护人员要认真负起责任，确保检测过程的安全，避免发生安全责任事故。

2. 维修人员资质

新能源车型维修技师需具备以下资质。

① 国家认可的特种作业操作证（电工）。

② 具有初级（含）以上电工职业资格证书。

3. 设备要求

新能源汽车维修过程中必须佩戴防护用品，常用新能源汽车维修防护用品有绝缘维修工具、绝缘帽、绝缘手套、绝缘胶鞋、防护目镜等，如图 2-11 和图 2-12 所示。使用过程中，注意事项如下。

图 2-11 绝缘维修工具

① 绝缘设备及安全防护设备每次使用前都必须检测有无破损、金属穿刺等受损情况，如有，须禁止使用；

② 绝缘设备及安全防护设备每次使用前都必须检测有无潮湿、沾水及脏污，如有，须恢复性能后使用；

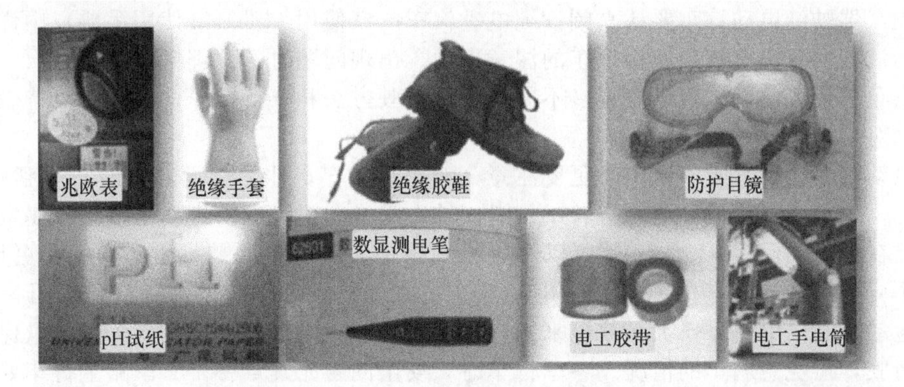

图 2-12 其他维修防护用品

③ 每月用兆欧表 1000V DC 挡位检测绝缘设备最薄弱处的绝缘电阻，若小于 1MΩ，须禁止使用。

三、纯电动汽车高压电操作规范

纯电动汽车的安全有相应的国家标准，例如GB/T 18384.1—2015电动汽车安全要求第1部分、GB/T 18384.2—2015电动汽车安全要求第2部分和GB/T 18384.3—2015电动汽车安全要求第3部分。

① 在电动车辆调试过程中，一定要坚持“以人为本，安全第一”的原则，安全一定要放到首位，人的安全问题是最优先级的考虑。

② 调试维修场地周边不得有易燃物品及与工作无关的金属物品，特别是动力电池的存放和调试场地，和调试无关的人员禁止进入调试场地。

③ 操作人员上岗不得佩戴金属饰品，例如手表、戒指等，工作服口袋内不得有金属物件，例如钥匙、金属壳笔、手机、硬币等。

④ 未经过高压安全培训的调试人员，不允许对电动车辆进行调试维护。

⑤ 调试人员必须佩戴必要的防护用品，如绝缘手套、绝缘胶鞋、绝缘帽等。

⑥ 与工作无关的工具不得带入工作场地，必须使用的金属工具，其手持部分做绝缘处理。

⑦ 调试人员必须严格按照调试顺序进行调试，在上一项目没有调试成功前，严禁进行下一项目的调试。

⑧ 每一个调试项目都必须有人负责，并对本项目调试的结果进行签字确认，及认真填写调试故障记录。

⑨ 调试过程中每一台车都必须建立调试记录，由专人保管，有据可查。

⑩ 车辆责任单位应承担车辆管理责任，严禁各部门单位人员私自拆动、调试各自系统，如需调试各自系统应首先通知车辆责任单位负责人。由责任单位工作人员陪同方可执行，并填写调试记录。

⑪ 调试过程中，每一台车都必须由车辆责任单位指定的司机进行驾驶，其余人员必须向车辆责任单位提出申请并获得同意后方可驾驶，否则严禁驾驶调试车辆。

⑫ 整车高压通电，必须有二人及以上进行，一人操作、一人监护。

⑬ 每次在整车高压电源接通之前，应检查各高压用电设备周边有无杂物，并通知无关人员远离上述部位，调试人员通电时要高声提示。

四、纯电动汽车的安全驾驶

首先，驾驶纯电动汽车要认真阅读纯电动汽车的《使用手册》，《使用手册》中详细说明了纯电动汽车的有关驾驶和使用该车的注意事项、出现问题时的处理办法等。其次，要明白纯电动汽车与传统的燃油汽车有很多不同，包括驾驶方法和维护保养，不可按对待燃油汽车的方法来对待纯电动汽车。

纯电动汽车在雨雪天气使用时更要注意，对于燃油车，冰雪路面起步时不要猛踩油门，应缓给油，避免车辆前冲、车轮空转或侧滑。纯电动汽车因为电动机扭矩较大且爆发时间很早，往往在踩下油门后0.5～1s就可以产生很大扭矩，所以在冰雪路面起步时要更加注意，驾驶员不应该用开燃油车的方式开纯电动汽车，例如，不应一脚下去猛提速，因为猛提速时，纯电动汽车的电池需要大量放电来提升速度，会加大电量消耗，建议车主尽量保持平稳的速度行驶，避免急刹车的情况。冬季行车时，安全问题尤其重要。冬季路上行车要尽量保持匀速行驶，尤其是在有冰雪覆盖的路面上。纯电动汽车车主在行车过程中要注意观察和判断路面状况，转弯时不要猛打猛拐，但求平稳驾驶。在冬天，燃油汽车发动机的温度会传递到车内，即使不开暖气，车内也是比较温暖的，而且开暖气主要是消耗油量。纯电动汽车就不一样了，它的暖气用的是电池的电量，因此暖气要合理使用，尽量使用中挡，不要把暖气开到最大，这样不利于车辆的续航，一旦电量用完，车就跑不起来了。

电池要随用随充，从仪表盘观察续驶里程、动力性能等，如果出现不正常现象，如续驶里程突然缩短、动力性能衰退，应及时进行修理，修好后方可继续驾驶。在低温严寒环境下，可能出现动力电池电极材料活性降低的现象，因此冬季可适当延长动力电池的充电时间。同时，一定要谨记及时充电，仪表盘上显示的可行驶距离与实际情况会有出入，在冬天差距更大，例如显示还有100km行驶距离，实际上可能只能开70km。锂电池最害怕的就是电量耗尽，及时充电不会伤害电池，反而会增加电池的寿命。纯电动汽车在电量50%的时候就要充电了，不要等到消耗完了再充。

低温是电池的杀手，无论在停车时还是充电时，应尽量选择温度相对较高的环境（如地下停车场、封闭性车库等）。如果没有车库，冬季最好选择白天充电，阳光明媚的天气更好。此外，在雨雪天气下，纯电动汽车的续驶里程普遍会下降10%～20%，相当于15～30km，所以一定要规划好行程，以防没电耽误行程。

1. 出车前的检查

① 上车前检查车辆周围情况是否安全。

② 检查轮胎气压和损伤情况。检查轮胎气压是否符合标准，轮胎螺栓是否松动，清除轮胎间杂物。

③ 检查是否漏水、漏电、漏气。

④ 检查电池箱是否可靠锁止。

⑤ 检查车灯是否正常有效。

⑥ 检查喇叭、挡风玻璃、刮水器和转向信号灯能否正常工作。

⑦ 检查各仪表和指示灯能否正常工作。

⑧ 检查方向盘的自由行程和稳固情况。

⑨ 检查制动踏板、驻车制动器操纵装置是否正常。

⑩ 检查门锁、后视镜、方向盘是否灵活自如，自由转动惯量是否符合要求。

⑪ 检查各后视镜的设定角度是否适当。

⑫ 检查底盘钢板弹簧是否有损伤。

⑬ 检查纯电动汽车的绝缘状况，应不低于规定的绝缘值，即当周围空气相对湿度为75%～90%时，纯电动汽车的总绝缘值不低于3MΩ。

⑭ 检查空气压缩机、电动机的皮带松紧度，需要时进行调整和紧固；检查空气压缩机组的工作情况。

⑮ 检查高、低压电源电压是否正常。闭合高压开关、低压开关，低压电压表应为27.0V±0.5V，动力电池电压不低于388V。

⑯ 检查助力油泵的工作情况和助力油罐的油面高度。

⑰ 检查电制动、气制动和驻车制动的工作是否正常，管路有无漏气现象，应按技术要求进行检查，即气压为700kPa，各气动件不工作的情况下，经过30min后，气压不应低于600kPa；气制动系统的气压由0升高至400kPa的时间，不应超过4min。

⑱ 检查车门机构的工作情况，开关动作是否正确。

⑲ 检查驾驶室中各种开关、手柄、踏板的位置和动作的正确性，自动空气断路器操作是否灵活可靠。

2. 驾驶步骤

每种电动汽车驾驶步骤大同小异，一般操作如下。

① 携带有效智能钥匙，开门进入。

② 松开驻车制动踏板。

③ 踩住制动踏板。

④ 按下“POWER”按键（挡位必须是“P”挡或“N”挡），检查驾驶就绪指示灯（“OK”指示灯）是否亮起，并检查电池电量和里程表上的预估行程。

⑤ 挂入“D”挡或“R”挡，进行正常行驶。

比亚迪 E6 纯电动汽车驾驶的基本操作如图 2-13 所示。

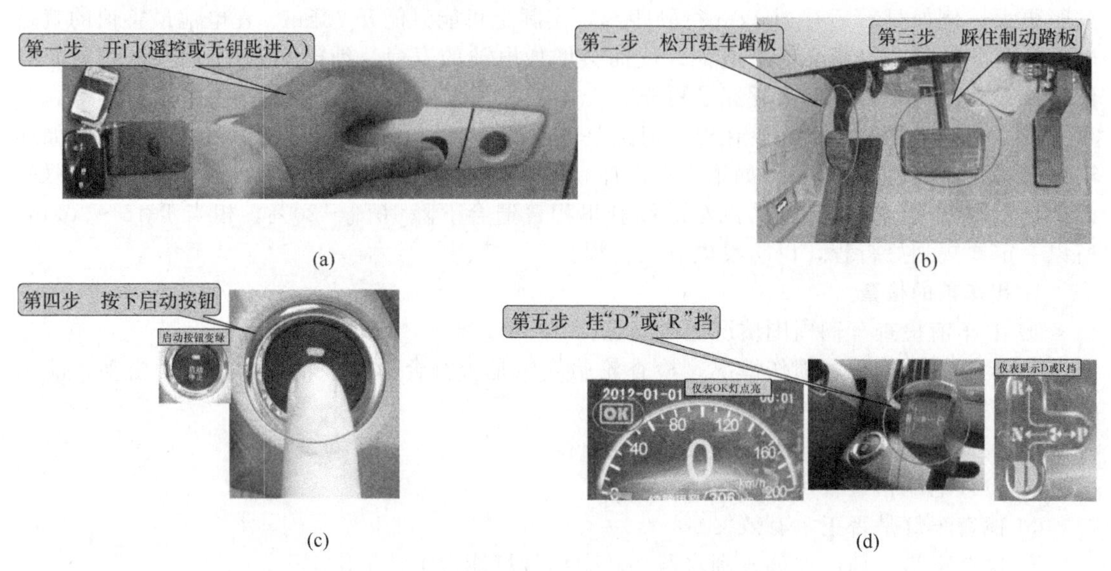

图 2-13 比亚迪 E6 纯电动汽车驾驶的基本操作

3. 安全预案

驾驶人在行驶中要特别注意高温报警和电池箱，如果发现某电池的温度过高，则需停车打开电池箱盖查看电池，如有异味或电池箱内有烟冒出，则应按照如下顺序进行处理：①将汽车停靠在路边；②切断车体高压；③打开电池仓盖；④手动解锁，用力将电池拉出车体，尽量将电池远离车体，操作过程中应避免被电池箱滑出时砸伤；⑤电池拉出后，尽量将车与电池隔离 5m 以外；⑥用干粉灭火器灭火（磷酸铁锂电池可以用水、黄沙、灭火毯、土壤、干粉灭火器、二氧化碳灭火器灭火）。

五、触电急救

在高压电的操作中，一旦有人触电，应当及时采取正确的方式进行迅速抢救。

1. 脱离电源

① 关闭电源。

② 用绝缘工具或干燥的木棒等绝缘的物体将电线切断，使伤员脱离电源，越快越好。如果触电者未脱离电源，施救人员严禁直接用手去拉动，以免发生触电危险。

③ 若在动力电池组维修或更换电芯时触电，触电者受到电击后会因麻痹、昏厥或休克而倒在电池上，由于电池内部的带电部分外露较多，为避免触电面积增加，施救时可用绝缘隔板、干木板或绝缘塑料板插于触电者与电池之间，再进一步将触电者移开，同时施救者也要保证自身安全。

2. 脱离电源后的处理

① 触电伤员如神志清醒，应使其就地躺平，严密观察，暂时不站立或走动。

② 触电伤员如神志不清，应使其就地仰面躺平，且确保气道通畅，并在 5s 之内呼叫伤员或轻拍其肩部，以判定伤员意识是否丧失。禁止摇动头部呼叫伤员。

③ 如果是一度昏迷、尚未失去知觉、需要抢救的伤员，应立即将伤员抬到通风处，使其仰卧并解开衣服，以免妨碍呼吸；如果是呼吸暂时停止，心脏停止跳动，伤员尚未真正死亡，或者虽有呼吸，但是比较困难，这时必须毫不迟疑地用人工呼吸和心脏按压法进行抢救，并坚持不断地进行，同时及早与医疗部门联系，争取医务人员接替救治。在医务人员未接替救治前，不应放弃现场抢救，不能只根据呼吸或脉搏擅自判定伤员死亡，放弃抢救。只有医生有权做出伤员死亡的诊断。

3. 心肺复苏法

触电伤员呼吸和心跳均停止时，应立即按心肺复苏法进行正确的就地抢救。

（1）人工呼吸　将伤员伸直仰卧在空气流通的地方，解开衣服领口、裤带，再使其头部尽量后仰，鼻孔朝天，使舌根不致阻塞气道，救护人员用一只手捏紧伤员鼻孔，用另一只手的拇指和食指扳开伤员的嘴，先取出伤员嘴里的东西，然后紧贴着伤员的口吹气 2s，放松 2s。依次吹气和放松，连续不断地进行，如果扳不开嘴，可以捏紧伤员的嘴，紧贴着鼻孔吹气和放松。

进行人工呼吸的过程中，若发现伤员有好转的体征时（如眼皮闪动或嘴唇微动），应停止人工呼吸数秒，让其自行呼吸，如果还不能完全恢复呼吸，须把人工呼吸进行到能正常呼吸为止，人工呼吸法必须坚持长时间进行，在没有呈现出明显的死亡症状以前，切勿轻易放弃。

（2）心脏按压法　将伤员平放在木板上，头部稍低，救护人员站在伤员一侧，将一只手的掌根放在伤员胸骨下端，另一只手叠于其上，靠救护人员的体重，向胸骨下端用力加压，使其陷下 3cm 左右，随即放松，让胸廓自行弹起，如此有节奏地压挤，每分钟进行 60～80 次。急救如有效果，伤员的肤色即可恢复，瞳孔缩小，颈动脉搏动可以摸到，自发性呼吸恢复，此时可以停止心脏按压。心脏按压可以与人工呼吸同时进行。

课后习题

一、单选题

1. 关于高压断电，下列说法正确的是（　　）。

A. 断开互锁开关，也可以保证整车断电，负极断开，整车基本没有高压了

B. 维修开关断开 2min 以后，车辆基本是安全的

C. 断开维修开关和关闭点火开关之间没有严格的先后顺序

D. 断开电机控制器开关

2. 新能源汽车维修技师需要下列哪个证书才可以上岗？（　　）。

A. 低压电工操作证　　　　B. 高压电工操作证

C. 焊工证　　　　D. 汽车维修技师证

3. 新能源汽车的维修属于高压电气作业，所以维修时需要（　　）。

A. 专业的监护人员　　　　B. 配备急救医生和救护车

C. 不进行高压维修　　　　D. 具有技师证书

4. 高压部件维修，必须（　　）。

A. 拔开维修开关　　　　B. 进行绝缘检测

C. 断开动力电池母线　　　　D. 测量电机三相绕组

5. 为了保证维修人员的操作安全，在维修人员进行操作前，监护人员需要（　　）。

A. 检查车辆是否有故障，先自己操作一下

B. 检查整车高压电源是否断开

C. 拆下动力电池包，确保整车没有高压电源

D. 戴上手套

6. 以下对新能源维修汽车工位错误的操作是（ ）。

A. 设置隔离栏　　B. 设置安全警示牌

C. 铺设绝缘垫　　D. 安全警示牌放置在至少 100m 外

7. 处理漏液的动力电池时，维修人员必须准备（ ）。

A. 防酸碱手套　　B. 绝缘手套

C. 棉手套　　D. 皮手套

8. 动力电池没有维修开关时，对整车高压部件进行检修需要注意（ ）。

A. 没有维修开关说明厂家认可这个车是安全的，不必担心

B. 没有维修开关，维修人员需断开动力电池母线之后，再对高压部件进行检修

C. 没有维修开关的新能源汽车是不安全的，不能维修，直接返厂

D. 没有维修开关，拆开蓄电池负极也是一样的

9. 进行新能源汽车常规维护时，要注意（ ）。

A. 常规维护一般不涉及拆卸高压系统，所以不需要做绝缘防护

B. 常规维护不会有安全隐患，其他人员可以随意进出工位

C. 常规维护仍然涉及高压系统，所以整车高压断电的流程不能少

D. 新能源汽车没有进行常规维护的必要

10. 双人配合维修新能源汽车时，错误的做法是（ ）。

A. 钥匙和维修开关分别由两人保管，避免另外一人找出故障之后直接通电

B. 互相检查各自的维修操作，避免产生错误

C. 一人维修高压，一人维修低压，互不干涉

D. 最妥善的做法是两人不要同时操作，尤其是检修高压系统的时候

11. 维修开关拆卸下来之后，一般如何保管？（ ）。

A. 操作人员自己揣兜里　　B. 放在工具车里面

C. 交由监护人员保管　　D. 放在车上就可以了

12. 急需拆卸一个整车存在安全隐患的高压部件，但是现场没有绝缘工具，正确的做法是（ ）。

A. 没有工具不得拆卸高压部件

B. 事急从权，用普通工具拆了再说

C. 用绝缘胶布将普通工具包裹起来，带着绝缘手套小心拆卸

D. 断开维修开关之后不要紧的

二、判断题

1. 发现有人触电后，应该立刻将触电人员拉开。（ ）

2. 已经拔下维修开关，整车高压部件就可以确定是没有电的。（ ）

3. 在不确定整车主动泄放模块是否正常工作的时候，维修人员在拔下维修开关之后，最保险的做法是等待 2min 以后，再对高压部件进行检修。（ ）

4. 市面上许多新能源汽车已经取消维修开关，所以维修过程中，可以不用拔下维修开关，这只是一个形式。（ ）

5. 整车关闭点火开关之后，拔维修开关和拆负极实际上只要做一个就可以保证车辆是安全的。（ ）

6. 新能源汽车上，带橙色的线束和插接件一般是高压插接件，在维修过程中需要特别小心。（ ）

7. 人体的安全电压为直流 1000V。（ ）

8. 交流 25V 是人体能接触的最高电压。( )

9. 新能源汽车维修的危险性实际只是针对操作人员，旁观人员实际上并没有什么危险。( )

10. 目前市面上主流的新能源汽车电池包电压都已经达到了 400V 以上，远远超过人体所能承受的安全电压。( )

11. 进行新能源汽车维修，必须要有高压电工操作证。( )

12. 新能源汽车整车漏电的标准是绝缘阻值小于 100kΩ。( )

13. 出于维修安全考虑，一定不能在整车未断高压电的情况下，对整车进行维修。( )

14. 关闭点火开关之后，拔出维修开关实际上是不用戴绝缘手套的，因为整车已无高压电。( )

15. 测量电压超出人体安全电压阈值时，最好使用单手测量，避免发生意外时，电流流过心脏。( )

16. 实车测量高压时，万用表的量程必须要大于实车电池包电压。( )

17. 新能源汽车发生火灾时，属于电火，需确保自身安全才能进行扑火工作。( )

18. 人体在干燥时的电阻约 2000Ω 左右，这是一个很大的阻值，所以在干燥的时候，人体实际可以挣脱高压电。( )

19. 新能源汽车维修属于高压电气作业，在维修过程，必须要有监督人员，负责检查操作人员的动作是否安全。( )

三、简答题

1. 简述纯电动汽车的结构组成。

2. 简述纯电动汽车的关键技术。

3. 简述维修开关的作用。

4. 简述纯电动汽车的高压总成。

5. 写出纯电动汽车高压能量的传递路线。

第三章

电动汽车动力电池系统

学习目标：

了解动力电池的作用

了解动力电池的类型

了解动力电池的性能

掌握电池管理系统在电动汽车中的作用

第一节　动力电池概述

动力电池系统主要由动力电池箱、动力电池模组、BMS和辅助元器件四部分组成，如图3-1所示。动力电池模组装在动力电池箱里面，合二为一成为动力电池。

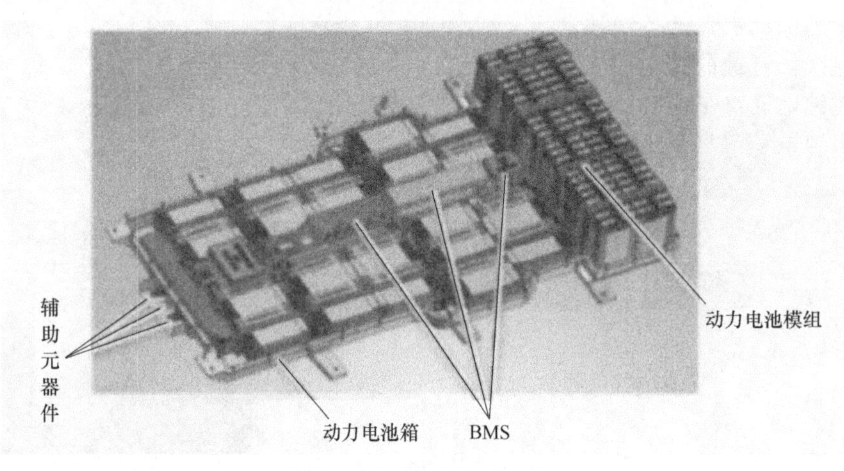

图3-1　动力电池的组成

动力电池是电动汽车整车的动力来源，是能量的存储装置，也是目前制约电动汽车发展的关键因素。动力电池结构如图3-2所示。要使电动汽车能与燃油汽车竞争，关键是开发出比能量高、比功率大、使用寿命长、成本低的电池。

图3-2　动力电池结构

一、动力电池的作用和分类

1. 动力电池的作用

动力电池为电动汽车的整车用电设备提供电能。电动机将动力电池的电能转化为机械能，通过驱动传动装置或直接驱动车轮工作。空调压缩机电动机将动力电池的电能转化为机械能，带动压缩机转动。空调 PTC 加热器将动力电池的电能转化为热能，提供暖风。DC/DC 电压变换器将动力电池的高压电转化为低压电，为全车低压系统提供电能。

2. 动力电池的分类

动力电池按照工作原理一般分为化学电池、物理电池和生物电池三大类。

（1）化学电池　化学电池是利用物质的化学反应直接把化学能转化为电能的电池。化学电池有不同的分类方法。化学电池按工作性质分为原电池、蓄电池、燃料电池和储备电池。

① 原电池　原电池又称一次电池，是指电池放电后不能用简单的充电方法使活性物质复原而继续使用的电池，如锌二氧化锰干电池、锂锰电池、锌空气电池、一次锌银电池等。

② 蓄电池　蓄电池又称二次电池，是指电池在放电后可通过充电的方法使活性物质复原而继续使用的电池，这种充放电可以达数十次到上千次循环，如铅酸蓄电池、镍镉电池、镍氢电池和锂离子电池等。

③ 燃料电池　燃料电池又称连续电池，如图 3-3 所示，是指参加反应的活性物质从电池外部连续不断地输入电池，电池就连续不断地提供电能。如质子交换膜燃料电池、碱性燃料电池、磷酸燃料电池、熔融碳酸盐燃料电池、固体氧化物燃料电池、直接甲醇燃料电池、再生型燃料电池等。

④ 储备电池　储备电池是指电池正负极与电解质在储存期间不直接接触，使用前注入电解液或者使用其他方法使电解液与正负极接触，此后电池进入待放电状态，如图 3-4 所示，如镁电池、热电池等。

图 3-3　燃料电池

图 3-4　储备电池

化学电池按电解质分为酸性电池、碱性电池、中性电池、有机电解质电池、非水无机电解质电池、固体电解质电池等。

化学电池按电池的特性分为高容量电池、密封电池、高功率电池、免维护电池。

化学电池按正负极材料分为镍镉/镍氢系列、锌锰系列、铅酸系列、锂电池系列等，如图 3-5 所示。

（2）物理电池　物理电池是利用光、热、物理吸附等物理能量发电的电池，如太阳能电池、超级电容器、核电电池和温差电池等。

（3）生物电池　生物电池是利用生物酶、微生物或叶绿素的生物化学反应发电的电池，如微生物电池、酶电池、生物太阳能电池等。

迄今为止已经应用的化学电池有传统的铅酸蓄电池、镍镉电池、镍氢电池和锂离子电池。在物理电池领域中，超级电容器也应用于纯电动汽车和混合动力汽车中。生物燃料电池在车用动力电池中应用前景也十分广阔，以氢为燃料的燃料电池和氧化物燃料电池的研发已进入重要发展阶段。

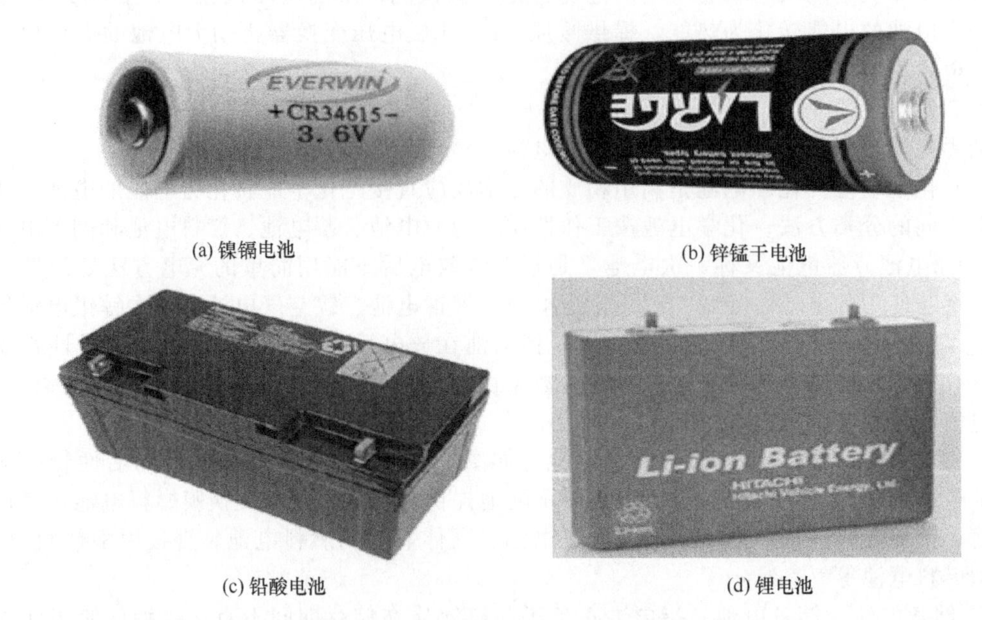

(a) 镍镉电池　(b) 锌锰干电池

(c) 铅酸电池　(d) 锂电池

图 3-5　化学电池按正负极材料分类

动力电池电芯的形状分为圆柱、方形和软包电芯，如图 3-6 所示。

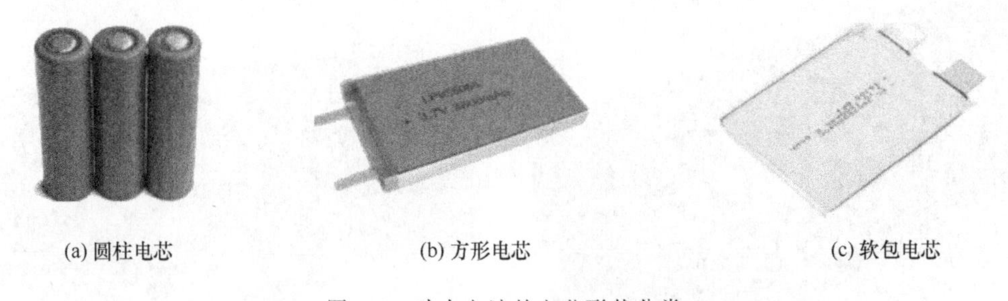

(a) 圆柱电芯　(b) 方形电芯　(c) 软包电芯

图 3-6　动力电池的电芯形状分类

圆柱电芯一般用 18650 型的，18650 是指圆柱电芯的圆柱直径是 18mm，电芯的长度是 65mm，圆柱形用 0 表示，每一个电芯电压 3.8V，也有 3.2V 的，除了 18650 型外，还有其他类型的，如 21700 型，而且使用越来越多，此类电池也是圆柱形的，其体积大、容量大。如特斯拉 MODEL 3 正在使用圆柱电芯电池，同时国内一些商用车已经使用，一些自主品牌的乘用车也开始使用。

方形电芯，外壳都是铝，也叫铝壳电芯，应用最多的就是比亚迪的磷酸铁锂电池和宝马的 A3 电池。

软包电芯外面是一层铝塑膜，厚度和纸相当，但是比纸结实，可以弯曲，所以此电池比较轻，符合市场汽车轻量化的需求，所以越来越多的汽车开始使用，如日产的轩逸纯电动汽车、别克的混动汽车和增程混动汽车。

二、动力电池的主要性能指标

动力电池作为电动汽车的储能动力源，在电动汽车上发挥着非常重要的作用，要评定电池的实际效应，主要是看电池的性能指标。电池的性能指标主要有电压、容量、内阻、能量、功率、输出效率、自放电率、使用寿命等，根据电池种类不同，其性能指标也有差异。

1. 电压

电压分为电动势、开路电压、额定电压、工作电压、充电终止电压和放电终止电压等。

（1）电动势　电池的电动势是指电池正极与负极之间的电位差，用 E 表示。

（2）开路电压　电池在开路状态下的端电压称为开路电压，即电池在没有负载情况下的端电压。一般开路电压与电池的电动势近似相等。常见电池的开路电压如表 3-1 所示。

（3）额定电压　额定电压是指电池在标准规定条件下工作时应达到的电压，镍镉电池和镍氢电池的额定电压为 1.2V，锂离子电池的额定电压为 3.6V。

（4）工作电压　工作电压又叫放电电压和负载电压。电池的放电电压是指电池接通负载后在放电过程中显示的电压。在电池放电初始的工作电压称为初始电压。常见电池的工作电压如表 3-1 所示。

（5）充电终止电压　蓄电池充足电时，极板上的活性物质已达到饱和状态，再继续充电，电池的电压也不会上升，此时的电压称为充电终止电压。镍镉电池的充电终止电压为 1.75～1.8V，镍氢电池的充电终止电压为 1.5V，锂离子电池的充电终止电压为 4.25V。

（6）放电终止电压　放电终止电压是指电池在一定标准所规定的放电条件下放电时，电池的电压将逐渐降低，当电池不宜继续放电时，电池的最低工作电压称为终止电压。如果电压低于放电终止电压后电池继续放电，电池两端电压会迅速下降，形成深度放电。这样，极板上形成的生成物在正常充电时就不易再恢复，从而影响电池的寿命。放电终止电压和放电率有关，放电电流直接影响放电终止电压。在规定的放电终止电压下，放电电流越大，电池的容量越小。镍镉电池的放电终止电压一般在 1.0～1.1V，镍氢电池的放电终止电压一般规定为 1.0V，锂离子电池的放电终止电压为 3.0V。常见电池的放电终止电压如表 3-1 所示。

表 3-1　常见电池的各种电压

常见电池	开路电压/V	工作电压/V	放电终止电压/V
铅酸电池	2.1～2.2	2.0	1.7
镍镉电池	1.4	1.2	1.0
镍氢电池	1.4	1.2	1.0
锂离子电池	4.1～4.2	3.6～6.7	2.6～2.7

2. 容量

电池在一定的放电条件下所能放出的电量称为电池的容量。常用单位为安时（A·h），它等于放电电流与放电时间的乘积。当单体电池的容量确定时，电池的容量取决于单体电池的并联数量。单体电池并联越多，容量越大。电池的容量可以分为理论容量、实际容量、标称容量和额定容量等。

（1）理论容量　理论容量是把活性物质的质量按法拉第电磁感应定律计算而得到的最高理论值。为了比较不同系列的电池，常用比容量的概念，即单位体积或单位质量电池所能给出的理论电量，单位为 A·h/L 或 A·h/kg。

（2）实际容量　实际容量是指电池在一定条件下所能输出的电量，它等于放电电流与放电时间的乘积，单位为 A·h，其值小于理论容量。实际容量反映了电池实际存储电量的大小，电池容量越大，电动汽车的续驶里程就越远。在使用过程中，电池的实际容量会逐步衰减。国家标准规定：新出厂的电池实际容量大于额定容量为合格电池。

（3）标称容量　标称容量是用来鉴别电池的近似容量值。

（4）额定容量　额定容量也称保证容量，是按国家或有关部门颁布的标准，保证电流在一定的放电条件下应该放出的最低限度的容量。按照IEC标准和国家标准，镍镉和镍氢电池在(20±5)℃条件下，以0.1C充电16h后以0.2C放电至1.0V时所放出的电量为电池的额定容量，以C表示；锂离子电池在常温、恒流(1C)、恒压(4.2V)条件下充电3h后再以0.2C放电至2.75V时所放出的电量为电池的额定容量。

(5) 荷电状态　荷电状态(SOC)是电池在一定放电倍率下，剩余电量与相同条件下额定容量的比值，反映电池容量的变化。SOC=1即表示电池充满状态。随着电池的放电，电池的电荷数逐渐减少，此时电池的充电状态可以用SOC的百分数来表示电池中电荷的变化状态。一般电池放电高效率区为(50%～80%)SOC。

3. 内阻

电池的内阻是指电流流过电池内部时所受到的阻力。电池内阻越大，电池自身消耗掉的能量就越多，电池的使用效率就越低。内阻很大的电池在充电时发热很厉害，使电池的温度急剧上升，对电池和充电器的影响都很大。随着电池使用次数的增多，由于电解液的消耗及电池内部化学物质活性的降低，电池的内阻会有不同程度的升高。

4. 能量

电池的能量是指在一定放电制度下，电池所能输出的电能，单位是W·h或kW·h，俗称度数，1度电等于1kW·h，它影响电动汽车的行驶距离。电动汽车的能量与电池的电压成正比，与电池的容量成正比。1度=1kW·h=1000W·h=1000A·V·h=1000V·Ah。

(1) 理论能量　理论能量是电池的理论容量与额定电压的乘积，指一定标准所规定的放电条件下，电池所输出的能量。

(2) 实际能量　实际能量是电池实际容量与平均工作电压的乘积，表示在一定条件下电池所能输出的能量。

(3) 比能量　比能量也称质量比能量，是指电池单位质量所能输出的电能，单位是W·h/kg。常用比能量来比较不同的电池系统。比能量有理论比能量和实际比能量之分。理论比能量是指1kg电池反应物质完全放电时理论上所能输出的能量；实际比能量是指1kg电池反应物质所能输出的实际能量。由于各种因素的影响，电池的实际比能量远小于理论比能量。电池的比能量是综合性指标，它反映了电池的质量水平。电池的比能量影响电动汽车的整车质量和续驶里程，是评价电动汽车动力电池是否满足预定的续驶里程的重要指标。

(4) 能量密度　能量密度也称体积或质量比能量，是指电池单位体积或质量所能输出的电能，单位是W·h/L或W·h/kg。常见几种类型电池的能量密度，如表3-2所示。

表3-2　常见电池的能量密度

能量密度单位	铅酸电池	镍镉电池	镍氢电池	锂电池
W·h/kg	30～50	50～60	60～70	130～300
W·h/L	50～80	130～150	190～200	350～400

随着国家的要求和技术的提高，不同类型的电池能量密度都在提高，例如目前锂电池能量密度最高可达到300W·h/kg，2025年争取达到500W·h/kg。

5. 功率

电池的功率是指电池在一定放电制度下，单位时间内所输出能量的大小，单位为W或kW。电池的功率决定了电动汽车的加速性能和爬坡能力。

(1) 比功率　单位质量电池所能输出的功率称为比功率，也称质量比功率，单位为kW/kg或W/kg。

（2）功率密度　单位体积电池所能输出的功率称为功率密度，也称体积比功率，单位为W·h/L。

6. 输出效率

动力电池作为能量存储器，充电时把电能转化为化学能储存起来，放电时把电能释放出来。在这个可逆的电化学转换过程中，有一定的能量损耗。通常用电池的容量效率和能量效率表示。

（1）容量效率　容量效率是指电池放电时输出的容量与充电时输入的容量之比，即

$$\eta_c = \frac{C_{放}}{C_{充}} \times 100\% \tag{3-1}$$

式中，η_c 为电池的容量效率；$C_{放}$ 为电池放电时输出的容量；$C_{充}$ 为电池充电时输入的容量。

影响电池容量效率的主要因素是副反应。当电池充电时，有一部分电量消耗在水的分解上。此外，自放电和电极活性物质的脱落、结块、孔率收缩等也会降低容量输出。

（2）能量效率　能量效率也称电能效率，是指电池放电时输出的能量与充电时输入的能量之比，即

$$\eta_w = \frac{W_{放}}{W_{充}} \times 100\% \tag{3-2}$$

式中，η_w 为电池的能量效率；$W_{放}$ 为电池放电时输出的能量；$W_{充}$ 为电池充电时输入的能量。

影响能量效率的原因是电池存在内阻，它使电池充电电压增加，放电电压下降。内阻的能量损耗会以电池发热的形式损耗掉。

7. 自放电率

自放电率是指电池在存放期间容量的下降率，即电池无负荷情况下自身放电时容量损失的速度。自放电率用单位时间容量降低的百分数表示，其表达式为

$$自放电率 = \frac{C_a - C_b}{C_a T} \times 100\% \tag{3-3}$$

式中，C_a 为电池存储前的容量（A·h）；C_b 为电池存储后的容量（A·h）；T 为电池存储的时间，常用日、月计算。

8. 放电倍率

电池放电电流的大小常用“放电倍率”表示，即电池的放电倍率用放电时间表示或者以一定的放电电流放完额定容量所需的时间（h）来表示。由此可见，放电时间越短，即放电倍率越高，则放电电流越大。

放电倍率等于额定容量与放电电流之比，根据放电倍率的大小，可分为低倍率（小于0.5C）、中倍率（0.5～3.5C）、高倍率（3.5～7.0C）、超高倍率（大于7.0C）。

例如：某电池的额定容量为20A·h，若用4A电流放电，则放完20A·h的额定容量需用5h，也就是说以5倍率放电，用符号C/5或0.2C表示，此放电倍率为低倍率。

9. 使用寿命

使用寿命是指电池在规定条件下的有效寿命期限。电池发生内部短路或损坏而不能使用，以及容量达不到规范要求时电池使用失效，这时电池的使用寿命终止。

电池的使用寿命包括使用期限和使用周期。使用期限是指电池可供使用的时间，包括电池的存放时间。使用周期是指电池可供重复使用的次数。

除此之外，成本也是一个重要的指标。电动汽车发展的“瓶颈”之一就是电池价格高。

10. 电池的一致性

电池的一致性是指同一类型、同一规格、同一型号的电池之间的电压、内阻、容量等参数趋于同性。一组电池的寿命在很大程度上取决于它的一致性。由于电动汽车的动力电池都是成组使用的，因此，一致性是评价电池组性能的关键指标之一。影响电池一致性的因素主要有单体电池的设计和制造技术水平。

11. 环保性高

铅酸电池、镍镉电池、镍氢电池废气会造成严重的环境污染问题，而磷酸铁锂电池中不含汞、铅、镉等有害元素，是真正意义的绿色电池。

三、电动汽车对动力电池的要求

电动汽车对动力电池的主要要求如下。

（1）比能量高　为了提高电动汽车的续驶里程，要求电动汽车上的动力电池尽可能储存更多的能量，但电动汽车又不能太重，其安装电池的空间也有限，这就要求电池具有较高的比能量。

（2）比功率大　为了能使电动汽车在加速行驶、爬坡能力和负载行驶等方面能与燃油汽车相竞争，就要求电池具有较高的比功率。

（3）均匀一致性好　对于电动汽车而言，电池组的工作电压大多应达到数百伏，这就要求至少有几十到上百节电池的串联。为达到设计容量要求，有时甚至需要更多的单体电池并联。由于电池组的使用性能会受到性能最差的某些单节电池的制约，因此设计上要求各单体电池在容量、内阻、功率、温度和循环特性等方面具有高度的均匀一致性。

（4）循环寿命长　循环寿命越长，电池在正常使用周期内支撑电动汽车行驶的里程数就越多，有助于降低车辆使用期内的运行成本。

（5）高低温性能好、环境适应性强　电动汽车作为一种交通工具，要求电池既要在北方冬天极冷的环境下，又要在南方夏天炎热环境中长期稳定地工作。在最恶劣的气候条件下，电池的工作温度可能要从－40℃变到60℃，甚至80℃。因此，要求电池应当具有良好的高低温特性。

（6）安全性好　能够有效避免因泄漏、短路、撞击、颠簸等引起的火灾或爆炸等危险事故发生，确保汽车在正常行驶或非正常行驶过程中的安全。

第二节　电动汽车常用动力电池的结构与工作原理

动力电池是由多个单体电芯串联或并联组成电池模组，再由多个电池模组串联构成的。单体电池是构成动力电池模块的最小单元，也称为单体电芯。单体电池并联可以提高电池容量，串联可以提高电池电压，两种方法都可以提高电池的能量。比亚迪E6动力电池结构，如图3-7所示，由11个模组串联而成，共96节单体电池，单体电池全部串联。单体电池电压是3.3V。

现阶段，纯电动汽车所用的动力电池多是锂电池。锂电池与其他电池相比，其有电压高、比能量高、充放电寿命长、无记忆效应、无污染、充电快速、自放电率低、一级工作温度范围宽和安全等优势，广泛用于电动汽车的能源来源。

通常说得最多的锂电池主要有磷酸铁锂电池、锰酸锂电池、钴酸锂电池以及三元锂电池（三元镍钴锰），性能对比如表3-3所示。由表3-3可知，磷酸铁锂电池和三元锂电池综合性能较好，磷酸铁锂能量密度低但是功率密度大、安全性高、寿命长、高温性好以及成本低，三元锂电池能量密度高、功率密度高、寿命长，但是成本高、安全性相对差，但是根据现有

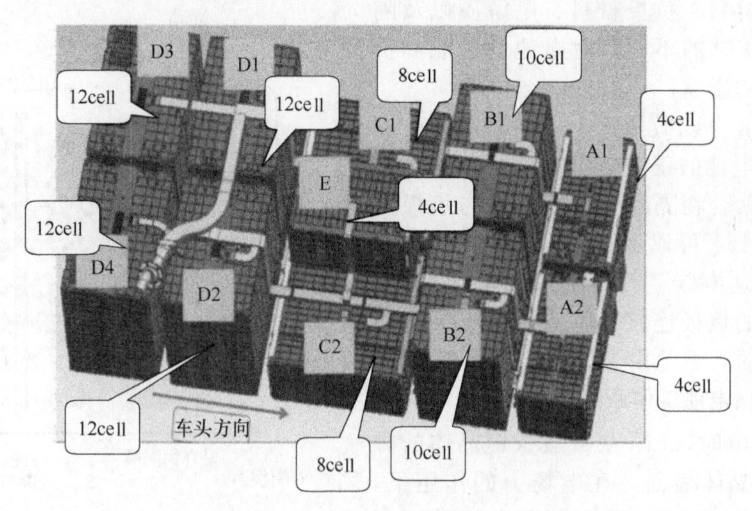

图 3-7　比亚迪 E6 动力电池结构

的技术，三元锂电池的缺陷在逐步被克服，所以磷酸铁锂电池和三元锂电池在电动汽车上的使用概率较大。现在以磷酸铁锂电池为例讲解锂电池。

表 3-3　锂电池性能对比

电池类别	平台电压/V	能量密度/(W·h/kg)	功率密度	安全性	寿命	成本
磷酸铁锂	3.2	～125	较高	高	高	低
三元锂	3.7	～170	高	中	高	中
钴酸锂	3.7	＞200	高	低	中	高
锰酸锂	3.7	～110	较高	中	中	低
磷酸锰铁锂	—	～150	低	较高	低	低

一、磷酸铁锂电池

1. 磷酸铁锂电池结构

磷酸铁锂电池一般包括正极、负极、电解质、隔膜板、正极引线、负极引线、中心端子、绝缘板、安全阀、密封圈、PTC 元件（正温度控制端子）、电池外壳等，如图 3-8 所

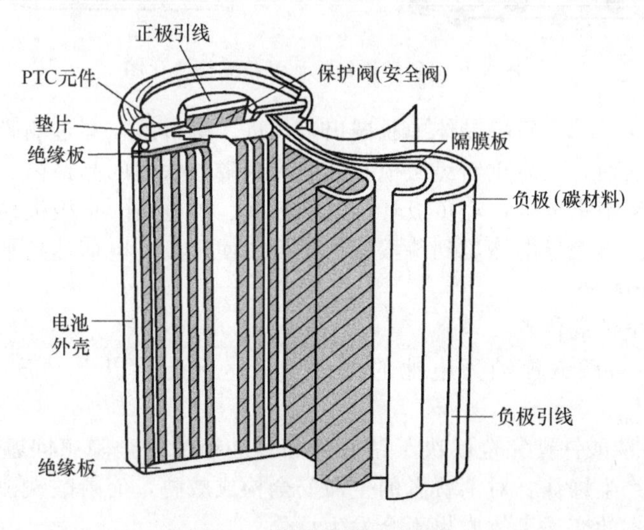

图 3-8　磷酸铁锂电池结构

示。其中正极材料、负极材料、电解质以及隔膜的不同或者工艺的不同，对电池的性能和价格有着决定性的影响。

图 3-9 所示为以橄榄石（olivine）结构的 $LiFePO_4$ 作为电池的正极，由铝箔与电池正极连接，左边是聚合物隔膜，它把正极与负极隔开，但锂离子 Li^+ 可以通过隔膜而电子 e^- 不能通过，右边是由碳、石墨组成的电池负极，由铜箔与电池的负极连接。电池的上下端之间是电池的电解质，电池由金属外壳密闭封装。

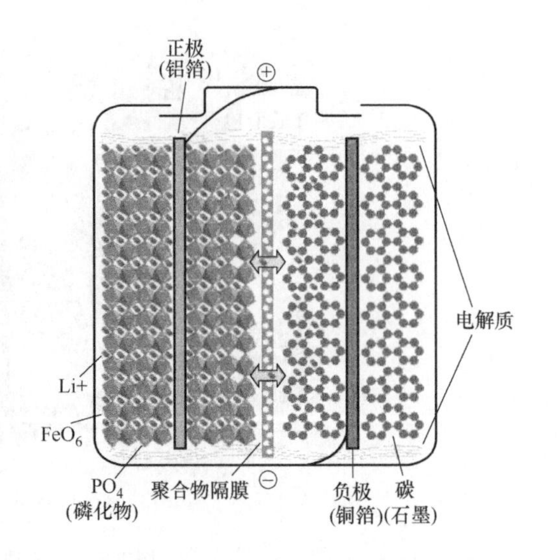

图 3-9 磷酸铁锂电池工作原理

2. **磷酸铁锂电池工作原理**

① 电池充电时，Li^+ 从磷酸铁锂晶体的橄榄石面迁移到晶体表面，在电场力的作用下，进入电解液，穿过隔膜，再经电解液迁移到石墨晶体的表面，然后嵌入石墨晶格中。与此同时，电子经导电体流向正极的铝箔集电极，经正极耳、正极极柱、外电路、负极极柱、负极耳流向负极的铜箔集流体，再经导电体流到石墨负极，使负极的电荷达到平衡，如图 3-9 所示。锂离子从磷酸铁锂脱嵌后，磷酸铁锂转化成磷酸铁，其晶格结构变化如图 3-10 所示。

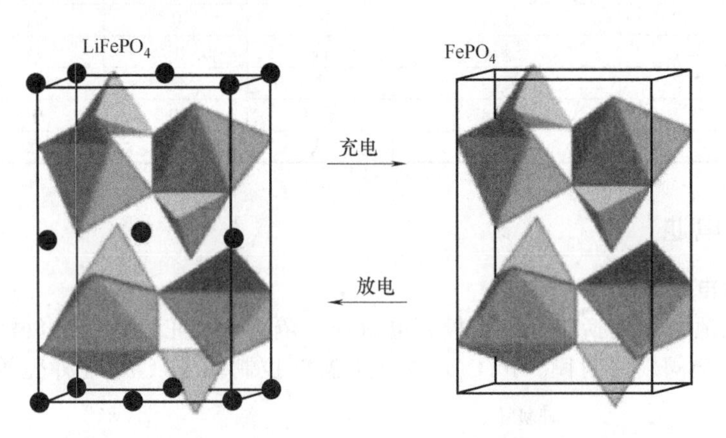

图 3-10 磷酸铁锂电池晶格结构变化图

② 电池放电时，Li^+ 从石墨晶体中脱嵌出来，进入电解液，穿过隔膜，再经电解液迁移到磷酸铁锂晶体的表面，然后重新经橄榄石面嵌入到磷酸铁锂的晶格内。与此同时，电池经导电体流向负极的铜箔集电极，经负极耳、负极极柱、外电路、正极极柱、正极耳流向电池正极的铝箔集流体，再经导电体流到磷酸铁锂正极，使正极的电荷达到平衡。

3. **磷酸铁锂电池特点**

（1）磷酸铁锂电池的优点

① 超长寿命　磷酸铁锂动力电池的循环寿命达到七年以上，循环充电次数可达到 2000 次以上。

② 使用安全　磷酸铁锂完全解决了钴酸锂和锰酸锂的安全隐患问题，钴酸锂和锰酸锂在强烈的碰撞下会产生爆炸，对消费者的生命安全构成威胁，而磷酸铁锂已经过严格的安全测试，即使在最恶劣的交通事故中也不会发生爆炸。

③ 可大电流快速放电　可大电流 2C 快速充放电，在专用充电器下，1.5C 充电 40min 内即可使电池充满，启动电流可达 2C，而铅酸蓄电池现在无此性能。

④ 耐高温　磷酸铁锂电池峰值在 350～500℃，而锰酸锂和钴酸锂只有 200℃左右，且磷酸铁锂工作温度范围广（－20～75℃），有耐高温特性。

⑤ 无记忆效应　可充电电池经常在充满不放完的条件下工作，容量会迅速低于额定容量值，这种现象叫作记忆效应。像镍氢、镍镉电池存在记忆性，而磷酸铁锂电池无此现象，电池无论处于什么状态，可随充随用，无须先放完电再充电。

⑥ 体积小、质量轻　同等规格容量的磷酸铁锂电池的体积是铅酸蓄电池体积的 2/3，质量是铅酸蓄电池的 1/3。

⑦ 绿色环保　磷酸铁锂电池不含任何重金属与稀有金属（镍氢电池含稀有金属），且无毒（SGS 认证通过）、无污染，是绝对绿色环保的电池。

（2）磷酸铁锂电池的缺点

磷酸铁锂正极材料的振实密度较小，等容量的磷酸铁锂电池的体积要大于钴酸锂等锂离子电池，因此在微型电池方面不具有优势。

二、铅酸电池

1. 铅酸电池结构

铅酸电池（VRLA），是一种电极主要由铅及其氧化物制成，电解液是硫酸溶液的蓄电池。铅酸电池放电状态下，正极主要成分为二氧化铅，负极主要成分为铅；充电状态下，正负极的主要成分均为硫酸铅。普通铅酸电池主要由正负极极板、隔板、电解液、壳体和接线柱等组成，结构如图 3-11 所示。

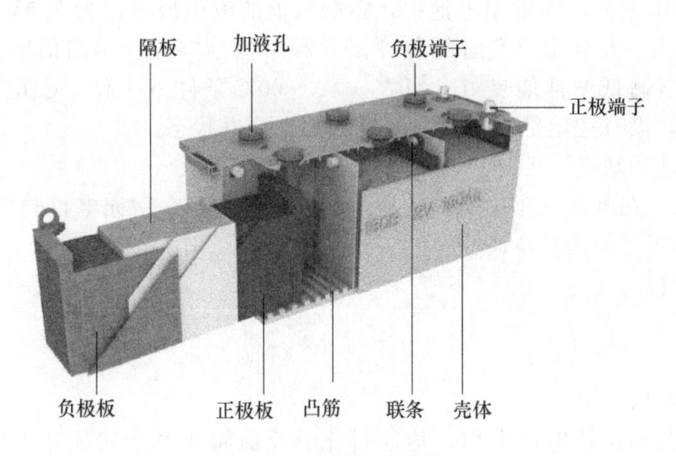

图 3-11　铅酸电池结构

2. 铅酸电池的工作原理

铅酸电池充电时电正极由硫酸铅（$PbSO_4$）转化成棕色二氧化铅（PbO_2），负极则由 $PbSO_4$ 转变为灰色铅 Pb。随充电过程进行，正极电位逐渐升高，负极电位降低，如图 3-12（a）所示。反应式如下：

$$PbO_2+2H^++H_2SO_4+2e^-=PbSO_4+2H_2O$$

电池放电时，正极由二氧化铅转变为硫酸铅，负极由海绵状铅变为硫酸铅。放电过程中电池电压逐渐下降，硫酸浓度不断降低。在放电末期，由于正负极生成的不良导电体硫酸铅逐渐积累使电极欧姆电阻迅速增大，同时硫酸浓度下降后氢离子扩散缓慢，导致电池电压下降很快，此时应终止放电，否则出现过放电，如图 3-12（b）所示。反应式如下：

$$Pb + H_2SO_4 = PbSO_4 + 2H^+ + 2e^-$$

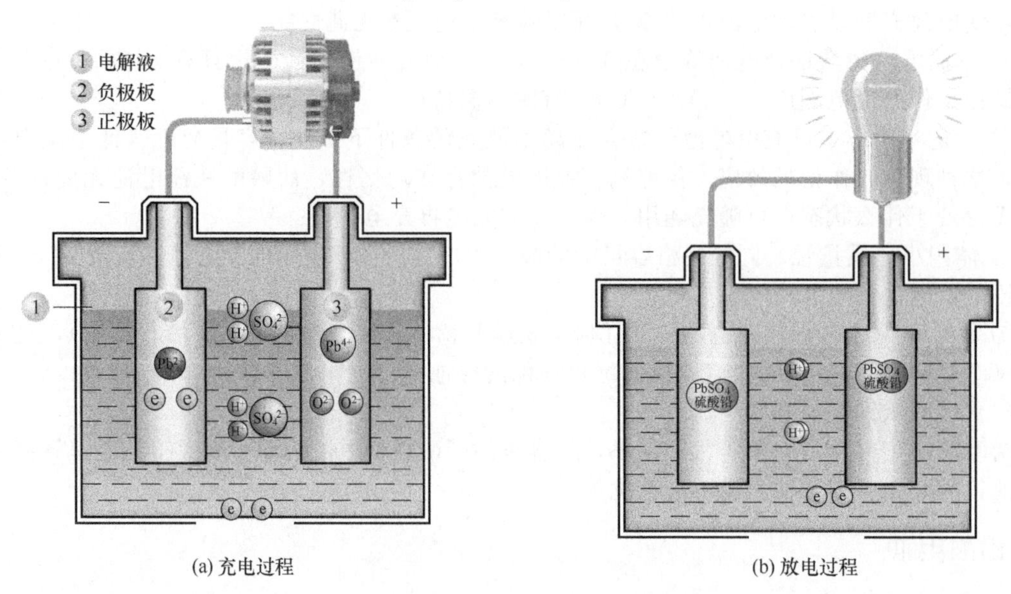

图 3-12 铅酸电池的工作原理

3. 铅酸电池的特点

(1) 铅酸电池的优点

① 除锂离子电池外，在常用电池中，铅酸电池的电压最高，为 2.0V。②价格低廉。③可制成小至 1A·h，大至几千安时的各种尺寸和结构的电池。④高倍率放电性能良好，可用于引擎启动。⑤高低温性能良好，可在－40～60℃条件下工作。⑥电能效率高达 60%。⑦易于浮充使用，没有“记忆”效应。⑧易于识别荷电状态。

(2) 铅酸电池的缺点

① 比能量低，在电动汽车中所占的质量和体积较大，一次充电行驶里程短。

② 使用寿命短，使用成本高。

③ 充电时间长。

三、燃料电池

1. 燃料电池结构

燃料电池与普通化学电池类似，均通过化学反应将化学能转换成电能，但从实际角度看，两者之间有较大区别。普通化学电池只是一个有限的电能输出和储存装置；燃料电池更类似于汽油或柴油发动机，它的燃料（主要是氢）和氧化剂（纯氧或空气）不是储存在电池内，而是储存在电池外的储罐中。当电池发电时，需要连续不断向电池内输入燃料和氧化剂，排出反应生成物（水），燃料电池结构如图 3-13 所示。

2. 燃料电池工作原理

正极氢燃料进入隔板和燃料电极之间后，氢气（H^2）失去 2 个电子 e^- 后变成 H^+，负极 O^2 在阴极得到 2 个电子 e^- 后变成 O^{2-}，2 个 H^+ 与 O^{2-} 结合变成水，随空气排出。电子的移动产生电，为车辆行驶提供能源。燃料电池工作原理如图 3-14 所示。

3. 燃料电池的特点

(1) 燃料电池的优点

① 节能、转换效率高 燃料电池在额定功率下的效率可以达到60%，而在部分功率输出条件下运转效率可以达到70%，在过载功率输出条件下运转效率可以达到50%～55%，效率随功率变化的范围很宽，在低功率下运转效率高，可以满足汽车动力性能的要求。燃料电池短时间的过载能力，可以达到额定功率的200%，满足汽车在加速和爬坡时动力性能的要求。

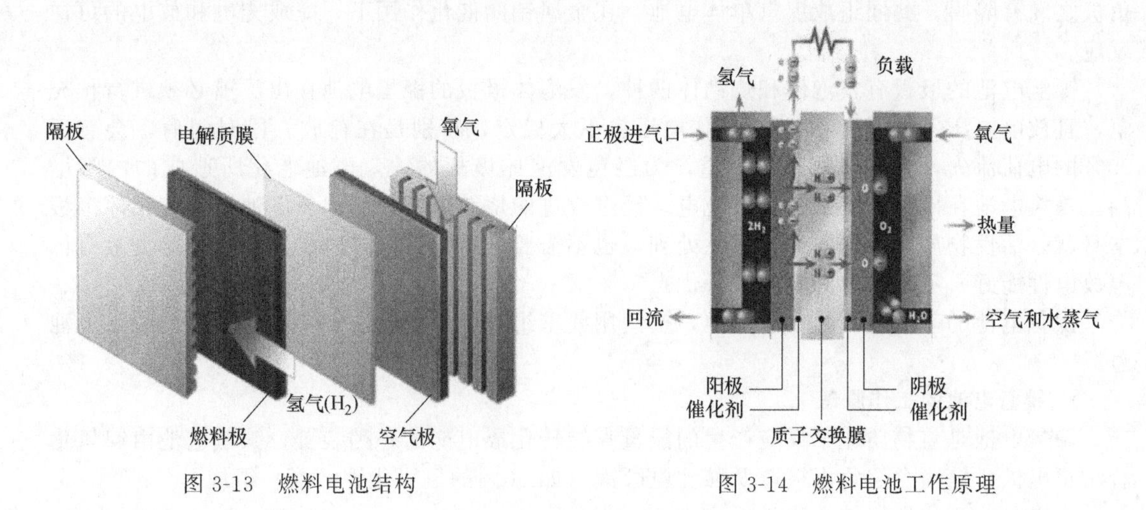

图 3-13 燃料电池结构　　图 3-14 燃料电池工作原理

② 排放基本达到零污染 用碳氢化合物作为燃料的燃料电池主要生成物质为水、二氧化碳和一氧化碳等，属于“超低污染”，氢氧燃料电池的反应产物只有清洁的水。

③ 无振动和噪声、寿命长 这主要与它的工作过程有关，它通过燃料和氧化剂分别在两个电极上发生反应，由电解液和外电路构成回路，将反应中的化学能直接转化为电能。所以在整个工作过程中，没有噪声和机械振动的产生，从而减少了机械器件的磨损，延长了使用寿命。

④ 结构简单、运行平稳 燃料电池的能量转换是在静态下完成的，结构比较简单。构件的加工精度要求低，特别是质子交换膜燃料电池能量转换效率高，能够在－80℃的低温条件下启动和运转，对结构件的耐热性能要求也不高。由于无机械振动，所以运行时比较平稳。

（2）燃料电池的缺点

① 燃料种类单一 目前不论是液态氢、气态氢，还是碳水化合物经过重整转换后的氢，它们均是燃料电池的唯一燃料。氢气的产生、储存、保管、运输、灌装或重整，都比较复杂，对安全性要求很高。

② 要求高质量的密封 燃料电池的单体电池所能产生的电压约为1V，不同种类燃料电池的单体电池所能产生的电压略有不同。通常将多个单体电池按使用电压和电流的要求组合成为燃料电池发动机组，在组合时，单体电池间的电极连接必须要有严格的密封，因为密封不良的燃料电池，氢气会泄漏到燃料电池的外面，降低了氢气的利用率并严重影响燃料电池发动机的效率，还会引起氢气燃烧事故。由于要求严格的密封，使得燃料电池发动机的制造工艺很复杂，给使用和维护带来很多困难。

③ 价格高 制造成本高，电池价格昂贵。

④ 需要配备辅助电池系统 燃料电池可以持续发电，但不能充电且不能回收燃料电池再生制动的反馈能量。通常在燃料电池汽车上还要增加辅助电池来储存燃料电池的电能和回收在燃料电池汽车减速时再生制动产生的能量。

四、镍氢电池

1. 镍氢电池的结构

镍氢电池主要由正极、负极、极板、隔板、电解液等组成。

镍氢电池正极是活性物质氢氧化镍，负极是储氢合金，用氢氧化钾作为电解质，在正、负极之间有隔膜，共同组成镍氢单体电池。在金属铂的催化作用下，完成充电和放电的可逆反应。

镍氢电池的极板有发泡体和烧结体两种，发泡体极板的镍氢电池在出厂前必须进行预充电，且放电电压不能低于0.9V，工作电压也不太稳定，特别是在存放一段时间后，会有近20%的电荷流失，老化现象比较严重，为避免发泡体极板的镍氢电池老化所造成的内阻增高，镍氢电池在出厂前必须进行预充电。经过改进的烧结体极板的镍氢电池，其烧结体极板本身就是活性物质，不需要进行活性处理，也不需要进行预充电，电压平衡、稳定，具有低温放电性能好、不易老化和寿命长等优点。

镍氢电池的基本单元是单体电池，按使用要求组合成不同电压和不同电荷量的镍氢电池总成。

2. 镍氢电池的工作原理

镍氢电池是将物质化学反应产生的能量直接转化成电能的一种装置。镍氢电池由镍氢化合物正电极、储氢合金负电极以及碱性电解液（如30%的氢氧化钾溶液）组成。

充电时，正、负极的电化学反应为：

$$M+H_2O+e^- \rightarrow MH+OH^-$$

$$NiOOH+H_2O+e^- \rightarrow Ni(OH)_2+OH^-$$

放电时，正、负极的电化学反应为：

$$MH+OH^- \rightarrow M+H_2O+e^-$$

$$Ni(OH)_2+OH^- \rightarrow NiOOH+H_2O+e^-$$

总反应：

$$Ni(OH)_2+M \leftrightarrow NiOOH+MH$$

3. 镍氢电池的特点

镍氢电池具有无污染、高比能、大功率、快速充放电、耐用性等许多优异特性。与铅酸电池相比，镍氢电池除具有比能量高、质量轻、体积小、循环寿命长的特点以外，还具有以下特点。

（1）镍氢电池的优点

镍氢电池分高压镍氢电池和低压镍氢电池。

低压镍氢电池优点：①电池电压为1.2～1.3V，与镍镉电池相当；②能量密度高，是镍镉电池的1.5倍以上；③可快速充放电，低温性能良好；④可密封，耐过充放电能力强；⑤无树枝状晶体生成，可防止电池内短路；⑥安全可靠，对环境无污染，无记忆效应等。

高压镍氢电池优点：①可靠性强，具有较好的过放电、过充电保护，可耐较高的充放电率并且无枝晶形成，具有良好的比特性，其质量比容量为60A·h/kg，是镍镉电池的5倍；②循环寿命长，可达数千次之多；③与镍镉电池相比，全密封，维护少；④低温性能优良，在−10℃时，容量没有明显改变。

（2）镍氢电池的缺点

① 正常工作温度范围为−15～40℃，高温性能较差。

② 工作电压低，工作电压范围为1.0～1.4V。

③ 价格比铅酸电池贵。

五、超级电容器

超级电容器是一种介于电解质电容器和化学蓄电池之间的储能装置，其储能方式与传统电容器不同。传统电容器由电极和电解质组成。通过电极间的电解质在电场作用下产生极化效应而储存能量。超级电容器则不存在介质，依靠电解质与电极接触界面上的特有双层结构储存能量。超级电容器结构如图3-15所示。

图3-15　超级电容器结构

超级电容器是通过电极与电解质之间形成的双层界面来存储能量的新型元器件。当电极与电解液接触时，由于库仑力、分子间力及原子间力的作用，使固液界面出现稳定的、符号相反的双层电荷，称其为界面双电层。把双电层超级电容器看成是悬在电解质中的2个非活性多孔板，电压加载到2个板上。加在正极板上的电势吸引电解质中的负离子，负极板吸引正离子，从而在两电极的表面形成了一个双电层电容器。双电层电容器根据电极材料的不同，可以分为碳电极双层超级电容器、金属氧化物电极超级电容器和有机聚合物电极超级电容器。工作原理如图3-16所示。

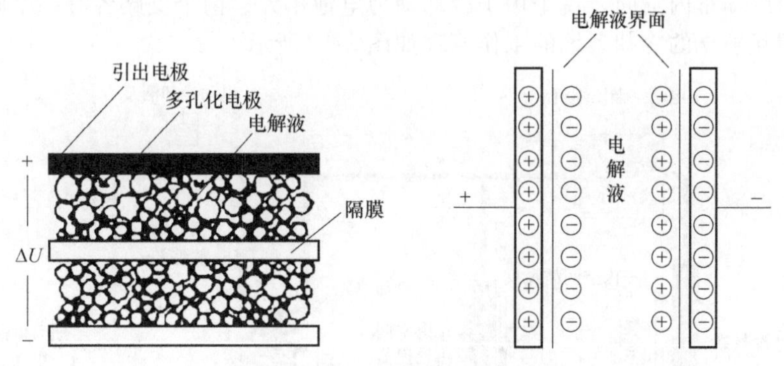

图3-16　超级电容器的工作原理

作为一种新型储能装置，超级电容器具有输出功率高、充电时间短、使用寿命长、工作温度范围宽、安全且无污染等优点，有望成为21世纪新型的绿色电源。

与传统的电容器和二次电池相比，超级电容器的比功率是电池的10倍以上，存储点火的能力比普通电容器高，并具有充电速度快、循环寿命长、使用温度范围广、无污染等特点，是一种非常有前途的绿色储能装置。

六、电动汽车动力电池冷却系统

新能源汽车动力电池作为汽车的动力源，其充电、放电的发热会一直存在。动力电池的性能和电池温度密切相关。

为了尽可能延长动力电池的使用寿命并获得最大功率，需在规定温度范围内使用蓄电池。原则上温度在－40～＋55℃（实际电池温度）的动力电池单元处于可运行状态，高于此温度，电池性能会下降，因此目前新能源汽车的动力电池单元都装有冷却装置。

动力电池冷却系统有空调循环冷却式、水冷式和风冷式。

1. **空调循环冷却式**

在高端电动汽车中动力电池内部有与空调系统连通的制冷剂循环回路。BMW X1 xDrive 25Le（F49 PHEV）插电式混动车型动力电池冷却系统结构示意图如图3-17所示。

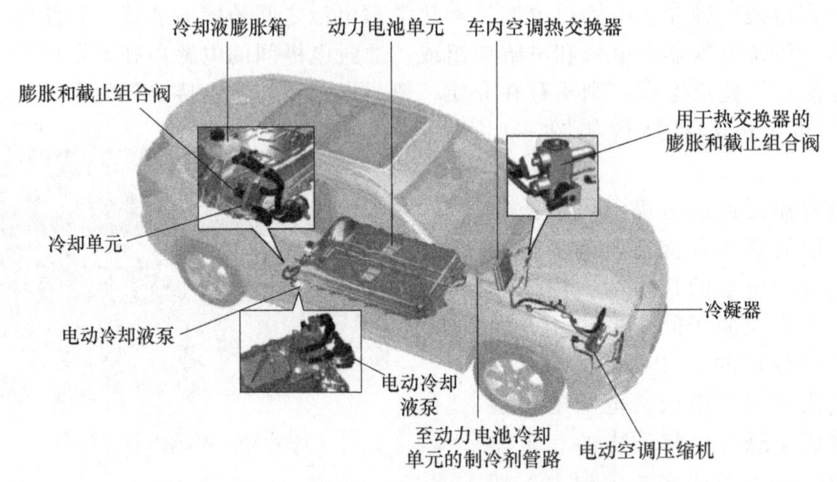

图3-17　空调循环冷却方式结构示意图

动力电池单元直接通过冷却液进行冷却，冷却液循环回路与制冷剂循环回路通过冷却液制冷剂热交换器（即冷却单元）连接。因此，空调系统制冷剂循环回路由两个并联支路构成，一个用于冷却车内空间，一个用于冷却动力电池单元。两个支路各有一个膨胀和截止组合阀。两个相互独立的冷却系统的工作原理如图3-18所示。

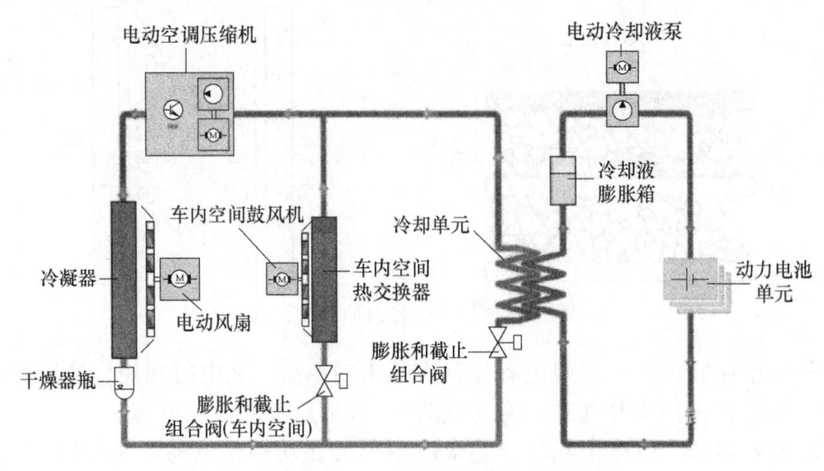

图3-18　相互独立的空调循环冷却系统工作原理

冷却系统工作原理：电动冷却液泵通过冷却液循环回路输送冷却液。只要冷却液的温度低于电池模块，仅利用冷却液的循环流动便可冷却电池模块。若冷却液温度高，则不足以使电池模块的温度保持在预期范围内。因此必须要降低冷却液的温度，此时需借助冷却液制冷剂热交换器（即冷却单元），这是介于动力电池冷却液循环回路与空调系统制冷剂循环回路之间的接口。

若冷却单元上的膨胀和截止组合阀使用电气方式启用并打开，液态制冷剂将流入冷却单元并蒸发，这样可吸收环境空气热量，因此也是一种流经冷却液循环回路的冷却液。电动空调压缩机（EKK）再次压缩制冷剂并输送至电容器，制冷剂在此重新变为液体状态，因此制冷剂可再次吸收热量。

为了确保冷却液通道排出电池模块热量，必须以均匀分布的作用力将冷却通道整个平面压到电池模块上。通过嵌入冷却液通道的弹簧条产生该压紧力，针对电池模块几何形状和下半部分壳体对弹簧条进行相应调节。

热交换器的弹簧条支撑在高电压蓄电池单元的壳体下部件上，从而将冷却液通道压到电池模块上。

2. **水冷式**

水冷式动力电池冷却系统是使用特殊的冷却液在动力电池内部的冷却液管路中流动，将动力电池产生的热量传递给冷却液，从而降低动力电池的温度。图 3-19 所示为电动汽车水冷式冷却系统。冷却系统分为 2 个独立的系统，分别是逆变器（PEB）/驱动电动机冷却系统、高压电池包冷却系统（ESS）。其结构主要有膨胀水箱、软管、冷却水泵、电池冷却器等。

冷却系统利用热传导的原理，通过冷却液在各个独立的冷却系统回路中循环，使驱动电动机、逆变器（PEB）和动力电池包保持在最佳工作温度。冷却液是 50％的水和 50％的有机酸技术防冻液（OAT）的混合物。冷却液要定期更换才能保持其最佳效率和耐腐蚀性。

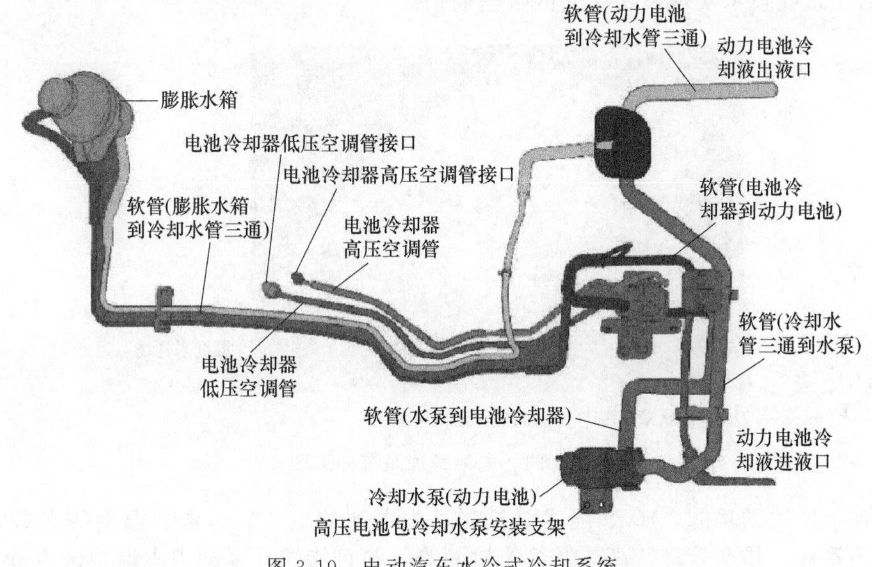

图 3-19 电动汽车水冷式冷却系统

电池冷却器（Chiller）是动力电池冷却系统的一个关键部件，它负责将动力电池维持在一个适合的工作温度，进而使动力电池的放电性能处于最佳状态。电池冷却器（Chiller）主要由热交换器、带电磁阀的膨胀阀（TXV）、管路接口和支架组成。热交换器主要用于动力电池冷却液和制冷系统制冷剂的热交换，将动力电池冷却液中的热量转移到制冷剂中。

比亚迪 E5、荣威 E50 等电动汽车采用水冷式动力电池冷却系统。

3. **风冷式**

风冷式动力电池冷却系统是利用散热风扇将来自车厢内部的空气吸入动力电池箱，以冷却动力电池以及动力电池的控制单元等部件。丰田普锐斯、凯美瑞（混动版）、卡罗拉双擎、雷凌双擎、广汽传祺 AG 电动汽车等采用风冷式动力电池冷却系统。

第三节 电动汽车动力电池管理系统

当成百上千的电芯串联或并联构成动力电池时，使用过程中某个电芯可能会产生过热、

图 3-20 电池管理系统

电压过高或过低时需识别出来，所以需要一个电池管理系统。电池管理系统的英文是 Battery Management System，简称 BMS，如图 3-20 所示。BMS 是连接车载动力电池和电动汽车的重要纽带，其主要功能包括：电池物理参数实时监测；电池状态估计；在线诊断与预警；充放电与预充控制；均衡管理和热管理等。

一、电池管理系统的组成

典型电池管理系统主要分为主控模块和从控模块两大部分。具体从外形来看，由电池管理控制器（BMC）、电池信息采集器和电池采样线组成，如图 3-21 所示，从控制原理角度看，由中央处理单元（主控模块）、数据采集模块、数据检测模块、显示单元模块、控制部件（熔断装置、继电器）等构成。一般通过采用内部 CAN 总线技术实现模块之间的数据通信。

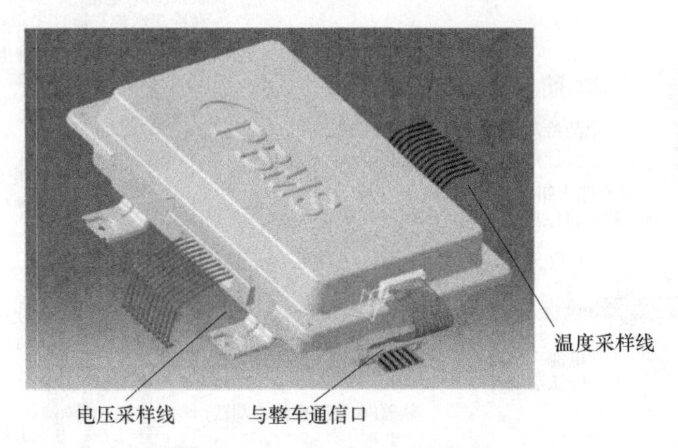

图 3-21 电池管理系统外形图

基于各个模块的功能，BMS 能实时检测动力电池的电压、电流、温度等参数，对动力电池实现热管理、均衡管理、高压及绝缘检测等，并且能够计算动力电池剩余容量、充放电功率以及 SOC&SOH 状态，同时根据其检测情况实时控制各接触器的通断。系统框架如图 3-22 所示。

二、电池管理系统的功能

电池管理系统的主要功能除了接收动力电池的电压、电流和温度信号外，还有充放电管理、接触器控制、功率控制、电池异常状态报警和保护、SOC/SOH 计算、自检以及通信功能等，如图 3-23 所示。在电池出现漏电、碰撞、电压异常或温度异常时，电池管理系统能及时控制接触器以保护动力电池的装置，是整车高压系统重要的控制器之一。

BMS 具体功能如下。

(1) 电池参数检测　电池参数检测包括总电压检测、总电流检测、单体电池电压检测（防止出现过充、过放甚至反极现象）、温度检测（最好每串电池、关键电缆接头等均有温度传感器）、烟雾检测（监测电解液泄漏）、绝缘检测（监测漏电）、碰撞检测等。

(2) 电池状态估计　电池状态估计包括荷电状态（SOC）或放电深度（DOD）、健康状态（SOH）、功能状态（SOF）、能量状态（SOE）、故障及安全状态（SOS）等，如图 3-24 所示。

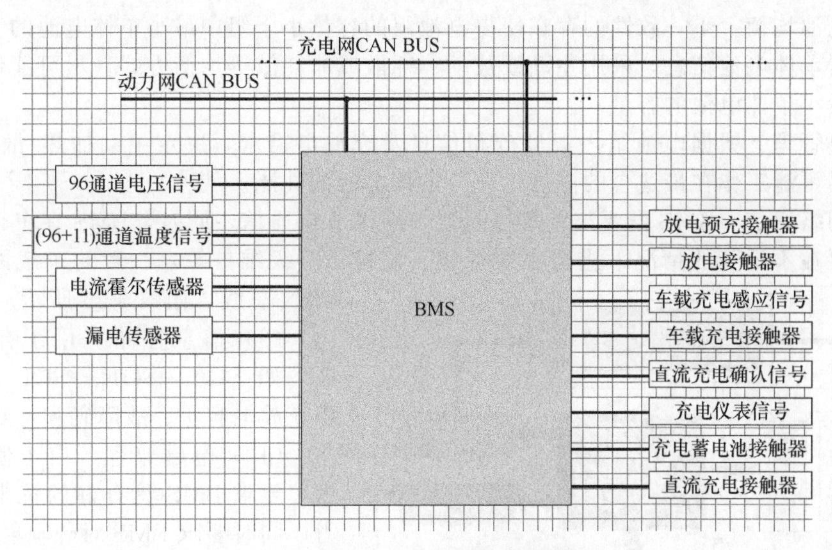

图 3-22　电池管理系统框架图

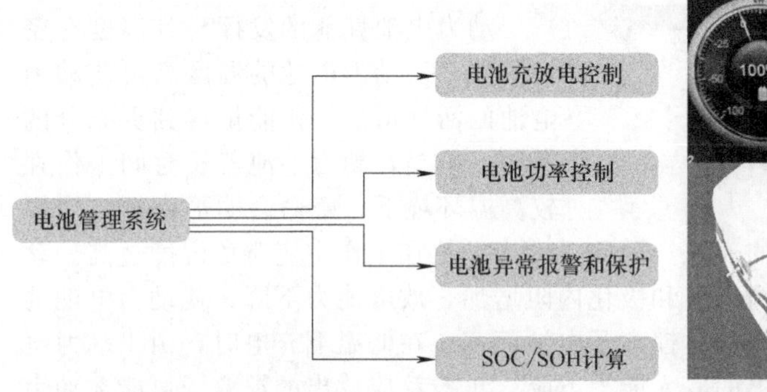

图 3-23　电池管理系统的功能

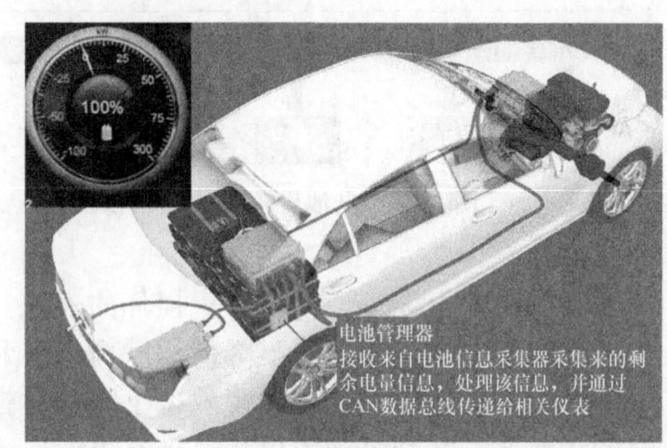

图 3-24　电池状态估计

（3）在线故障诊断　在线故障诊断包括故障检测、故障类型判断、故障定位、故障信息输出等，如图 3-25 所示。故障检测是指通过采集到的传感器信号，采用诊断算法诊断故障类型，并进行早期预警。电池故障是指电池组、高压电回路、热管理等各个子系统的传感器故障、执行器故障（如接触器、风扇、泵、加热器等），以及网络故障、各种控制器软硬件故障等。电池组本身故障是指过压（过充）、欠压（过放）、过电流、超高温、内短路故障、接头松动、电解液泄漏、绝缘降低等。

（4）电池安全控制与报警　电池安全控制与报警包括热系统控制、高压电安全控制。BMS 诊断到故障后，通过网络通知整车控制器，并要求整车控制器进行有效处理（超过一定阈值时 BMS 也可以切断主回路电源），以防止高温、低温、过充、过放、过流、漏电等对电池和人的损害。

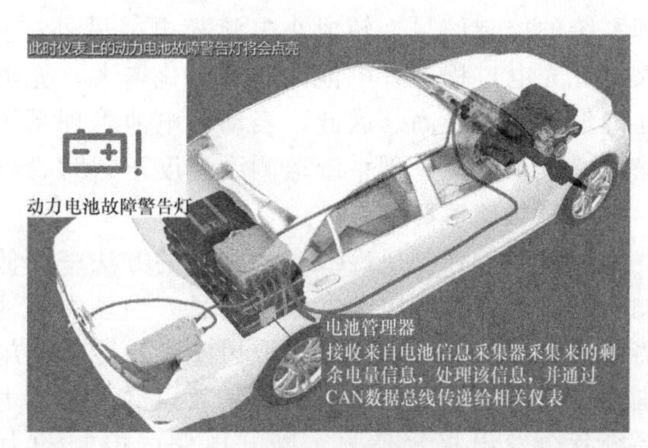

图 3-25　电池故障指示

（5）充电控制　BMS 中具有一个充电管理模块，能够根据电池的特性、温度高低以及充电机的功率等级，控制充电机给电池进行安全充电。

(6) 电池均衡　不一致性的存在使得电池组的容量小于组中最小单体电池的容量。电池均衡是根据单体电池信息，采用主动或被动、耗散或非耗散等均衡方式，尽可能使电池组容量接近于最小单体电池的容量。

(7) 热管理　根据电池组内温度分布信息及充放电需求，决定主动加热/散热的强度，使得电池尽可能工作在最适合的温度，充分发挥电池的性能。

(8) 网络通信　BMS需要与整车控制器等网络节点通信，同时，BMS在车辆上拆卸不方便，需要在不拆壳的情况下进行在线标定、监控、升级维护等，一般的车载网络均采用CAN总线，如图3-26所示。

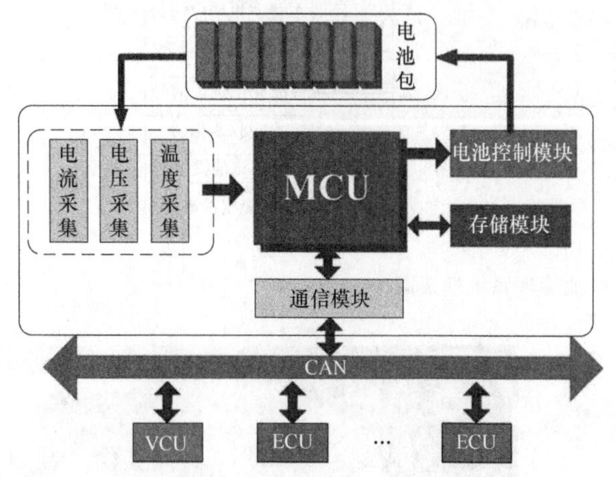

图3-26　电池管理车载网络系统

(9) 信息存储　用于存储关键数据，如SOC、SOH、SOF、SOE、累积充放电容量、故障码和一致性等；

(10) 电磁兼容　由于使用环境恶劣，要求BMS具有好的抗电磁干扰能力，同时要求BMS对外辐射小。

三、电池管理系统的热管理

动力电池性能的发挥与其温度有密切的关系。动力电池的温度高可使动力电池的活性增加，使能量得到更充分的利用。但是，动力电池若长时间工作在较高温环境下，寿命会明显缩短，当温度太高时动力电池还会出现严重损坏的现象。因此，动力电池在工作中应避免温度过高。动力电池在低温时，活性明显降低，欧姆内阻和极化内阻增加，放电能力下降，使动力电池的实际可用容量减小，能量利用效率下降。对锂离子电池而言，在低温下充电时，由于动力电池的活性差，特别是动力电池负极石墨的嵌入能力下降，正极反应放出的锂离子可能在动力电池负极沉积下来，造成锂枝晶的形成，使得可用的锂离子减少，严重的时候还会造成动力电池内部短路。因此，动力电池必须保持在适当的温度范围之内，才能保证电池组正常工作并延长电池的寿命。

1. 动力电池低温控制

在低温时，动力电池的活性差。对锂离子电池来说，由于负极石墨的嵌入能力下降，此时以大电流充电很可能出现锂离子电池热失控，甚至出现安全事故。为了避免这种问题，当电池管理系统监测到电池的温度过低时，会向充电装置发出控制信号，充电装置根据电池管理系统的控制信号，转成小电流充电。另外，在低温环境（小于10℃）下，电池的内阻增大，在充电过程中，电池的欧姆极化增大，充电效率下降，而这部分能量转化为热量，使电池的温度逐渐升高。因此，当动力电池管理系统监测到环境温度过低时，也会控制充电装置输入，直至电池管理系统监测到温度正常时，再控制充电装置转入小电流充电。

2. 动力电池高温控制

通常采取强制风冷或者水冷却的方法来降低动力电池的温度。电池管理系统通过实时监测得到电池组中各电池的温度信息。当动力电池工作温度达到设定的高限值时，动力电池就需要进行散热处理，包括采取风冷和水冷等措施，以保证动力电池的温度和温升在一定的范围内。在动力电池的温度管理失效以后，当动力电池温度达到最高允许值时，动力电池管理系统就会发出报警信号，断开电路，控制动力电池停止充放电，以保证动力电池的使用安全。

四、电池信息采集器

电池管理系统（BMS）需要采集每一个电芯的电压和每一个区域的温度，如果直接采集，BMS需要更多的插接器来满足需求。由于网络系统和计算机的发展，电动汽车通常采用若干个数据采集器，可采集每个区域电芯的电压和温度，然后通过总线系统传输至BMS，由BMS统一进行管理。例如比亚迪E6就有若干电池信息采集器。

第四节　辅助元器件

辅助元器件主要包括接触器、预充电阻、保险丝、高低压线束等。比亚迪电动汽车辅助元器件主要由主接触器、DC/DC接触器、空调接触器、负极接触器、预充接触器与预充电阻、直流充电接触器、加热继电器与加热保险、电流传感器、保险、高低压线缆、高低压插接件等组成。辅助元器件都安装在高压配电箱内。高压配电箱外部接线如图3-27所示，内部结构如图3-28所示，内部实物如图3-29所示。

图3-27　高压配电箱外部接线

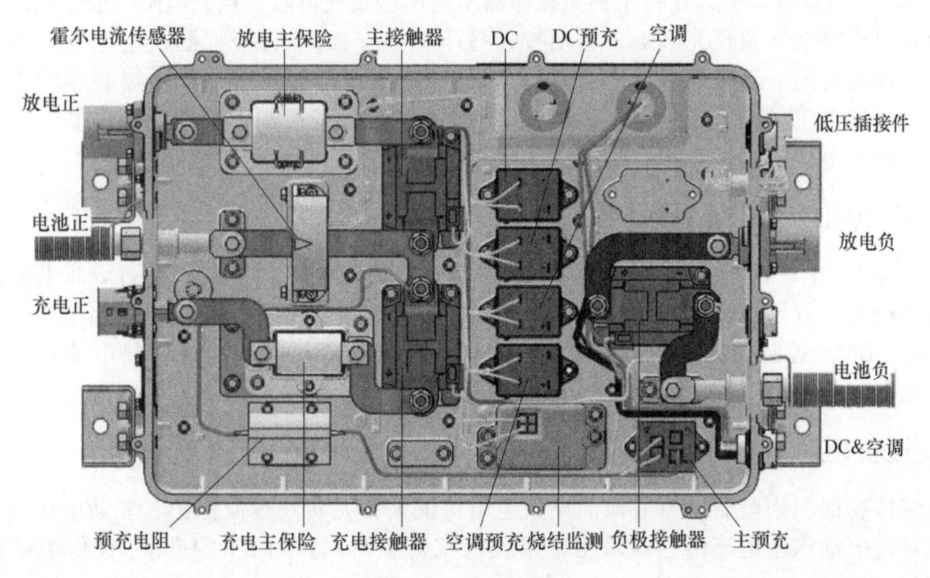

图3-28　内部结构

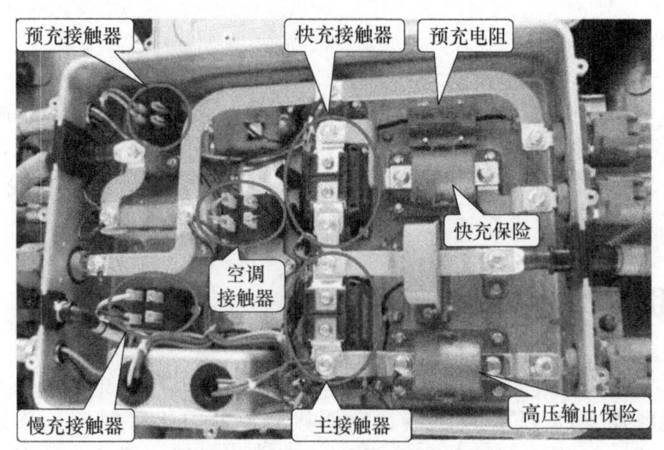

图 3-29 内部实物

一、接触器

接触器的作用主要是控制线圈的小电流，控制主电路的大电流。比亚迪电动汽车接触器全部由 BMS 控制。

接触器中，主接触器主要控制电机控制器高压电正极通断；DC/DC 接触器主要控制 DC/DC 高压电正极通断；空调接触器主要控制空调控制器高压电正极通断；负极接触器对所有高压用电设备高压负极进行通断控制。

二、预充接触器与预充电阻

在电动汽车中，为了防止高压电直接加在高压用电设备上而受到高电压冲击，在控制器上都并联大电容。在充放电初期，需要闭合预充接触器进行对电容预充电，当电容两端电压接近电池总电压 80%时，断开预充接触器，闭合其他接触器。在预充接触器上需串联 120Ω 电阻，因为若预充接触器直接与电容 C 连接，电池组高压为 300V 左右，在预充接触器接通瞬间，电容 C 两端电压接近 0，相当于瞬间短路，负载电阻仅仅是导线及接触器触点电阻，预充和负极接触器很容易就损坏，所以在每个预充接触器上需串联预充电阻，预充电阻一般是 120Ω。

加入预充接触器及预充电阻，启动按钮按下去时，BMS 首先控制负继电器，预充接触器接通，接通瞬间，经附加电阻流入电容 C 的电流在预充接触器、负极接触器的容量范围内，对电容 C 进行充电，充电达到目标要求后，在 BMS 的控制下预充接触器断开，主接触器闭合，高压电接入。接触器、预充接触器和附加电阻电路原理如图 3-30 所示。

三、加热继电器和加热保险

比亚迪 E6 电动汽车应用磷酸铁锂电池，由于磷酸铁锂电池高温性能好，而电池的温度会影响电池充电效果，所以磷酸铁锂电池增设了加热功能。在充电过程中，当电芯温度低于设定值时，BMS 控制加热继电器线圈通电，触点闭合，通过保险接通加热电路，从而加热动力电池电芯。

四、电流传感器

电流传感器用来监测动力电池的充放电电流的大小，实现过流保护、驱动电机缺相保护等。比亚迪电动汽车电流传感器采用霍尔式电流传感器，如图 3-31 所示。读取数据流界面如图 3-32 所示。

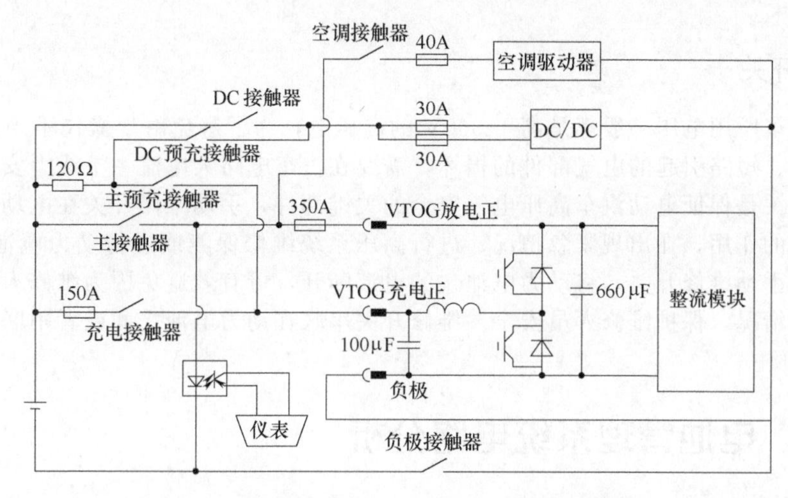

图 3-30 接触器、预充接触器和附加电阻电路原理

霍尔式电流传感器

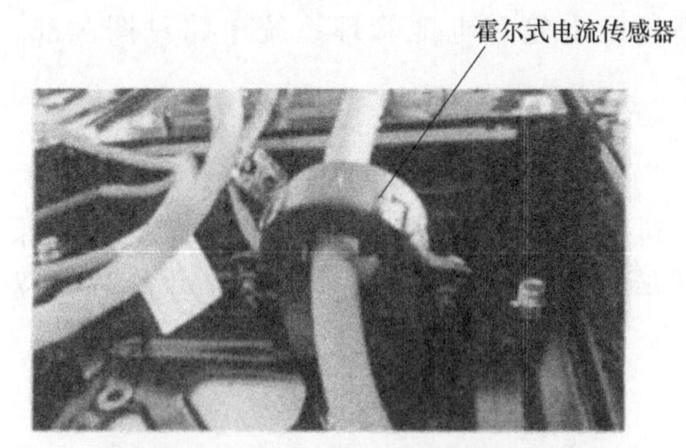

图 3-31 霍尔式电流传感器位置示意图

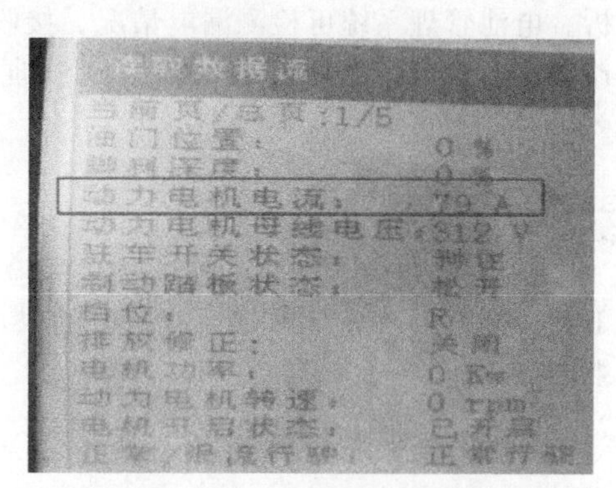

图 3-32 读取数据流界面

五、保险

图 3-33 所示为串联在电池组中间的保险，目的是防止能量回收过电压、过电流，或放电过电流，它的规格为 250A，500V。

六、高低压线束

橙色波纹管为高压线束，黑色波纹管为低压线束，如图 3-34 所示。

图 3-33 电池组中间的保险

图 3-34 高低压线束

七、维修开关

电动汽车所用电压一般都是高于300V的高压电，为了避免由于操作不当造成的电击危险以及过载、短路引起的电气部件的损坏，需要在汽车电路大电流主干线上安装手动维修开关。维修开关是保证电动汽车高压电气安全的关键部件，手动维修开关在电动汽车电路中起到保护电源的作用，在出现紧急情况、进行高压系统维修保养或进行动力电池维护安装时，应及时断开手动维修开关，将动力电池包的电流断开，可有效避免因为维修人员操作不当而引发的电击情况，保护维修人员安全。维修开关串联在动力电池之间或者串联在动力电池正极输出端。

第五节　电池管理系统电路分析

不同电动汽车的电池管理系统作用不同，下面以比亚迪E6为例进行电池管理系统电路分析。电池管理系统可检测漏电情况、接收动力电池相关传感器测量的信号，同时控制各接触器，从而控制高压回路的通断。比亚迪E6高压配电箱和电池管理系统电路见图3-35、图3-36。

一、BMS供电系统

BMS有两路供电，一路常电通过保险F2/9到（K45B）3号端，第二路双路电通过保险FM/1到（K45B）1号端。双路电的供电条件是打开点火开关，整车控制器工作控制双路继电器工作。

二、电池管理系统自检

当双路电供电时，电池管理系统（BMS）进行自检，检测动力电池单体电池电压、动力电池温度、电流传感器、漏电传感器。自检若无故障，开始控制高压配电箱的接触器。

三、负极接触器电路的控制

当BMS自检正常时，BMS首先控制负极接触器控制电路负极拉低，接触器控制电路接通，触点闭合，接通了动力电池的负极。电路是双路电→FM/3→高压配电箱K46/5→负极接触器线圈→高压配电箱K46/10→BMS K45（A）/25。接触器线圈接通，触点闭合，接通了动力电池负极和电机控制器、DC/DC、空调负极、直流充负的电路。

四、主预充接触器和DC/DC预充接触器的控制

当负极接触器接通后，BMS将主预充接触器和DC/DC预充接触器的控制电路拉低，主预充接触器和DC/DC预充接触器触点闭合进行预充电，对用电设备起到保护作用。主预充电路是双路电→FM/3→高压配电箱K46/1→主预充接触器线圈→高压配电箱K46/13→BMS K45（A）/17。接触器线圈接通触点闭合，接通了动力电池正极和电机控制器正极，接通电路是动力电池正极→120Ω预充电阻→主预充接触器触点→电机控制器正极。DC/DC预充控制电路是双路电→FM/3→高压配电箱K46/2→DC/DC接触器线圈→高压配电箱K46/6→BMS K45（A）/23，电流通路是动力电池正极→120Ω预充电阻→DC/DC预充接触器触点→DC/DC正极。

五、放电主接触器和DC/DC接触器的控制

当预充结束后，BMS控制预充接触器断路，同时拉低放电主接触器和DC/DC接触器控

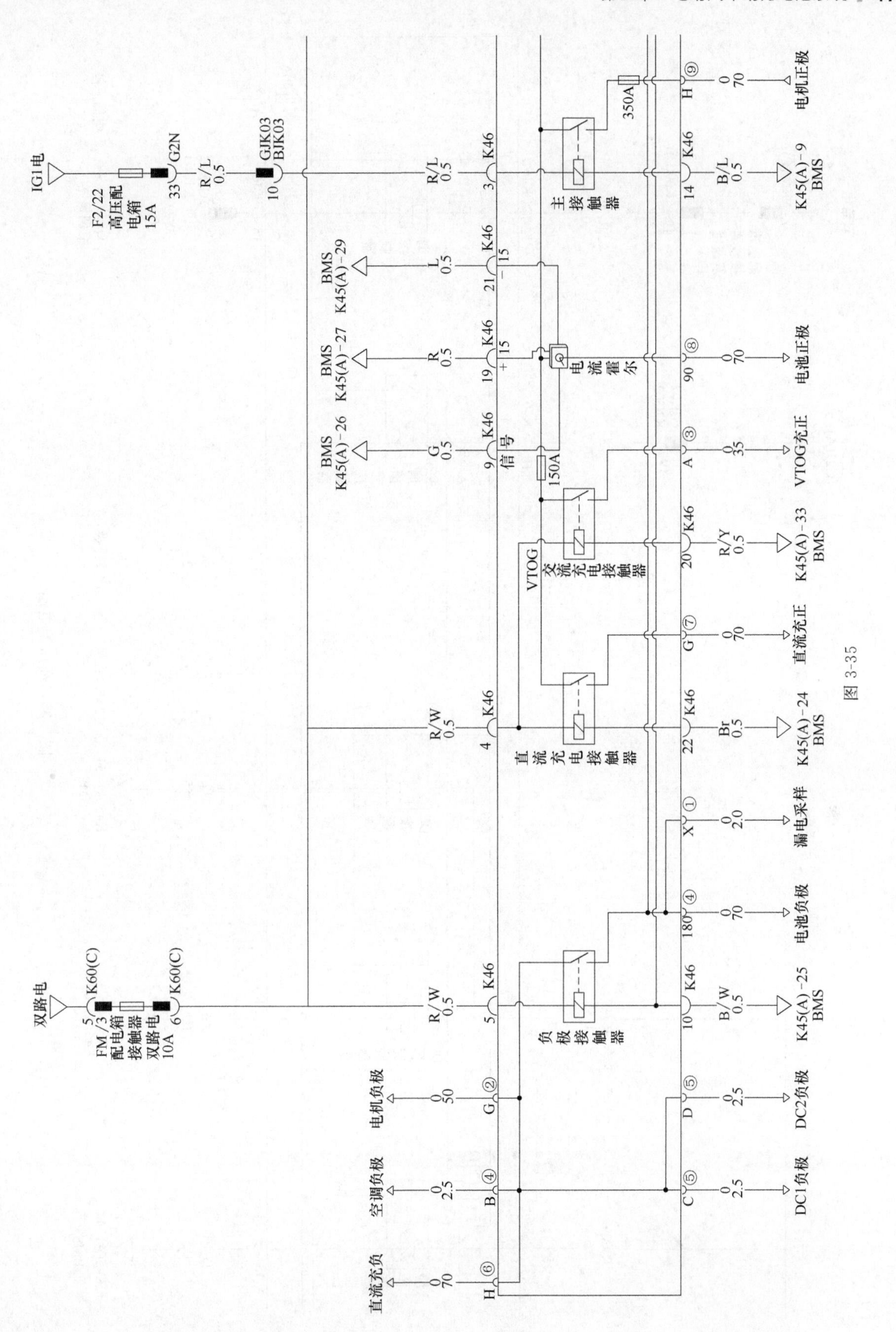
IG1电
F2/22
高压配电箱
15A
G2N
33
R/L
0.5
GJK03
BJK03
10
K46
主接触器
350A
H ⑨
0
70
电机正极
14
B/L
0.5
K45(A)-9
BMS
BMS
K45(A)-29
L
0.5
21
-15
BMS
K45(A)-27
R
0.5
19
+15
电流霍尔
90 ⑧
电池正极
BMS
K45(A)-26
G
0.5
9
信号
150A
A ③
35
VTOG充正
VTOG
交流充电接触器
20
R/Y
0.5
K45(A)-33
BMS
G ⑦
直流充正
R/W
0.5
4
直流充电接触器
22
Br
0.5
K45(A)-24
BMS
X ①
2.0
漏电采样
180 ④
电池负极
双路电
5
K60(C)
FM/3
配电箱接触器双路电
10A
6
K60(C)
R/W
0.5
5
负极接触器
10
B/W
0.5
K45(A)-25
BMS
D ⑤
2.5
DC2负极
C ⑤
DC1负极
G ②
50
电机负极
B ④
空调负极
H ⑥
直流充负
图 3-35

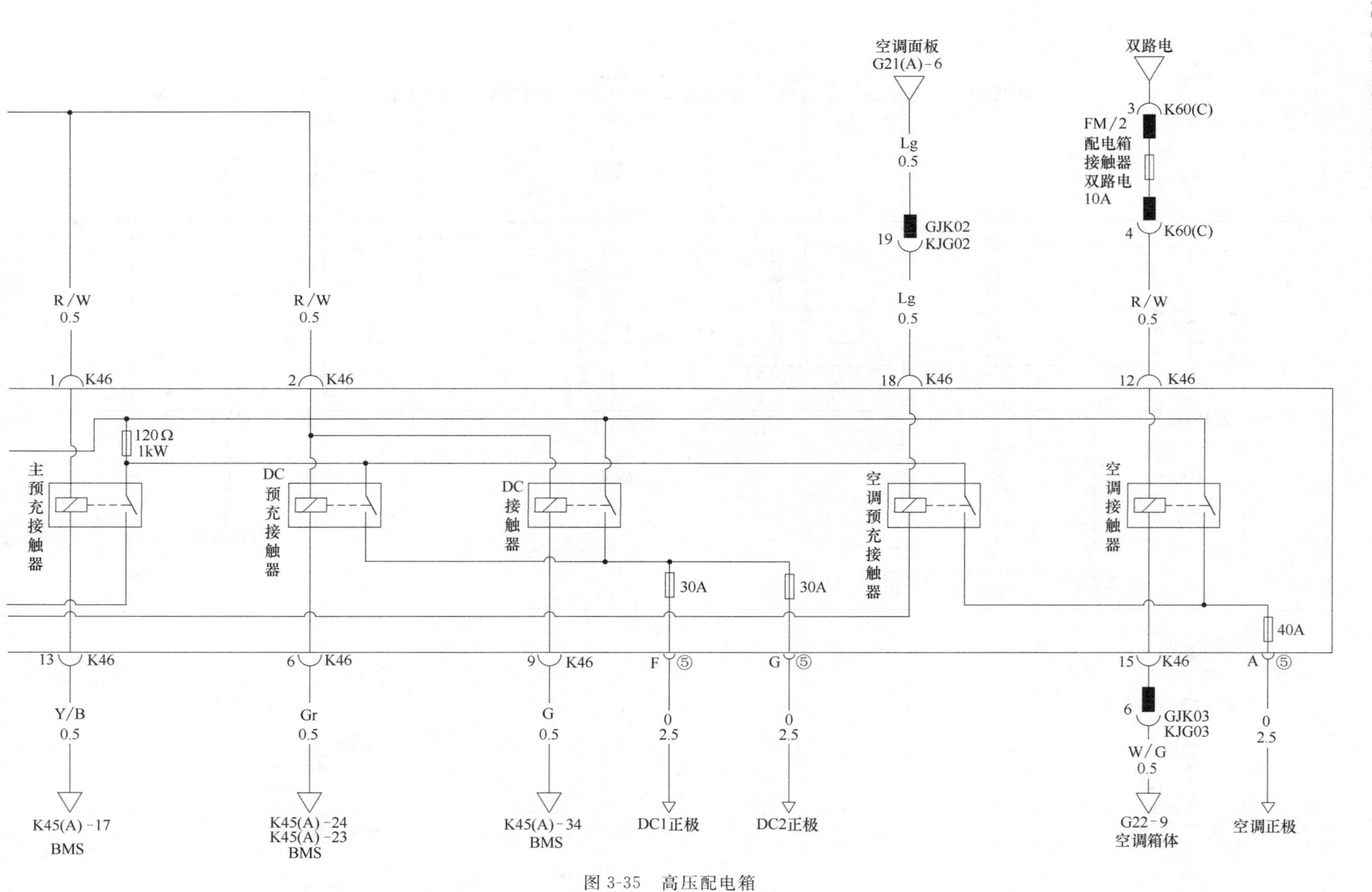

空调面板
G21(A)-6
双路电
3
K60(C)
FM/2
配电箱
接触器
双路电
10A
Lg
0.5
GJK02
19
KJG02
4
K60(C)
R/W
0.5
R/W
0.5
Lg
0.5
R/W
0.5
1
K46
2
K46
18
K46
12
K46
120Ω
1kW
主预充接触器
DC预充接触器
DC接触器
空调预充接触器
空调接触器
30A
30A
40A
13
K46
6
K46
9
K46
F
⑤
G
⑤
15
K46
A
⑤
6
GJK03
KJG03
Y/B
0.5
Gr
0.5
G
0.5
0
2.5
0
2.5
W/G
0.5
0
2.5
K45(A)-17
BMS
K45(A)-24
K45(A)-23
BMS
K45(A)-34
BMS
DC1正极
DC2正极
G22-9
空调箱体
空调正极

图 3-35 高压配电箱

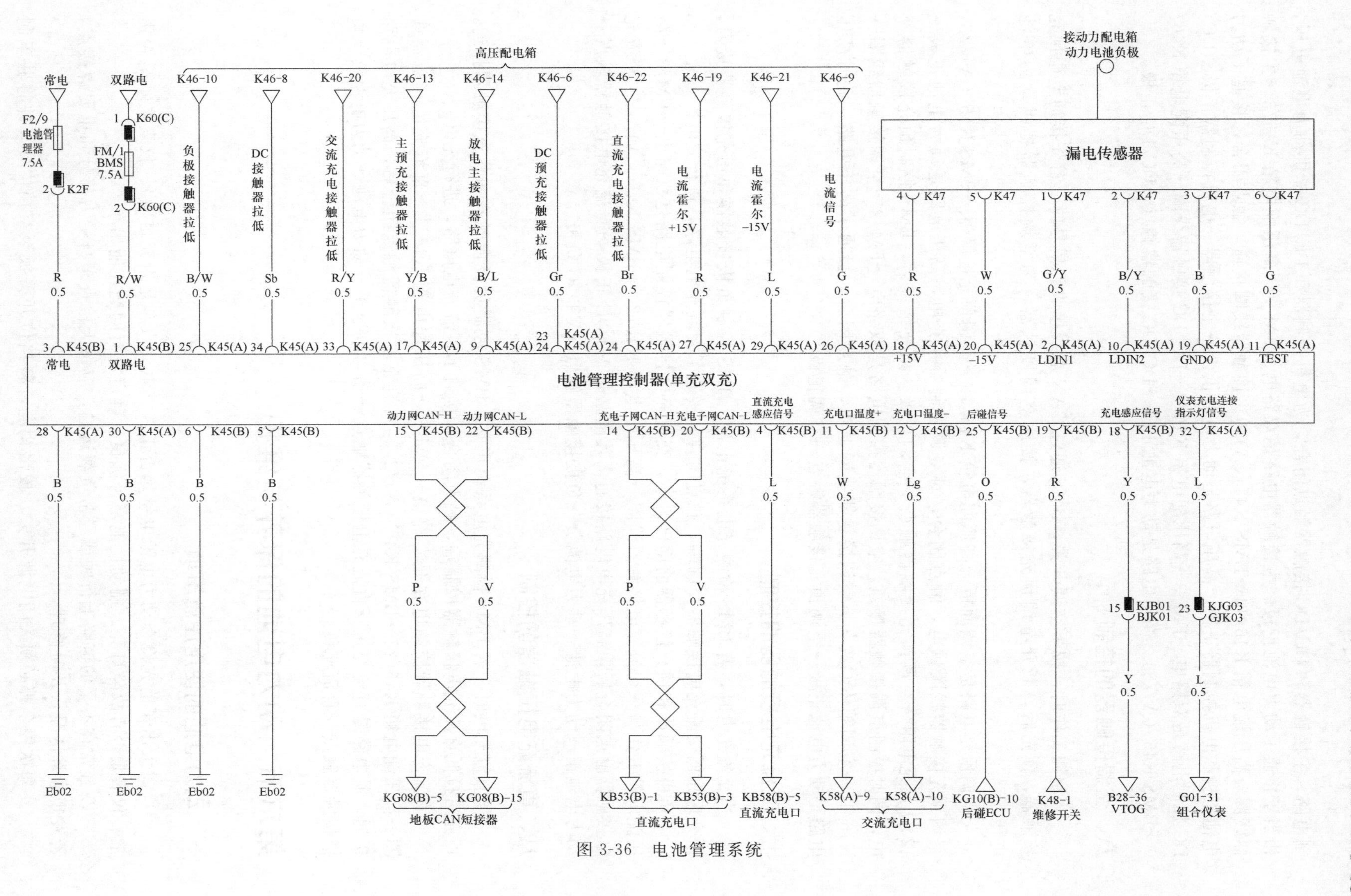
高压配电箱
常电
双路电
F2/9 电池管理器 7.5A
FM/1 BMS 7.5A
K2F
K60(C)
K46-10
K46-8
K46-20
K46-13
K46-14
K46-6
K46-22
K46-19
K46-21
K46-9
负极接触器拉低
DC接触器拉低
交流充电接触器拉低
主预充接触器拉低
放电主接触器拉低
DC预充接触器拉低
直流充电接触器拉低
电流霍尔+15V
电流霍尔-15V
电流信号
接动力配电箱动力电池负极
漏电传感器
K47
电池管理控制器(单充双充)
+15V
-15V
LDIN1
LDIN2
GND0
TEST
动力网CAN-H
动力网CAN-L
充电子网CAN-H
充电子网CAN-L
直流充电感应信号
充电口温度+
充电口温度-
后碰信号
充电感应信号
仪表充电连接指示灯信号
Eb02
KG08(B)-5
KG08(B)-15
地板CAN短接器
KB53(B)-1
KB53(B)-3
直流充电口
KB58(B)-5
直流充电口
K58(A)-9
K58(A)-10
交流充电口
KG10(B)-10
后碰ECU
K48-1
维修开关
KJB01
BJK01
KJG03
GJK03
B28-36
VTOG
G01-31
组合仪表

图 3-36　电池管理系统

制电路，主接触器和DC/DC接触器触点闭合，为电机控制器和DC/DC提供动力电池电压，相当于接通了动力电池正极。主接触器电路是双路电→FM/3→高压配电箱K46/3→主接触器线圈→高压配电箱K46/14→BMS K45（A)/9。接触器线圈接通，触点闭合，接通了动力电池正极和电机控制器正极。高压电路是动力电池正极→主接触器→电机控制器正极。DC/DC控制电路是双路电→FM/3→高压配电箱K46/2→DC/DC接触器线圈→高压配电箱K46/9→BMS K45（A)/34。高压电路是动力电池正极→DC/DC接触器触点→DC/DC正极。

六、空调接触器的控制

当空调工作时，按下空调开关，BMS通过CAN总线接收到信号时，首先接通空调预充接触器，预充后，断开空调预充接触器，接通空调接触器，为空调控制器提供动力电池电压。

空调预充电路是空调面板→高压配电箱K46/18→空调预充接触器→BMS K45（A)/23。空调预充接触器线圈供电，触点闭合，对空调控制器预充电，高压电路是动力电池正极→120Ω预充电阻→空调预充接触器触点→空调正极。预充结束后，BMS控制预充接触器断电，同时控制空调接触器接通。空调接触器控制电路是双路电→FM/2→空调接触器线圈→K46/15→空调箱体G22/9。空调接触器线圈通电，触点闭合，接通了高压电路，此时高压电路是动力电池正极→空调预充接触器触点→空调正极。

七、交流充电接触器的控制

当交流充电时，若BMS检测充电系统正常，BMS控制负极接触器和预充接触器接通，预充后拉低交流充电接触器控制端，触点闭合，接通了交流充电电路，进行充电。

负极接触器和预充接触器前面已讲述，交流充电接触器控制电路是双路电→FM/3→高压配电箱K46/4→交流充电接触器线圈→高压配电箱K46/20→BMS K45（A)/33。交流充电接触器触点闭合后，高压充电电路接通，其电路是VTOG正极→交流充电接触器触点→动力电池正→动力电池→动力电池负→负极接触器触点→VTOG负极。

八、直流充电接触器的控制

当直流充电时，若BMS检测充电系统正常，BMS控制负极接触器和预充接触器接通，预充后拉低直流充电接触器控制端，触点闭合，接通了直流充电电路，进行充电。

直流充电接触器控制电路是双路电→FM/3→高压配电箱K46/4→直流充电接触器线圈→高压配电箱K46/22→BMS K45（A)/24。直流充电接触器触点闭合后，高压充电电路接通，其电路是直流充正→直流充电接触器触点→动力电池正→动力电池→动力电池负→负极接触器触点→直流充负。

第六节　动力电池的保养与维护

一、动力电池的使用注意事项

① 每天出车前先检查动力电池电量是否正常（电动汽车是否充足电）、仪表显示是否正常、仪表是否有故障灯亮、制动性能是否优良，确定没有问题才能出车。

② 经常在不平的道路上行驶或经常负载运输，应每天检查车身受力部分和重要焊接点，若发现异常情况，及时修理。

③ 每次停车都必须关闭电源开关，拔出钥匙，将挡位开关扳至空挡位置，并将驻车制

动拉起。

④ 充电应在儿童无法接触到的安全地方进行。

⑤ 因事故或其他原因造成起火时应立即关闭总电源开关。

⑥ 经常给电动汽车充电，电量低（仪表上高压电池组电量显示 1 格位置）的情况下停放不能超过 7 天。

⑦ 电池管理系统会监控高压电池组状态，当监测到一段期间内高压电池组没有进行均衡充电记录时，系统显示屏上会出现“请慢充充电至少 8h 以均衡维护高压电池组”的警告信息。此时，必须对其进行慢充充电作业。

⑧ 高压电池包位于底盘位置，刮擦、碰撞后容易受损，因此车辆在非正常路面行驶后，需检查高压电池包是否有变形、外壳裂纹等情况。

⑨ 车辆在使用过程中出现意外碰撞和刮擦等情况时，需开往该车型授权售后服务中心及时检查高压电池包是否有变形、外壳裂纹等。当发生严重事故时，事故处理完毕后，请联系该车型售后服务中心，将车拖回检查。

⑩ 为了使动力电池处于最佳状态，请定期使用充电设备为动力电池充满电。电池长期存放时，使用车辆请务必先充电至 100%，然后再放电至 30%～40% 。如果存放时间超过三个月的必须要对电池进行充电，否则可能会引起电池过放，降低电池性能。

⑪ 纯电动车辆在冬季低温行驶后，应及时充电，避免因长时间停驶导致动力电池温度低，造成用电浪费和充电延时，甚至不能启动。

⑫ 按照维护规定里程定期进行车辆维护，会提高电池使用寿命，同时提高汽车的安全性能。

二、动力电池的维护和保养

1. 对动力电池的外观做检查

电源系统的外观检查包括检查电池包箱体是否完好，有无损坏或腐蚀；紧固件螺栓、螺母是否松动；电池包之间的连接线是否松动；插头是否完好，各种线束有无损坏擦伤，有无金属部分外露；电池包的冷却通道是否异常。

2. 动力电池绝缘性能检测

动力电池的绝缘状况以直流正负母线对地的绝缘电阻来衡量。电动汽车的国际标准规定：绝缘电阻值除以电动汽车直流系统标称电压 U，结果应大于 500Ω/V，才符合安全要求。

电动汽车高压导线的绝缘性用绝缘表直接检测，动力电池绝缘性必须通过绝缘电阻的计算，检测和计算方法如图 3-37 所示，假设电池电压是 316V。

3. 动力电池内部检查与处理

① 检查电池包底盘和支架是否有电解液和积水等异常情况，如果存在这些异常，须更换电池，同时清理电池包安装部位，确保电池包与底盘的绝缘。

② 观察电池外观整洁程度，是否有液体、腐蚀等现象，同时使用毛刷、干抹布清洁电池表面及零部件。

③ 检查电池之间的连接是否有松动、锈蚀等现象，如果有，及时清理或更换。

④ 检查系统输出端子的连接、电池管理系统各接插件是否牢固，如发现有松动即刻紧固。

⑤ 清理防尘网上的灰尘或杂物，对于采用外进风的冷却系统，电动汽车电源系统若较长时间应用，电池包内可能会积存大量灰尘，必须进行清理，清理后再次进行绝缘检测。

⑥ 检查各电池外观是否有损坏、漏液、严重变形等现象，若有，应对这些电池进行标

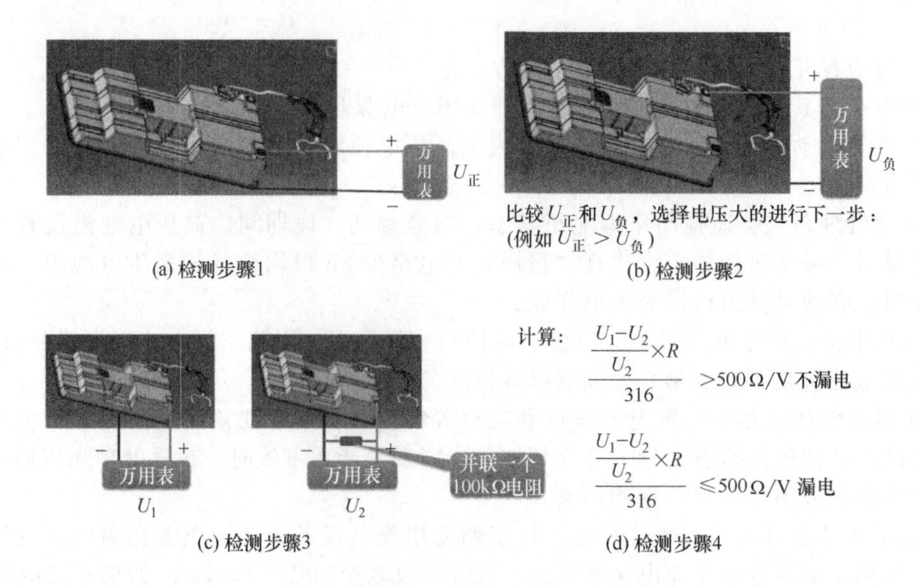

图 3-37　动力电池绝缘性的检测步骤

记，并进行更换。

⑦ 检测每只电池电压，对电压异常电池进行维护或更换。

4. 动力电池低压的检查

动力电池低压的检查包括动力电池低压线束的检查和插接器的检查，低压线束不能破损，插接器外观不能破损，插接器应插接良好。

5. 动力电池冷却液的检查

动力电池冷却液的多少决定着冷却效果的好坏，检查冷却液是否在最高和最低线之间。

三、动力电池的更换

一个完整动力电池称之为动力电池包，其主要组成部分：电池模组，包含电池单体电流母线、电压采样线等还有模组本身连接的机械部件；电子系统，包含电池管理主单元、电池管理子单元、电流传感器和配电单元等；机械部件，包含电池底座、电池盖、螺栓、固定装置等。

可以理解为动力电池包＝电池模组＋控制单元＋机械部件＝电池单体＋采样线等电气元件，这些元件都无法维修，所以只能更换，有以下几种更换方式。

1. 换电池包

换电池包方案实际在初期最为普及，4S 店通过配置新电池包或者维修过的电池包，尽快将客户故障车的故障给处理掉，而更换下来的电池包最后返回到电池包原厂或者售后电池处理工厂。此种方法也是现在电池更换的普遍方法。

动力电池更换步骤具体如下。

（1）动力电池的拆卸

① 关闭点火开关，拔下钥匙。

② 拆下低压蓄电池负极，断开整车低压控制电源。

③ 当车辆举升到需要的高度时，举升机要锁止安全锁。

④ 拆下动力电池总正、总负和低压线束插接件。

⑤ 使用动力电池举升车，举升车上升接触到动力电池包底部再进行拆卸工作。

（2）动力电池拆卸后的检查

① 检查电源线、插头、延长线、保护器是否破裂或损坏。

② 检查是否有过热、冒烟、冒火花的迹象。

③ 检查是否有动力电池系统损坏（如破裂）、动力电池漏电等情况。

④ 检查动力电池系统、电源线是否出现进水现象。

⑤ 检查高低压插接件是否与说明书不一致或不能正常对接。

⑥ 检查是否有其他异常情况等。

（3）动力电池的安装

动力电池的安装与拆卸相反。

（4）动力电池安装后的运行检查

① 当安装完毕后，观察动力电池箱体螺栓是否还有松动，动力电池箱体是否有破损或严重变形，密封法兰是否完整，确保动力电池可以正常工作。

② 将点火开关打开至 Start 挡，查看仪表盘有无异常报警。

③ 使用解码仪进入整车查看有无故障码，若无，表示运行正常。若有故障显示，需根据实际情况进行检查。

2. 换电池模组

比如 BMW I 系列在 4S 店部署的电动汽车售后服务，主要是把电池模组用专用工具将电池托举，将 25kg 的模组直接换掉。

3. 换单体电池

换单体电池在 4S 店难以进行，主要难点在于电池单体母线连接排焊接，实在难以维修，而且维修模块也牵涉到工艺问题，另外单体维修设备成本太高（至几百万），所以现实中无法推广。

课后习题

一、选择题

1. 动力电池管理系统的主要功能有（　　）。

A. 充放电管理　　B. 电机管理　　C. 网关管理　　D. 防盗管理

2. 动力电池漏电检测判定不漏电的标准是等于或高于（　　）被认为是不漏电。

A. 100Ω/V　　B. 500Ω/V　　C. 1000Ω/V　　D. 2000Ω/V

3. 正负极中参加成流反应的物质，能通过化学反应产生电能的材料的是（　　）。

A. 石墨　　B. 氧化铅　　C. 活性物质　　D. 二氧化铅

4. 电池 0.2C 放电时，全过程的平均电压是（　　）。

A. 开路电压　　B. 终止电压　　C. 工作电压　　D. 标称电压

5. 未充放电时，正负极两端的端电压是（　　）。

A. 开路电压　　B. 终止电压　　C. 工作电压　　D. 标称电压

6. 电池在工作时（有负荷时），正负极两端的端电压是（　　）。

A. 标称电压　　B. 闭路电压　　C. 终止电压　　D. 开路电压

7. 电池放电或充电时所规定的最低放电电压或最高充电电压是（　　）。

A. 标称电压　　B. 闭路电压　　C. 截止电压　　D. 开路电压

8. 电池以一定倍率放电时的放电电量是（　　）。

A. 剩余容量　　B. 额定容量　　C. 实际容量　　D. 总容量

9. 电池充满电保存一段时间后，以一定倍率放电，放电容量与实际容量比值是（　　）。

A. 剩余容量　　B. 额定容量　　C. 实际容量　　D. 荷电保持能力

10. 超过规定的充电截止电压而继续充电的过程是（　　）。

A. 过充电　B. 恒流充电　C. 放电　D. 恒压充电

11. 在恒定的电流下，对电池充电的过程是（　）。

A. 过充电　B. 恒流充电　C. 放电　D. 恒压充电

12. 电流从电池流经外部电路的过程是（　）。

A. 过充电　B. 恒流充电　C. 放电　D. 恒压充电

13. 电池放电时其电压随时间的变化曲线是（　）。

A. 放电曲线　B. 充电曲线　C. 特性曲线　D. 能量曲线

14. 表示放电快慢的一种量度是（　）。

A. 放电容量　B. 放电特性　C. 放电速率　D. 放电深度

15. （　）表示单位质量或体积所能释放的能量。

A. 容量密度　B. 功率密度　C. 能量密度　D. 利用率

16. 单体电池电压过低，可能会造成的故障现象有（　）。

A. 不能通电或限功率　B. 可以正常通电和行驶

C. 全车无电　D. 防盗系统失效

17. 磷酸铁锂电池的单体电池充电截止时的最高电压为（　）。

A. 3.3V　B. 3.4V　C. 3.2V　D. 3.6V

18. 磷酸铁锂电池的单体电池放电截止电压为（　）。

A. 2.75V　B. 3.5V　C. 3.2V　D. 3.6V

19. 磷酸铁锂电池的单体电池标称电压是（　）。

A. 3.6V　B. 3.5V　C. 3.2V　D. 3.0V

20. 电动汽车的能量来源是（　）。

A. 发动机　B. 启动机　C. 发电机　D. 动力电池

21. 电池容量单位用（　）表示。

A. A·h　B. mA　C. A　D. C

22. 电池的能量通常用（　）表示。

A. A·h　B. W·h　C. V·A　D. N·m

23. 电池容量以符号（　）表示。

A. E　B. U　C. C　D. V

24. 以下属于电池高倍率放电的是（　）。

A. 0.1C　B. 0.5C　C. 1C　D. 5C

25. 以下电池中在纯电动汽车中应用最广泛的是（　）。

A. 锂电池　B. 铅酸电池　C. 镍镉电池　D. 燃料电池

26. 三元锂电池中“三元”材料指的是（　）。

A. 镍钴锰　B. 碳酸钙　C. 硫酸铅　D. 磷酸铁

27. 锂离子电池在放电过程中，电解液的密度（　）。

A. 增大　B. 减小　C. 不变　D. 不确定

28. 锂离子电池放电深度越小，恒流充电时间（　）。

A. 越长　B. 越短　C. 不变　D. 不确定

29. 相比铅酸电池，锂离子电池的比能量（　）。

A. 更高　B. 更低　C. 相同　D. 不确定

30. （　）是取代镍镉电池的理想碱性电池产品。

A. 镍铁电池　B. 锂离子电池　C. 镍氢电池　D. 铅酸电池

31. 以下是评价电池及电池组是否满足电动汽车加速性能和爬坡能力的重要指标是（　）。

A. 能量　B. 比能量　C. 功率　D. 比功率

32. 某时刻电池剩余容量为60A·h，已知其额定容量为80A·h，则此刻该电池的SOC是（　　）。

A. 60%　B. 80%　C. 75%　D. 25%

33. 某电池充满电后消耗容量60A·h，已知其额定容量为80A·h，则此刻该电池的DOD是（　　）。

A. 60%　B. 40%　C. 75%　D. 25%

34. 以下属于电池低倍率放电的是（　　）。

A. 0.1C　B. 1C　C. 2C　D. 4C

35. 常用电池中适合作为动力电池的是（　　）。

A. 干电池　B. 二次电池　C. 微型电池　D. 核电池

36. 关于三元锂电池，下列说法正确的是（　　）。

A. 热稳定性非常好，不需要散热　B. 热稳定性不好，需要散热

C. 比磷酸铁锂电池电压平台低　D. 属于一次电池

37. 三元锂电池标称电压一般为（　　）。

A. 1.5V　B. 3.7V　C. 4.2V　D. 4.35V

38. 电池中的NTC电阻是指（　　）。

A. 负温度系数热敏电阻　B. 正温度系数热敏电阻

C. 普通碳膜电阻　D. 线绕电阻

39. 以下电池中比能量低、耐过充过放性能较差的是（　　）。

A. 锂电池　B. 镍氢电池　C. 铅酸电池　D. 镍镉电池

40. 以下电池循环寿命可以达到1000次以上的是（　　）。

A. 钠硫电池　B. 磷酸铁锂电池　C. 镍镉电池　D. 铅酸电池

41. 以下电池中不适合作为新能源汽车动力电池的是（　　）。

A. 镍氢电池　B. 三元锂电池　C. 磷酸铁锂电池　D. 锌银电池

42. 以下电池不属于碱性电池的是（　　）。

A. 镍镉电池　B. 锂离子电池　C. 镍氢电池　D. 碱锰电池

43. 以下电池属于二次电池的是（　　）。

A. 锂电池　B. 镁-氯化银电池　C. 镍氢电池　D. 氢氧燃料电池

44. 以下关于电池包的概念中，属于构成电池包的最基本单元的是（　　）。

A. 模组　B. 单体电池　C. 接触器　D. 电池管理系统

45. 电动汽车上，三元锂电池的常用冷却方式有（　　）。

A. 风冷　B. 水冷　C. 油冷　D. 气冷

46. 镍氢电池的单体电池标称电压为（　　）。

A. 3.6V　B. 12V　C. 1.2V　D. 3.2V

47. 电池开路电压与以下哪个因素无关？（　　）。

A. 电池正负极材料活性　B. 电解质

C. 温度条件　D. 电池几何结构与尺寸

48. 电池的体积越大，其能量（　　）。

A. 越大　B. 越小　C. 固定不变　D. 不确定

49. 由于活性物质不能被完全利用，电池理论能量总是（　　）实际能量。

A. 大于　B. 小于　C. 等于　D. 不确定

50. 动力电池的（　　）影响电动汽车的电池布置空间。

A. 体积比能量　B. 质量比能量　C. 体积比功率　D. 质量比功率

51. 电池包的比能量一般都（　）单体电池的比能量。

A. 大于　B. 小于　C. 等于　D. 不确定

52. 一般情况下，二次电池的放电深度越深，其寿命（　）。

A. 越长　B. 越短　C. 无影响　D. 不确定

53. 二次电池容量降至某一规定值之前电池所能耐受的循环次数称为电池（　）。

A. 放电次数　B. 循环周期　C. 循环寿命　D. 耐受指数

54. 随着充电循环次数的增加，二次电池的容量将会（　）。

A. 不变　B. 增加　C. 减小　D. 不确定

55. 动力电池功率大小影响到汽车的（　）。

A. 启动与加速　B. 内部布置　C. 续航里程　D. 安全及舒适

56. 碱性电池电解液中的氢氧化钾（　）。

A. 直接参与化学反应　B. 不直接参与电极反应

C. 是填充材料　D. 作用未知

57. 镍镉电池被镍氢电池取代的主要原因是（　）。

A. 性能不如后者　B. 环保性差　C. 成本过高　D. 安全性低

58. 在低倍率即小电流放电条件下，电池的实际容量一般都（　）额定容量。

A. 大于　B. 小于　C. 等于　D. 不确定

59. 超级电容器具有（　）的特点。

A. 比功率小　B. 寿命短　C. 充放电迅速　D. 成本低

60. 以下不属于纯电动汽车优点的是（　）。

A. 续航能力强　B. 环保　C. 噪声小　D. 能源效率高

61. 对于磷酸铁锂动力电池包，以下哪种电量下便于判断电池组一致性？（　）。

A. 50%SOC　B. 80%SOC　C. 100%SOC　D. 10%SOC 以内

62. 三元锂电池的热稳定性能（　）。

A. 很好　B. 好　C. 优良　D. 差

63. 下面哪个参数是 BMS（电池管理系统）中用来反映动力电池健康状态的？（　）

A. SOC　B. SOP　C. SOH　D. DOD

64. 动力电池包内部包含单体电池、采样线、（　）等。

A. 温度传感器　B. 旋变传感器　C. 电机控制器　D. VCU

65. 纯电动汽车受碰撞后断开高压电路的控制模块是（　）。

A. 安全气囊控制器　B. 整车控制器

C. 电机控制器　D. 动力电池管理器

二、判断题

1. 多数水冷式动力电池组的冷却系统也可以在低温环境下用作动力电池组的加热系统。（　）

2. SOC 可以分析电池的电量是否正常。（　）

3. 电池的 SOC 指的是电池的寿命。（　）

4. 电池组当前总电压可以分析电池当前放电电流、电流传感器、BMS 是否正常。（　）

5. 电池组当前总电流可以分析当前电池组的输出总电压、动力电池组、接触器是否正常。（　）

6. 电池管理控制器的主要功能有充放电管理、接触器控制、功率控制、电池异常状态

报警和保护、SOC/SOH 计算、自检以及通信功能。( )

7. 电池信息采集器的主要功能有电池电压采样、温度采样、电池均衡、采样线异常检测等。( )

8. SOC 是当前动力电池剩余荷电量的简称。( )

9. 漏电传感器如果检测到绝缘阻值小于设定值时，它通过 CAN 线和 LIN 线同时将漏电信号发给 BMS，BMS 进行漏电相关报警和保护控制。( )

10. 在电池结构外形和尺寸一定的情况下，比容量要求小。( )

11. 电池内阻与电池容量大小无关。( )

12. 一定放电条件下电池所能放出的电量总和称为电池能量。( )

13. 开路电压是指开路状态下电池两极之间的电势差。( )

14. 对于所有二次电池，放电电压都是一项重要指标。( )

15. 一般而言，在低温或者是大电流放电时，终止电压比规定的高些。( )

16. 电池放电初始时刻（开始有工作电流）的电压称为初始电压。( )

17. 动力电池应该尽可能体积小、质量轻，以减小对续驶里程的不良影响。( )

18. 对于电动汽车，动力电池包内如果出现单节电池电压压差过大会导致能量无法回馈。( )

19. 漏电故障系统无法检测出具体是哪个模块或负载引起的漏电。( )

20. 电池的实际能量总是小于理论能量。( )

21. 动力电池的质量比能量会影响电动汽车的整车质量和续航里程。( )

22. 电池比功率越大，表示它可以承受的电流越大。( )

23. 由于各种因素影响，电池包实际比能量远小于理论比能量。( )

24. 电阻消耗均衡法是通过与单体电池连接的电阻，将高于其他单体的能量释放，以达到各单体的均衡。( )

25. 动力电池的绝缘电阻定义为：如果动力电池与地（车底盘）之间的某一点短路，最大（最坏情况下的）泄漏电流所对应的电阻。( )

26. 燃料电池可以作为汽车的动力来源。( )

27. 相对于铅酸及镍镉电池，锂离子电池是真正意义上的绿色电池。( )

28. 漏电的信号一定是一种 CAN 信号。( )

29. 车辆发生碰撞事故时，气囊 ECU 发出碰撞信号给 BMS，控制整车高压断电。( )

30. 动力电池内部接触器烧结可能会造成车辆断电后电池包仍有电输出。( )

三、简答题

1. 简述能量管理系统的作用。

2. 电动汽车对动力电池的要求主要有哪些?

3. HEV 和 EV 电动汽车的主要区别是什么?

4. 电动汽车使用的动力电池可以分几类?

5. 简述 SOC 的定义。

6. 动力电池的一致性指的是什么?

7. 电池热管理系统的功能有哪些?

8. 有哪些传感器可采集动力电池的信息?

第四章

电动汽车电机驱动系统

学习目标：

了解整车控制器和电机控制器的作用
了解整车控制器和电机控制器的组成
了解三相电机的组成
了解三相电机的工作过程

纯电动汽车的电机驱动系统主要由整车控制器、电动机控制器、电动机和机械传动装置等组成。电动汽车仍保留了加速踏板、制动踏板及有关操纵手柄或按钮等。在电动汽车上是将加速踏板、制动踏板的机械位移量转换为相应的电信号，输入到整车控制器来对汽车的行驶进行控制的。而对于挡位变速杆，一般仍需保留并且以开关信号传输。同样，除了传统的驱动以外，只保留了前进挡、空挡和倒退挡三个挡位，并且以开关信号的形式传输到中央控制单元来对汽车进行前进、停车和倒车控制，电动汽车的速度的变换和行驶方向的变换主要依靠对驱动电机的运转方向和运转速度进行控制。

第一节　电动汽车整车控制器

一、整车控制器的结构

整车控制器的结构如图 4-1 所示，主要由微控制器、模拟量调理模块、开关量调理模块、继电器驱动模块、高速 CAN 总线接口模块、电源模块、故障和数据存储模块等组成。整车控制器对汽车动力链的各个环节进行管理、协调和监控，以提高整车能量利用效率，确保其安全性和可靠性。整车控制器采集驾驶员驾驶信号，通过 CAN 总线获得电动机和电池系统的相关信息，进行分析和运算，再通过 CAN 总线给出电动机控制和电池管理指令，实

(a) 外观

(b) 电路板

图 4-1　整车控制器外观与电路板

现整车驱动控制、能量优化控制和制动回馈控制。整车控制器还具有综合仪表接口功能，可显示整车状态信息；具有完善的故障诊断和处理功能；具有整车网关及网络管理功能。

整车控制器的组成模块具体如下。

(1) 开关量调理模块　开关量调理模块用于开关输入量的电平转换，其一端与多个开关量传感器相连，另一端与微控制器相接。

(2) 继电器驱动模块　继电器驱动模块用于驱动多个继电器，其一端通过光电隔离器与微控制器相连，另一端与多个继电器相接。

(3) 高速CAN总线接口模块　高速CAN总线接口模块用于提供高速CAN总线接口，其一端通过光电隔离器与微控制器相连，另一端与系统高速CAN总线相接。

(4) 电源模块　电源模块可为微处理器与各输入和输出模块提供隔离电源，并对蓄电池电压进行监控，与微控制器相连。

(5) 模拟量调理模块　模拟量输入和输出模块可采集0～5V的模拟信号，并可输出0～4.095V的模拟电压信号；脉冲信号输入和输出模块可采集脉冲信号并进行调理，范围为1Hz～20kHz，幅度为6～50V，输出PWM信号范围为1Hz～10kHz，幅度为0～14V。

(6) 故障和数据存储模块　存储器可以存储标定的数据、故障码及车辆特征参数等，容量为32K。

二、整车控制器的功能

整车控制器是整个汽车的核心控制部件，相当于汽车的大脑。整车控制器结构原理如图4-2所示，其采集加速踏板信号、制动踏板信号及其他部件信号，并做出相应判断，控制下层的各部件控制器的动作，驱动汽车正常行驶。作为汽车的指挥管理中心，整车控制器主要

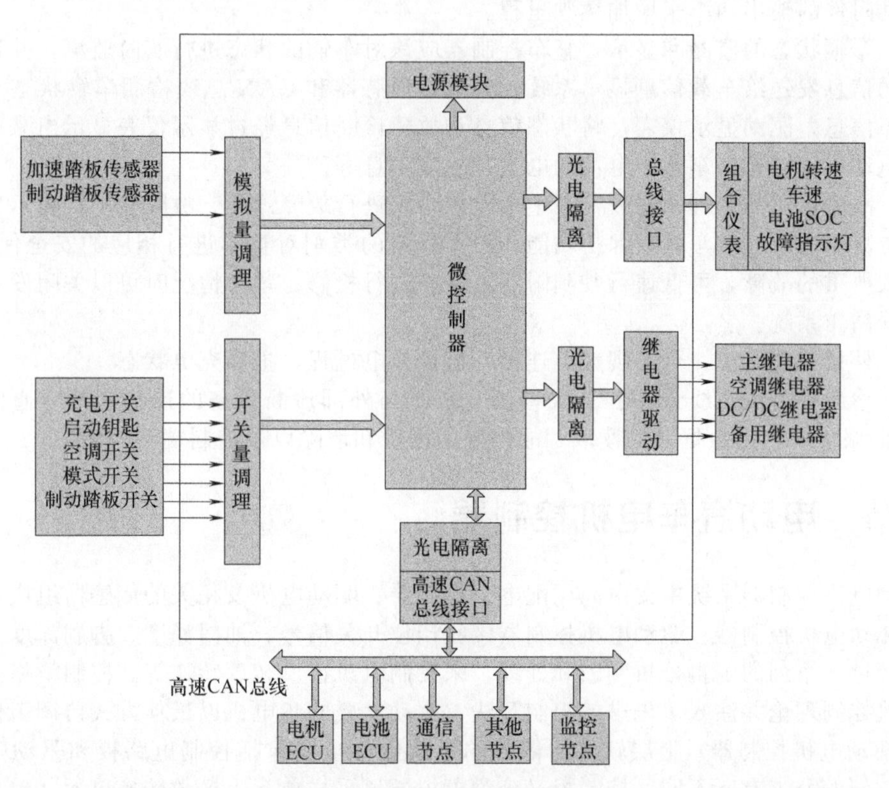

图4-2　整车控制器结构原理

功能包括驱动力矩控制、制动能量的优化控制、整车的能量管理、CAN网络的维护和管理、故障的诊断和处理、车辆状态监视等，它起着控制车辆运行的作用。因此整车控制器的优劣直接决定了车辆的稳定性和安全性。

整车控制器主要有以下几个功能。

（1）对汽车行驶控制的功能　当驾驶员踩下加速踏板或制动踏板时，动力电动机要输出一定的驱动功率或再生制动功率。踏板开度越大，动力电动机的输出功率越大。整车控制器接收、处理驾驶员的驾驶操作指令，并向各个部件控制器发送控制指令，使车辆按驾驶员的意图实现正常行驶。

（2）整车的网络化管理　在电动汽车中，电控单元比传统燃油汽车电控单元更多、更复杂。因此，CAN总线的应用势在必行。整车控制器是电动汽车众多控制器中的一个，是CAN总线中的一个节点。在整车网络管理中，整车控制器是信息控制的中心，负责信息的组织与传输、网络状态的监控、网络节点的管理以及网络故障的诊断与处理。

（3）制动能量回馈控制　电动汽车以电动机作为驱动转矩的输出机构。电动机具有回馈制动的性能，此时电动机作为发电机，利用电动汽车的制动能量发电，同时将此能量存储在储能装置中，当满足充电条件时，将能量反充给动力电池组。在这一过程中，整车控制器根据加速踏板和制动踏板的开度以及动力电池的SOC值来判断某一时刻能否进行制动能量回馈，如果可以进行，则整车控制器向电动机控制器发出制动指令，回收部分能量。

（4）整车能量管理和优化　在纯电动汽车中，电池除了给动力电动机供电以外，还要给电动附件供电，因此，为了获得最大的续驶里程，整车控制器将负责整车的能量管理，以提高能量的利用率。当电池SOC值比较低时，整车控制器将对某些电动附件发出指令，通过限制电动附件的输出功率来增加续驶里程。

（5）车辆状态的监测和显示　整车控制器应该对车辆的状态进行实时监测，并且将各个子系统的信息发送给车载信息显示系统，其通过传感器和CAN总线检测车辆状态及各子系统的状态信息，驱动显示仪表，将状态信息和故障诊断信息经过显示仪表显示出来。显示内容包括电动机的转速、车速、电池的电量和故障信息等。

（6）故障诊断与处理　连续监视整车电控系统进行故障诊断，故障指示灯指示出故障类别和部分故障码。对整车具有保护功能，根据故障的类别对整车进行相应的安全保护处理。对于不太严重的故障，可低速行驶到附近维修站进行检修。紧急情况时可以关闭发电机以及切断母线高压系统。

（7）外接充电管理　可实现充电连接，监控充电过程，报告充电状态。

（8）诊断设备的在线诊断和下线检测　负责与外部诊断设备的连接和诊断通信，实现UDS诊断服务，包括数据流的读取、故障码的读取和清除以及控制端口的调试。

第二节　电动汽车电机控制器

驱动电机控制器系统主要由高压配电、控制器、驱动电机及相关的传感器组成，该系统核心为驱动电机控制器。驱动电机控制器接收挡位开关信号、油门深度、脚刹深度、旋变等信号，经过一系列的逻辑分析判断和处理，来控制电机正反转、转速等。控制策略采用了经典的电机控制理论并注入了先进的控制算法，驱动永磁同步电机以最佳方式协调工作，核心ECU（驱动电机控制器）上层软件所依赖的下层硬件电路包括控制电路板和驱动电路板两部分。它们的分工有所不同，控制板又分为模拟通道采样单元、模数转换单元、单片机处理单元、旋变解码单元、CAN通信单元、挡位处理单元。驱动板包括信号隔离单元、保护信号选择单元、电源单元。控制板对采样的数据进行处理，计算出所需占空比，产生PWM（正弦脉宽调制）；通过驱动板传递给IGBT，供驱动电机工作。

比亚迪E6先行者双向逆变充放电式电机控制器如图4-3所示。控制器类型为电压型逆变器，利用IGBT将直流电转换为交流电，额定电压为330V，主要功能是控制电动机和发电机等根据不同工况控制电机的正反转、功率、扭矩、转速等，即控制电机的前进、倒退、维持电动汽车的正常运转，关键零部件为IGBT，IGBT实际为大电容，目的是为了控制电流，保证能够按照需求输出、输入合适的电流参数。

控制器总成包含上、中、下三层，上、下层为电动机、充电控制单元，中层为水道冷却单元，总成还包括信号接插件（包含12V电源、CAN线、挡位油门刹车、旋变、电机过温信号线、预充满信号线等）等。

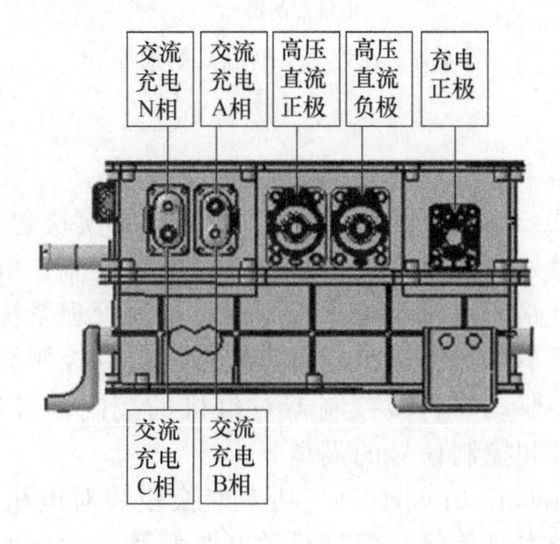

图4-3 比亚迪E6先行者双向逆变充放电式电机控制器

电机控制管理系统由高压配电、控制器、驱动电机与发电机及相关的传感器组成。主要功能如下。

① 具有限制交流侧的最高输出电流的功能，具有限制直流侧的最高输出电压的功能。

② 具有控制电机正向驱动、反向驱动、正转发电、反转发电的功能。

③ 具有根据目标扭矩进行运转的功能，对接收到的目标扭矩具有限幅和平滑处理功能，转矩的调整率为±5%。

④ CAN通信功能，通过CAN总线能接收控制指令和发送电机参数，及时把电机转速、电机电流、旋转方向传给相关ECU，并接受其他ECU传递的信息。

⑤ 具有根据不同转速和目标转矩进行最优控制的功能。

⑥ 具有电压跌落时过温保护的功能，当电机过温、散热器过温、功率器IPM过温、电压跌落时发出保护信号，停止控制器运行。

⑦ 防止电机飞车、IPM（Intelligent Power Module，称为智能功率模块）保护。

⑧ 具有动力电池充电保护信号应急处理功能。

⑨ 具有半坡起步功能、能量回馈功能。

⑩ 可以通过电机控制器直接从充电网上对车辆进行交流充电，也可以通过电机控制器车辆电池包的高压直流电通过控制器的逆变放到充电网上。

一、电机控制器的结构与类型

电动汽车“电控”，一般指电机控制器，是电动汽车“三电”中的又一核心。电动汽车要实现加速、定速巡航、能量回收，都要依靠电机控制器。电机控制器可以说是电动汽车的“控制中心”，驾驶员下发的控制指令，都要通过电机控制器来执行，其原理如图 4-4 所示。

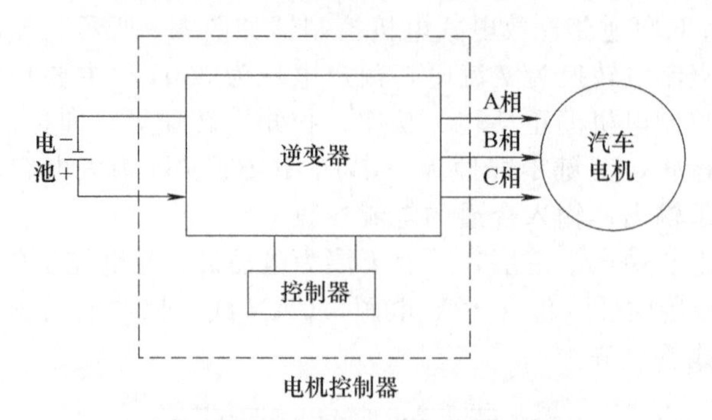

图 4-4 电动汽车电机控制器原理

1. 电机控制器的组成

一般来讲，电机控制器主要由以下几部分组成。

（1）电子控制模块（electronic controller） 电子控制模块包括硬件电路和相应的控制软件。硬件电路主要包括微处理器及其最小系统，对电机电流、电压、转速、温度等状态的监测电路，各种硬件保护电路，以及与整车控制器、电池管理系统等外部控制单元数据交互的通信电路。控制软件根据不同类型电机的特点实现相应的控制算法。

（2）驱动器（driver） 驱动器将微控制器对电机的控制信号转换为驱动功率变换器的驱动信号，并实现功率信号和控制信号的隔离。

（3）功率变换模块（power converter） 功率变换模块对电机电流进行控制。电动汽车经常使用的功率器件有大功率晶体管、门极可关断晶闸管、功率场效应管、绝缘栅双极晶体管以及智能功率模块等。

目前，电动汽车电机控制器多采用三相全桥电压型逆变电路拓扑，部分产品前置双向DC/DC 变换器，以增大电机端交流输入电压、提升高转速下的输出功率、降低电机设计与生产成本。传统控制器中直流支撑电容器体积庞大、耐高温性能较差。为减小直流支撑电容器体积甚至取消直流支撑电容器，新型变换器电路拓扑和控制方法成为电动汽车应用研究的新热点，但尚处于实践探索阶段。目前电动汽车用变流器的研发重点仍然多集中在电力电子集成方面。综合技术和市场趋势分析，未来车用驱动电机系统的三个技术发展方向是永磁化、数字化和集成化。

电动汽车电控部分的技术含量是很高的，尤其是电机控制器，目前中国在电机控制器集成方面的进步是相当快的，但是有待进一步提高。

2. 电机控制器的类型

电机控制器目前主要有直流电机驱动系统、交流感应电机驱动系统、交流永磁电机驱动系统和开关磁阻电机驱动系统。

（1）直流电机驱动系统 直流电机驱动系统采用脉宽调制（PWM）斩波控制方式，控制技术简单、成熟，成本低，但效率低、体积大。

（2）交流感应电机驱动系统 交流感应电机驱动系统采用 PWM 方式实现高压直流到三相交流的电源变换，采用变频调速方式实现电机调速，采用矢量控制或直接转矩控制策略实现电机转矩控制的快速响应。

（3）交流永磁电机驱动系统 交流永磁电机驱动系统包括正弦波永磁同步电机驱动系统和梯形波无刷直流电机驱动系统，其中正弦波永磁同步电机控制器采用 PWM 方式实现高压直流到三相交流的电源变换，采用变频调速方式实现电机调速；梯形波无刷直流电机控制通常采用“弱磁调速”方式实现电机的控制。由于正弦波永磁同步电机驱动系统低速、转矩脉动小且高速恒功率区调速更稳定，因此比梯形波无刷直流电机驱动系统具有更好的应用前景。

(4) 开关磁阻电机驱动系统　开关磁阻电机驱动系统的电机控制一般采用模糊控制方法。目前纯电动汽车所用电机均为永磁同步电机，交流永磁电机采用稀土永磁体励磁，与感应电机相比不需要励磁电路，具有效率高、功率密度大、控制精度高、转矩脉动小等特点。

电动控制器的相关术语如下。

① 额定功率　在额定条件下的输出功率。

② 峰值功率　在规定的持续时间内，电机允许的最大输出功率。

③ 额定转速　额定功率下电机的转速。

④ 最高工作转速　电动汽车最高设计车速的电机转速。

⑤ 额定转矩　电机在额定功率和额定转速下的输出转矩。

⑥ 峰值转矩　电机在规定的持续时间内允许输出的最大转矩。

⑦ 电机及控制器整体效率　电机转轴输出功率除以控制器输入功率再乘以100%。

二、电机控制器的功能

电机控制器是控制电机驱动整车行驶的控制单元，属于电动汽车核心零部件。电机控制器具有CAN通信功能、过流保护、过载保护、欠压保护、过压保护、缺相保护、能量回馈、限功率、高压互锁、故障上报等功能。电机控制器技术目前比较成熟，它具有集成度高、功率密度高、寿命长、输出稳定等特点。

电机控制器具备IGBT结温估算、变载频和过调制技术，系统效率高、动力强、可靠性高，具有CAN唤醒和休眠功能，可降低电机控制器静态功耗，避免蓄电池馈电。电机控制器具备制动回馈功能，当整车刹车制动时，电机控制器通过制动回馈将电能存在动力电池中，提高续航里程。防溜坡功能是为了避免坡道起步时，当制动踏板向油门踏板切换的过程中的车辆后溜。当发现车辆后溜时，电机控制器进入防溜坡状态，控制器自动调整转矩输出克服车辆因重力引起的后溜。

三、电压变换器

自1986年直流电路变换器问世以来，人们就一直为感应驱动电机开发软开关变换器。接着，人们又提出了许多改进的软开关变换器的拓扑结构，如谐振直流电路、串联谐振直流电路、并联谐振直流电路、同步谐振直流电路、谐振变换、辅助谐振整流极和辅助谐振缓冲逆变器。其中，辅助谐振缓冲逆变器（ARS）是专门为电动汽车驱动开发的。

随着新能源汽车和混合动力汽车的发展，电力电子在汽车上有了用武之地。目前行业里面，车用的电机大多数都是永磁同步电机，也有异步电机、无刷直流电机和有刷直流电机，电机均需要电机控制器进行转矩、转速控制。

功率变换技术是新能源汽车调速和转向等动力控制系统的关键技术，其基本作用就是通过合理、有效地控制电源系统电压、电流的输出和驱动电机电压、电流的输入，完成对驱动电机转矩、转速和旋转方向的控制。此外，新能源汽车的充电及低压设备的供电也是通过相应的功率变换技术完成的。电力电子器件正向着大容量、高可靠性、装置体积小、节约电能和智能化方向发展。除了早期使用的功率二极管、晶闸管外，目前常用的器件主要有门极可关断晶闸管（GTO）、大功率晶体管（GTR）、功率场效应晶体管（MOSFET）、绝缘栅极晶体管（IGBT）、MOS控制晶闸管（MCT）等。从新能源汽车的应用上看，MOSFET、IGBT具有较好的应用前景。

1. DC/DC 电压变换器

DC/DC 变换电路的功能是将直流电变为另一固定电压或可调电压的直流电，包括直接直流变换电路和间接直流变换电路。直接直流变换电路也称为斩波电路，一般是指直接将直流电变为另一直流电，这种情况下输入与输出之间不隔离。直流斩波电路主要工作方式是脉宽调制（PWM）方式，基本原理是通过开关管把直流电斩成方波（脉冲波），通过调节方波的占空比（脉冲宽度与脉冲周期之比）来改变电压。开关管按一定控制规律调制且无变压器隔离的 DC/DC 变换器称为直流斩波器。间接直流变换电路是在直流变换电路中增加了交流环节，在交流环节中通常采用变压器实现输入输出间的隔离，因此也称为带隔离的 DC/DC 变换电路。直流斩波电路工作原理如图 4-5 所示。

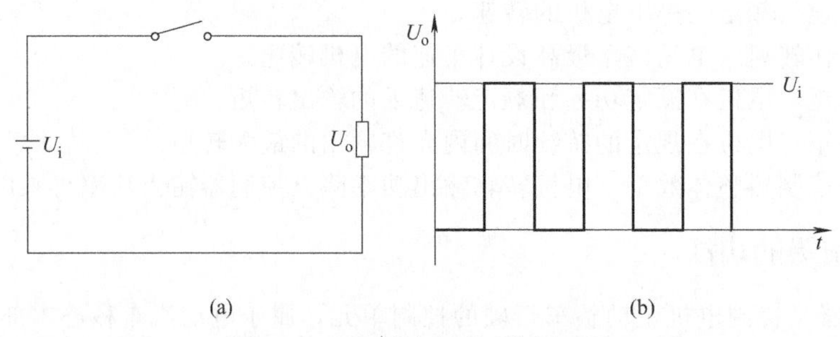

图 4-5 直流斩波电路工作原理图

目前也有部分直流斩波电路用可控的功率开关管代替原有开关，输入一定的控制信号，控制电路的交替通断，获得可调的输出电压，达到降压的目的，如图 4-6 所示。

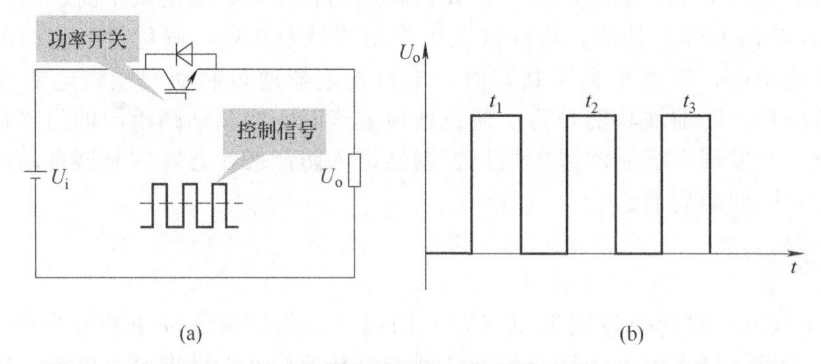

图 4-6 用可控的功率开关管代替原有开关的直流斩波电路工作原理图

由公式 $U_o=(t_1+t_2+t_3)/t$。$U_i=D\cdot U_i$ 可知，在周期 t 不变的情况下，改变导通时间就可以改变 U_o 的大小。将功率开关的导通时间与开关周期之比定义为占空比（Duty ration），用 D 表示。

由于占空比 D 小于等于 1，所以输出电压 U_o 小于或等于输入电压 U_i，因此改变 D 值就可以改变输出电压平均值的大小。而占空比的改变可以通过改变导通时间或周期来实现。

直流斩波电路的工作原理和控制方式如下。

（1）脉冲宽度调制（PWM） 维持周期 t 不变，改变 $t_1+t_2+t_3$。在这种控制方式中，输出电压波形的周期或频率是不变的，因此输出谐波的频率也是不变的，这使得滤波器的设计变得较为容易，且应用普遍。

（2）脉冲频率调制（PFM） 维持导通时间 $t_1+t_2+t_3$ 不变，改变周期 t。在这种控制方式中，由于输出电压波形的周期或频率是变化的，因此输出谐波的频率也是变化的，这使得滤波器的设计比较困难，输出波形谐波干扰严重，一般很少采用。

（3）调频调宽混合控制　这种控制方式不但要改变导通时间 $t_1+t_2+t_3$，也要改变周期 t，其优点是可以大大提高输出范围，但由于频率是变化的，也存在着滤波器设计较难的问题。

直流驱动电机的功率小于5kW的纯电动汽车（观光车、巡逻车、清扫车等）动力电池组，可直接通过DC/DC变换器为小型电动车辆的直流电机提供直流电流。

在纯电动汽车、“电-电”耦合电力汽车（自行发电电动汽车、燃料电池汽车）中，能量混合型电力系统采用升压型DC/DC变换器，功率混合型电力系统采用双向升降压型DC/DC变换器或全桥型DC/DC变换器，车辆在滑行或下坡制动时，驱动电机发电运行产生的电能也通过双向升降压型DC/DC变换器向储能电源充电。

电动汽车上的动力电池组向附属设备及低压蓄电池充电时，应采用隔离式降压型DC/DC变换器。

2. DC/AC电压变换器

DC/AC变换器，又称为逆变器，是应用电力电子器件将直流电转换成交流电的一种变流装置，供交流负载用电或向交流电网并网发电，其结构和原理如图4-7所示。随着石油、煤炭和天然气等传统能源的日益减少，新能源的开发和利用越来越受到重视，逆变器有了更广泛的应用。逆变技术可以将蓄电池、太阳能电池和燃料电池等通过新能源技术获得的电能变换成交流电以满足对电能的需求，因此逆变技术对于新能源的开发和利用起着重要的作用。

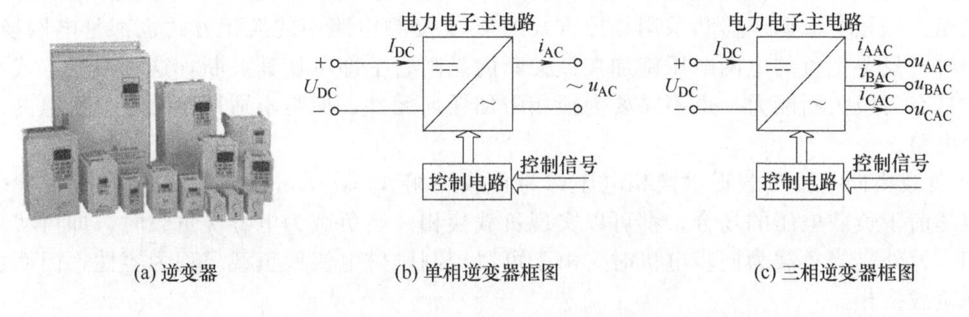

(a) 逆变器　(b) 单相逆变器框图　(c) 三相逆变器框图

图4-7　逆变器结构与原理框图

逆变电路是与整流电路相对应的，把直流电变成交流电称为逆变。当交流侧接在电网上，即交流侧接有电源时称为有源逆变；当交流侧直接和负载连接时称为无源逆变。逆变电路的应用非常广泛，在已有的各种电源中蓄电池、干电池、太阳能电池等都是直流电源，当需要这些电源向交流负载供电时，就需要逆变电路。另外交流电机调速用变频器、不间断电源、感应加热电源等电力电子装置使用非常广泛，其电路的核心部分都是逆变电路。逆变电路的基本作用是在控制电路的控制下，将中间直流电路输出的直流电源转换为频率和电压都任意可调的交流电源。

（1）逆变电路的工作原理　如图4-8所示，S_1～S_4 是单相桥式电路臂上的4个开关，并假设 S_1～S_4 均为理想开关。当 S_1、S_4 闭合，S_2、S_3 断开时，负载电压 u_0 为正；当 S_1、S_4 断开，S_2、S_3 闭合时，u_0 为负。这样，就把直流电变成了交流电。改变两组开关切换频率，就可改变输出交流电频率。这就是逆变最基本的原理。

（2）逆变电路的换向方式　电路在工作过程中，电流从一个支路向另个支路转移的过程称为换相，换相也常称为换流。在换相过程中，有的支路要从通态转移到断态，有的支路要从断态转移到通态。从断态向通态转移时，无论支路是由全控型还是半控型电力电子器件组成，只要给门极适当的驱动信号，就可以使其开通。但从通态向断态转移的情况就不同，全

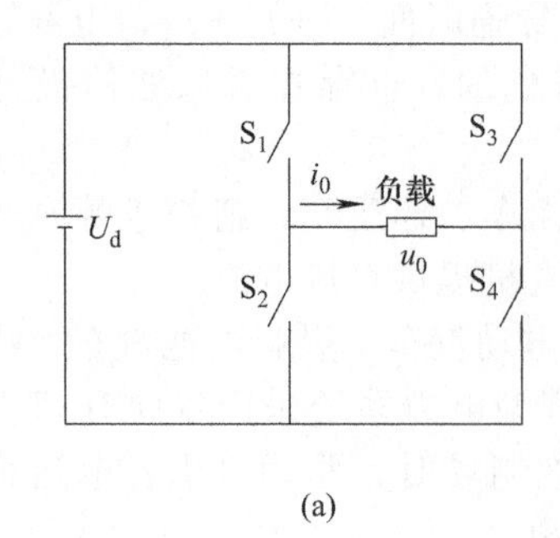

(a)

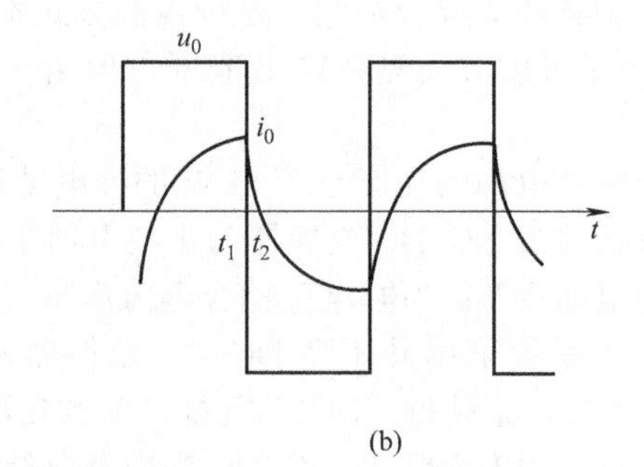

(b)

图 4-8 逆变电路的工作原理图

控型器件可以通过对门极的控制使其关断，而对于半控型器件来说，就不能通过对门极的控制使其关断，必须利用外部条件或采取其他措施才能使其关断。一般来说，换相方式可分为以下几种。

① 器件换相　利用全控型器件的自关断能力进行换相称为器件换相（device commutation）。在采用 IGBT、IEGT、P-MOSFET、IGCT 等全控型器件的电路中，其换相方式即为器件换相。

② 电网换相　由电网提供换相电压称为电网换相（line commutation）。对于可控整流电路，无论其工作在整流状态还是有源逆变状态，都是借助于电网电压实现换相的，都属于电网换相。三相交流调压器和采用相控方式的交-交变频电路中的换相方式也都是电网换相。在换相时，只要把负的电网电压施加在欲关断的晶闸管上即可使其关断，这种换相方式不需要器件具有门极关断能力，也不需要为换相附加任何元件，但是不适用于没有交流电网的无源逆变电路。

③ 负载换向　由负载提供换相电压称为负载换相（load commutation）。凡是负载电流的相位超前于负载电压的场合，都可以实现负载换相。当负载为电容性负载时，即可实现负载换相。另外，当负载为同步电机时，由于可以控制励磁电流使负载呈现为容性，因而也可以实现负载换相。

④ 强迫换向　强迫换相需要设置附加的换相电路，给欲关断的晶闸管强迫施加反向电压或反向电流的换相方式称为强迫换相（forced commutation）。强迫换相可使输出频率不受电源频率的限制，但需附加换相电路，同时还要增加晶闸管的电压、电流定额值，对晶闸管的动态特性要求也高。

上述四种换相方式中，器件换相只适用于全控型器件，其余三种方式主要是针对晶闸管而言的。器件换相和强迫换相都是因为器件或变换器自身的原因而实现换相的，二者都属于自换相；电网换相和负载换相不是依靠变换器自身因素，而是借助外部手段（电网电压或负载电压）来实现换相的，它们属于外部换相。采用自换相方式的逆变电路称为自换相逆变电路，采用外部换相方式的逆变电路称为外部换相逆变电路。

在晶闸管时代，换相技术十分重要，但是，到了全控型器件时代，换相技术就不重要了。当今，强迫换相方式已停止应用，仅负载换相方式还有一定应用，如负载为同步电机时，通过控制励磁电流使负载呈现容性，可以实现负载换相。

（3）逆变器的分类　为了满足不同用电设备对交流电源性能参数的不同要求，发展了多种逆变电路，并大致可按以下方式分类。

① 按输出电能的去向可分为有源逆变电路和无源逆变电路。前者输出的电能返回公共交流电网，后者输出的电能直接输向用电设备。

② 按电流波形可分为正弦逆变电路和非正弦逆变电路。前者开关器件中的电流为正弦

波，其开关损耗较小，宜工作于较高频率。后者开关器件电流为非正弦波，因其开关损耗较大，故工作频率较正弦逆变电路低。

③ 按输出相数可分为单相逆变电路和三相逆变电路。

④ 按直流电源性质可分为由电压型直流电源供电的电压型逆变电路和由电流型直流电源供电的电流型逆变电路。图 4-9 所示为三相电压型逆变电路与三相电流型逆变电路。

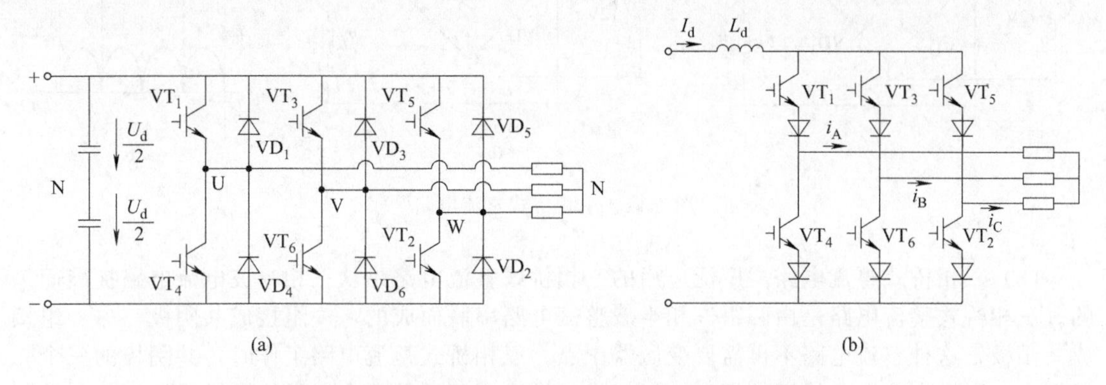

图 4-9　三相电压型逆变电路与三相电流型逆变电路

3. AC/DC 电压变换器

AC-DC 变换电路是将交流电变换成直流电的电路，大多数整流电路由变压器、整流主电路、滤波器等组成。20 世纪 70 年代以后，整流主电路多由硅整流二极管或晶闸管组成，滤波器接在主电路与负载之间，用于滤除脉动直流电压中的交流成分，变压器设置与否视具体情况而定，变压器的作用是实现交流输入电压与直流输出电压间的匹配以及交流电网与整流电路之间的电隔离。

整流电路是利用二极管的单向导电性将交流电转换成脉动直流电的电路。

（1）单相半波整流电路　半波整流电路是电源电路中一种最简单的整流电路，它的电路结构最为简单，由整流变压器、二极管及负载组成，如图 4-10 所示。

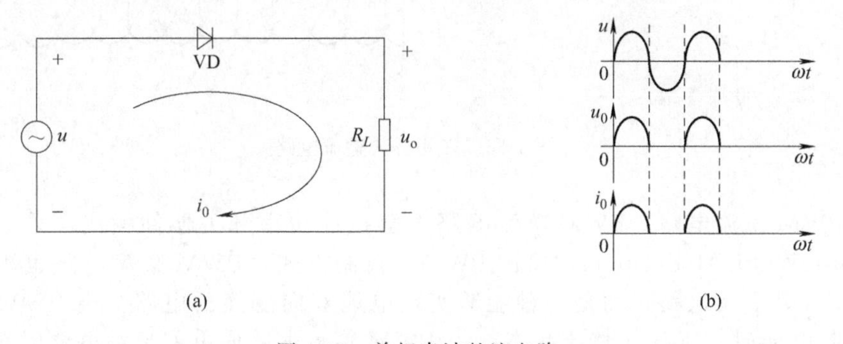

图 4-10　单相半波整流电路

由于半波整流电路只在交流的半个周期内才导通，也就是只有在正半周时才有电流流过负载，故称为单相半波整流电路。负载电阻上得到的是一个半波整流电压，整流电压虽然是单方面的，但其大小是变化的，称之为脉动直流电压。半波整流电路的输出电压不到输入电压的一半，交流分量大，效率低。因此这种电路在工程上很少使用，只是作为理论基础。

（2）单相桥式整流电路　为了克服半波整流电路的缺点，在实用电路中多采用全波整流电路，最常用的全波整流电路是桥式整流电路。它是由四个二极管接成电桥的形式。如图 4-11 所示。

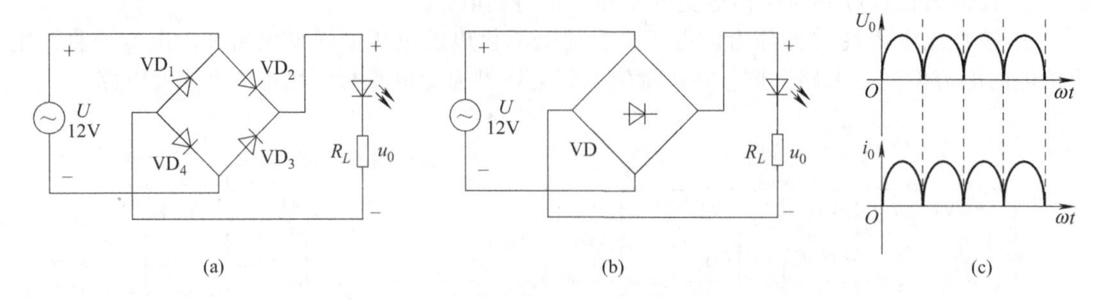

图 4-11 单相桥式整流电路

(3) 三相桥式整流电路 广泛应用的三相桥式整流电路是从三相半波电流电路扩展而来的。三相桥式整流电路是由两组三相半波整流电路串联而成的，一组接成共阴极，另一组接成共阳极，这种整流电路不再需要变压器中点。三相桥式整流电路工作时，共阴极的三个二极管中，阳极交流电压最高的那个二极管优先导通，而另外两个二极管因承受反压处于关断状态；同理，共阳极的三个二极管中，阴极交流电压最低的那个二极管优先导通，而另外两个二极管因承受反压处于关断状态。即在电路工作过程中，共阴极组和共阳极组中各有一个二极管处于导通状态。如图 4-12 所示。

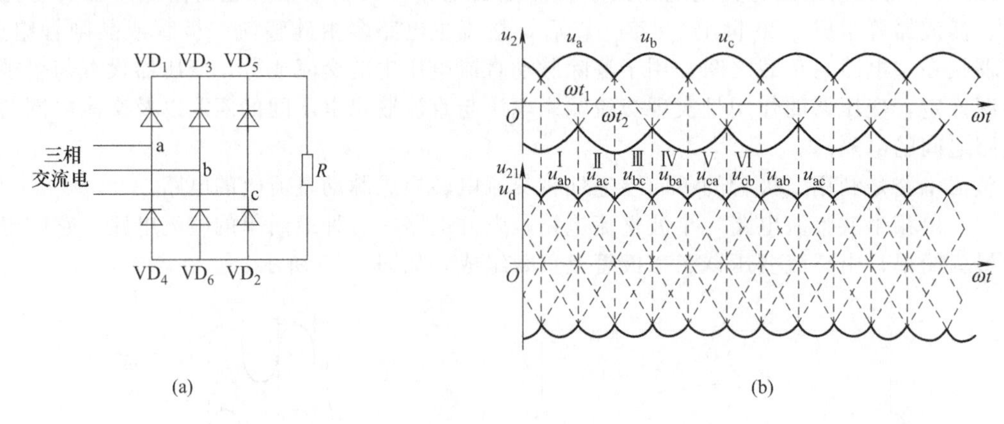

图 4-12 三相桥式整流电路

(4) PWM 整流电路 PWM 整流电路由全控性功率开关器件构成，采用脉冲宽度调制（Pulse Width Modulatiom，简称 PWM）控制方式。PWM 整流电路也不是传统意义上的 AC/DC 变换电路，而是一种能够实现电能双向变换的电路。当 PWM 整流电路从电网接收电能时，工作在整流状态；当 PWM 整流电路向电网反馈电能时，则工作在有源逆变状态。根据不同的分类，PWM 整流电路有不同的类型，按电路的拓扑结构和外特性，PWM 整流电路可分为电压型和电流型，两者的区别在于直流侧滤波形式的不同，电压型整流电路采用大电容，电流型整流电路则采用大电感。电压型 PWM 整流电路应用更为广泛。

① 单相电压型 PWM 整流电路 单相电压型 PWM 整流电路最初应用于电力机车交流传动系统中，为牵引变流器提供直流电源。如图 4-13 所示。

② 三相电压型 PWM 整流电路 三相电压型 PWM 整流电路具有更快的响应速度和更

好的输入电流波形。稳态工作时，输出电流电压不变，开关器件按正弦规律脉宽调制，整流器交流侧的输出电压与逆变器相同，忽略整流电路输出交流电压的谐波，变换器可以看作是可控正弦三相电压源，它和正弦的电源高电压共同作用于输入电感，产生正弦电流波形，适当控制整流电路输出电压的幅值和相位，就可以获得所需大小和相位的输入电流。如图 4-14 所示。

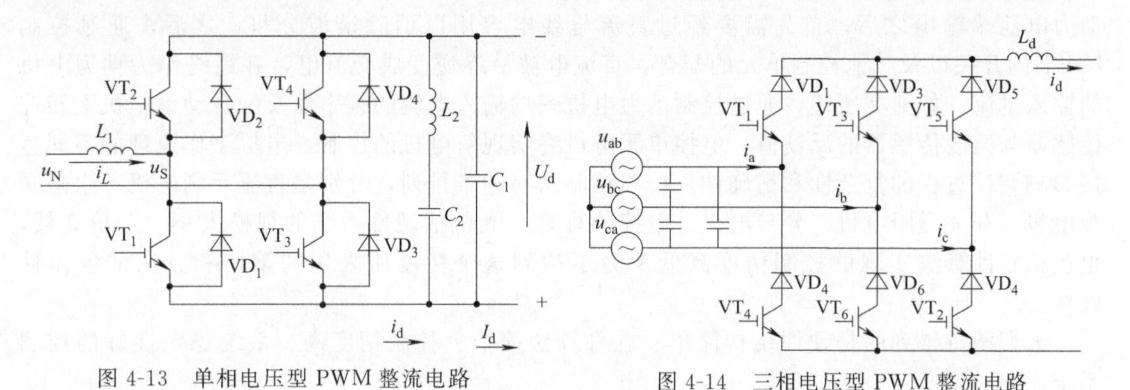

图 4-13　单相电压型 PWM 整流电路　　　图 4-14　三相电压型 PWM 整流电路

PWM 整流电路改善了传统晶闸管相控整电路中交流侧谐波电流较大、深度相控时功率因数较低的缺点。PWM 整流电路采用全控器件可以实现理想化的交直流变换，具有输出直流电压可调，交流侧电流波形为正弦、功率因数可调、可双向变换等优点。

车载充电机是整流电路在新能源汽车上的典型应用，其功能是将电网单相交流电变换为直流电给动力蓄电池充电。为了提高电路的功率因数，减小设备体积，达到比较理想的输出效果，一般将整流电路和其他结构的电路形式相结合，完成电能变换。图 4-15 所示为车载充电机电路结构。

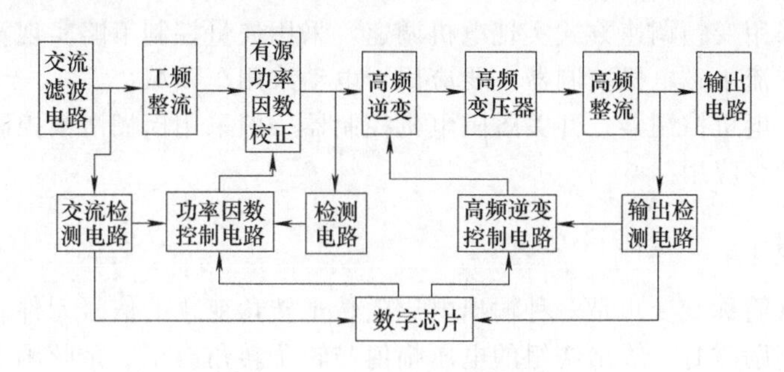

图 4-15　车载充电机电路结构

四、电机控制器的控制过程

新能源电动汽车的三电是指动力电池、驱动电机、整车电控。电控效率的提升，能显著提升纯电动汽车的整车经济性。电控，广义上电控有整车控制器、电机控制器与电池管理系统。

驱动电机控制器是用来控制驱动电机的前进、倒退，维持电动车正常运转的装置，通过控制电机的工作电流可实现对电机扭矩的供给，保证按照驾驶者的意愿驱动车辆，并且能够在合适工况下进行能量回馈。电机控制器是连接电机与电池的神经中枢，用来调校整车各项性能，足够智能的电控不仅能保障车辆的基本安全及精准操控，还能让电池和电机发挥出充分的实力。

电机控制器单元的核心是对驱动电机的控制。动力单元的提供者——动力电池所提供的是直流电，不同的驱动电机需要不同的电源，比如交流驱动电机所需要的是三相交流电。因此，电控单元所要实现的，便是在电力电子技术上称之为逆变的一个过程，即将动力电池端的直流电转换成电机输入侧的交流电。

为实现逆变过程，电控单元需要直流母线电容、IGBT 等组件配合一起工作。当电流从动力电池端输出之后，首先需要经过直流母线电容用以消除谐波分量，之后，通过控制 IGBT 的开关以及其他控制单元的配合，直流电被最终逆变成交流电，并最终作为动力电机的输入电流。如前文所述，通过控制动力电机三项输入电流的频率以及配合动力电机上转速传感器与温度传感器的反馈值，电控单元可最终实现对电机的控制。电机工作原理的不同直接影响调控过程的复杂性和精确性。按照控制从易到难排列，分别是直流无刷电机、永磁同步电机、开关磁阻电机、异步电机。电控的难易，既包括硬件系统的规模大小、造价高低，也包括软件算法实现的控制精度高低及为了达到这个精度所采用的策略和方法的鲁棒性好坏。

人们期待得到的是硬件结构简单、软件算法简洁、控制精度高、系统稳定性好的控制系统。

常见的电机驱动系统有 4 种，电机控制器按照电机驱动系统的不同可以分为以下几类。

（1）直流电机控制器　直流电机控制器一般采用脉宽调制（PWM）斩波控制方式，早期的电动汽车通常采用，目前应用受到局限。

（2）交流异步电机控制器　交流异步电机控制器采用脉宽调制（PWM）方式实现高压直流到三相交流的电源变换，采用变频器实现电机调速，采用矢量控制或直接转矩控制实现转矩控制的快速响应，以满足负载变化特性的要求。目前，交流异步电机控制器主要用于空间要求较低且速度性能要求不高的电动客车、物流车、商用车等。

（3）交流永磁电机控制器　交流永磁电机控制器采用 PWM 方式实现高压直流到三相交流的电源变换，采用变频调速方式实现电机调速，采用矢量控制策略实现宽范围的恒功率弱磁调速。目前，交流永磁电机控制器主要应用于电动乘用车领域。

（4）开关磁阻电机控制器　开关磁阻电机控制器一般采用模糊滑模控制方法，目前在大功率电动汽车中较少应用。

五、旋转变压器

旋转变压器（简称旋变）是一种输出电压随转子转角变化的信号元件。当励磁绕组以一定频率的交流电压励磁时，输出绕组的电压幅值与转子转角成正、余弦函数关系，这种旋转变压器又称为正余弦旋转变压器。

旋转变压器用于运动伺服控制系统中，作为角度位置的传感和测量用。永磁交流电机的位置传感器，原来以光电编码器居多，但这些年来，迅速被旋转变压器代替。新能源汽车上多用磁阻式旋转变压器。磁阻式旋转变压器有三个绕组：励磁绕组、正弦绕组和余弦绕组。励磁绕组和正余弦绕组放在同一套定子槽内，固定不动。比亚迪 E6 电动汽车旋变的转子和定子结构如图 4-16 所示。旋变三组绕组电路如图 4-17 所示，正余弦绕组的输出信号，仍然是随转角作正弦变化、彼此相差 90°的电信号。转子磁极形状作特殊设计，使得气隙磁场近似于正弦形。转子形状的设计也必须满足所要求的极数。可以看出，转子的形状决定了极对数和气隙磁场的形状。

当旋转变压器三组绕组出现短路或断路故障时，电机控制器接收不到转子转角的位置，从而电机不能转动，汽车不能行驶。

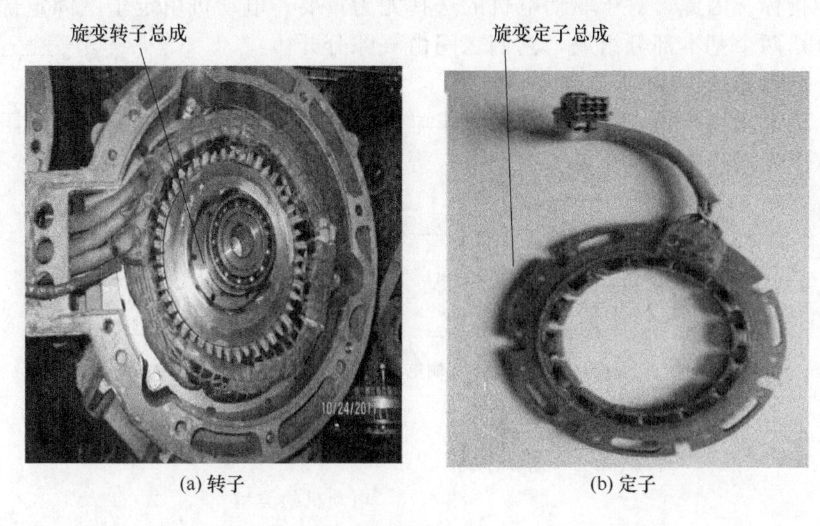

(a) 转子 (b) 定子

图 4-16 旋变组成

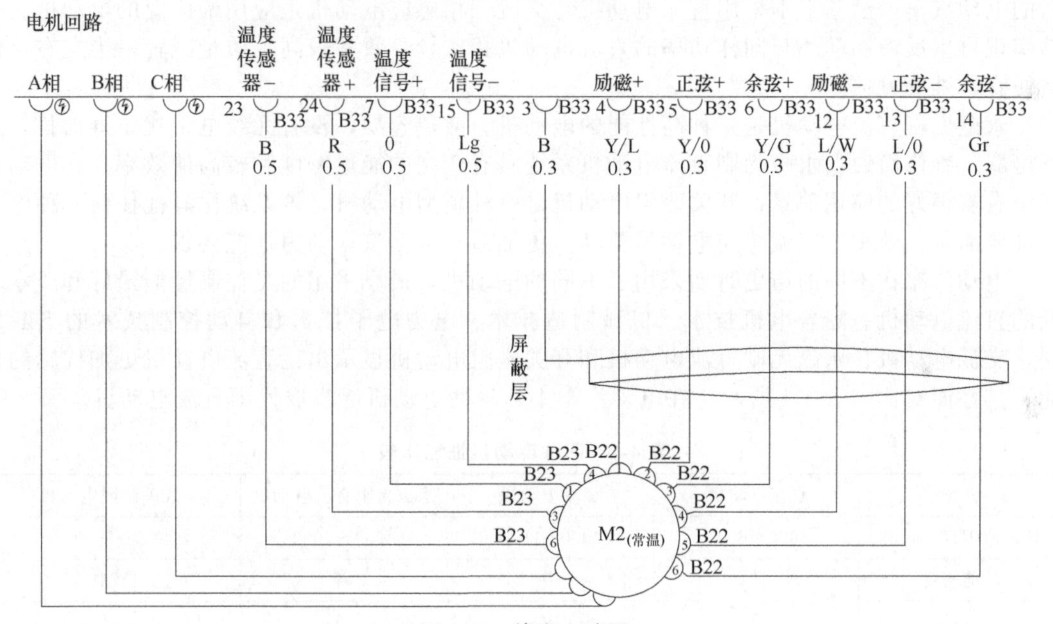

图 4-17 旋变电路图

第三节 驱动电机

一、电动机的基本组成与类型

1. 电动机的基本组成

纯电动汽车以电动机代替燃油机，由电机驱动而无需自动变速箱。相对于自动变速箱，电动机结构简单、技术成熟、运行可靠，甚至被视为中国在新能源汽车行业实现汽车工业“弯道超车”的希望领域之一。新能源电动汽车主要由电机驱动系统、电池系统和整车控制系统三部分构成，其中的电机驱动系统是直接将电能转换为机械能的部分，决定了电动汽车的性能指标。因此，对于驱动电机的选择尤为重要。电动机由定子（固定部分）和转子（转动部分）两个基本部分组成，它们之间由气隙分开。

2. **电动机的类型**

作为电动汽车核心部件的电动汽车电动机主要有直流电动机、开关磁阻电动机、交流电动机（永磁同步电动机与异步电动机）等，如图 4-18 所示。

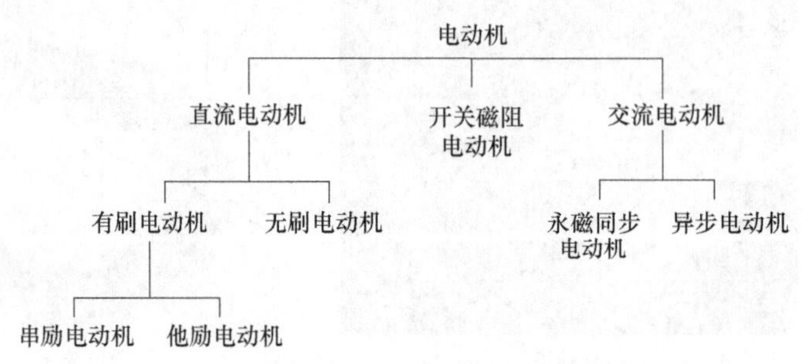

图 4-18 电动机的类型

直流电动机的主要优点是控制简单、技术成熟。缺点是散热困难，限制了电动机转矩。新的电动汽车上已基本不采用直流电动机。交流三相感应电动机是应用最广泛的电动机。能够实现再生反馈制动。与同样功率的直流电动机相比较，效率较高，质量减轻一半左右，价格便宜，维修方便。

永磁无刷直流电动机是一种高性能的电动机。散热容易，没有无线电干扰，寿命长，运行可靠，维修简便。永磁无刷直流电动机系统具有较高的能量密度和较高的效率，在电动汽车中有着很好的应用前景。开关磁阻电动机是一种新型电动机，该系统比其他任何一种电动机都要简单，效率比交流感应电动机要高，更加适合电动汽车动力性能要求。

电动汽车在不同的历史时期采用了不同的电动机，最早采用的是控制性能最好和成本较低的直流电动机。随着电机技术、机械制造技术、电力电子技术和自动控制技术的不断发展，交流电动机、永磁无刷直流电动机和开关磁阻电动机显示出比直流电动机更加优越的性能，其性能对比如表 4-1 所示。在电动汽车上，这些电动机逐步取代了直流电动机。

表 4-1 四种电动机性能比较

性能	直流电动机	交流电动机	永磁无刷直流电动机	开关磁阻电动机
转速范围/(r/min)	4000～6000	12000～20000	4000～6000	＞15000
功能密度	低	中	高	较高
重量	重	中	轻	轻
体积	大	中	小	小
可靠性	差	好	一般	好
结构坚固性	差	好	好	好
控制器成本	低	高	高	一般

3. **电动机的基本要求**

汽车行驶的特点是频繁进行启动、加速、减速、停车等。在低速或爬坡时需要高转矩，在高速行驶时需要低转矩。电动机的转速范围应能满足汽车从零到最大行驶速度的要求，即要求电动机具有高的比功率和功率密度。电动汽车电动机应满足的主要要求可归纳为如下十个方面。

① 在允许的范围内，尽可能采用高电压，可以减小电动机和导线等装备的尺寸，特别

是可以降低逆变器的成本。工作电压由 THS 的 274V 提高到 THS Ⅱ的 500V，在尺寸不变的条件下，最高功率由 33kW 提高到 50kW，最大转矩由 350N·m 提高到 4000N·m。可见，应用高电压系统对汽车动力性能的提高极为有利。

② 要求转速高，电动汽车所采用的感应电动机的转速可以达到 8000～12000r/min，高转速电动机的体积较小，质量较轻，有利于降低整车的装备质量。

③ 要求质量轻，体积小。电动机可通过采用铝合金外壳等途径降低质量，各种控制装置和冷却系统的材料等也应尽可能选用轻质材料。电动汽车驱动电动机要求有较高的比功率（电动机单位质量的输出功率）和较高的效率（在较宽的转速和转矩范围内），以实现降低车重，延长续驶里程；而工业驱动电动机通常会综合考虑比功率、效率及成本，并在额定工作点附近对效率进行优化。

④ 电动机应具有较大的启动转矩和较大范围的调速性能，以满足启动、加速、行驶、减速、制动等所需的功率与转矩。电动机应具有自动调速功能，以减轻驾驶员的操纵强度，提高驾驶的舒适性，并且能够达到与内燃机汽车加速踏板同样的控制响应。

⑤ 电动汽车驱动电动机需要有 4～5 倍的过载，以满足短时加速行驶与最大爬坡度的要求，而工业驱动电动机只要求有 2 倍的过载就可以。

⑥ 电动汽车驱动电动机应具有较高的可控性、稳态精度、动态性能，以满足多部电动机协调运行，而工业驱动电动机只要求满足某一种特定的性能。

⑦ 电动机应具有高效率、低损耗，并在车辆减速时，可进行制动能量回收。

⑧ 电气系统和控制系统的安全性应达到有关的标准和规定。电动汽车的各种动力电池组和电动机的工作电压可以达到 300V 以上，因此必须装备高压保护设备以保证安全。

⑨ 能够在恶劣条件下可靠工作。电动机应具有较高的可靠性、耐温和耐潮性，并在运行时噪声低，能够在较恶劣的环境下长期工作。

⑩ 结构简单，适合大批量生产，使用维修方便，价格便宜等。

4. 电动机的主要性能参数

① 铭牌参数及额定值型号　表示电动机的系列品种、性能、防护结构形式、转子类型等。

② 功率　表示额定条件下运行时电动机轴上输出的机械功率，单位 kW 或 hp，1hp＝0.736kW。

③ 电压　定子绕组上的线电压（V），电机有 Y 形和△形两种接法，其接法应与电机铭牌规定的接法相符，以保证与额定电压相适应。

④ 电流　电动机在额定电压和额定频率下，并输出额定功率时定子绕组的三相线电流。

⑤ 频率　指电动机所连接的交流电源的频率，我国规定为（50±1）Hz。

⑥ 转速　电动机在额定电压、额定频率、额定负载下，电动机每分钟的转速（r/min）；两极电机的同步转速为 3000r/min。

⑦ 工作定额　指电动机运行的持续时间。

⑧ 绝缘等级　电动机绝缘材料的等级，决定电机的允许温升。

⑨ 标准编号　表示设计电机的技术文件依据。

⑩ 励磁电压　指同步电机在额定工作时的励磁电压（V）。

⑪ 励磁电流　指同步电机在额定工作时的励磁电流（A）。

二、常用驱动电机

1. 直流电动机

直流电动机分为有刷电机和无刷电机两大类，按电机外形分为轮毂式和柱形两类，有刷电机又分高速有齿轮减速电机和低速无齿轮电机。无刷电机又分有传感器电机和无传感器电机，由于无刷电机故障少、无磨损问题，只要配套控制器功能完好，就会使电机寿命较长，所以大部分采用无刷电机。

（1）直流电动机的组成　直流电动机是指通入直流电而产生机械运动的电动机，按励磁方式的不同，直流电动机分为励磁绕组式电动机和永磁式电动机，前者的励磁磁场是可控的，后者的励磁磁场是不可控的。由于控制方式简单，控制技术成熟，直流电动机曾广泛应用于早期电动汽车驱动系统。直流电动机主要由静止的定子（励磁）和旋转的转子（电枢）两部分组成。定子和转子之间的间隙称为气隙。图 4-19 所示为直流电动机的结构。

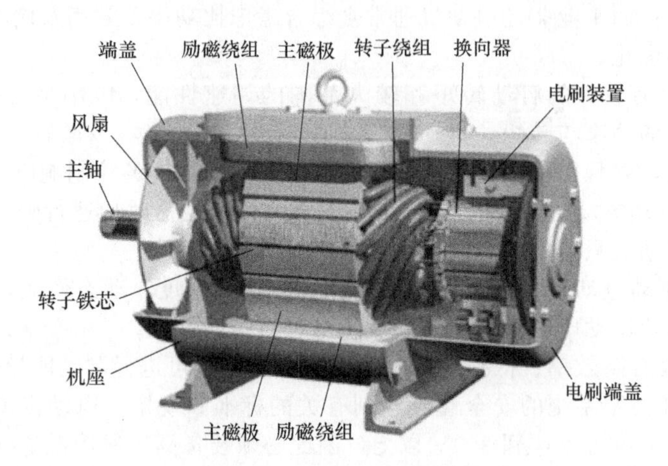

图 4-19　直流电动机的结构

定子的主要作用是产生气隙磁场，由主磁极、换向极、机座和电刷装置组成。

① 主磁极　主磁极的作用是建立主磁场。主磁极由主磁极铁芯和套装在铁芯上的励磁绕组构成，如图 4-20 所示。

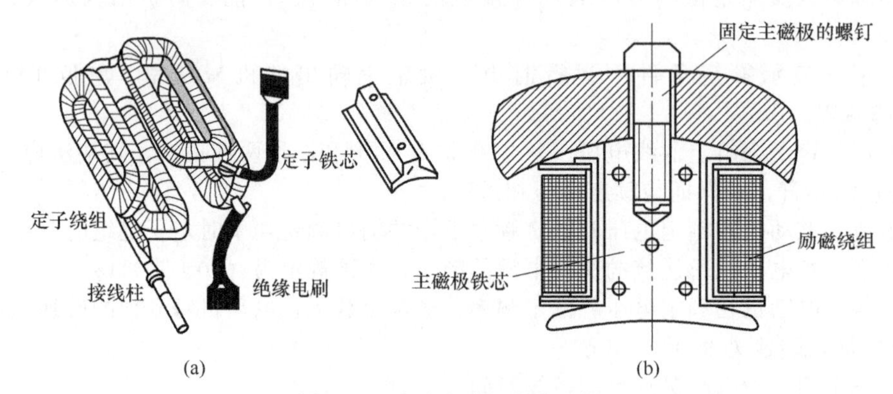

图 4-20　直流电动机的主磁极

② 机座　机座一般用铸钢铸成或用厚钢板焊接而成，机座有两个作用：一个是用来固定主磁极、换向极和电动机端盖；另一个作用是作为磁场的通路。

③ 换向极　换向极是安装在两相邻主磁极之间的一个小磁极，它的作用是改善直流电动机的换向情况，使直流电动机运行时不产生有害的火花。

④ 端盖　端盖装在基座两端并通过端盖中的轴承支撑转子，将定子连为一体，同时端盖对直流电动机内部还起防护作用。

⑤ 电刷装置　电刷装置的作用是把直流电压、直流电流引入或引出。电刷的数目一般

等于主磁极的数目。电刷装置由电刷、电刷盒、刷瓣和压簧等部分组成。

直流电动机的转动部分（转子）称为电枢。转子部分包括电枢铁芯、电枢绕组、换向器、转轴、轴承以及风扇等，如图 4-21 所示。

① 电枢铁芯　电枢铁芯即是主磁路的组成部分，又是电枢绕组的支撑部分。

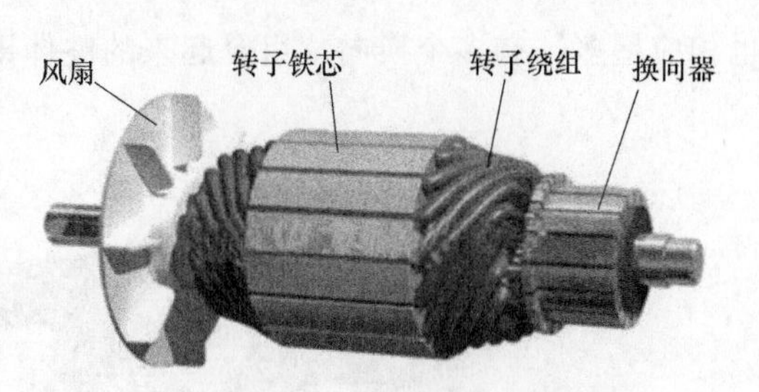

图 4-21　直流电动机的电枢

② 电枢绕组　电枢绕组主要做通电导体。电枢绕组嵌放在电枢铁芯的槽内，结构如图 4-22 所示。

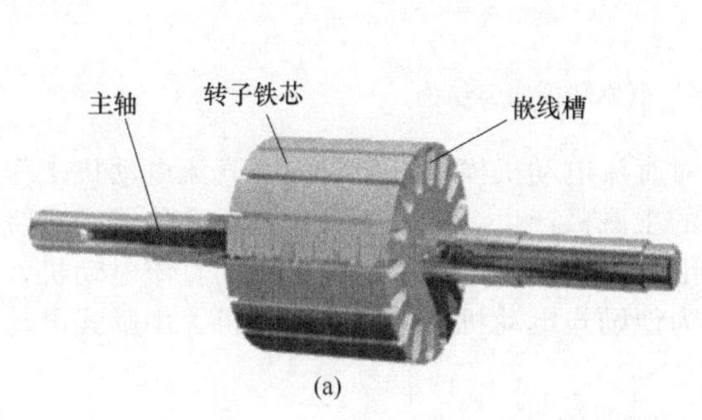

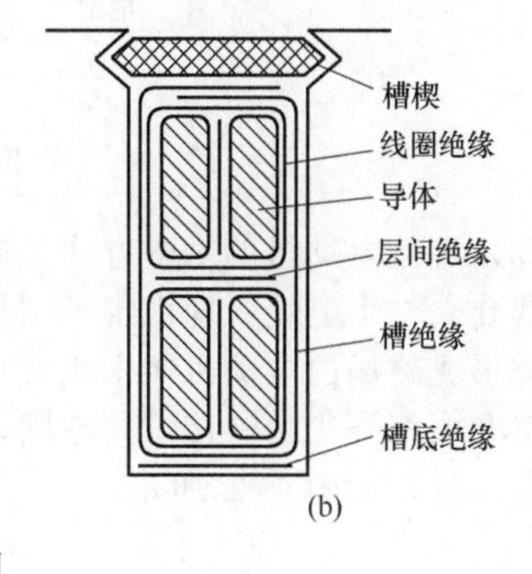

图 4-22　电枢铁芯和绕组

③ 换向器　在直流电发电机中，换向器起整流作用，在直流电动机中，换向器起逆变作用，因此换向器是直流电动机的关键部件之一。

（2）直流电动机的工作原理　在一对静止的磁极 N 和 S 之间，装设一个可以绕中心横轴转动的圆柱形铁芯，在它上面装有矩形线圈 abcd，这个转动的部分通常叫做电枢。线圈的末端 a 和 d 分别接到换向片的两个半圆形铜环上。换向片之间彼此绝缘，它们和电枢装在同一根轴上，可随电枢一起转动。A 和 B 是两个固定不动的碳质电刷，他们和换向片之间滑动接触，来自直流电源的电流就是通过电刷和换向片输入到电枢的线圈。图 4-23 所示为直流电动机的工作原理。

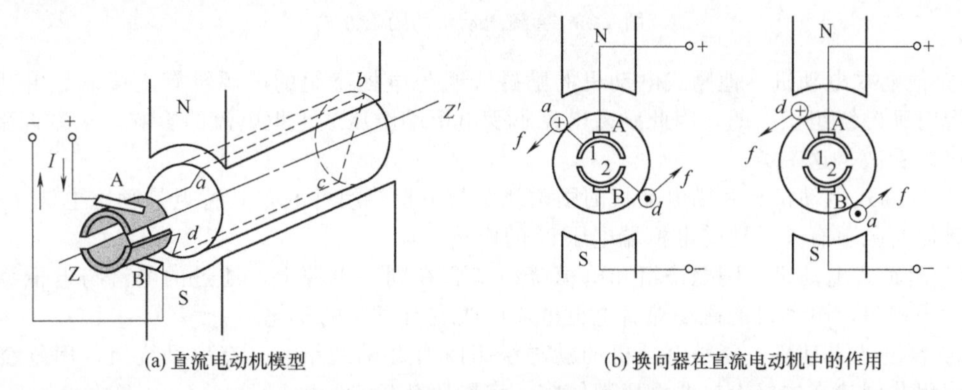

图 4-23　直流电动机的工作原理

当电刷 A 和 B 分别连接直流电源的正负极时，电流从电刷 A 流入，从电刷 B 流出，通过线圈 abcd 形成回路；相应地，导线 ab 和 cd 在磁场的作用下会产生磁力，其方向由左右定则来决定。当电流流过电枢线圈时，载流导体在励磁磁场的作用下产生的电磁力 f 的表达式为 $f=BIL$，整个线圈的电磁转矩为 $T=DBIL$。随着线圈数目的增加，换向片的数目也相应增多，有多个换向片组合起来的整体即为换向器，电刷和换向器结构如图 4-24 所示。

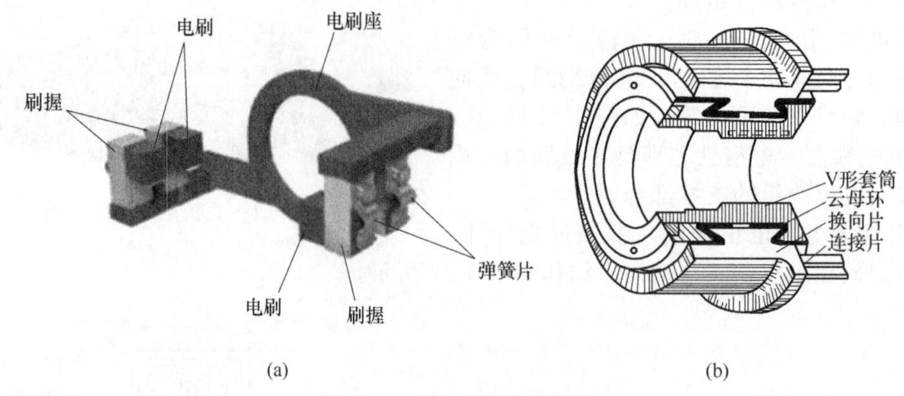

图 4-24 电刷和换向器结构

(3) 直流电动机的励磁方式 通过对直流电动机模型分析可知，直流电动机工作时，首先需要建立一个磁场，即由定子结构中的主磁极产生，主磁极可以是永磁体或励磁绕组。由永磁体形成磁场的电动机叫永磁式直流电动机；由励磁绕组形成磁场的直流电动机，根据励磁绕组和电枢绕组的连接方式不同，分为他励式电动机、并励式电动机、串励式电动机和复励式电动机，如图 4-25 所示。

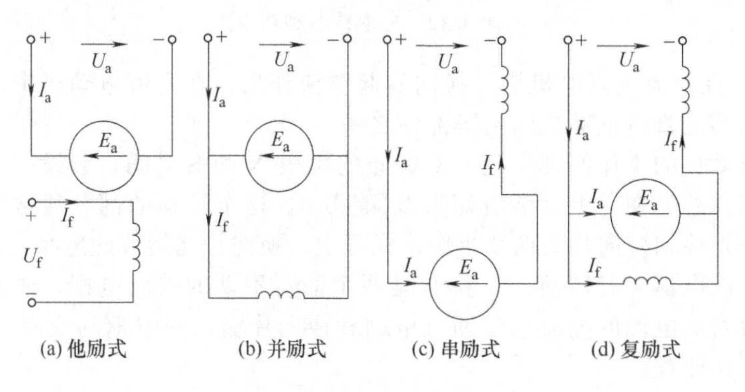

图 4-25 直流电动机的励磁方式

① 他励式电动机 他励式电动机的励磁绕组与电枢绕组的电源没有连接，是由其他直流电源对励磁绕组供电的，因此励磁电流不受电枢端电压或电枢电流的影响，永磁直流电动机也可以看做是这一类。

② 并励式电动机 并励电动机的励磁绕组与电枢绕组并联，其特点是励磁电流 I_f 不仅与励磁回路电阻有关，还受电枢端电压 U 的影响。

③ 串励式电动机 励磁绕组和电枢绕组串联在同一电源上，通过的电流与电枢绕组的电流大小相等，电动机的磁场随着电枢电流的改变有显著的变化。

④ 复励式电动机 复励电动机的励磁绕组既有并励绕组，又有串励绕组，串励绕组和并励绕组共同接在主极上，并励匝数较多，串励匝数较少。

表征电动机额定运行情况的各种数据称为额定值。额定值一般都标注在电动机的铭牌上，所以也称为铭牌数据，它是正确合理使用电动机的依据。直流电动机的额定数据主要有以下几种。

① 额定电压 U(V) 在额定情况下，电刷两端输出（发电机）或输入（电动机）的

电压。

② 额定电流 I（A）　在额定情况下，允许电动机长期流出或流入的电流。

③ 额定功率（额定容量）P（kW）　电动机在额定情况下允许输出的功率。对于发电机，是指向负载输出的电功率。即 $P=UI$；对于电动机，是指电动机轴上输出的功率，即 $P_N=U_N I_N \eta$。

④ 额定转速 n（r/min）　在额定功率、额定电压、额定电流下电动机的转速。

⑤ 额定效率 η　输出功率与输入功率之比，称为电动机的额定效率，即 $\eta_N=\frac{\text{输出功率}}{\text{输入功率}}\times 100\%=\frac{P_2}{P_1}\times 100\%$。其中 P_1 为电源输入功率，P_2 为电动机轴上的输出功率。

由于负载的变化，电动机在实际运行时往往不是总在额定状态下运行。电动机在接近额定的状态下运行，才是较为经济的。

① 电枢电动势

$$E_a=\frac{pN}{60a}\Phi N=C_e\Phi N \tag{4-1}$$

② 电磁转矩　电磁转矩是直流电动机的电枢绕组流过电流时，载流导体在磁场中受力而产生的总转矩。根据直流电动机的运行原理，可以推导出电磁转矩 T 为

$$T=\frac{pN}{2\pi a}\Phi I_a=C_T\Phi I_a \tag{4-2}$$

式中，C_T 对已制成的电机来说是一个常数，称为直流电机的转矩常数；Φ 为磁通，单位为Wb；I_a 为电枢电流，单位为A；电磁转矩 T 的单位为N·m。上式表明：对已制成的电动机，电磁转矩 T 与每极磁通 Φ 和电枢电流 I_a 成正比。

③ 直流电动机的机械特性

$$n=\frac{E_a}{C_e\Phi}=\frac{U_d-I_dR}{C_e\Phi} \tag{4-3}$$

式中，U_d 为电枢电压；E_a 为电枢电动势；R 为电枢回路总电阻；n 为转速；Φ 为励磁磁通；C_e 为由电动机结构决定的电动势系数。电枢电动势和电磁转矩是直流电动机两个重要的参数。对于同一台直流电动机来说，电动势常数 C_e 和转矩常数 C_T 之间具有如下关系。

$$C_T=\frac{pN}{2\pi a}=\frac{60}{2\pi}C_e=9.55C_e \quad \text{或者} \quad C_e=\frac{pN}{60a}=\frac{2\pi a}{60a}C_T=0.105C_T \tag{4-4}$$

(4) 直流电动机在电动汽车上的应用　在电动汽车发展的早期，很多电动汽车都是采用直流电动机方案，主要是看中了直流电动机的产品成熟、控制方式容易、调速优良的特点。但由于直流电动机本身的短板非常突出，其自身复杂的机械结构（电刷和机械换向器等），制约了它的瞬时过载能力和电动机转速的进一步提高；而且在长时间工作的情况下，电动机的机械结构会产生损耗，提高了维护成本。此外，电动机运转时的电刷火花会使转子发热、能量浪费、散热困难，还会造成高频电磁干扰，这些因素都会影响具体整车性能。

作为新能源汽车驱动电动机的直流电动机主要有他励式直流电动机（包括永磁直流电动机）、串励式直流电动机和复励式直流电动机三种类型。小功率（$<$10kW）的电动机多采用小型高效的永磁式直流电动机，一般应用在小型、低速的车辆上，如电动自行车、电动观光车、电动叉车、警用巡逻车等；中等功率（10～100kW）的电动机多采用复励式，可以用于结构简单、转矩较大的电动火车上；大功率（$>$100kW）的电动机多采用串励式，可以用于低速、大转矩的大型专用电动车上，如电动矿石搬运车、电动玻璃搬运车等。

2. 交流异步电动机

交流感应电动机又称为交流异步电动机，是由气隙旋转磁场与转子绕组感应电流相互作

用产生电磁转矩，从而实现电能转换为机械能的一种交流电动机。交流感应电动机是各类电动机中应用最广、需求量最大的一种。交流感应电动机通常按转子结构和定子绕组相数进行分类。按转子结构来分，可分为笼型和绕线型；按定子绕组相数来分，则有单相和三相。在新能源汽车中，笼型交流感应电动机应用较为广泛，具有结构简单且坚固、制造成本低、维护方便等优点。

(1) 交流异步电动机的组成　和所有旋转的电动机的结构一样，交流感应电动机由静止的定子和可以旋转的转子组成，定子和转子之间为气隙，交流感应电动机的气隙一般为0.5～2.0mm，气隙的大小对交流感应电动机的性能有很大影响。图4-26所示为异步电动机结构图和定子绕组接法。

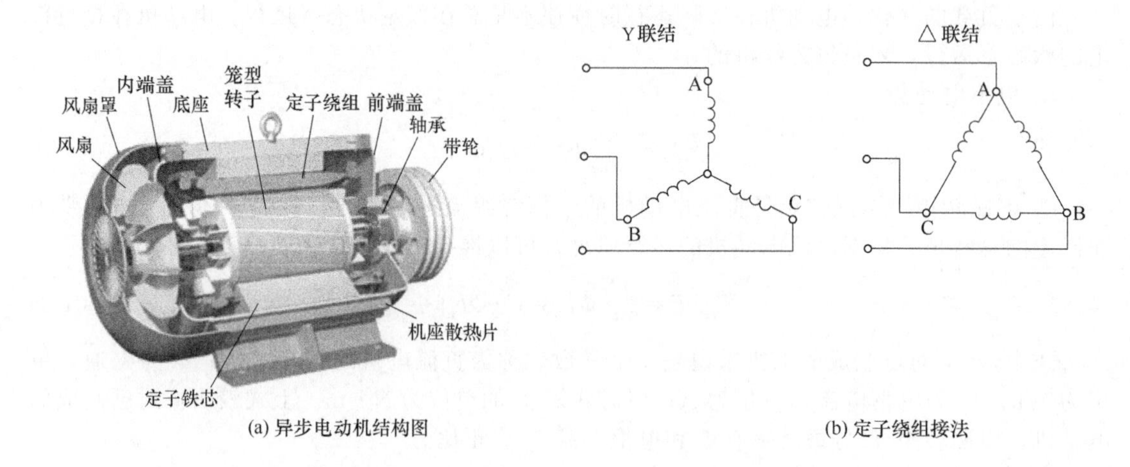

图4-26　异步电动机结构图和定子绕组接法

① 定子　交流感应电动机的定子主要由定子铁芯、定子绕组和机座三部分组成。

a. 定子铁芯　定子铁芯主要是作为电动机主磁路的一部分并且用来嵌放定子绕组，作用是降低定子铁芯的铁损耗，定子铁芯一般由厚度为0.35～0.50mm、表面涂有绝缘漆的硅钢片叠压而成。

b. 定子绕组　定子绕组是电动机的电路部分，通入三相交流电，其作用是吸收电功率和产生旋转磁场。定子绕组由三个在空间上互隔120°对称排列、结构完全相同的绕组（每个绕组为一相）组成，根据需要连接成Y形或△形。

c. 机座　机座主要用于固定定子铁芯和前后端盖，支撑转子并起到防护和散热等作用，一般不作为工作磁路的组成部分。大多数采用铸铁铸造而成，大型容量的感应电动机采用钢板焊接而成，微型感应电动机多采用铸铝或塑料制成。根据电动机的防护方式、冷却方式和安装方式的不同，机座的样式也不尽相同。

② 转子　交流感应电动机的转子包括转子铁芯和转子绕组。

a. 转子铁芯　转子铁芯是电动机磁路的一部分，它由0.5mm厚的硅钢片叠压而成。铁芯固定在转轴或转子支架上，整个转子的外表呈圆柱形。

b. 转子绕组　转子绕组分为笼型和绕线型两类。

ⓐ 笼型绕组　笼型绕组是一个自己短路的绕组。在转子铁芯的每个槽里嵌放一根导条，在铁芯的两端用端环连接起来，形成一个短路的绕组。如果把转子铁芯拿掉，则可看出剩下来的绕组形状像个松鼠笼子，因此又叫鼠笼转子。导条的材料为铜或铝。图4-27所示为异步电动机笼型转子结构。

ⓑ 绕线型绕组　绕线型绕组的槽内嵌放用绝缘导线组成的三相绕组，一般都连接成Y

形。转子绕组的三条引线分别接到三个集电环上，用一套电刷装置引出来，这就可以把外接电阻串联到转子绕组回路，以改善电动机的启动性能或调节电动机的转速。电磁转矩克服负载转矩输出机械能，因此感应电动机实现了电能到机械能的能量转换。

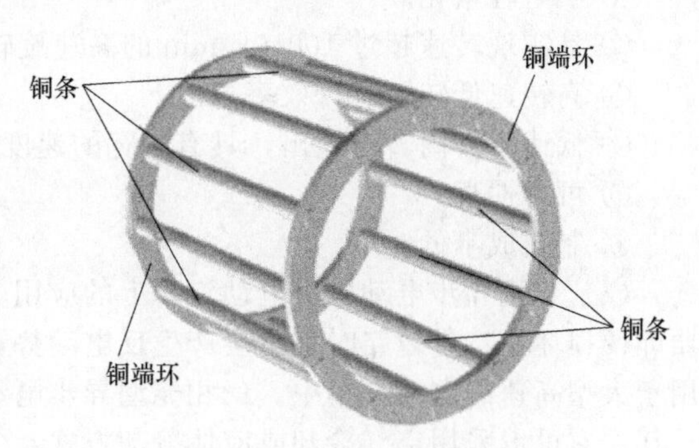

图 4-27　异步电动机笼型转子结构

感应电动机能够正常工作必须满足两个基本条件：电动机的定子、转子基波磁动势必须能合成并在气隙内建立旋转磁场；转子转速必须小于气隙旋转磁场的转速，并且两者保持一定的差值，以保证转子与旋转磁场之间存在相对运动。气隙基波旋转磁场也就是主磁场，其旋转速度与电源频率的关系为

$$n_1=\frac{60f}{p} \tag{4-5}$$

式中，p 为电动机的极对数。

三相交流电与旋转磁场的对应关系如图 4-28 所示。

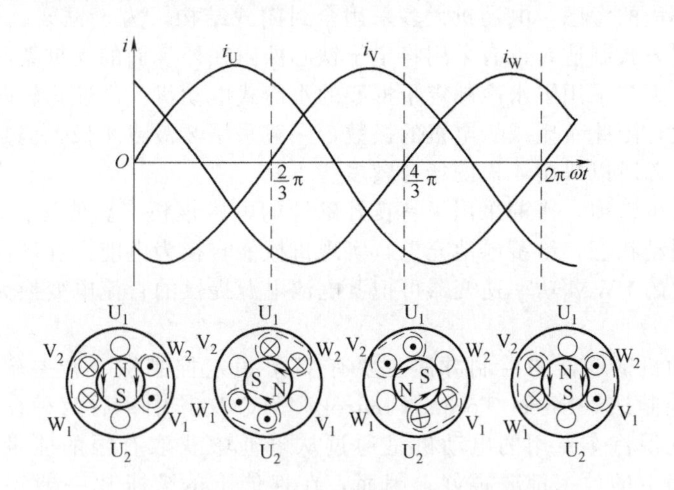

图 4-28　三相交流电与旋转磁场的对应关系

（2）交流异步电动机的工作原理　感应电动机定子绕组接通三相交流电源后，电机内变形成圆形旋转磁动势以及圆形旋转磁密，设其反向为逆时针。若转子不转，鼠笼转子导条与旋转磁密有相对运动，导条中有感应电动势 E_e，方向由右手定则确定。由于转子导条彼此在端部短路，于是导条中有电流，不考虑电动势与电流的相位差时，电流方向与电动势方向相同。这样，导条就在磁场中受力 F，用左手定则确定受力方向。

由感应电动机的工作原理可知，感应电动机稳定运行时，转子转速 n 不能等于旋转磁场的同步转速 n_1，其转差转速 $\Delta n=n_1-n$，与同步转速之比为感应电动机的转差率，用 S 表示，即

$$S=\frac{\Delta n}{n_1}=\frac{n_1-n}{n_1} \tag{4-6}$$

转差率是感应电动机的一个重要参数，正常运行时感应电动机转子转速接近于同步转速 n_1，转差率一般为 0.01～0.05。

交流感应电动机具有以下性能特点。

① 小型轻量化。

② 易实现转速超过 10000r/min 的高速旋转。

③ 高转速低转矩运行效率高。

④ 低速时有高转矩输出，具有较宽的速度调节范围。

⑤ 可靠性高。

⑥ 制造成本低。

(3) 交流异步电动机在电动汽车上的应用　交流异步电动机成本低而且可靠性高，逆变器即便损坏而产生短路时也不会产生反电动势，所以不会出现急刹车的可能，因此，广泛应用于大型高速的电动汽车中。三相笼型异步电动机的功率容量覆盖面很广，从零点几瓦到几千瓦。它可以采用空气冷却或液体冷却方式，冷却自由度高、对环境的适应性好，并且能够实现再生制动。与同样功率的直流电动机相比较，效率较高、重量约要轻一半。

一般情况下，作为电动汽车专用的电动机，由于安装条件是受限制的，而且要求小型轻量化，因而电机在 10000r/min 以上高速运转时，大多采用一级齿轮减速器实现减速。此外，由于振动等恶劣工作环境，低转速状态下仍需要高转矩，并且要求在较宽的速度范围内具有恒输出功率特性，所以电动汽车用异步电动机与一般工业用的电动机不同，因此在设计上采用了各种新的方法。

出于对工作环境的考虑，电动机大多采用全封闭式结构，为了框架、托座等的轻量化，一般采用压铸铝的方式制造，也有采用将定子铁芯裸露在外表面的无框架的结构，由于为了实现小型轻量化，大多采用了水冷却定子框架的水冷式电动机。高速运转时由于频率升高而引起了铁损的增大，因此希望减少电机的极数，一般采用 2 极或 4 极，但是采用 2 极时，线圈端部的长度变长，所以采用 4 极的场合较多些。

此外，为了减少铁损，普遍采用了有良好磁性的电磁钢板。新能源汽车减速或制动时，电动机处在发电制动状态，给蓄电池充电，实现机械能转换为电能。在新能源汽车上，由功率半导体器件构成的 PWM 功率逆变器可把蓄电池电源提供的直流电变换为频率和幅值都可以调节的交流电。

三相异步电动机逆变器的控制方法主要有 V/f 恒定控制法、转差率控制法、矢量控制法和直接转矩控制法（Direct Torque Control，DTC）。其中，后两种控制方式目前处于主流的地位。新能源汽车专用的电动机是通过从电池中获取有限的能量产生动作，所以要求其在各种环境下的效率都要很好。因而，在性能上的要求比一般工业用的电动机更加严格。

适合作为电动汽车专用的电动机需要满足以下特性：小型轻量化（坚固性）、高效性（一次充电后的续驶里程长）、低速大转矩情况下可在大范围内恒定输出、寿命长以及高可靠性、低噪声和成本低廉。但是现实中全部满足以上几个特性的电机还未被开发出来。在美国，异步电动机应用的较多，这也被认为是和路况有关。在美国，高速公路已经具有一定的规模，除了大城市外，汽车一般以一定的高速持续行驶，所以能够实现高速运转而且在高速时有较高效率的异步电动机得到广泛应用。在我国，随着高速公路规模的发展，交流异步电动机在新能源汽车上的应用也会越来越多。

目前，采用交流感应电动机驱动系统的车辆主要有美国通用公司的 EV-1 型电动汽车、福特公司生产的电动汽车以及为人所熟知的部分特斯拉电动汽车等。相对来讲，交流异步电动机具有结构简单、可靠性较高、拥有较好的高速性能以及加速性能等优势；这也是一些以性能标榜的电动跑车以及中大型 SUV 会偏爱它的原因，如特斯拉 model S、model X、蔚来 ES8 等都在使用。不过它也有自身缺点，主要是转矩密度、功率密度、效率密度偏低，并且还伴随着体积大、重量沉、发热量大的问题。

3. 永磁同步电动机

永磁同步电动机（Permanent Magnet Synchronous Motor，PMSM）具有高效、高控制精度、高转矩密度、良好的转矩平稳性及低振动噪声的特点，通过合理设计永磁三路结构能获得较高的弱磁性能，在电动汽车驱动方面具有很高的应用价值，受到国内外电动汽车界的高度重视，是最具竞争力的电动汽车驱动电动机系统之一。

永磁同步电动机分为正弦波驱动电流的永磁同步电动机和方波驱动电流的永磁同步电动机。作为纯电动汽车的“发动机”，驱动电机的性能以及种类很大程度决定着这款车型的动力表现。就目前的乘用车而言，市面上主流的驱动电动机分为两大类，一类是永磁同步电动机，一类是交流异步电动机。永磁同步电动机被国内大部分厂商选用，这是因为永磁同步电动机会用到稀土材料，而我国正好是稀土资源大国。

（1）永磁同步电动机的组成　永磁同步电动机的组成如图 4-29 和图 4-30 所示。

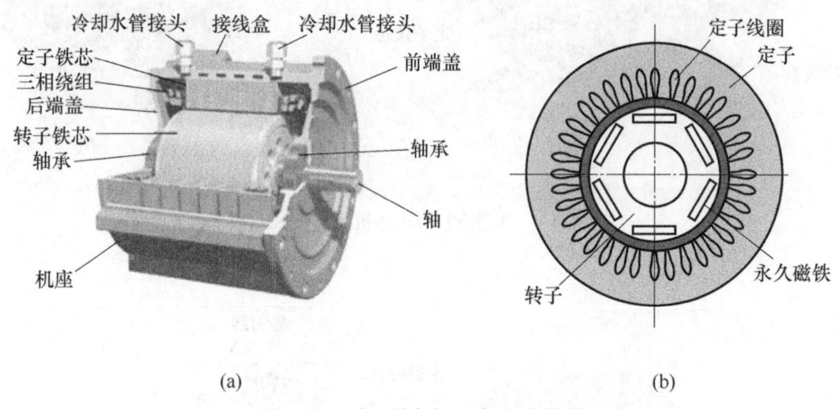

图 4-29　永磁同步电动机的结构

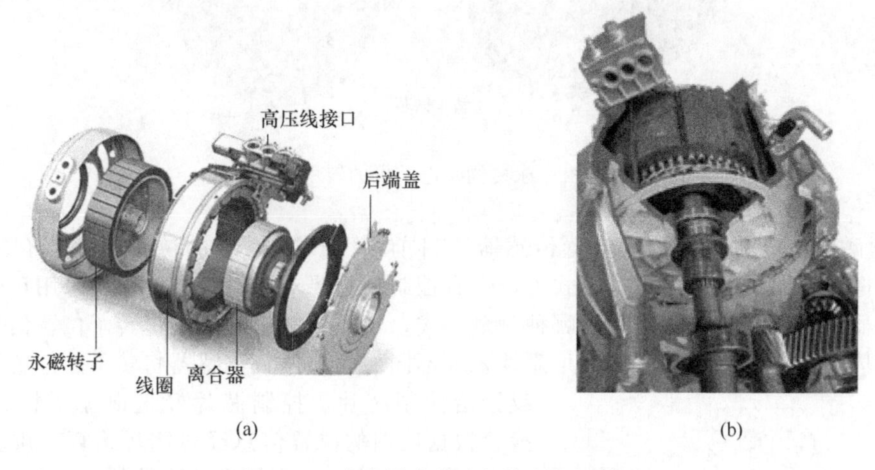

图 4-30　永磁同步电动机的内部解剖图

三相交流电进入永磁同步电动机中定子绕组，产生旋转磁场，内部有转子总成，转子绕组切割定子旋转磁场，产生感应电动势及电流，并形成电磁转矩而使电动机旋转，输出扭矩。永磁同步电动机的永磁是指在制造电动机转子时加入了永磁体，使电动机的性能得到进一步的提升，这也是永磁同步电动机与交流异步电动机的最大区别。所谓同步，就指的是让电动机中的转子转速与定子绕组的电流频率始终保持一致。

① 永磁同步电动机的定子　定子与普通电动机基本相同，由电枢铁芯和电枢绕组构成。

其结构如图 4-31 所示。电枢铁芯一般采用 0.5mm 硅钢冲片叠压而成，对于具有高效率指标或频率较高的电动机，为了减少铁耗，可以考虑使用 0.35mm 的低损耗冷轧无取向硅钢片。

② 永磁同步电动机的电枢绕组　电枢绕组则普遍采用分布、短距绕组；对于极数较多的电动机，普遍采用分数槽绕组；需要进一步改善电动势波形时，也可以考虑采用正弦绕组或其他绕组，其结构如图 4-32 所示。

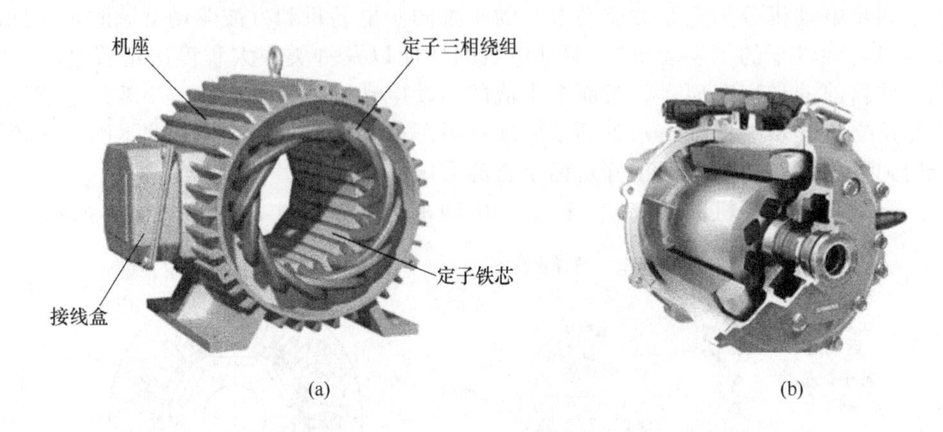

图 4-31　永磁同步电动机的定子结构

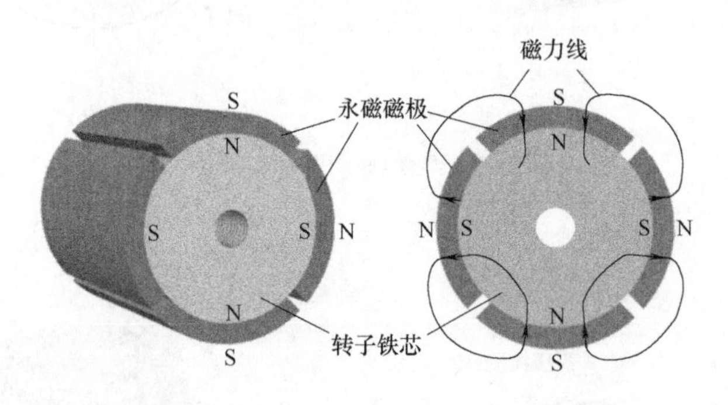

图 4-32　永磁同步电动机的转子结构

③ 永磁同步电动机的转子位置传感器　目前，PMSM 系统的位置传感器有很多种方式，像光电编码式、磁敏式和电磁式等，也有控制精度要求相对较高的场合采用正弦或余弦旋转变压器等位置传感器，但无论哪种测量方式，其本质都是用来测量转子位置信息的，只是安装的体积、方便程度、成本及可靠性要求不同而已。位置传感器将转子的位置信号电平反馈给控制芯片，控制芯片经过电流采样和数学变换，根据反馈的位置信息经过闭环运算，重新按新的 PWM 占空比输出，来触发功率器件（IGBT 或 MOSFET），实际上逆变器是自控的，由自身运行来保证电机的转速与电流输入频率同步，并避免振荡和失步的发生。

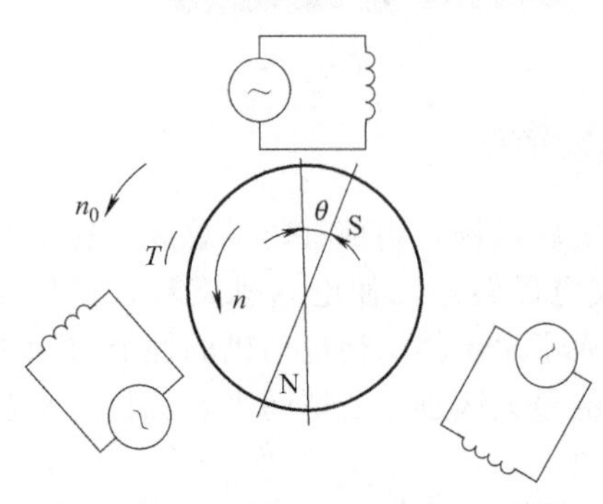

图 4-33　永磁同步电动机的工作原理

(2) 永磁同步电动机的工作原理　永磁同步电动机的工作原理如图 4-33 所示。

图中 n 为电动机转速，n_0 为同步转速，T 为转矩，θ 为功率角，电动机的转子是一个永磁体，N、S

极沿圆周方向交替排列，定子可以看成是一个以速度 n 旋转的磁场。电机运行时，定子存在旋转磁动势，转子像磁针在旋转磁场中旋转一样，随着定子的旋转磁场同步旋转。

同步电机转速可表示为

$$n=n_0=\frac{60f}{p} \tag{4-7}$$

式中，f 为电源频率；p 为极对数。

交流异步电动机中由于转子总是在“追赶”定子旋转磁场的转速，并且为了能够切割磁感应线而产生感应电流，转子的转速总要比定子旋转磁场的转速慢，这也就形成了异步运行，即异步感应电动机。

三相交流电进入永磁同步电动机中定子绕组，产生旋转磁场，内部有转子总成，转子绕组切割定子旋转磁场，产生感应电动势及电流，并形成电磁转矩而使电动机旋转，输出扭矩。

(3) 永磁同步电动机的驱动电路　永磁同步电动机的驱动电路如图 4-34 所示，定子绕组产生旋转磁场的机理与感应电动机是相同的，其转子通过永久磁铁产生磁场，两个磁场相互作用产生转矩，定子绕组产生的旋转磁场，可看作是一对旋转磁极吸引转子磁极随其一起旋转。永磁同步电动机带负载时，气隙磁场是永磁体磁动势和电枢磁动势共同建立的，电枢磁动势对气隙磁场有影响，电枢磁动势的基波对气隙磁场的影响称为电枢反应。

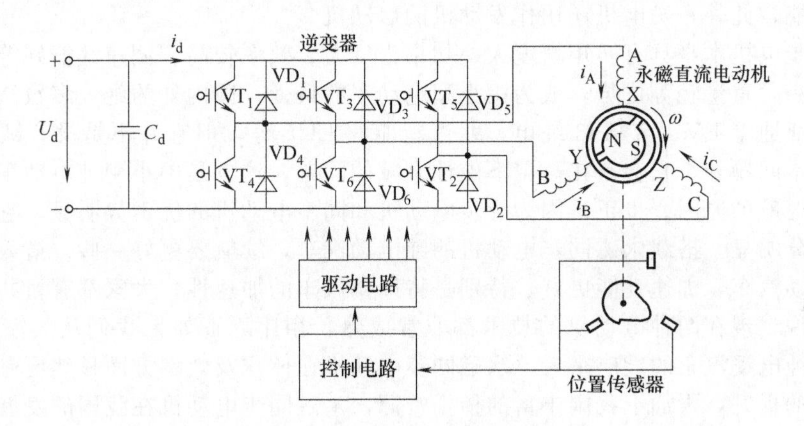

图 4-34　永磁同步电动机的驱动电路

(4) 永磁同步电动机的优缺点

① 用永磁体取代绕线式同步电动机转子中的励磁绕组，从而省去了励磁线圈、集电环和电刷，以电子换相实现无刷运行，结构简单、运行可靠。

② 永磁同步电动机的转速与电源频率始终保持准确的同步关系，控制电源频率就能控制电动机的转速。

③ 永磁同步电动机具有较硬的机械特性，对于因负载变化而引起的电动机转矩的扰动具有较强的承受能力，瞬间最大转矩可以达到额定转矩的 3 倍以上，适合在负载转矩变化较大的工况下运行。

④ 永磁同步电动机的转子为永久磁铁，无需励磁，因此电动机可以在很低的转速下保持同步运行，调速范围宽。

⑤ 永磁同步电动机与异步电动机相比，不需要无功励磁电流，因而功率因数高，定子电流和定子铜耗小，效率高。

⑥ 永磁同步电动机体积小、质量轻。近些年来随着高性能永磁材料的不断应用，永磁

同步电动机的功率密度得到很大提高，比起同容量的异步电动机来说，体积和质量都有较大的减少，使其适合应用在许多特殊场合。

⑦ 永磁同步电动机结构多样化，应用范围广。永磁同步电动机的缺点是由于永磁同步电动机转子为永磁体，无法调节，必须通过加定子直轴去磁电流分量来削弱磁场，这会增大定子的电流，增加电动机的铜耗；同时永磁同步电动机的磁钢价格较高。

(5) 永磁同步电动机在电动汽车上的应用　永磁同步电动机得到国内外电动汽车界的广泛重视，并已在日本得到了普遍应用，日本新研制的电动汽车大都采用永磁同步电动机驱动。比较典型的是在丰田普锐斯混联式混合动力轿车上的应用。

丰田普锐斯电动机为交流永磁同步电动机，采用钕磁铁（永磁铁）转子。其特点是输出功率高、低速转矩特性好。THS II 的 500V 最高电压使电动机的输出功率提高到了 THS 系统（最高电压为 274V）的 1.5 倍，即从 33kW 提高到 50kW，而电动机的尺寸保持不变，它是目前世界上单位质量和体积输出功率最大的电动机。在电动机控制方面，中转速范围增加全新的过调制控制技术，保留原来的低速和高速控制方法。通过改进脉冲宽度调制方法，中速范围的输出比原来的最大值增加约 30%。

丰田普锐斯发电机也采用交流永磁同步发电机，向高功率电动机提供充足的电能。发电机高速旋转，以增大输出功率。采用增加转子强度等措施，将最大功率输出时的转速从 6500r/min 提高到 10000r/min，高转速明显地提高了中转速范围的电力，改善了低转速范围的加速性能，此外，发电机还用作发动机的启动机。

永磁同步电机本身具有转矩密度大、功率密度大、效率较高、调速性能好等优点，再加上自身体积小、重量轻等优势，成为中小型电动车的最爱，国内外的绝大多数汽车厂商都在采用，如比亚迪秦 EV、宝马 i3 纯电、北汽新能源 EU5 等，但它并不是没有缺点，除了原料带来的成本问题外，它会有在高温下磁性衰减的问题，这也是中小型纯电动车不能进行长时间的高速巡航的原因。也正是因为异步电动机和同步电动机的优劣势明显，它们在汽车上的表现也十分明显，搭载永磁同步电动机的纯电动汽车，续航要更好一些。搭载交流感应电动机的纯电动汽车，加速性能更好，特别是特斯拉汽车的加速性，大家都有目共睹。

总的来说，现在两种电动机的技术都非常成熟，相比之下如果我们从大家最关心的问题，也就是纯电动汽车的续航来看，永磁同步电动机在体积及效率方面显然更有助于电动汽车续航里程的提升，再加上我国丰富的稀土资源，永磁同步电动机在我国的发展前景也因此更被看好。

4. 开关磁阻电动机

开关磁阻电动机的研究最早可以追溯到 19 世纪 40 年代，英国研究者将其应用于机车牵引系统。直到 20 世纪 80 年代初，随着电力电子、微电脑和控制理论的迅速发展，开关磁阻电动机才发展成为一种新型调速驱动电机，其具有结构简单、运行可靠、成本低、效率高等优点，目前已成为直流电动机、交流电动机和永磁电动机调速系统强有力的竞争者。

开关磁阻电动机调速系统（Switched Reluctance Drive，SRD）是继变频调速系统、无刷直流电动机调速系统的最新一代无级调速系统。它的结构简单坚固、调速范围宽、调速性能优异，且在整个调速范围内都具有较高效率，系统可靠性高。英、美等经济发达国家对开关磁阻电动机调速系统的研究起步较早，并已取得显著效果，产品功率等级从数瓦直到数百千瓦，广泛应用于家用电器、航空、航天、电子、机械及电动车辆等领域。现如今，开关磁阻电动机的应用和发展取得了明显的进步，已成功地应用于电动车驱动、通用工业、家用电器和纺织机械等各个领域，功率范围从 10W 到 5MW，最大转速高达 100000r/min。

(1) 开关磁阻电动机的组成　开关磁阻电动机的组成如图 4-35 所示。开关磁阻电动机的定子与转子都是由硅钢片叠压而成，转子上既无绕组也无永磁体，一般装有位置传感器。

定子上绕有集中绕组，径向相对的两个绕组串联构成一相绕组。定子与转子均采用凸极铁芯结构。定子和转子的凸极有很多组合方式，图 4-36 所示的开关磁阻电动机的定子凸极数量为偶数，转子凸极也为偶数，一般转子比定子少两个，共同组成不同极数的开关磁阻电动机。

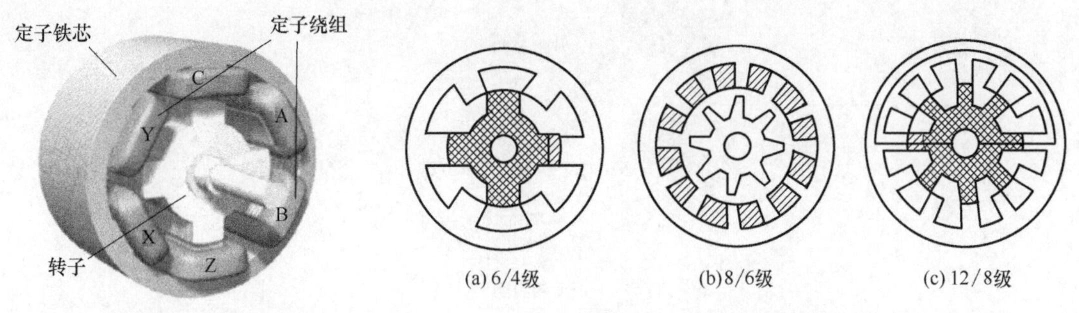

图 4-35　开关磁阻电动机的组成

图 4-36　常见开关磁阻电动机

不同相数的开关磁阻电动机定子、转子及步进角组合方案见表 4-2。

表 4-2　不同相数的开关磁阻电动机定子、转子及步进角组合方案

相数	3	4	5	6	7	8	9
定子极数 N_s	6	8	10	12	14	16	18
转子极数 N_r	4	6	8	10	12	14	16
步进角	30°	15°	9°	6°	4.28°	3.21°	2.5°

（2）开关磁阻电动机的工作原理　开关磁阻电动机的工作原理如图 4-37 所示。转子凸极 2-4 与 C 相凸极对齐，转子凸极 1-3 与 A 相凸极之间相差一个角度 θ（$\theta=30°$）。此时若 A 相绕组通电，B、C 相不通电，则在 A 相定子中建立了一个以 A-A 为轴线的对称磁场，磁通经定子轭、定子凸极、转子凸极和转子轭闭合，A-A 对称磁场产生的弯曲磁力线沿逆时针方向的切向磁拉力，作用于转子上产生转矩，将转子凸极 1-3 向定子 A 相轴线方向拖动，使转子逆时针方向旋转。转子凸极轴线 1-3 逐渐向定子凸极的磁极轴线 A-A 靠拢，如图 4-37 所示。当转子转过角度 θ，转子凸极 1-3 与定子凸极 A-A 对齐时，磁场的切向磁拉力消失，转子将不再旋转。

（3）开关磁阻电动机的性能要求　开关磁阻电动机的性能要求主要包含相数和极数、极弧、定子直径和铁芯长度、气隙长度和转子外径、转子极高、定子极高。

（4）开关磁阻电动机的特点

① 开关磁阻电动机结构简单、紧凑牢固，适于在高速、高温环境下运行。

② 功率转换器结构简单，容错能力强。

③ 可控参数多，调速性能好。

④ 启动转矩大，调速范围宽。

⑤ 效率高，功耗小。

（5）开关磁阻电动机在电动汽车上的应用　开关磁阻电动机没有被广泛应用于电动车，原因有以下几点。

① 脉动就是一个问题，但脉动问题可以通过增加极对数或使用在惯量较大的设备上，不过增加极对数的同时成本也会有所增加。

② 噪声问题本质上也是脉动转矩造成的，解决方法和上述脉动问题解决方法一样，但

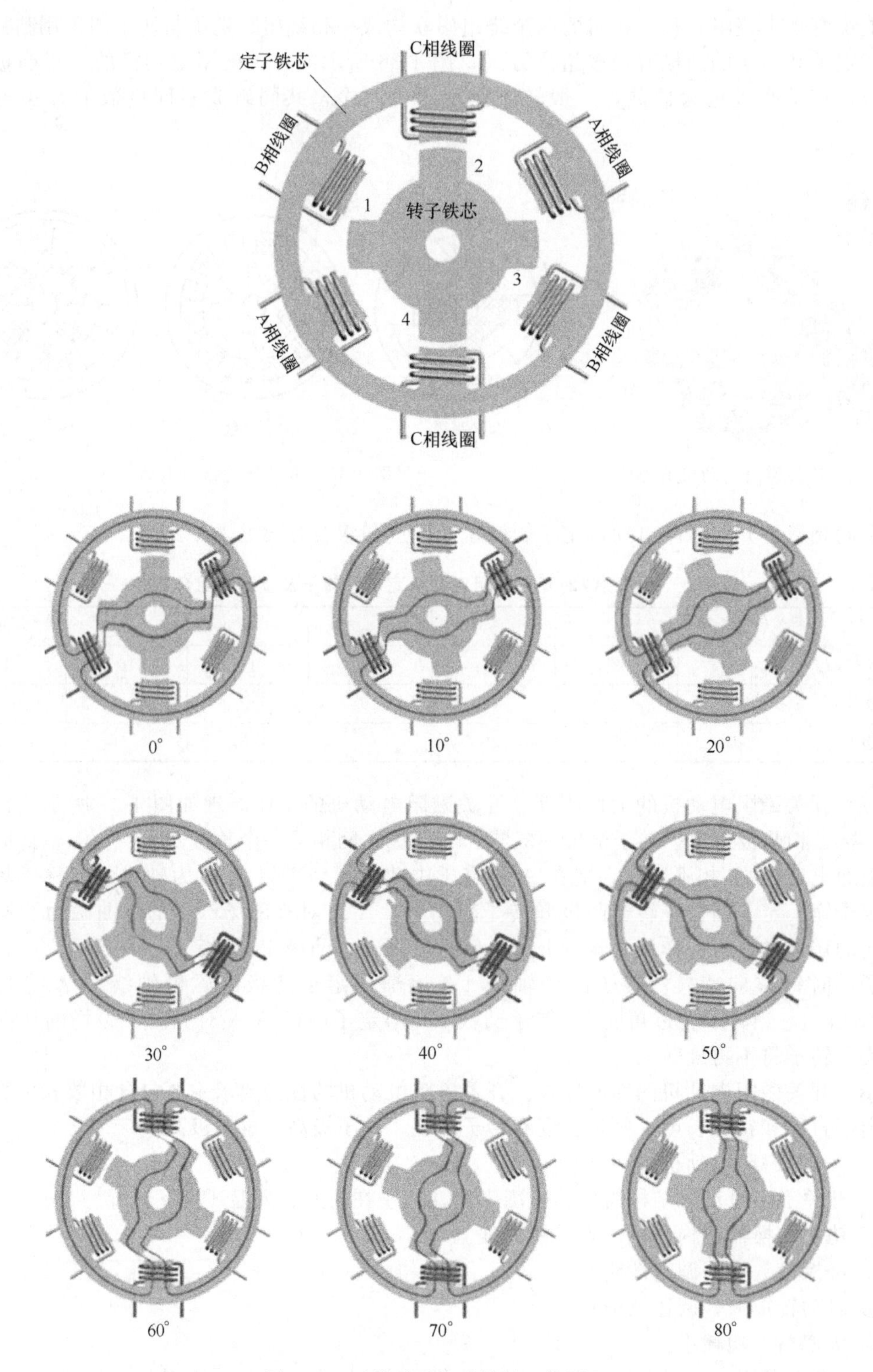

图 4-37 开关磁阻电动机的工作原理

始终不会优于异步电动机或永磁电动机，如果通过增加气隙来改善噪声也有些效果，但会牺牲掉部分力矩。

③ 很关键的一个因素是这种电动机的功率密度低，低于传统的异步电动机，更低于永

磁电动机。所以理论上的成本较低，但因异步电动机的成熟和功率密度相对于磁阻电动机更大，其价格优势打了折扣。同时其效率也低于其他电动机，在能源要求越来越高的今天，也制约了其发展。这个也有通过改善磁通密度的开关磁通方式解决的，但这和永磁电动机的成本又接近了，其价值还是变小了。

④ 不能广泛使用的关键因素是有无适合其特性的使用场合，比如，其转子不用磁钢和线圈的特性，在哪个场合必须要这样的，就有价值；再比如承受温度可以比永磁电动机高，在哪个场合必须采用时，那就有价值。

⑤ 可实现高速度运转的特性也是可以利用的一点，低速转矩大也是有利用价值的，但大多可以被异步或永磁电动机或 DCBL 电动机可取代，而这些电机技术已经非常成熟，所以也制约了其发展。

⑥ 可预见的潜在市场在 10kW 以下不受功率密度限制的无辅助冷却装置的设备上，如低成本的低速电动汽车额定轮毂电机。但这块目前只是潜在市场，所以也是制约其发展的原因之一。

5. 轮毂电动机

轮毂电动机技术也被称为车轮内装电动机技术，它的最大特点就是将动力装置、传动装置和制动装置都整合到轮毂内，可以将电动车辆的机械部分大大简化。

(1) 轮毂电动机的概述　轮毂电动机，就是指将集成了减速器的电动机总成直接装配在轮毂里。光看轮毂电动机的定义，可能觉得会有点陌生甚至神秘。其实轮毂电动机并不算什么新技术，从诞生到现在已有一百多年的历史，而且现在也还在被广泛应用，只不过并不是应用在汽车上，而是我们大家最习以为常的电动自行车上。

① 轮毂电动机的组成　轮毂电动机驱动系统根据电动机的转子形式主要分成两种：内转子式和外转子式。其中外转子式采用低速外转子电动机，电动机的最高转速在 1000～1500r/min，无减速装置，车轮的转速与电动机相同；而内转子式则采用高速内转子电动机，配备固定传动比的减速器，为获得较高的功率密度，电动机的转速可高达 10000r/min。随着结构更为紧凑的行星齿轮减速器的出现，内转子式轮毂电动机在功率密度方面比低速外转子式更具竞争力。轮毂电动机的组成如图 4-38 所示。

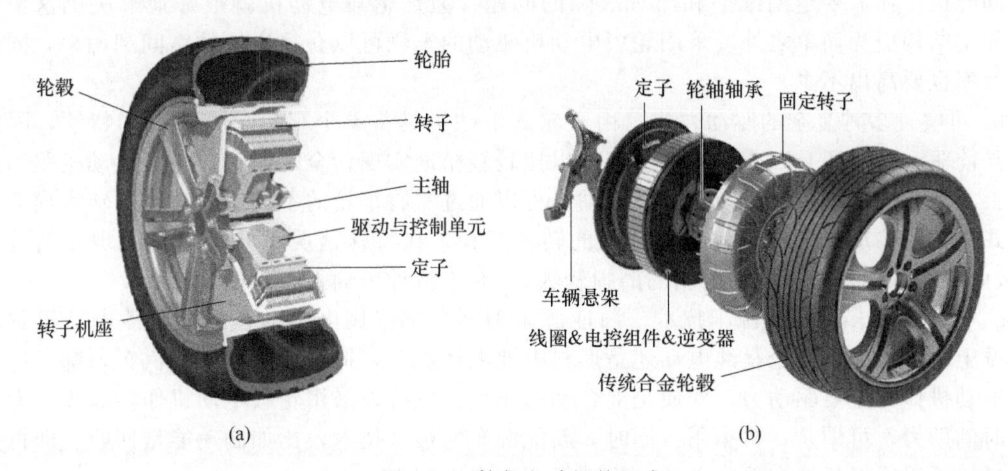

图 4-38　轮毂电动机的组成

② 轮毂电动机的工作原理　无刷电动机启动前想知道转子和定子的相对位置必须使用传感器。无感电动机直接测量电动机反电动势而知道转子的位置，由控制器驱动功率管进行换相。虽然存储器能记录定子和转子的相对位置，但对于极缓慢的转动系统来说将无法理解

电动机绕组反电动势的波形。电动机达到一定转速时由于受惯性限制，波峰、波谷都代表一定的角度，刹车时就关闭电动机。所以使用磁传感器的轮毂电动机是主流。轮毂电动机原理如图 4-39 所示，红色磁钢转子处在死角位置，要靠蓝色磁钢转子上方的绕组通电，走出死角。只要知道转子的位置，就知道如何驱动功率管。电动机看上去像是把直线电动机卷了起来，绕组通电好比是用食物引诱着“驴子”（磁钢）不停地跑，却总保持着一段距离，它功率较大、比较重、结构简单、噪声低。磁力手动齿轮离合高速无刷轮毂电动机利用三个大而薄的齿轮减速来得到所需动力。需要滑行时由偏心离合手柄拉动轴心离合传动的轴、活塞及拉钩，使电动机齿轮外转子端盖移动，电动机齿轮与传动齿轮分离；不需要滑行时利用电动机磁力复位实现齿轮手动啮合，其离合机构简单，省去了超越离合器。

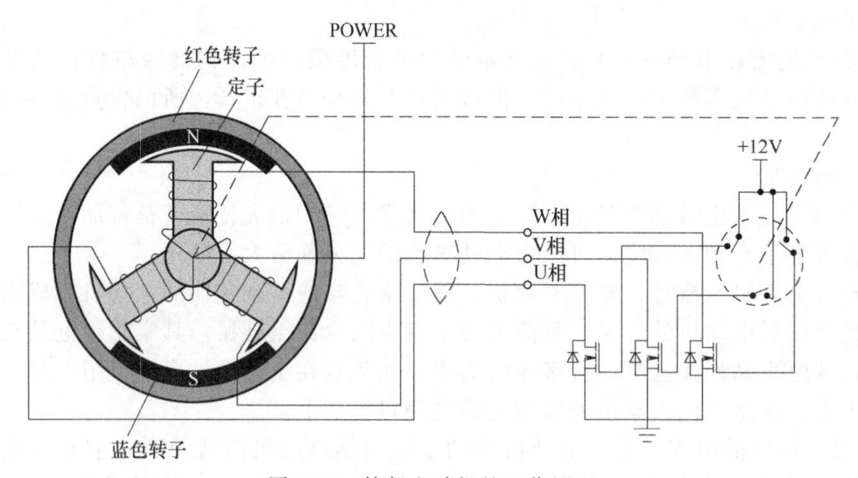

图 4-39　轮毂电动机的工作原理

③ 轮毂电动机的优点

a. 省略大量传动部件，让车辆结构更简单　对于传统车辆来说，离合器、变速器、传动轴、差速器乃至分动器都是必不可少的，而这些部件不但重量大，让车辆的结构更为复杂，同时也存在需要定期维护和出现故障的问题。但是轮毂电动机就很好地解决了这个问题。除了结构更为简单之外，采用轮毂电动机驱动的车辆可以获得更好的空间利用率，同时传动效率也要高出不少。

b. 可实现多种复杂的驱动方式　由于轮毂电动机具备单个车轮独立驱动的特性，因此无论是前驱、后驱还是四驱形式，它都可以比较轻松地实现，全时四驱在轮毂电动机驱动的车辆上实现起来非常容易。同时轮毂电动机可以通过左右车轮的不同转速甚至反转实现类似履带式车辆的差动转向，大大减小车辆的转弯半径，在特殊情况下几乎可以实现原地转向（不过此时对车辆转向机构和轮胎的磨损较大），对于特种车辆很有价值。

c. 便于采用多种新能源车技术　新能源车型不少都采用电驱动，因此轮毂电动机驱动也就派上了大用场。无论是纯电动还是燃料电池电动汽车，抑或是增程电动汽车，都可以用轮毂电动机作为主要驱动力；即便是混合动力车型，也可以采用轮毂电动机作为起步或者急加速时的助力，可谓是一机多用。同时，新能源车的很多技术，比如制动能量回收（即再生制动）也可以很轻松地在轮毂电动机驱动车型上得以实现。

轮毂电动机的缺点是簧下质量和轮毂的转动惯量较大，对车辆的操控有所影响，对于普通民用车辆来说，常常用一些相对轻质的材料比如铝合金来制作悬挂的部件，以减轻簧下质量，提升悬挂的响应速度。可是轮毂电动机恰好较大幅度地增大了簧下质量，同时也增加了轮毂的转动惯量，这对于车辆的操控性能是不利的。不过考虑到电动车型大多限于代步而非追求动力性能，这一点尚不是严重缺陷。另外轮毂电动机的电制动性能有限，维持制动系统运行需要消耗不少电能。

现在的传统动力商用车已经有不少装备了利用涡流制动原理（即电阻制动）的辅助减速设备，比如很多卡车所用的电动缓速器。而由于能源的关系，电动车采用电制动也是首选，不过对于轮毂电动机驱动的车辆，由于轮毂电动机系统的电制动容量较小，不能满足整车制动性能的要求，都需要附加机械制动系统。但是对于普通电动乘用车，没有了传统内燃机带动的真空泵，就需要电动真空泵来提供刹车助力，但也就意味着有更大的能量消耗，即便是再生制动能回收一些能量，如果要确保制动系统的效能，制动系统消耗的能量也是影响电动车续航里程的重要因素之一。

此外，轮毂电动机工作的环境恶劣，面临水、灰尘等多方面影响，在密封方面也有较高要求，同时在设计上也需要为轮毂电动机单独考虑散热问题。

（2）轮毂电动机在电动汽车上的应用　轮毂电动机技术并非新生事物，早在 1900 年，就已经制造出了前轮装备轮毂电动机的电动汽车，在 20 世纪 70 年代，这一技术在矿山运输车等领域得到应用。而对于乘用车所用的轮毂电动机，日系厂商对于此项技术研发开展较早，目前处于领先地位，包括通用、丰田在内的国际汽车巨头也都对该技术有所涉足。

近年来，国外轮毂电动机驱动技术的应用主要体现在两个方面：一是以轮胎生产商或汽车零部件生产商为代表的研发团队开发的集成化电动系统；二是整车生产商与轮毂电动机驱动系统生产商联合开发的电动汽车。而我国对于轮毂电动机的研究多集中于高校，产品均为电动汽车，与此同时，自主品牌汽车厂商也纷纷推出了自己的轮毂电动机技术产品，国内的汽车厂商虽然能够生产电动汽车，但是对于轮毂电动机驱动技术的研究尚不成熟，尤其是在高转矩轮毂电动机开发方面，与国外先进产品仍有一定差距，因此我国仍需加强对轮毂电动机技术的研发投入，以提高核心竞争力，缩小差距，争取达到世界先进水平。

第四节　电动汽车驱动系统控制过程

电动汽车电机驱动系统包括电力电子变换器以及相应的控制器。电力电子变换器由固态器件组成，主要作用是将大量能量从电源传递给电机输入端。控制器通常由微控制器或数字信号处理器和相关的小信号电子电路组成，其主要作用是处理信息以及产生电力变换器半导体开关器件所需的切换信号。电机驱动系统主要部件、储能装置以及电机之间的关系如图 4-40 所示。

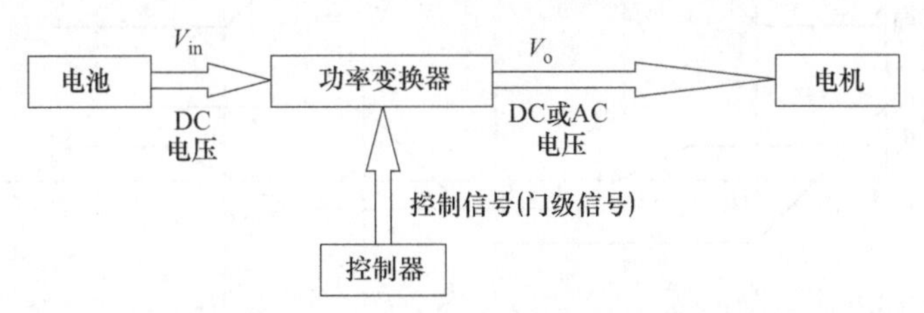

图 4-40　电机驱动系统主要部件、储能装置以及电机之间的关系

一、无刷直流电动机驱动系统电路

无刷直流电动机由电动机主体和驱动器组成，是典型的机电一体化产品，电动机定子绕组多做成三相对称星形接法，同三相异步电动机十分相似。

速度、电流双闭环控制的无刷直流电动机调速系统如图 4-41 所示。电动机的位置传感器提供电动机的位置信号并以此计算出电动机的速度，控制系统中的速度调节器（Automatic Speed Reg-

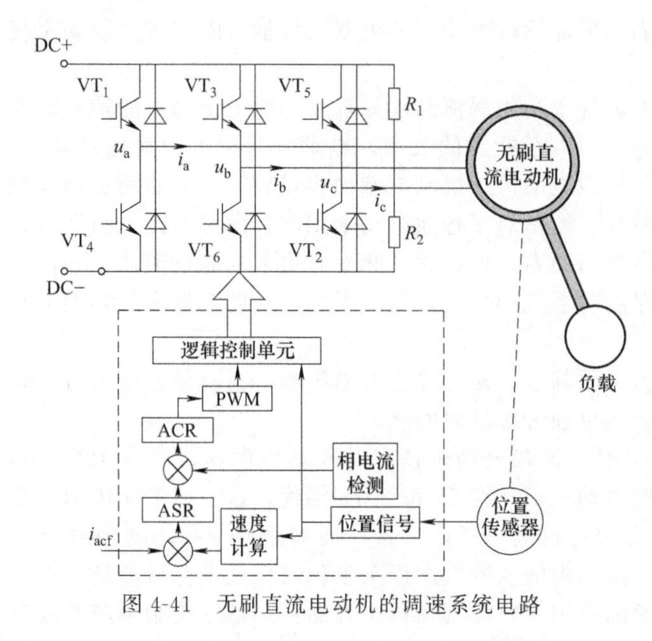

图 4-41 无刷直流电动机的调速系统电路

ulator，ASR)，根据电动机实际运行速度和速度指令得出电流的命令值。控制系统的电流调节器（Automatic Current Regulator，ACR）根据电流反馈值及其命令值计算出电压型逆变器输出的脉冲占空比，经过 PWM 单元后产生 1、0 的开关信号，并且经由逻辑控制单元最终产生 6 个 IGBT 开关器件的开关信号。无刷直流电动机工作时，必须基于转子位置信号，通过逆变器对电动机电枢绕组实施电子换相，才能在气隙中产生合适的步进式旋转磁场，该磁场与永磁式转子相互作用，从而驱动无刷直流电动机旋转。

（1）调速换向原理　以电动机转子位于扇区 1 为例（每个扇区 600，六个扇区是一个周期）进行分析，通过对直流无刷电动机工作原理分析可以得知，电动机的 A 相绕组反电动势为正向平顶区域，B 相绕组反电动势为负向平顶区城，控制系统根据转子的位置信号可以获知此信息。此时为了控制电动机输出较大的转矩，应该使电动机 A、B 相绕组分别流过正、负向电流，而 C 相没有电流，这一点可以通过控制逆变器的 VT_1、VT_6 的导通，其他开关器件关断来实现。这种情况下，A、B 两相定子绕组产生的合成磁动势 F 如图 4-42 所示，该磁动势超前转子

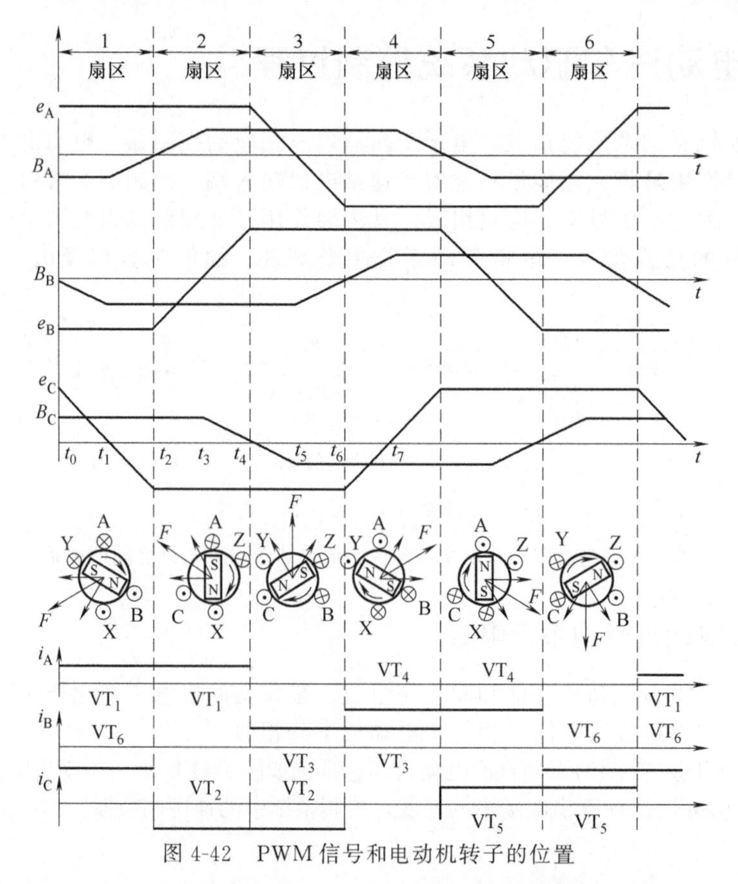

图 4-42 PWM 信号和电动机转子的位置

永磁体 120°，在接下来转子移动的 60°角度的过程中，定子三相绕组的导通模式保持不变。当电动机转子进入扇区 2 以后，逆变器导通方式发生变化，其中 VT_6 换相到 VT_2，即发生所谓的横向换相，这种换相模式不会像逆变器在 180°导通型方式下的纵向换相那样较易发生直通短路现象，因而工作方式更为安全。图 4-41 中的逻辑控制单元就是根据图 4-42 中 PWM 信号和电动机转子的位置，来分配逆变器 6 个半导体开关器件的开关信号。

（2）逆变器的 PWM 调制模式　不同类型的 PWM 调制模式如图 4-43 所示。其中，图（a）～（d）属于单侧调制模式，（e）为双侧调制模式，（f）为全导通模式。不同 PWM 调制模式下电动机换相过程中的转矩脉动是不同的。

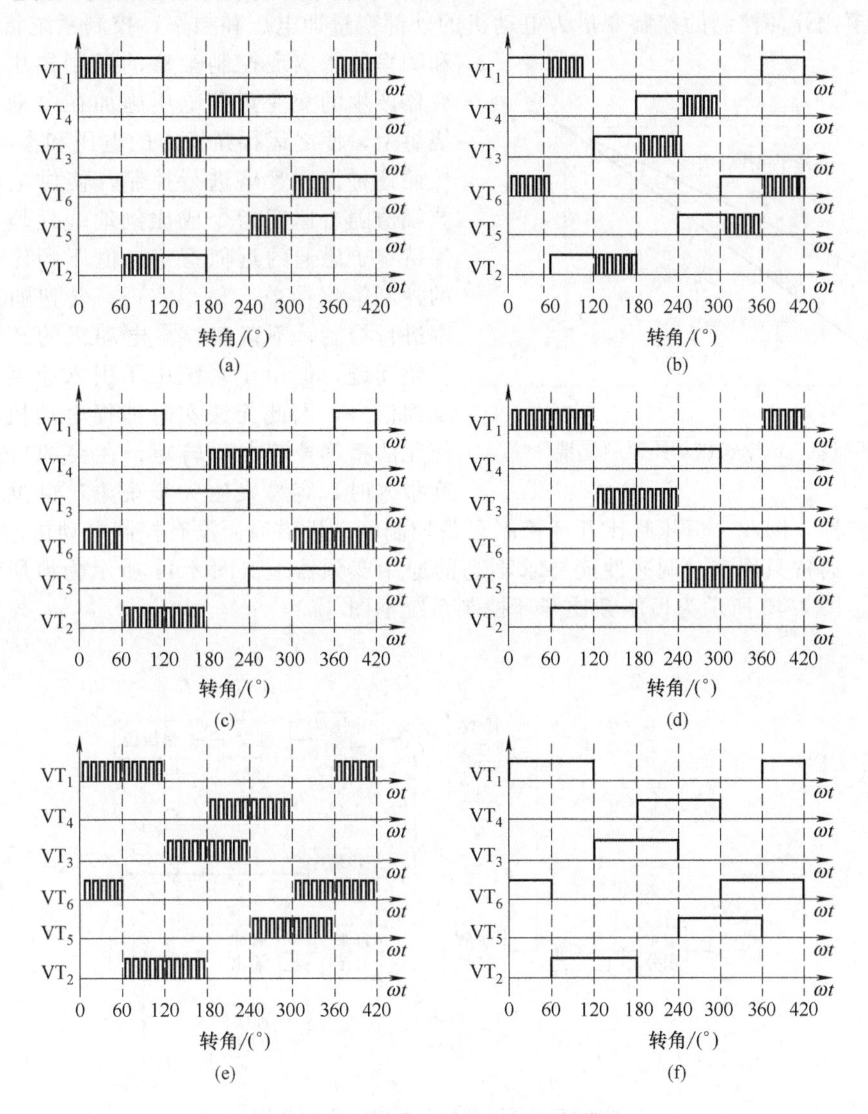

图 4-43　不同类型的 PWM 调制模式

（3）弱磁控制　当逆变器可以向电动机提供足够的电压和电流时，电子式换向器的开关状态在电动机转子旋转 60°的范围内保持不变。在此过程中，定子合成磁动势与转子位置角度的差值从 120°减小到 60°，从平均值意义上说，可以认为定子合成磁动势和转子磁动势相互垂直，从而产生较大的转矩。但是当电动机运行速度较高或逆变器直流侧电压较低时，逆变器难以向电动机提供所需的电流，因此待导通的定子绕组必须提前导通一定的时间，此时相电流超前反电动势，因而会产生一个去磁电流分量，即进行弱磁控制。提前导通角不可太大，一般会控制在60°以内。

二、永磁同步电动机驱动系统电路

为了提高永磁同步电动机控制系统的性能，使其具有更快的响应速度、更高的转速精度、更宽的调速范围，其动、静响应能够与直流电动机系统相媲美，人们提出了各种新型控制策略用于永磁同步电动机的控制，如恒压频比开环控制、矢量控制。

1. 恒压频比开环控制

恒压频比开环控制的控制变量为电动机的外部变量即电压和频率，控制系统将参考电压和频率输入实现控制策略的调制器中，将由逆变器产生的交变正弦电压施加在电动机的定子绕组上，使之运行在指定的电压和参考频率下。按照这种控制策略进行控制，使供电电压的基波幅值随着速度指令成比例地线性增长，从而保持定子磁通的近似恒定。恒压频比开环控制的控制策略简单、易于实现，转速通过电源频率进行控制，不存在异步电动机的转差和转差补偿问题，但由于系统中不引入速度、位置等反馈信号，因此无法实时捕捉电动机状态，致使无法精确控制电磁转矩；在突加负载或者速度指令时，容易发生失步现象，也没有快速的动态响应特性。因此，恒压频比开环控制只是控制电动机磁通而没有控制电动机的转矩，控制性能差，通常只用在对调速性能要求不高的通用变频器上。图4-44所示为恒压频比开环控制原理，图4-45所示为恒压频比开环控制系统框图。

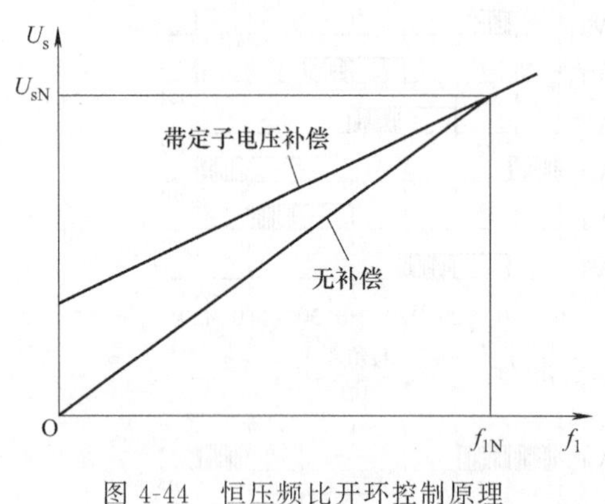

图4-44　恒压频比开环控制原理

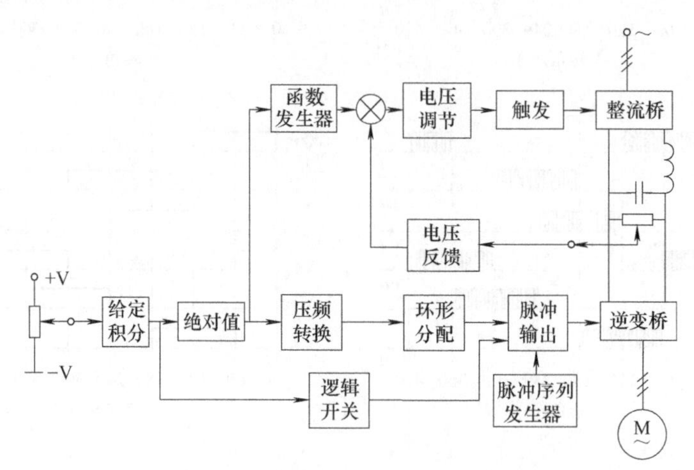

图4-45　恒压频比开环控制系统框图

2. 矢量控制

矢量控制理论的基本思想：以转子磁链旋转空间矢量为参考坐标，将定子电流分解为正交的两个分量，一个与磁链同方向，代表定子电流励磁分量，另一个与磁链方向正交，代表定子电流转矩分量，分别对其进行控制，获得与直流电动机一样良好的动态特性。矢量控制因其控制结构简单、控制软件实现较容易，已被广泛应用到调速系统中。

永磁同步电动机矢量控制策略与异步电动机矢量控制策略有些不同，由于永磁同步电动机转速和电源频率严格同步，其转子转速等于旋转磁场的转速，转差恒等于零，没有转差功率，控制效果受转子参数影响小，因此，在永磁同步电动机上更容易实现矢量控制。

由于永磁同步电动机输出电磁转矩对应多个不同的交、直流电流组合，不同组合对应着不同的系统效率、功率因数及转矩输出能力，因此永磁同步电动机有不同的电流控制策略。

(1) $i_d=0$ 控制　目前，在永磁同步电动机伺服电动机中，$i_d=0$ 矢量控制是主要的控制方式。通过检测转子磁极空间位置 d 轴，控制逆变器功率开关器件导通关断，使定子合成电流位于 q 轴，此时 d 轴定子电流分量为零，永磁同步电动机电磁转矩正比于转矩电流，即正比于定子电流幅值，只需控制定子电流大小就可以很好地控制永磁同步电动机输出的电磁转矩。

(2) 最大转矩、电流比控制　在电动机输出相同电磁转矩的情况下，使电动机定子电流最小的控制策略称为最大转矩、电流比控制。最大转矩、电流比控制实质是求电流极值，可以通过建立辅助方程，采用牛顿迭代法求解，但是计算量较大，在实际应用中系统实时性无法满足。只有通过离线计算出不同电磁转矩对应的交、直流电流，以表格形式存放于单片机中，实际运行时根据负载情况查表求得对应的 i_d、i_q 进行控制。

(3) 弱磁控制　永磁同步电动机弱磁控制来源于他励直流电动机调磁控制。对于他励直流电动机，当其电枢端电压达到最高电压时，为使电动机能运行于更高转速，可采取降低电动机励磁电流的方法来平衡电压。在永磁同步电动机电压达到逆变器所能输出的电压极限后，要想继续提高转速，也要采取弱磁增速的办法。

永磁同步电动机励磁磁动势由永磁体产生，无法像他励直流电动机那样通过调节励磁电流实现弱磁控制。传统方法是通过调节定子电流 i_d 和 i_q，增加定子直流去磁电流分量实现弱磁升速，为保证电动机电枢电流幅值不超过极限值，转矩电流分量 i_d 应随之减小，因此这种弱磁控制过程本质上是在保持电动机端电压不变的情况下减小输出转矩的过程。永磁同步电动机直轴电枢反应比较微弱，因此需要较大的去磁电流才能起到去磁增速作用，在电动机工作在额定电流的情况下，去磁电流的增加有限，因此采用这种方法所能得到的弱磁增速范围也是有限的。

图 4-46 所示为某电动汽车用永磁同步电动机矢量控制系统框图。从图中可知，通过分别比较控制永磁同步电动机的实际电流值 i_d 和 i_q 与给定电流值 i_d^* 和 i_q^*，实现其转速和转矩控制，并且 i_d 和 i_q 独立进行控制，便于实现各种先进的控制策略。

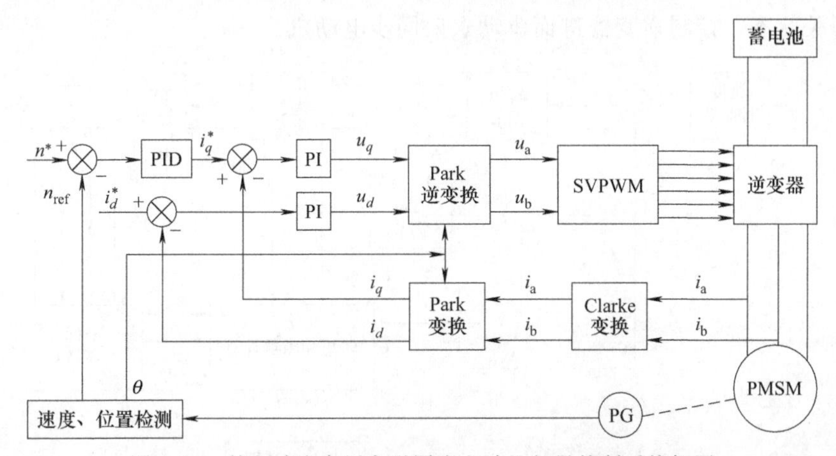

图 4-46　某电动汽车用永磁同步电动机矢量控制系统框图

根据永磁同步电动机具体应用要求的不同，可以采用的控制方法主要有 $i_d=0$ 控制、$\cos\varphi=1$ 控制、恒磁链控制、最大转矩或电流比控制、弱磁控制、最大输出功率控制等。当电动汽车正常行驶时，电动机转速处于基速以下运行，在定子电流给定的情况下，$i_d=0$ 的电磁转矩为 $T_e=P_n\psi fi_q$，这样只要控制 i_q 的大小，就能控制转速和转矩，实现矢量控制。当电动机转速在基速以上时，由于永磁体的励磁磁链为常数，电动机感应电动势随着电动机转速成正比增加，电动机感应电压也跟随之提高，但是电动机相电压和相电流的有效值的极限值受到与电动机端相连的逆变器的直流侧电压和逆变器最大输出电流的限制，所以必须进行弱磁升速，通过控制 i_d 来控制磁链，通过控制 i_q 来控制转速，实现矢量控制。在实际控制中，i_d 和 i_q 不能直接被检测，所以必须通过实时检测到的三相电流和电动机转子位置经坐标变换得到。

矢量控制存在如下的缺陷。

① 转子磁链的准确观测存在一定的难度，转子磁链的计算对电动机的参数有较强的依赖性，因此对参数变化较为敏感。为了克服这一问题，出现了多种参数辨识方法，但这些方法进一步增加了系统的复杂性。

② 由于需要进行解耦运算，采用了矢量旋转变换，系统计算比较复杂。

永磁同步电动机矢量控制系统能实现高精度、高动态响应性能和大范围的调速或伺服控制，随着工业领域对高性能伺服系统需求的不断增加，尤其是数控、机器人等方面技术的发展，永磁同步电动机矢量控制系统作为一种相对比较成熟的控制策略，具有广阔的应用前景。

3. 直接转矩控制

永磁同步电动机直接转矩控制系统原理如图 4-47 所示，系统由永磁同步电动机、逆变器、磁链和转矩计算及扇区判断模块、速度传感器、开关表及调节器模块组成。其工作原理及控制过程如下：通过检测逆变器输出的三相相电流及逆变器直流侧电压，利用坐标变换和系统控制规律可计算出电动机的定子磁链；根据计算的磁链和实测的电流来计算电动机的瞬时转矩；再根据 a、β 轴定子磁链来判别其位置所在的扇区 θ；速度调节器根据转速参考值和实际转速的偏差来确定转矩参考值，并与反馈转矩相比较，得到的偏差经滞环比较器得到转矩的控制信号 τ，电动机的转速可通过光电编码器获得，也可以通过定子磁链的旋转速度估计得到，实现无速度传感器运行；定子磁链参考值与实际值比较后得到的偏差，经同样的滞环比较器产生磁链的控制信号 φ；3 个控制信号 τ、φ、θ 经过开关表选取电压矢量，确定出适当的开关状态，控制逆变器进而驱动永磁同步电动机。

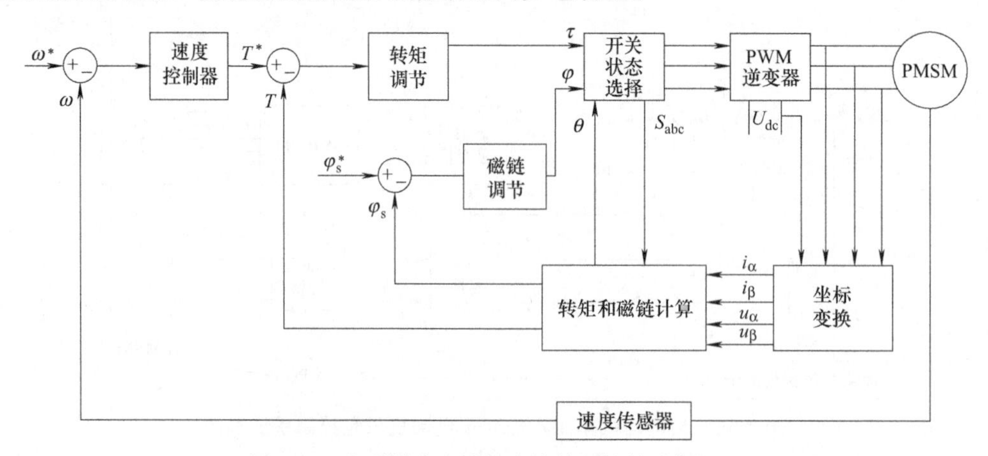

图 4-47 永磁同步电动机直接转矩控制系统原理

4. 智能控制

为了提高永磁同步电动机的控制性能和控制精度，模糊控制、神经网络控制等各种智能控制开始应用于同步电动机的控制。

采用智能控制方法的永磁同步电动机控制系统，在多环控制结构中，智能控制器处于最外环充当速度控制器，而内环电流控制、转矩控制仍采用 PI 控制、直接转矩控制这些方法，这主要是因为外环是决定系统的根本因素，而内环主要的作用是改造对象特性以利于外环的控制，各种扰动给内环带来的误差可以由外环控制或抑制。

在永磁同步电动机系统中应用智能控制时，也不能完全摒弃传统的控制方法，必须将两者很好地结合起来，才能取长补短，使系统的性能达到最优。

三、开关磁阻电动机驱动系统电路

与直流电动机类似，为使噪声减少到最小，开关磁阻电动机的斩波频率应高于 10kHz。为减少功率器件的数量，充分利用单级工作，有很多种功率变换电路。但是，减少功率器件的数量会带来许多负面影响，如控制性能变差、可靠性降低、工作性能降低、需要额外的无缘器件等。

开关磁阻电动机控制系统的结构及功率变换器电路如图 4-48 所示，功率变换器电路很适合电动汽车用开关磁阻电动机。该电路利用两个功率器件（如 A 相为 VT_1 和 VT_2）和两个续流二极管（A 相为 VD_1 和 VD_2）分别控制相电流，并实现能量回收功能。由于这种电路的拓扑结构中每相需要两个功率器件，因此该变换器的成本相对高于一个功率器件的变换器，但是可以单独控制每相绕组，而且不受其他相绕组状态的影响。因此可以采用相重叠方式使转矩增加，并且恒功率调速范围变宽。

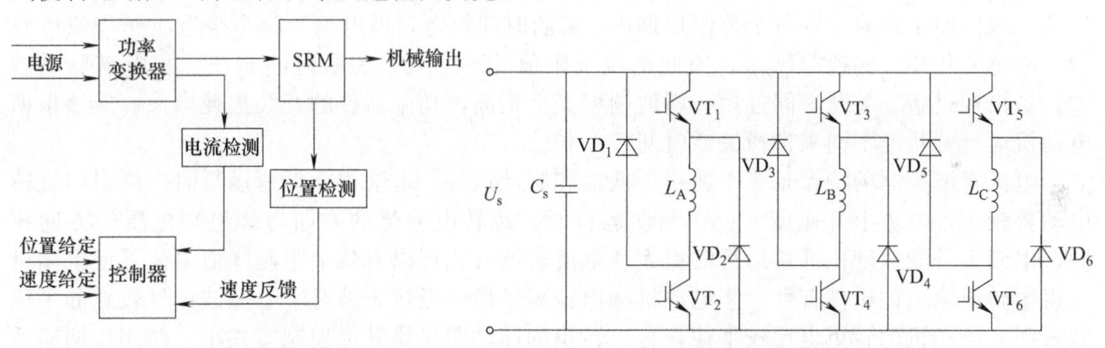

(a) 开关磁阻电动机控制系统结构示意图　　(b) 开关磁阻电动机的功率变换器电路

图 4-48　开关磁阻电动机控制系统的结构及功率变换器电路

开关磁阻电动机控制系统的可控参数主要有开通角、关断角、相电流幅值以及相绕组端电压。对这些参数进行单独控制或组合控制就能得到不同的控制方法，常用的控制方式有角度控制（Automatic Process Control，APC）、电流斩波控制（Current Chopping Control，CCC）、电压控制（Voltage Control，VC）和组合控制等。

1. 角度控制

角度控制方式是保持电压不变，通过对开通角和关断角进行控制来改变电流波形以及电流波形与绕组电感波形的相对位置。在 APC 控制中，如果改变开通角则可以改变电流波形宽度、峰值和有效值大小以及电流波形与电感波形的相对位置，这样就会对输出转矩产生很大的影响。改变关断角一般不会影响电流峰值，但可以影响电流波形宽度以及与电感曲线的相对位置，电流有效值也随之变化，因此关断角同样会对电动机的转矩产生影响，只是其影响程度没有开通角那么大。具体实现过程中，一般情况下采用固定关断角、改变开通角的控制模式。与此同时固定关断角的选取也很重要，需要保证绕组电感开始下降时相绕组电流尽快衰减到零。对应于每个由转速与转矩确定的运行点，开通角与关断角会有多种组合，因此选择的过程中要考虑电磁功率、效率、转矩脉动以及电流有效值等运行指标来确定相应的最佳控制角度。

在系统的控制中，要遵循一个原则，即应保证电流波形位于电感波形的下降段，而电动机运行时应使电流波形的主要部分位于电感波形的上升段。

角度控制方式的特点是：①转矩调节范围大。在角度控制下的电流占空比的变化范围几乎是 0～100％。②同时导通相数可变。同时导通相数较多，则电动机输出转矩越大，转矩脉动就越小。因此当电动机的负载变化时，可以通过自动增加或减小同时导通的相数来平衡电动机负载。③电动机效率高。通过角度优化能使电动机在不同的负载下保持较高的效率。④不适用于低速运行，在角度控制中电流峰值主要由旋转电动势控制。当转速降低时，由于旋转电动势减小，容易使相电流峰值超过允许值，因此角度控制一般适用于较高的转速。

2. 电流斩波控制

电流斩波控制方式一般是保持电动机的开通角和关断角不变，主要与斩波电流的上、下限值进行比较，从而起到调节电动机转矩和转速的目的。实现方式有以下两种。

（1）限值电流上、下幅值的控制　限值电流上、下幅值的控制，即在一个控制周期内，给定电流最大值和最小值，使相电流与设定的上、下限值进行比较。当大于设定最大值时，则控制该项功率器件关断，而当相电流降低到设最小值时，功率器件重新开通，如此反复。这种控制方式下，由于一个周期内电感变化率不同，因此斩波频率疏密不均，在电感变换率大的区间，电流上升快，斩波频率一般都很高，开关损耗大，优点是转矩脉动小。

（2）电流上限和关断时间恒定　此种方式与上一种控制方式的区别在于，当相电流大于斩波电流上限值时，就将功率器件关断一段固定的时间再开通，重新导通的触发条件不是电流的下限值而是定时。在每个控制周期内，关断时间恒定，但电流下降多少取决于绕组电感量、电感变化率、转速等因素，因此电流下限值并不一致。关断时间越长，相电流脉动越大，易出现过斩。关断时间过短，斩波频率又会很高，功率器件的开关损耗增大。应该根据电动机运行的状况不同来选择关断时间。

电流斩波控制的特点是：①适用于低速和制动运行。电动机在低速运行时，绕组中旋转电动势较小，电流上升速度大；在制动运行时，旋转电动势的方向与绕组端电压的方向相同，电流上升的速度比低速运行时更大。电流斩波方式可以有效地限制峰值电流，使电动机获得恒转矩输出的机械特性。②电动机输出转矩平稳。电流斩波时，电流波形呈较宽的平顶状，因此电动机的转矩也比较平稳，合成转矩的脉动明显比其他控制方式小。③用作调速系统时，抗负载扰动的动态响应慢。在电流斩波控制中，由于电流峰值被限制，当电动机转速在负载扰动下出现突变时，电流峰值无法自适应，系统在负载扰动下的动态响应十分缓慢。

3. 电压控制

电压控制方式是某相绕组导通阶段，在主开关的控制信号中加入 PWM 信号，通过调节占空比来调节绕组端电压的大小，从而改变相电流值。具体方式是在固定开通角和关断角的情况下，用 PWM 信号来调制主开关器件相控信号，通过调节此 PWM 信号的占空比来改变某相绕组的平均电压，进而改变输出转矩。

电压控制的特点是可以控制斩波频率和占空比两个参数，可控性好。一般情况下斩波频率是固定的，通过选择适当的斩波频率，也就控制了相电流频率。占空比与相电流最大值之间有较好的线性关系，调节 PWM 的占空比即可调节相电流最大值。通过 PWM 方式调节绕组电压平均值，间接调节和限制过大的绕组电流。因此该方式既能用于高速运行时又适用于低速运行时。该控制方式适用于转速调节系统，抗负载扰动的动态响应快。其缺点是转矩脉动较大，调速范围有限。

4. 组合控制

对于实际的开关磁阻电动机的控制，可以根据不同的运行工况并结合上述控制方式的优缺点，选用几种控制方式的组合，使电动机调速系统的性能更好。目前比较常用的组合控制方式有以下两种。

（1）高速与低速电流斩波控制组合　高速时采用角度控制方式，低速时采用电流斩波控制方式，这有利于发挥两者的优点。这种组合控制方式的缺点是对中速时的过渡不容易掌握。一般要求在升速时的转换点和在降速时的转换点之间要有一定的回差，应使前者略高于后者，且一般要避免电动机在速度切换点进行频率转换。

（2）角度与电压 PWM 控制组合　通过电压 PWM 来调节电动机的转速和转矩，通过调节器件触发角来解决相电流变化滞后的问题。在这种工作方式下，转速和转矩的调节范围大，高速和低速均有较好的电动机控制特性，且不存在两种控制方式相互转换的问题。目前该组合控制方式已经得到了广泛应用。

四、开关磁阻电动机的功率变换器类型

功率变换器是驱动系统的重要组成部分，并直接影响着系统的成本和性能，它的主要作用：连接电源与电动机，为其正常运行提供电能，满足所需的机械能转换；开关作用，使绕组与电源接通或者断开；续流作用；为绕组储能的回馈提供路径。功率变换器的合理设计是提高开关磁阻电动机调速系统性能的关键因素之一。由于开关磁阻电动机转矩方向与绕组电流方向无关，仅取决于绕组通电的顺序，即只需要单方面绕组电流，所以功率变换器设计较为简单、灵活。理想的功率变换器主电路结构应同时具备以下条件。

① 少而有效的主开关器件。

② 可以将全部电源电压加给电机绕组。

③ 可以通过主开关器件调制有效控制每相电流。

④ 可以迅速增加相绕组电流。

⑤ 在负半轴绕组磁链减少的同时能将能量回馈给电源。

功率变换器根据其工作原理有双开关型功率变换器、双绕组型功率变换器、电容裂相型功率变换器、H 桥型功率变换器、能量回收型功率变换器和最少开关器件型变换器。

1. 双开关型功率变换器

双开关型功率变换器电路每相有两个主开关器件及两个续流二极管。当两个主开关器件同时导通时，电源向电动机绕组供电；同时断开时，相电流通过续流二极管续流，将电动机绕组中磁场储能以电能形式迅速回馈电源，实现强迫换相。

该电路尤其适用于电动汽车开关磁阻电动机的驱动。它利用两个功率器件来独立控制每相电流，利用两个续流二极管把存储的电磁能回馈给电动汽车电池进行充电。尽管在这种电路拓扑结构中每相需要两个功率器件，功率变换器成本要高于一个功率器件的功率变换器，但其桥臂可以单独控制每相绕组而不受其他绕组运行的影响，因此可以实现两相同时作用而互不影响，从而增加转矩、提升电动汽车驱动性能。

2. 双绕组型功率变换器

该功率变换器电路中，每相有主、副两个绕组，主、副绕组双线并绕，同名端反接，匝数比为 1∶1。当主开关接通时，电源对主绕组供电；当主开关关断时，靠磁耦合将主绕组的电流转移到副绕组，通过二极管续流，向电源迅速回馈电能，实现强迫换相。其缺点是主、副绕组之间不可能完全耦合，主开关关断时会产生较高的冲击电压，对主开关器件的额定工作电压要求较高，并需要良好的吸收网络；同时，由于电动机采用双绕组结构，绕组利用率下降，铜损增加，体积增大。这种主电路可以适用于任意相数的开关磁阻电动机，尤其

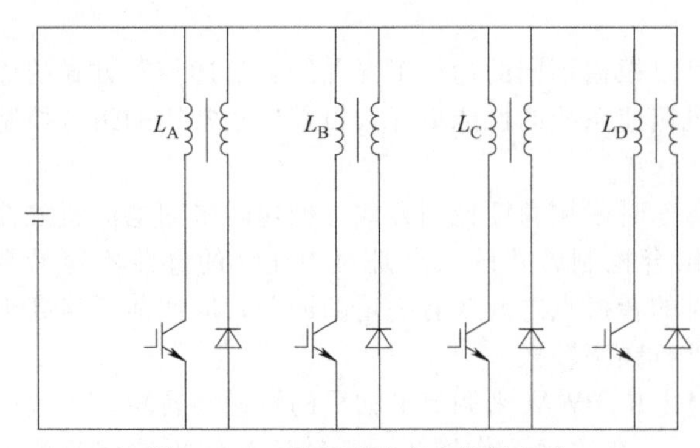

图 4-49 双绕组型功率变换器电路

适用于低压直流电源供电的场合。其基本电路如图 4-49 所示。

3. 电容裂相型功率变换器

电容裂相型功率变换器电路如图 4-50 所示，其是将整流输出的电压通过双电容裂相形成的电路，其电容同时还起到滤波、存储绕组回馈能量的作用。采用这种电路可对电动机的各相进行独立控制，每相只需要一个主开关器件和一个续流二极管。因为裂相电容上的电压需要保持平衡，同两个电容并联的绕组数必须相等，且上、下桥电容只能轮流或同时给电动机绕组供电，因而此功率变换器只适用于相数为偶数的开关磁阻电动机。

4. H 桥型功率变换器

H 桥型功率变换器电路如图 4-51 所示，其可以看作电容裂相电路取消了电容器分压，并将各相绕组中点浮空而形成的电路。换相时，磁能一部分以电能形式回馈电源，另一部分注入导通相绕组，引起中点电位的较大浮动。它要求每一瞬间必须上、下各有一相导通。该电路的优点是可以实现零压续流，提高系统控制性能；缺点是电动机每相绕组的外施电压为电源电压的一半，而且任何一相绕组电路必须以其他绕组为通路，因此只能工作在两相同时通电时，缺少了一些控制的灵活性。

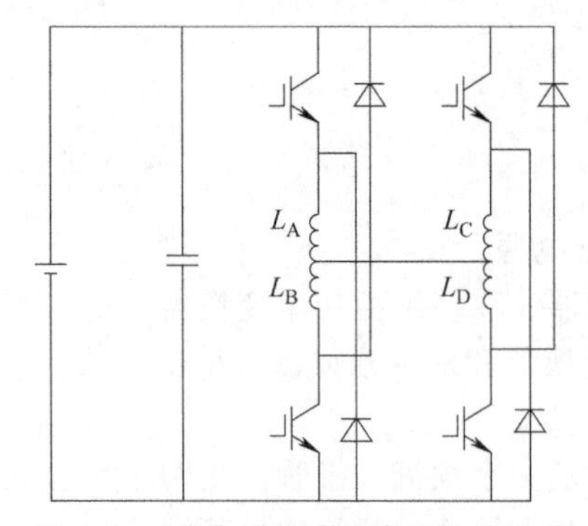

图 4-50 电容裂相型功率变换器电路

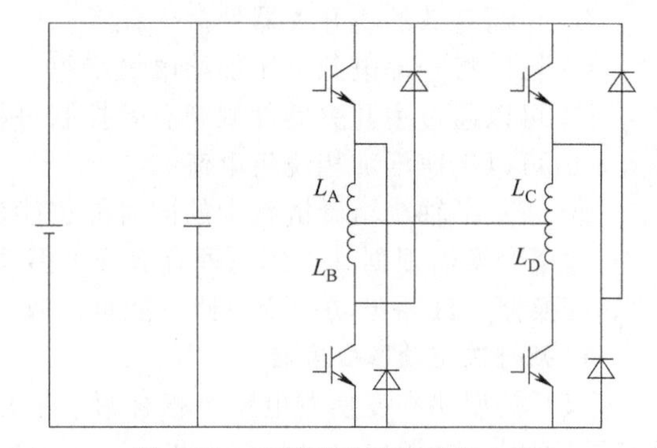

图 4-51 H 桥型功率变换器电路

5. 能量回收型功率变换器

能量回收型功率变换器通常有谐振能量回收、阻尼能量回收以及斩波能量回收等形式。图 4-52 所示电路为斩波能量回收型功率变换器电路。当主电路开关接通时，绕组通电建立磁链；当开关关断时，续流二极管将绕组电流续流，从而绕组中磁能以电能形式存储于电容器中，并回馈给电源。该电路最大的优点是效率高，但由于增加了二次馈电的斩波器使得控制较复杂。

6. 最少开关器件型变换器

图 4-53 所示为最少开关器件型功率变换器电路。在该电路结构中，每个主开关器件连接一个以上的相绕组，每个绕组连接在上、下主开关器件之间。该电路允许利用总电源来增大或减少相电流，但由于每个主开关器件为两个绕组共用，将导致相电流下降时间增加，这使得增加电动机相数、减少转矩脉动又不增加变换器成本成为可能，但是由于电流的增加，使得相绕组电流下降较慢。

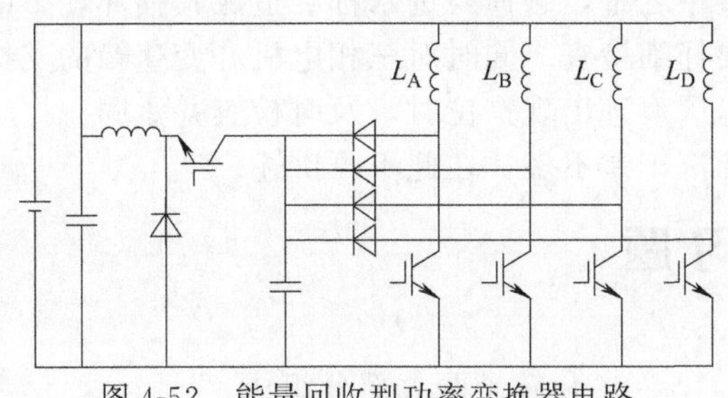

图 4-52 能量回收型功率变换器电路

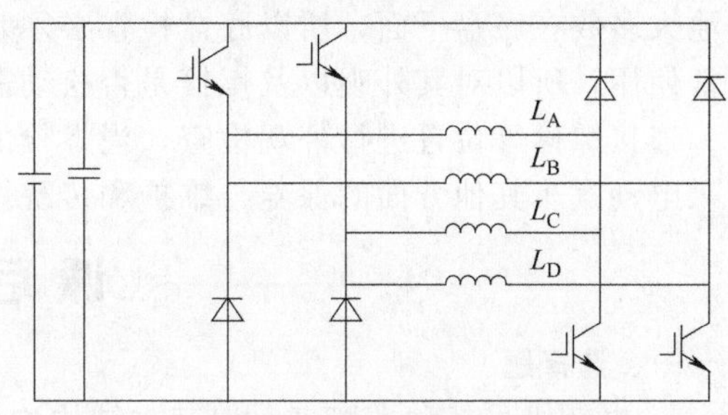

图 4-53 最少开关器件型功率变换器电路

第五节 电动汽车驱动系统的保养与维护

新能源电动汽车的技术日趋成熟，逐渐受到很多人的青睐。电动汽车和传统燃油汽车驱动系统的保养有些区别，两者保养最大的区别就是，传统燃油汽车主要针对的是发动机系统的保养，需要定期更换机油、机滤等；而电动汽车是靠电机驱动，不需要机油、机滤、皮带等，主要是针对电池组和电动机进行日常的养护，并保持其清洁即可，由此可见电动汽车的保养确实比传统燃油汽车省事不少。

纯电动汽车的电池组与电机代替了传统汽车的发动机来驱动汽车行驶，变速箱与传统汽车的变速箱略有不同，但底盘和电气部分与传统汽车基本一致。为了确保车辆保持在最佳的状态，纯电动汽车需要像传统燃油汽车那样定期养护，比如每年或 2 万公里更换变速箱油和空调滤芯；每两年或 4 万公里更换防冻液和刹车油；每次保养应检查底盘、灯光、轮胎等常规部位。

总体来说，电动汽车主要有以下几方面的维护与保养。

一、 高压线束绝缘性的检查

高压线束的好坏直接决定着这台车能不能开和安全与否的问题。检测的仪器是绝缘表，检测过程是将连接动力电池的线束与电机控制器分离，然后用绝缘表测试，如在规定数值内则判定为合格。大多数汽车厂家对高压线束的保修时间为 5 年。

二、驱动电机三相绕组的绝缘性和导通性的检查

拆下驱动电机三相绕组，用绝缘表分别对三相绕组的绝缘性进行检查，在规定数值内则判定为合格，规定值一般是 500Ω/V。用万用表对三相绕组两两相测，阻值在规定数值内则判定为合格。

三、变速箱齿轮油的更换

变速箱油也称齿轮油，是电动汽车需要比较频繁更换的油液，需根据每个汽车品牌不同更换周期，定期地更换变速箱油。

四、防冻液的更换

驱动电机和电机控制器在工作中会发热，为了使驱动电机和电机控制器能更好地工作，应用冷却系统对其进行冷却，所以应根据厂家规定时间进行防冻液的更换。一般更换周期是 2 年或 4 万公里。

五、底盘检查保养

底盘检查保养包括检查底盘变形、破损、螺栓松动、油液渗漏等问题。由于电动汽车的

电池大多数在底盘下面，所以底盘检查必须是重中之重，碰撞与进水都会造成其损坏，影响正常使用，所以对其外观以及螺栓是否松动需要仔细检查。同时对三相电机和变速箱的支撑点、连接螺栓等位置进行外观检查，当螺栓的出厂痕迹出现错位时，及时检查并紧固。

电动汽车其他方面的保养与维护和传统燃油汽车差不多，在此不再讲述。

课后习题

一、选择题

1. 电动机虽然种类繁多，但基本结构均由（　　）和转子两大部分组成。

A. 外壳　　B. 定子　　C. 罩壳及机座　　D. 线圈

2. 电动机在额定工作状态下运行时，定子电路所加的（　　）叫额定电压。

A. 线电压　　B. 相电压　　C. 峰值电压　　D. 外部电压

3. 利用（　　）来降低加在定子三相绕组上的电压的启动叫自耦降压启动。

A. 自耦变压器　　B. 频敏变压器　　C. 电阻器　　D. 电容器

4. 电动机定子三相绕组与交流电源的 Y 形连接方法，叫做（　　）。

A. 三角形法　　B. 星形法　　C. 延边三角形法　　D. L 形法

5. VTOG 是指（　　）。

A. 驱动电机控制器　　B. DC 总成　　C. 交流充电口总成　　D. 车载充电器

6. 关于电动汽车驱动电机，以下说法正确的是（　　）。

A. 由转子和定子两大部分构成　　B. 转子一定是永磁体

C. 定子三相绕组的误差在 5Ω 内　　D. 电机温度不影响电机性能

7. 新能源汽车电气线路中的导线按电压等级可分为（　　）和高压线两种。

A. 低压线　　B. 搭铁线　　C. 信号线　　D. 电源线

8. 电动汽车通常使用的都是（　　）电机。

A. 永磁同步　　B. 开关磁阻　　C. 轮毂电机　　D. 直流无刷

9. 以下选项中不属于异步电动机的优点的是（　　）。

A. 结构简单　　B. 坚固耐用　　C. 运行可靠　　D. 成本高

10. 一般三相电源，通常都为（　　）。

A. 三角形或星形　　B. V 形　　C. Z 形　　D. 星形

11. 直流电动机启动时，由于（　　），故而启动电流与启动转矩均很大。

A. 转差率最大　　B. 负载最少

C. 负载最大　　D. 反电动势尚未建立

12. 电动汽车的电机绝缘等级“H”代表的最高允许温度是（　　）。

A. 180℃　　B. 105℃　　C. 120℃　　D. 130℃

13. 某电动机的代号为 YR，这是一种（　　）。

A. 绕线型异步电动机　　B. 笼型异步电动机

C. 高速异步电动机　　D. 低速异步电动机

14. 直流电动机转子由（　　）组成。

A. 转子铁芯、转子绕组两大部分

B. 转子铁芯、励磁绕组两大部分

C. 电枢铁芯、电枢绕组、换向器三大部分

D. 两个独立绕组、一个闭合铁芯两大部分

15. 理论上说，异步电动机（　　）。

A. 既能做电动机，又可做发电机　　B. 只能做电动机

C. 只能做发电机　　D. 只能做调相机

16. 电动汽车驱动电机转子的转速由（　）检测。

A. 车载充电机　　B. 旋转变压器

C. 曲轴位置传感器　　D. 绕组温度传感器

17. 电动汽车驱动电机定子温度由（　）检测。

A. 绕组温度传感器　B. 水温传感器　C. 车速传感器　D. 旋转变压器

18. 永磁同步电动机中，永磁体指的是（　）。

A. 定子　B. 转子　C. 壳体　D. 绕组线圈

19. 降压 DC-DC 的功能有（　）。

A. 给高压电池充电　B. 给低压电池充电　C. 给电机充电　D. 给电容充电

20. 以下对新能源车降压 DC-DC 的功能描述正确的是（　）。

A. 纯电模式下，DC 的功能替代了传统燃油汽车挂接在发动机上的 12V 发电机，和蓄电池并联给各用电器提供低压电源

B. 将电池包的直流电转换为交流电给驱动电机供电

C. 监测电池包状态

D. 将电动机回馈的交流电转换为直流电

21. 用于检测电动机转速的是（　）。

A. 旋转变压器　　B. 车速传感器

C. 水温传感器　　D. 绕组温度传感器

22．电动机上安装的旋变传感器用于检测电动机的转速和旋转位置，相当于燃油汽车上的（　）。

A. 凸轮轴位置传感器　　B. 氧传感器

C. 曲轴位置传感器　　D. 进气压力温度传感器

23. 下列部件中将电能转换成机械能的装置是（　）。

A. 电机　B. 充电器　C. 控制器　D. 电池

24. 低压蓄电池灯亮起的原因可能是（　）。

A. 主控制器损坏　　B. 电机控制器损坏

C. DC-DC 不工作　　D. 点火开关损坏

二、判断题

1. 电动机可以将电能转换为机械能，也可以将机械能转换为电能。（　）

2. 永磁同步电动机中的永磁指的是定子绕组。（　）

3. 电动机的机构包括定子、转子、高压配电盒。（　）

4. 电动机上标有用于明确识别和分配的拓印号，电动机拓印号与内燃机类似，获得主管部门批准时也需要该拓印号。（　）

5. 把交流电变成直流电的过程称为逆变。（　）

6. 在电动汽车的驱动中，电动机驱动分为单电动机型和多电动机型。（　）

7. 整车控制器可以收集驾驶员加速踏板、油门等操作信号。（　）

8. 万用表可以检查 VCU 的供电是否正常，包括 ON 挡电、常电。（　）

9. 万用表可以检查 OBD 诊断口与 VCU 的 CAN 总线线束连接是否正常。（　）

10. DC-DC 替代了传统燃油汽车挂接在发动机上的 12V 发电机，和蓄电池并联给各用电器提供低压电源。（　）

11. 变频器总成内部为多层结构，主要由电容、智能动力模块、反应器、MG ECU 等组成。（　）

12. 变频器可以将电池的直流电（DC）转换成交流电（AC）。（　）

13. 逆变器不能将电动机产生的交流电（AC）整流成直流电（DC）。（　）

14. 电动机高压线一般是连接控制器和电动机的高压线。（　）

三、简答题

1. 简述开关磁阻电动机的工作。

2. 简述三相异步电动机的工作原理。

3. 简述三相同步电动机的工作原理。

4. 简述旋变的作用和工作原理。

5. 简述电动机控制器的作用。

第五章

电动汽车底盘与车身系统

学习目标：

了解电动汽车和传统汽车真空助力制动系统的不同

熟悉电动汽车真空助力制动系统的组成与工作过程

了解电动汽车空调系统与传统汽车空调系统的不同

电动汽车底盘包括传动系统、行驶系统、转向系统、制动系统、悬架和前桥等，其中行驶系统又主要由减速器、传动轴、后桥和车轮等组成。底盘的主要功能是支撑整车的重量，将电动机发出的动力传给驱动车轮，同时还要传递和承受路面作用于车轮的各种力和力矩，并缓和冲击、吸收振动，以保证汽车的舒适性，能够比较轻便和灵活地完成整车的转向及制动等操作。

电动汽车底盘部分大部分和传统汽车相同，所以只讲述不同的地方：电动真空助力制动系统。车身部分只讲空调制冷的电动压缩机部分和采暖 PTC 部分。

第一节　电动汽车真空助力制动系统

一、电动汽车真空助力制动系统的组成

电动真空助力制动系统主要由电动真空泵、真空助力器、真空压力传感器、主控制器等组成，如图 5-1 所示。

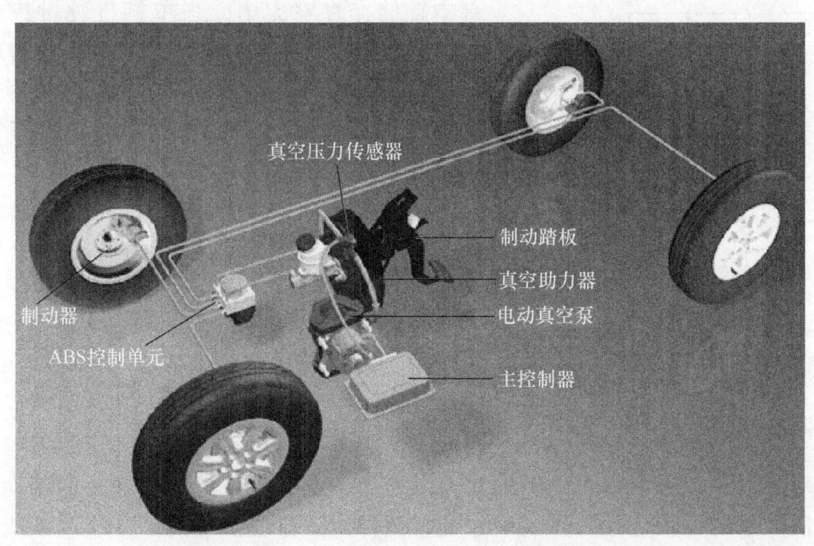

图 5-1　电动真空助力制动系统

电动真空泵主要作用是产生真空，是真空助力制动系统的真空源，真空泵产生的真空度大小和速度关系到真空助力器的工作状态，真空泵的容量大小关系到助力器的性能，进而影响到制动系统在各种情况下能否正常工作。真空泵的好坏直接关系到真空助力制动系统的好坏。

真空罐的作用是储存真空泵产生的真空，真空罐的大小和真空罐的密封性的好坏直接影响着真空助力效果，和真空泵有着同等的影响。

真空压力传感器的作用是检测真空罐的真空度，间接检测真空罐的密封性，并将检测到的真空度信号发送给主控制器。真空压力传感器的好坏决定着真空泵能否正常工作。

电子控制器的作用是接收真空压力传感器的信号，通过逻辑计算来判断是否需要真空泵工作，若需要，电子控制器将控制真空泵工作。电动真空助力制动系统如图 5-2 所示。

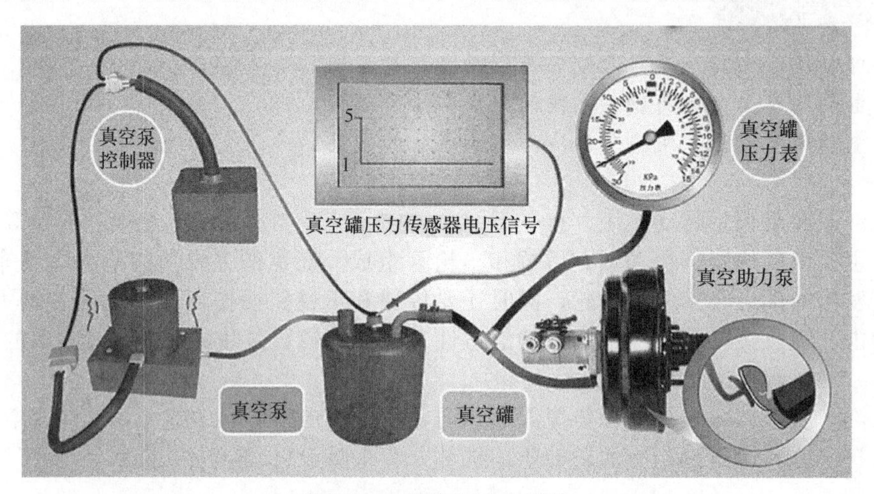

图 5-2 电动真空助力系统

二、 电动汽车真空助力的工作过程

驾驶员启动电动汽车时，踩下制动踏板，利用真空罐内储存的真空进行真空助力，当真空罐内的压力低于 55kPa 时，控制器接收到真空压力传感器的低压信号，控制器控制电动真空泵开始向真空罐输送真空，当真空度达到约 80kPa 时，控制器控制真空泵停止工作，真空罐储存真空完毕。当车辆行驶过程中需要制动时，踩下制动踏板，再次开始真空助力，真空度降低，控制器控制真空泵工作，如此循环往复，保证每次制动有足够的真空助力。电动汽车真空助力电路原理如图 5-3 所示。

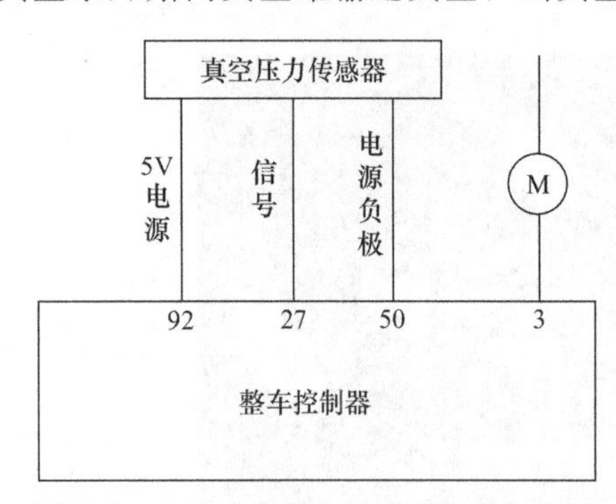

图 5-3 电动汽车真空助力系统电路原理

当制动系统出现某些故障时，仪表盘上的警告灯会点亮并使车辆限行，如当制动真空压力低于最低压力 34kPa 时，制动真空泵常转时或不转时，当真空压力传感器出现故障时以及线路出现故障时，仪表上的制动警告灯会点亮。

三、再生制动

由于相对于汽车行驶所提出的高制动力矩需求，电动机只能提供较小的制动力矩，因此电动汽车的制动系统不仅包括再生制动系统，还保留了传统汽车的液压制动系统。当汽车保持在制动频繁且制动强度较小的工况下时，可充分利用再生制动系统。若汽车制动过程中，所需要的制动强度较大，为保持汽车的制动安全，要尽可能地使用传统液压制动，而电动机则较少参与或者不参与制动。纯电动汽车的再生制动是电动汽车所独有的，即在保证安全的前提下，减速制动（制动或者下坡）时，通过控制系统，驱动轮反拖驱动电动机，将驱动电动机的状态改为发电机工作状态，将车辆的部分动能转化为电能（产生反向电流），转化的电能储存在储存装置中，如各种蓄电池、超级电容器，以增加电动汽车的续驶里程。同时产生作用于驱动轮的制动力矩，如果储能器的能量已经被完全充满，再生制动则不能起到制动作用，所需的制动力就只能由常规的液压制动系统来提供。现在几乎所有的电动汽车都安装了再生液压制动系统，它可增加电动汽车的续驶里程，降低汽车的运行成本。

电动机制动的方法可分为机械制动和电气制动两大类。电气制动又可分为反接制动、能耗制动和回馈发电制动三种。电动汽车的制动方式应考虑机械制动和电气制动两种类型的结合，尽可能多用回馈发电方式取代机械方式制动。

四、真空助力制动系统的故障诊断与排除方法

1. 常见电动真空泵的故障

电动真空助力系统常见故障及检测方法如表 5-1 所示。

表 5-1　电动真空助力系统常见故障及检测方法

<table>
<tr><th>故障现象</th><th colspan="2">检测方法及处理措施</th></tr>
<tr><td rowspan="3">连接电源后电机不转</td><td colspan="2">检查熔丝是否熔断</td></tr>
<tr><td>熔断</td><td>未熔断</td></tr>
<tr><td>①线路短路
②控制器损坏
③电机烧毁短路</td><td>①蓄电池亏电
②线路断路
③控制器损坏</td></tr>
<tr><td>接通电源后，将真空度抽至上限设定值，电机不停转</td><td colspan="2">①开关触点短路常开
②电子延时模块损坏，应更换</td></tr>
<tr><td>压力开关不能正常开启和断开</td><td colspan="2">①压力开关触点污损、锈蚀，接触不良，应清洁触点或更换压力开关
②连接线折断或插头连接处脱焊，应更换连接线
③管路密封性不好，应检查管路密封性，必要时更换</td></tr>
<tr><td>设备的机壳带电</td><td colspan="2">①电源线接错，壳体与电源的正极连接，应纠正错误连接
②电源插座的搭铁线末真实与搭铁连接，应把电源插座中搭铁线连接好</td></tr>
</table>

2. 检查真空泵电机的供电电路

根据电路原理图检查电动真空泵电机的供电电路原理图，如图 5-3 所示。检查电动真空泵电机的供电是否正常的步骤如下。

① 检查发动机舱电器盒是否损坏，如损坏则更换。

② 检查发动机舱电器盒线束插件是否接触不良。

③ 检查发动机舱电器盒真空泵电机保险丝是否接触不良。

④ 根据电动真空泵工作原理图，使用万用表测量发动机舱电器盒真空泵熔丝 S86 是否烧坏，如果损坏，更换处理；否则测量控制器 4 号端子有无 12V 电压，若无则控制器线束损坏，应更换该线束。

3. 检查真空压力传感器电路

真空压力传感器电路的检查步骤如下。

① 检查真空压力传感器与整车控制器之间的三根线是否正常。

② 检查整车控制器 92 端子是否提供 5V 电压。

③ 检查真空压力传感器的信号输出是否正常，是否有 4.5～5V 电压输出。

4. **检查真空泵**

① 检查真空泵供电是否正常。检查整车控制器 3 号端子与真空泵之间的线束是否导通，若导通，测量真空泵和整车控制器的端子电压是否是电源电压 12V，若达不到，则整车控制器损坏。

② 检查真空泵搭铁是否正常。使用万用表测量真空泵到真空泵引脚搭铁针脚是否导通，若不通，更换线束。

③ 检测真空泵泄漏。通过踩制动踏板查看真空泵是否正常工作，用真空表测试制动真空压力。当压力低于 55kPa 时，若没有在 8s 内恢复，检查真空泵是否漏气，如连接管路无漏气，则判定真空泵损坏。

④ 真空泵达到正常工作压力后应停止工作。如不停止工作，检查真空储存罐单向阀连接管路是否漏气、真空储存罐单向阀胶圈是否损坏。

⑤ 真空泵正常工作后，达到规定压力将停止工作，检查真空助力器及连接管路有无漏气，连续踩制动踏板以后踩住制动踏板，听真空助力器是否有漏气声，确定故障点。

五、电动汽车真空助力制动系统故障诊断案例

下面以北汽电动汽车为例讲解电动汽车真空助力制动系统的故障诊断与排除。

北汽电动汽车真空助力制动系统可能的故障原因：真空压力传感器故障、熔丝故障、真空管路有泄漏、真空泵线路故障、真空泵本身故障、真空助力制动系统控制单元 VBU 自身或线路故障。下面介绍具体的诊断方法。

1. **故障码及数据流的读取**

真空助力制动系统出现故障通常会报故障码，并点亮故障警示灯。因此首先应观察仪表显示的故障信息，并连接诊断仪读取故障码及数据流，如真空泵的性能状态、真空泵的工作电流及真空系统压力，初步判断可能的故障原因。

2. **真空泵功能检测**

车辆静止状态下，打开钥匙开关（ON 挡），踩制动踏板 1～3 次后观察真空泵的状态，并据此判断制动系统的工作状态是否正常。

制动系统正常工作时，真空泵会保持真空压力为 50～70kPa，由于制动踏板踩下后会造成真空管路的真空度降低（绝对压力提高），当接收到真空压力传感器信号时，系统判断此压力不在保持压力范围内，会自动启动真空泵运转，此时可听到真空泵运转的嗡嗡声，真空度在 3s 左右后达到设定值并停止运转；如若不然，则可初步判断系统工作不正常。制动真空泵运转 5min 后（反复踩踏制动踏板至真空泵连续运转几次），检查真空泵有无异响和异味，并检查真空泵控制器及连接线是否发热变形。如果真空泵出现异响或异味，有可能是真空泵内部严重磨损造成的。

3. **真空管路密封性检测**

在制动真空泵工作时，检查连接软管有无漏气现象，检查各气管连接处有无破损或泄漏。制动软管不能以最大转向角度扭曲，制动软管不得接触到汽车零件。

4. **相关线路检查**

① 查找真空助力制动系统工作电路及原理图，分析工作原理，如电源、接地、控制单元、传感器及真空泵电路。根据电路图检查驾驶舱内熔丝盒上的 SB06 熔丝（30A），它是真空泵的主供电熔丝，电路如图 5-4 所示。

② 测量真空助力制动系统控制单元 VBU 插接器的 92 号端子电压，该端子为真空压力传感器提供电源，据此判断传感器的供电情况。

③ 测量真空助力制动系统控制单元 VBU 插接器的 50 号（搭铁）和 27 号（信号）端

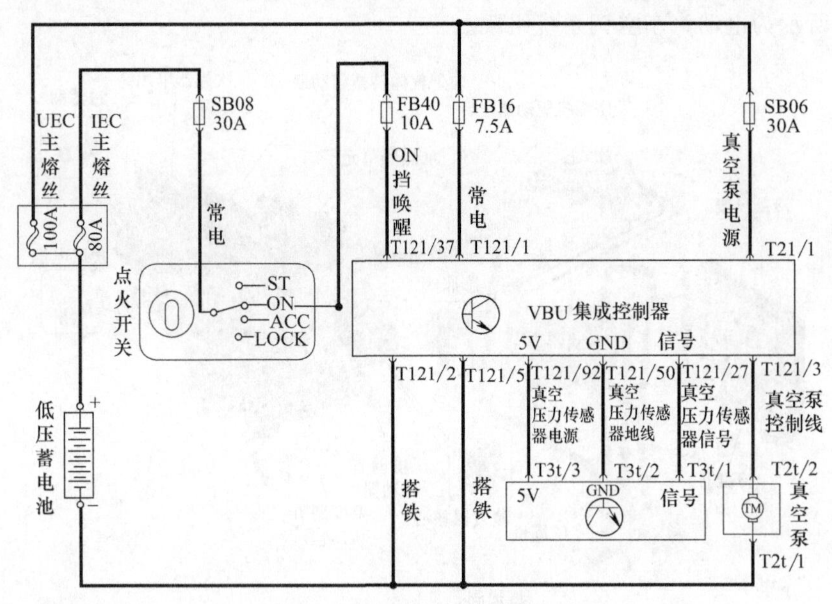

图 5-4　真空助力制动系统电路

子，判断传感器信号线的导通和搭铁是否正常。

④ 测量电动真空泵的接线端子，判断真空泵的供电及搭铁是否正常并检查真空泵搭铁点的搭铁性能。需特别注意的是，真空泵电动机的电源电压为 14V 左右，而不是传统能源车辆的 12V。

5. **完工后的常规检查**

故障排除后，一定要对制动系统进行常规的检查。除对制动盘片等进行检查外，新能源汽车还需要重点检查真空助力制动管路及相关插接件。

车辆故障排除后，仪表板显示 READY 指示灯亮表示车辆完全恢复正常工作。

六、电动汽车真空助力制动系统的保养与维护

1. **检查制动系统的密封性**

对于采用气压制动系统的电动汽车，气密性的检查非常重要。数日没有使用的汽车，在开车之前必须要检查气路系统的密封性。启动压缩机，储气压力应达到 0.8MPa，关闭压缩机，观察双针压力表，在 10min 内压力下降不得超过 0.01MPa，如果超过则说明密封性不好，应进行检查维护。关闭电动机，踏下制动踏板保持 3min，压气表指示的压力保持不变，说明密封性可靠。

2. **电动真空助力制动系统的线路检查**

电动真空助力制动系统线路长期使用，容易出现线路老化、端子松脱等现象，所以应按期进行检查。

第二节　电动汽车空调系统

不管是电动汽车空调系统还是传统燃油汽车空调系统，作用是相同的，都主要用于夏天制冷、冬天采暖，除了以上两个作用外，还有除湿、除霜和空气净化等功能。所以从结构上看，大部分是相同的，都有压缩机、冷凝器、膨胀阀、蒸发器、储液干燥器、配气系统、暖风系统和控制面板等，但是因为纯电动汽车没有发动机部分，所以部分结构与传统汽车有区

别，图 5-5 所示为电动汽车空调系统组成。

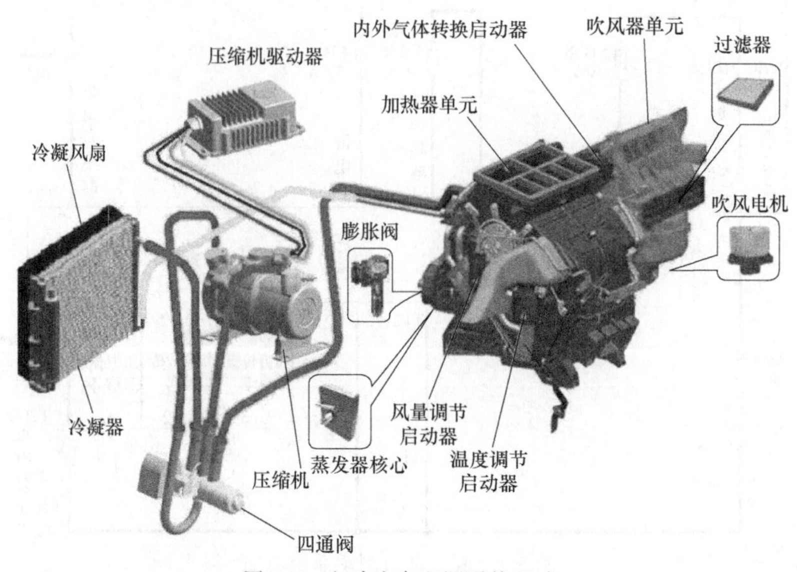

图 5-5 电动汽车空调系统组成

一、电动汽车和传统汽车空调系统的区别

（1）制冷方面 目前传统燃油汽车空调制冷主要采用发动机驱动的压缩机作为制冷系统的动力源来进行降温，而电动汽车空调制冷系统因没有发动机，所以采用电动压缩机，即利用电动机代替了发动机来带动压缩机工作。其他的和传统汽车没有区别。

（2）采暖方面 传统燃油汽车空调采暖系统的热源主要由发动机的冷却液提供，即将发动机散热的冷却液引入到配气系统的加热芯中，加热芯被加热，在鼓风机的作用下，将冷风吹向加热芯，带走加热芯热量，加热空气，为车内供暖。而电动汽车因没有发动机，故没有可用的冷却液，尽管动力电池、电机控制器和三相电动机的冷却系统有冷却液，但是温度最高 50℃，无法满足取暖需求，所以采用了一套热泵型空调系统代替利用冷却液进行采暖的系统。电动汽车的空调采暖系统不仅为了室内取暖，同时在冬天可为动力电池加热，使的动力电池在恒温时更好地工作。目前电动汽车空调制热系统主要包括电动式空调系统、电动压缩机制冷与电加热器混合调节空调系统。应用电动压缩机制冷与电加热混合调节空调系统的居多。

二、电动汽车空调系统特点

① 电动压缩机空调系统可以采用全封闭系统及制冷剂回收技术，高度的整体密封性可以减小正常运行以及修理维护时制冷剂的泄漏损失，减少环境污染。

② 电动空调的压缩机靠电动机驱动，因此可以通过精确的控制以及在常见热负荷工况下的高效率运行来降低空调系统的能耗，从而提高整车的经济性。

③ 采用电驱动，噪声较低，可靠性高，使用寿命长，故障率低。

④ 一体式电动压缩机取消了发动机与压缩机之间的传动带，没有了张紧件，减轻了重量，降低了故障率。

⑤ 可以在上下车之前预先启动电动空调，对车厢内的空气进行预先调节，增加乘客的舒适性，而传统空调则必须先启动发动机才能启动空调。

⑥ 利用 PTC 加热系统，不像传统汽车冷却液必须达到一定温度才能进行采暖，启动电

动汽车后可以直接进行采暖，效率高，同时可以调节制热量。

三、电动压缩机制冷与电加热混合调节空调系统

目前电动汽车通常采用电动压缩机制冷与电加热混合调节空调系统，这种空调系统的制冷由电动机驱动压缩机实现，制热由专门的加热装置实现。与热泵式空调系统相比，该方案对整车结构的改变较小，只需用电动压缩机替代机械式压缩机即可实现。丰田普锐斯、比亚迪等电动汽车采用的就是该种方案，其制冷工况通过采用电动空调实现，暖风为 PTC 暖风，制冷、制热迅速。

1. 制冷系统

汽车空调制冷系统主要由制冷剂循环的压缩机、冷凝器、膨胀阀以及蒸发箱的密闭空间以及配气系统和控制装置等组成，电动汽车的压缩机和传统汽车相同，只是电动汽车的压缩机是由电动机带动运行的。电动压缩机结构如图 5-6 所示。

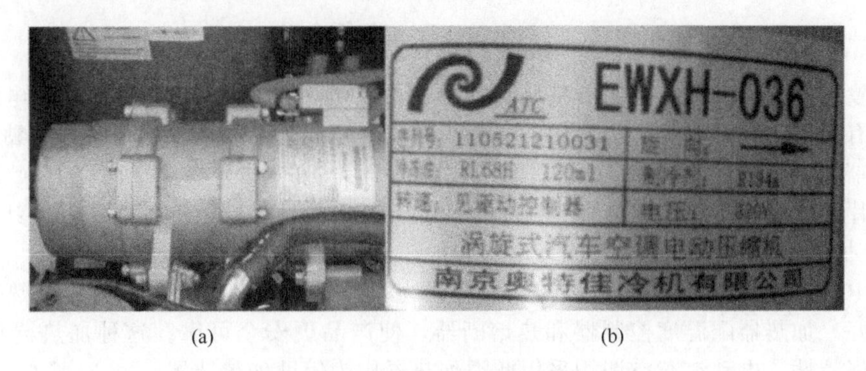

(a)　(b)

图 5-6　电动压缩机结构

在电动机的选择方面，由于驱动电动汽车空调压缩机的电动机一般选用三相永磁同步电动机，电动汽车的电池只能提供直流电，所以在三相永磁同步电动机和电池之间有一个变频器，将电池直流电转换为交流电。此变频器专用于车载空调交流异步电动机的起步和运行，采用脉宽调制方式，能够变频变压，主电路专门针对电动汽车电网设计，能在频繁的浪涌电压、电流下可靠工作，实现交流电动机的柔性快速启动和变速运行。

在压缩机的选择方面，由于电动汽车有直流高压电，所以一般采用新型高效的压缩机，如全封闭的电动涡旋压缩机，它直接由动力电池提供的直流电驱动。

在电动机和压缩机的连接方面，不同汽车选用不同，客车多采用变频器控制高压三相电动机驱动压缩机，因此有独立的电动机变频器，电动机和压缩机之间采用皮带传动方式。而电动汽车多采用整体式电动压缩机，这种压缩机内部有电动机，一般采用低压电驱动和高压直流电驱动两种。

2. 采暖系统

电动汽车采用的电加热器一般在驾驶员和副驾驶员之间的地板下方。加热器为可用电加热的 PTC（Positive Temperature Coefficent，即正温度系数）加热器，如图 5-7 所示，可将加热器元件的热量传送至散热剂（冷却液）的散热扇和控制底板等。因要求加热器要有较好的制暖性，因此，使用的是高压电源，而非辅助电池（12V）。如果是纯电动汽车专用产品，也可以不使用冷却液，直接用鼓风机吹送经 PTC 加热器加热的暖风。

PTC 加热器是采用 PTC 热敏电阻元件为发热源的一种加热器。PTC 热敏电阻元件是用半导体材料制成的，它的电阻会随温度变化而急剧变化。PTC 电阻值随外界温度降低而减

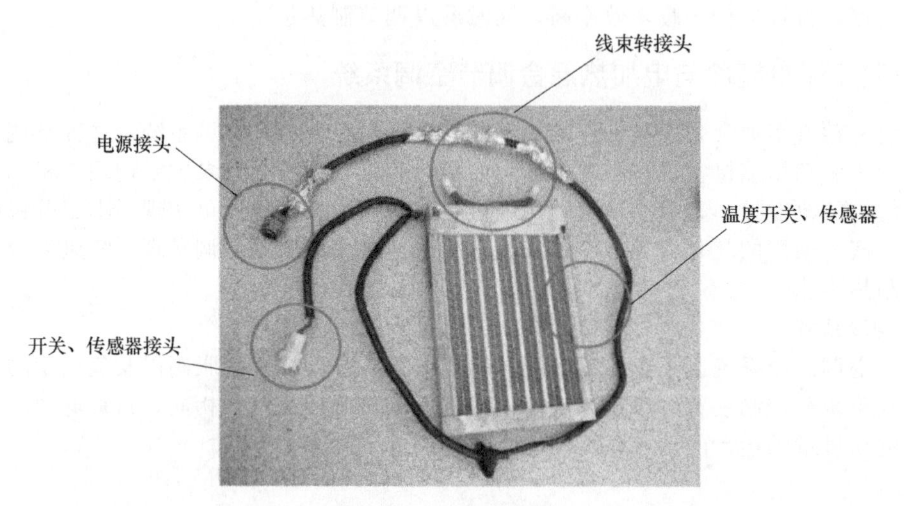

图 5-7 PTC 加热器

小，发热量反而会相应增加。用于空调辅助电加热器的一般选用陶瓷 PTC 热敏电阻。PTC 加热器具有节能、恒温、安全和使用寿命长等特点。空调辅助电加热器可以分为黏结式陶瓷 PTC 加热器和金属 PTC 管状加热器。黏结式陶瓷 PTC 加热器是将多个陶瓷 PTC 芯片及铝波纹散热片用耐高温树脂胶黏结在一起的加热器，其散热性好、电气性能稳定。其中黏结式陶瓷 PTC 加热器又分为加热器表面带电型和加热器表面不带电型两种。

金属 PTC 管状加热器采用进口镍铁合金丝为发热材料，发热管外镶嵌铝散热片，其散热效果良好。加热器配温度控制器和热熔断器，使产品更安全可靠。这种加热器具有 PTC 材料的良好特性，电动汽车空调均采用此类加热器作为辅助加热装置。

四、空调系统工作过程分析

电动汽车上的空调压缩机和 PTC 加热系统，逻辑上受到整车控制器（VCU）的管理，其具体实现形式多样，此处，只以一种典型形式说明它的详细工作过程。

1. 电动汽车空调系统控制原理

从电气角度看，电动汽车空调系统主要由以下几个部分组成：空调控制器、压缩机及热力学系统、压缩机所用的电动机 PTC 加热系统、通信模块、各种温度/压力传感器。如图 5-8 所示。

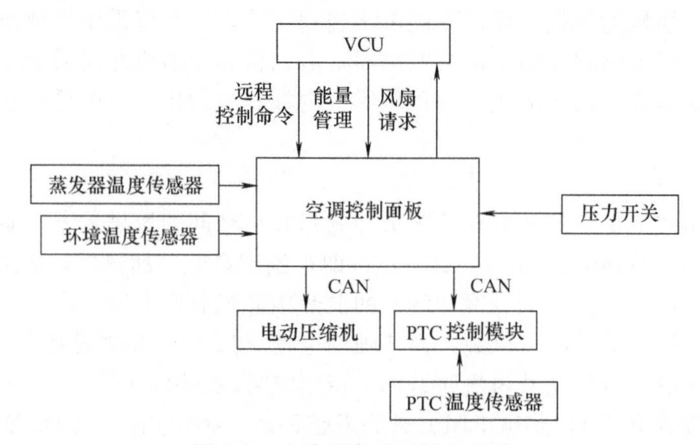

图 5-8 电动汽车空调系统组成

整车控制器（VCU）采集到空调 A/C 开关信号、空调压力开关信号、蒸发器温度信号、风速信号以及环境温度信号，经过运算处理形成控制信号，通过 CAN 总线传输给空调控制器，由空调控制器控制空调压缩机高压电路的通断。

2. **逻辑关系**

从制冷方面看，空调继电器控制空调压缩机 12V 低压电源，低压电源电压是空调压缩机控制器的通信信号传输及控制功能得以正常运行的可靠保证。整车控制器（VCU）通过数据总线“CANH、CANL”与空调压缩机控制器相连接，再由压缩机控制器控制空调压缩机的高压电源线“DC＋与 DC－”通断，逻辑关系电路如图 5-9 所示。

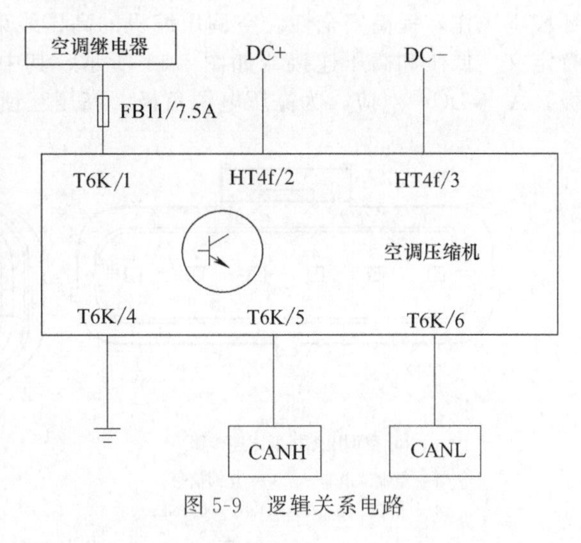

图 5-9 逻辑关系电路

压缩机和为它提供动力的电机及电机控制器集成在一起，如图 5-10 所示。由于空间相对狭小，空间内的电磁干扰常常是受控电机误动作的原因。压缩机电机，一般选用永磁同步电机或者永磁直流无刷电机。原因是体积小，控制简单。电机转速根据需要可以大范围调节。电动汽车点火开关旋至“ON”挡，若此时打开空调“A/C”开关，空调就可以开始工作。

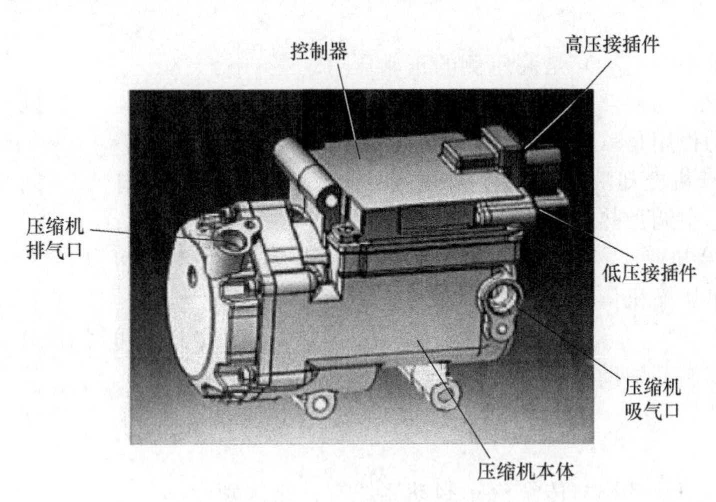

图 5-10 电动压缩机结构

3. **制冷量的调节**

空调控制器闭合高压回路接触器，压缩机进入工作状态。乘客通过调节风量和温度设置按钮调节车内温度。风量越大，从冷凝器带入车内的热量越多，要求压缩机的功率就越大。设置的温度与当前温度差距越大，要求压缩机的功率就越大。空调控制器通过控制电动压缩机的电机转速，达到控制制冷量的目的。电机转速高，压缩机相应的运转速度提高，制冷剂流量上升，制冷量提高。

4. **空调制热过程**

当需要空调取暖时，打开取暖开关，通过 CAN 总线将取暖开关信号从控制面板传给 PTC 控制模块，PTC 控制模块根据环境温度传感器、驾驶员设置的温度计算出 PTC 加热时间和加热温度，利用PTC加热器温度传感器进行反馈。

5. 高压互锁

高压互锁信号线在高压通电前应确保整个高压系统的完整性，使高压电处于一个封闭的环境下工作，提高安全性。空调压缩机的高压线束与低压线束相互独立，线束的各个端子都有定义。低压和高压连接器如图5-11所示，其中高压端子B与DC+对应，为高压电源正极，A与DC−对应，为高压电源负极，高压互锁信号在A和B之间。

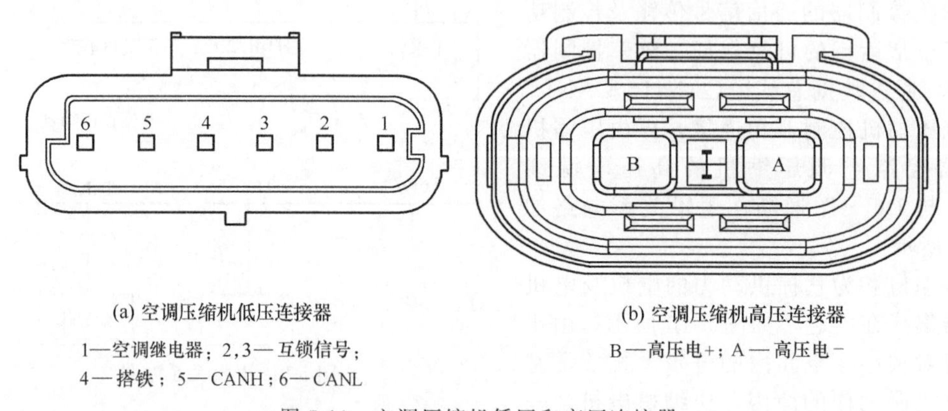

(a) 空调压缩机低压连接器

1—空调继电器；2,3—互锁信号；4—搭铁；5—CANH；6—CANL

(b) 空调压缩机高压连接器

B—高压电+；A—高压电−

图5-11 空调压缩机低压和高压连接器

课后习题

一、选择题

1. 制冷系统中（　　）是高压侧的正常压力。

A. 3.15MPa　　B. 2.8MPa　　C. 0.5MPa　　D. 1.55MPa

2. 冷凝器的作用是（　　）。

A. 冷却发动机冷却液　　B. 室内降温　　C. 冷凝制冷剂　　D. 防止冰冻

3. 电动汽车空调加热系统采用（　　）加热。

A. 发动机冷却液　　B. PTC　　C. A和B都可以

4. 电动汽车压缩机依靠（　　）驱动。

A. 发动机　　B. 电动机　　C. A和B都可以

5. 电动汽车制动辅助系统不包括（　　）。

A. 真空泵　　B. 储气罐　　C. 压力传感器　　D. 发动机

二、简答题

1. 电动汽车制动系统与传统汽车制动系统有什么区别？
2. 电动汽车制动辅助系统由什么组成？
3. 叙述电动汽车制动辅助系统的工作原理。
4. 电动汽车空调有什么特点？
5. 电动汽车空调的组成与传统汽车空调有什么区别？

第六章

电动汽车电气系统

学习目标：

熟悉电动汽车低压电气电路和高压能量传输电路
了解电动汽车仪表的新增内容
熟悉 CAN 总线的组成
熟悉 CAN 总线在电动汽车中的应用
掌握 CAN 总线的故障诊断与排除方法
了解 LIN 总线的组成和应用
了解 MOST 总线在汽车上的应用
了解 Flex Ray 在汽车上的应用及其基本测量方法

第一节　电动汽车高低压电气系统

电动汽车有高压电气系统和低压电气系统，高压电气系统是将动力电池的高压电能转化为其他形式的电能。低压电气系统主要是对高压电气系统进行控制，同时为低压用电设备供电。

一、低压电气系统

1. 低压电源

电动汽车的整车低压电是由蓄电池和 DC/DC 转换器来提供电能的，DC/DC 转换器起到了传统汽车发电机的作用，将动力电池的高压直流电转换为低压直流电，持续为蓄电池和低压用电设备供电。

2. 低压用电设备

低压用电设备大部分和传统汽车相似，如：信号系统的转向、喇叭、制动等，照明系统的前照灯、雾灯等，仪表系统的仪表用电，辅助设备的雨刷、电动后视镜、电动车窗等，控制高压电路通断的各电控单元、接触器的控制线圈，都使用低压电。

3. 低压中间环节

电动汽车低压用电系统中间环节包括各类开关、保险丝、继电器、导线等。

二、高压电气系统

高压电气系统包括高压电源、高压用电设备和高压中间环节，如图 6-1 所示。

1. 高压电源

电动汽车上高压电源有动力电池、超级电容器、燃料电池、发动机-发电机组等，为全车高压用电设备直接供电，通过 DC/DC 转换器为低压用电设备间接供电，如图 6-2 所示。

2. 高压用电设备

电动汽车高压用电设备有电机控制器、三相电动机、DC/DC 转换器、空调压缩机、空调 PTC 加热系统，如图 6-3 所示。除此之外，还有充电系统的车载充电机。

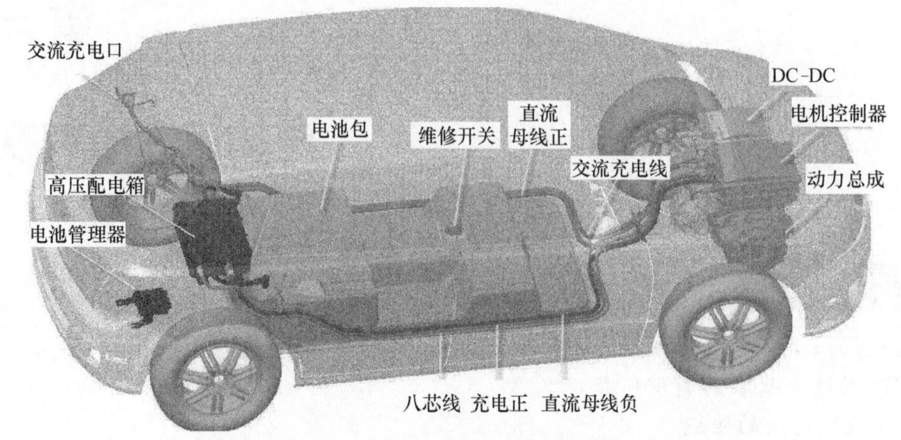

图 6-1　高压电气系统组成及位置

图 6-2　高压电源

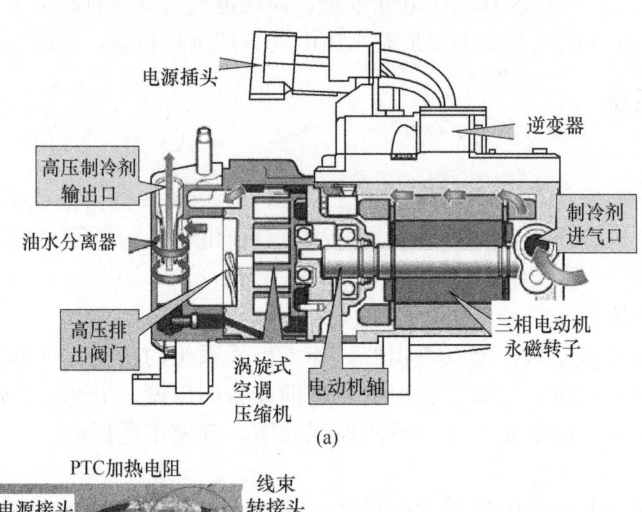

(a)

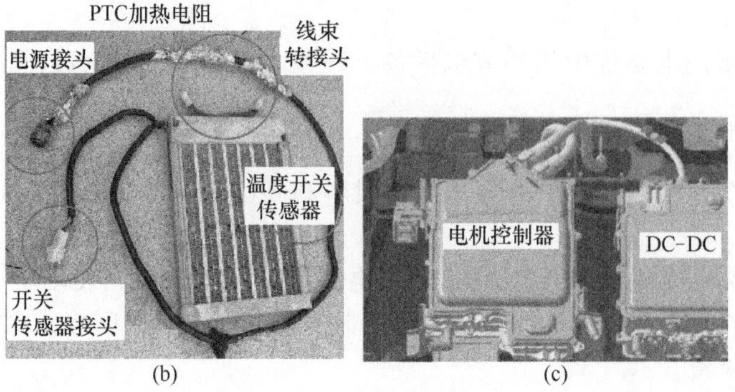

(b)　(c)

图 6-3　部分高压用电设备

3. 高压中间环节

电动汽车高压用电系统中间环节有维修开关、各类预接触器、橙色绝缘导线等，如图 6-4 所示。

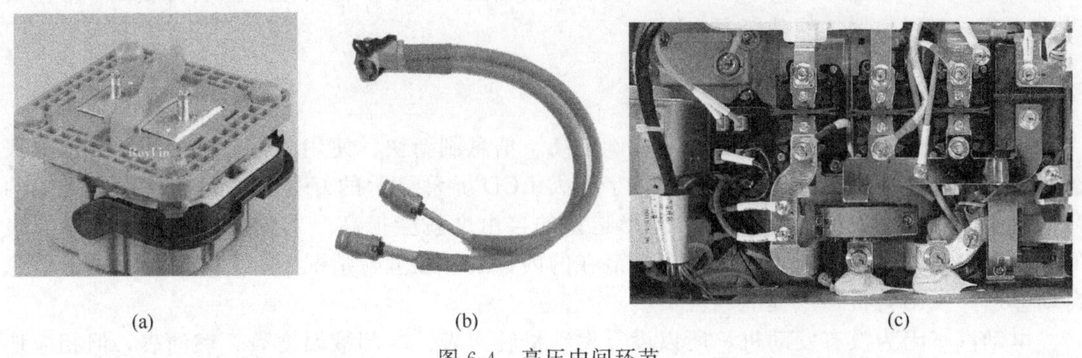

(a)　(b)　(c)

图 6-4　高压中间环节

4. 高压电气系统控制原理

高压电气系统控制原理如图 6-5 所示。

三、高压电气系统维修步骤

当电动汽车高压电气系统出现故障时，必须严格遵守拆装步骤，否则会出现安全隐患。

第一步：切断车辆电源（将启动按钮打在 OFF 挡），等待 5min。

第二步：戴好绝缘手套，拆卸蓄电池负极，并做好绝缘。

第三步：拔下维修开关并存放在规定的地方。

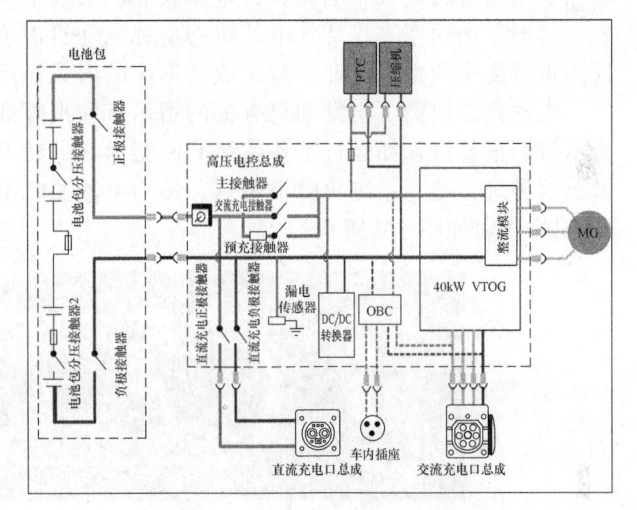

图 6-5　高压电气系统控制原理

第四步：对高压电气系统进行检查并记录相关数据，在车辆通电时应该通知正在检查、维修高压电气系统的人员。

第五步：对高压电气系统检修后一定要对拆卸或更换过的零部件进行检查，避免因检修后忘记恢复造成其他影响。

第二节　电动汽车仪表

为了使电动汽车驾驶员随时掌握车辆的各种工作状况，保证行车安全并及时发现和排除车辆存在的故障，现代电动汽车上都安装有多种监测仪表和报警装置，这些装置一般都集成在仪表台上，构成仪表总成。汽车仪表台是车辆和驾驶员进行信息沟通的最重要、最直接的人机界面。对于汽车仪表不但要求其工作可靠，抗振、耐冲击性好，更要美观大方，指示准确、清晰，便于读取。电动汽车上都设有表示汽车工作状况的仪表、警告灯等。指示灯（如大灯远近光变换指示）只起提示作用，直接提示是打开还是关闭。警告灯一旦点亮，就应采取必要的措施。

传统汽车仪表显示有发动机转速表、机油不足指示灯、发动机冷却液温度表、燃油表、车速表、里程表、车门未关警告灯、ABS警告灯、安全气囊报警灯、远近光指示灯、转向灯等。电动汽车的仪表，是在传统燃油汽车仪表通用的显示信息基础上删除了一部分燃油汽车仪表功能，增加了电动汽车仪表功能，如电池与电动机工作状态等信息和报警指示灯的显示。混合动力汽车则是在传统燃油汽车仪表的基础上，增加了电动汽车仪表功能。本节主要讲述电动汽车仪表增加的功能。

一、电动汽车仪表显示

电动汽车电子显示组合仪表显示精确度高、信息刷新快、使用进行分时显示，可使仪表盘得到简化且能显示大量信息。采用数字和大LCD屏幕显示的好处是，只要仪表有足够的存储容量和高分辨率的LCD，LCD图形造型的自由度就会很高。驾驶员可以手动选择仪表的显示内容，大多数系统还能在汽车有潜在的内在或外在危险情况下，让平时不显示的信息自动显示并发出警报，以提醒驾驶员。

电动汽车因为没有发动机，所以没有发动机转速表、冷却液温度表、燃油表，但相应地增加了电动机转速表、电流表、电压表和剩余电量或荷电状态表。电动汽车没有发动机转速表，一般采用功率表代替。电动机功率和电动机温度可采用仪表显示，也可采用液晶显示，仪表可将测量数据以指针、数字或条形图的形式显示出来。

电动汽车取消了与发动机有关的指示灯和报警灯，增加了与动力电池、电动机等相关的指示灯和报警灯，如运行准备就绪OK指示灯、动力电池充电状态指示灯、电动机及控制器过热报警灯、动力系统故障报警灯、动力电池故障报警灯、能量回馈故障报警灯等。比亚迪E6组合仪表如图6-6所示。

图6-6 比亚迪E6组合仪表

二、电动汽车新增仪表

1. 电动汽车准备运行就绪OK或READY指示灯

指示灯点亮表示电动汽车准备就绪或者是电动汽车已通高压电，挂挡踩油门，汽车即可运行。

2. 可续驶里程

根据剩余电量（SOC）的值，结合车辆行驶工况估算出剩余电量能够支持行驶的里程数，但该距离可能与实际行驶的距离有所不同，比亚迪E6电动汽车续驶里程表如图6-7所示。

3. 车速表

车速表与传统汽车一致，用于显示汽车的车速，信号取自电机控制器或整车控制器。比亚迪E6电动汽车车速表如图6-7所示。

4. 里程表

里程表显示车辆已行驶的里程数，比亚迪E6电动汽车里程表如图6-8所示。

5. 能量流程图

能量流程图表示当前电流的流动方向。比亚迪E6电动汽车能量流程图如图6-8所示。

图 6-7　比亚迪 E6 电动汽车续驶里程和车速表

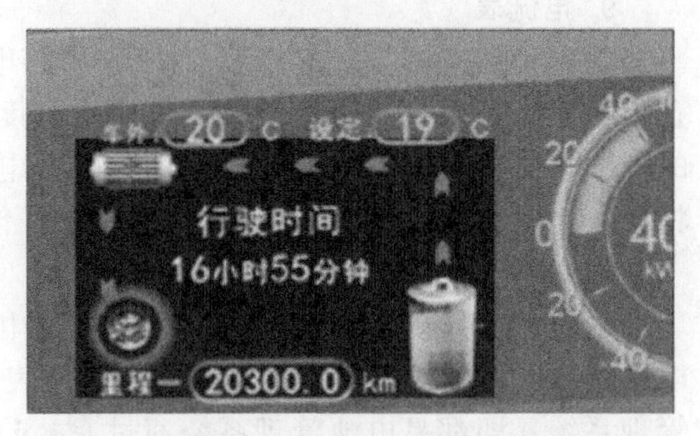

图 6-8　比亚迪 E6 电动汽里程表和能量流程图

6. **功率表**

功率表主要显示能量的走向以及动力电池发出的实时功率。在车辆下坡时或惯性行驶时，功率表指示值可能是负值，此现象表示正在回收能量，回收的能量正在对动力电池充电。比亚迪 E6 电动汽车功率表如图 6-9 所示。

7. **剩余电量显示表**

剩余电量显示表主要用于显示动力电池的剩余电量，用符号 SOC 表示。用动力电池的剩余电量与充满电后的总电量的比值来判断剩余电量，如 SOC＝100%，则说明已充满电，SOC＝0%，说明电动汽车无电。电动汽车实际运行中当 SOC 低于某一规定值，应有提示并报警。比亚迪 E6 电动汽车剩余电量显示表如图 6-10 所示。

图 6-9　比亚迪 E6 电动汽车功率表

图 6-10　比亚迪 E6 电动汽车剩余电量显示表

当仪表 SOC 指示条进入红色警戒格时，表明动力电池电量已不足。建议在电量降至警戒红格时立即去充电，可以确保不会因电量不足而无动力，不建议在电量耗尽后再进行充电，因为那样会影响电池的使用寿命。

8. **动力电池充电指示灯**

当电动汽车充电时，动力电池充电指示灯点亮，表示当前处于充电状态，无法行驶。比亚迪 E6 电动汽车充电指示如图 6-11 所示。

(a)　(b)

图 6-11　比亚迪 E6 电动汽车充电指示

9. **电流表**

电流表用来测量（显示）动力电池的电流。在组合仪表的标度盘上应规定准确的零位置，对于具有再生制动功能的汽车，在标度盘零位置的两个方向上都应标示出正常工作电流的范围，负值表示充电电流，正值表示放电电流。电流的大小是由电流传感器测量出电流，将信号传输给BMS，BMS通过CAN总线传输到仪表进行显示。

10. **电压表**

电压表用来测量（显示）动力电池的电压。在组合仪表的标度盘上应标示出恰当的工作电压范围，通常电压在300V以上。电压表、电流表以及荷电状态表，其信号都来源于电池管理系统，即都是电池管理系统通过CAN总线输入给仪表的信号。

11. **电动机指示仪表装置**

为驾驶员提供驱动电动机工作状态的相关信息。

12. **转速表**

电动机转速表显示电动机的即时转速，一般在10000r/min以上。

一般用模拟式或数字式显示屏显示。当转速超过某一规定值时，会特别明显地显示出来。

13. **动力电池切断指示灯**

当电控单元检测到与高压电有关的某一传感器或执行器有故障时，接触器立即断开，高压电切断，同时动力电池切断指示灯亮。

14. **动力电池过热指示灯**

在车辆运行中，当动力电池包温度超过正常的允许范围时，动力电池过热指示灯亮。

15. **挡位显示屏**

挡位显示屏显示所挂挡位，共有四个挡位，分别是R挡、N挡、D挡和P挡。在某挡位时，高亮放大显示。比亚迪E6电动汽车挡位显示屏如图6-12所示。

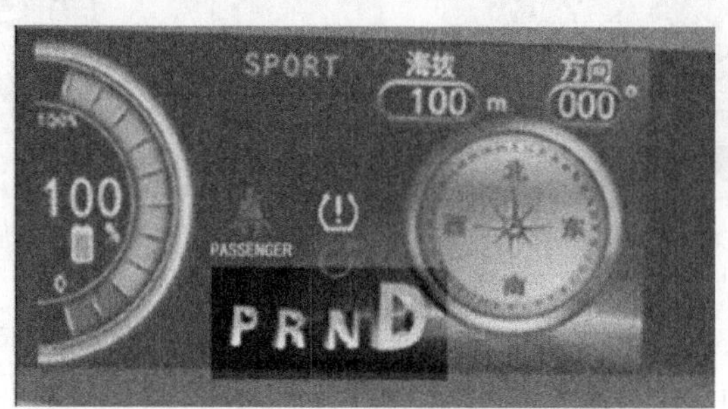

图6-12 比亚迪E6电动汽车挡位显示屏

16. **动力系统故障指示灯**

当动力系统出现故障，如三相电动机的旋变、电动机控制器等出现故障时，动力系统故障指示灯亮。

17. **电动机及控制器过热警告灯**

电动汽车大部分采用水冷的冷却方式。当冷却系统某一位置出现故障导致电动机及其控制器温度过高时，电动机及控制器过热警告灯亮。

18. **钥匙检测指示灯**

当启动或运行时，检测不到钥匙信号时，钥匙检测指示灯亮。

19. **充电系统警告灯**

当低压充电系统出现故障时，充电系统警告灯亮。比亚迪E6电动汽车仪表系统指示灯和警告灯如图6-13所示。其中带“*”的是保养提示警告。

图标	名称	图标	名称
	车门及行李箱状态指示灯		主告警指示灯
	驾驶员座椅安全带指示灯*	PASSENGER	前排乘员座椅安全带指示灯*
	SRS故障警告灯*		前排乘员安全气囊开关状态指示灯*
	充电系统警告灯*		小灯指示灯
	前雾灯指示灯		远光指示灯
	转向信号指示灯		后雾灯指示灯
	电机冷却液温度过高警告灯*		动力系统故障警告灯*
	制动系统故障警告灯*	ABS	ABS故障警告灯*
	转向系统故障警告灯*		动力电池过热警告灯*
	动力电池充电连接指示灯*		动力电池电量低警告灯*
OK	OK指示灯*		动力电池故障警告灯*
	电机过热警告灯*		胎压系统警告灯(装有时)*
	智能钥匙系统警告灯		防盗指示灯
SPORT	运动模式指示灯	ECO	经济模式指示灯
	定速巡航主显示指示灯(装有时)	SET	定速巡航主控制指示灯(装有时)
P	倒车雷达开关状态指示灯(装有时)		倒车雷达提示信息(装有时)
	制动片磨损警告灯*	(P)	电子驻车状态指示灯(装有时)*
	ESP故障警告灯(装有时)*	OFF	ESP OFF指示灯(装有时)

图 6-13　比亚迪 E6 电动汽车仪表系统指示灯和警告灯

第三节　电动汽车通信系统

随着电子技术的不断发展，车辆上电控系统的数量不断增多，而且功能也越来越复杂。很多汽车采用了多个电脑（Electronic Control Unit，ECU，称为电子控制单元）。每一个电脑都需要与多个传感器、执行器之间发生通信，而每一个输入、输出信号又需要与多个电脑之间发生通信。随着通信技术的不断进步，计算机网络使用越来越广泛，因而车载网络系统应运而生，电动汽车上对车载网络技术也进行了应用，其中CAN总线和LIN总线应用最广泛。

一、CAN总线

CAN是控制器局域网（Controller Area Network）的简称。最初是德国博世（Bosch）公司为汽车的监测、控制系统而设计的一种串行数据通信协议。这种串行数据通信协议可采用双绞线、同轴电缆和光导纤维作为通信介质，又称“控制器局域网总线”，常用CAN-BUS（Controller Area Network-BUS）表示，即CAN总线。

CAN总线是一种开放式、数字化、多点通信的底层控制网络，技术比较成熟，控制的芯片已经商品化，性价比高，特别适用于分布式测控系统之间的数据通信。

1. CAN总线的组成

CAN总线由电控单元（ECU）、传输介质（如双绞线）和终端电阻组成，如图6-14所示。

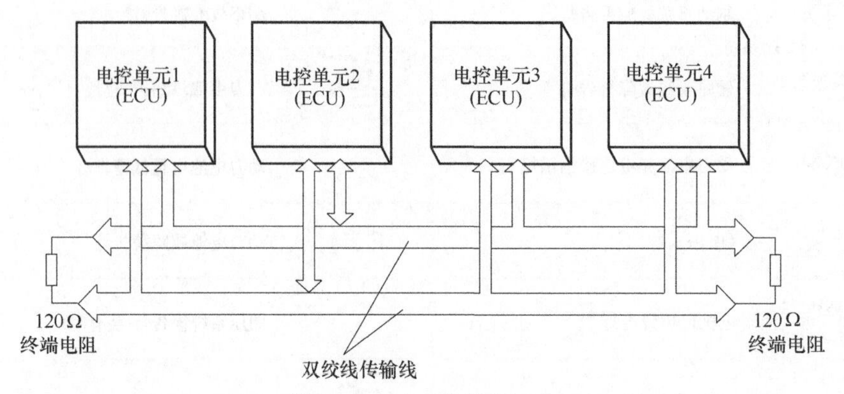

图6-14 CAN总线的组成

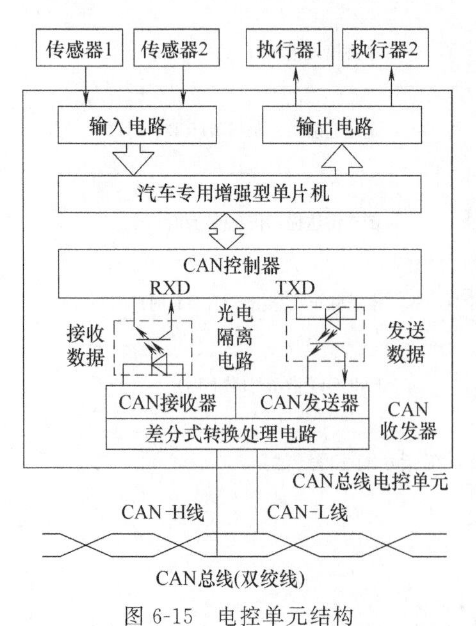

图6-15 电控单元结构

（1）电控单元 CAN总线连接的电控单元ECU又称CAN总线上的节点。理论上CAN总线可以连接无穷多个节点，实际上受线路越长、传输速率越低的限制，实际可连接几十个节点。CAN总线上的每个电控单元ECU独立完成网络数据交换和测控任务，如电机控制单元ECU、电池管理电控单元ECU、整车控制单元ECU等。CAN总线上的电控单元ECU与非网络电控单元ECU不同，非网络电控单元ECU不需要对外进行数据交换，而网络上的电控单元ECU之间需要数据交换，所以CAN总线系统电控单元是在其原来非网络电控单元组成的基础上增加了CAN控制器、光电隔离电路、CAN控制器收发器，实现了电控单元的网络化。电控单元结构如图6-15所示。

（2）CAN数据传输线 汽车上CAN数据传输线大都是双绞线，分为CAN高电平数据线和

CAN 低电平数据线，即 CAN-H 线和 CAN-L 线，这种结构使系统能够同时读写总线。双绞线具有较强的抗干扰能力。

(3) CAN 终端电阻　CAN 两端都接一个 120Ω 的电阻，即连接在双绞线的两端，终端电阻可防止信号在传输线终端被反射并以回波的形式返回，影响数据的正确传送。

2. CAN 总线的特点

① 多主工作方式　网络上任一电控单元均可在任意时刻主动地向网络上其他电控单元发送信息，而不分主从，通信方式灵活，且无需地址信息。

② 数据的标识符和优先级　标识符是各节点发送不同报文中的特定信息，标明所发数据的“身份”和优先级，标识符的二进制数越小，优先级越高。如发动机转速信号和车速信号的标识符是不同的，发动机转速信号的二进制数小，优先级高。高优先级的数据优先发送，低优先级的数据后发送。高优先级的数据最多可在 134μs 内发送。

③ CAN 采用非破坏性总线仲裁技术　当多个电控单元同时向总线发送信息时，优先级较低的电控单元会主动地退出发送，而最高优先级的电控单元可不受影响地继续传输数据，从而大大节省了总线冲突仲裁时间。

④ 报文　CAN 总线上的报文以不同报文帧格式发送，但长度受到限制。当总线空闲时，任何一个网络上的电控单元都可以发送报文。

⑤ 信息路由　各电控单元发送数据信息是以广播形式在 CAN 总线上发布的，数据信息中不含站地址，由接收电控单元根据报文的标识符判断是否接收这帧信息，有用则接收，无用不处理。

⑥ 远程数据请求　需要数据的电控单元可以通过发送远程帧，请求另一电控单元发送相应的数据。回应电控单元传送的数据帧与请求数据的远程帧有相同的标识符命名。

⑦ 仲裁　只要总线空闲，任何电控单元都可以向总线发送报文。如果有两个或两个以上的电控单元同时发送报文，就会引起总线访问碰撞。通过使用标识符的逐位仲裁可以解决碰撞。仲裁的机制确保了报文和时间均不损失。在仲裁期间，每一个发送器都对发送的电平与被监测的总线电平进行比较。如果电平相同，则这个单元可以继续发送，如果发送的是“隐性”电平而监测到的是“显性”电平，那么这个单元就失去了仲裁，必须退出发送状态。

⑧ 总线状态　总线有“显性”和“隐性”两个状态，“显性”对应逻辑“0”，“隐性”对应逻辑“1”。总线上不是“0”，就是“1”。

⑨ 故障界定　CAN 节点能区分瞬时扰动引起的故障和永久性故障，故障节点会被关闭。

⑩ 应答　接收节点对正确的报文给出正确应答，对错误的报文进行错误应答，让发送节点重新发送。

⑪ 通信距离　CAN 总线在低速率 5Kbit/s 时，通信距离可达 10km；在高速率 1Mbit/s 时，通信距离可达 40m。

⑫ 节点数　CAN 总线是同时可以连接许多单元的网络。从理论上讲，可以连接的节点数是无限的，但实际可以连接的单元数将受总线延迟时间与电负荷的限制。当降低通信速度时，可以连接较多的单元；当提高通信速度时，可以连接的单元数量将减少。

⑬ 通信介质　CAN 总线的通信介质可为双绞线、同轴电缆或光纤，选择灵活。

⑭ 自动关闭输出　CAN 节点在错误严重的情况下具有自动关闭输出功能，以使总线上其他节点的操作不受影响。

3. 高速 CAN 总线和低速 CAN 总线

CAN 总线按数据传输速度分为两种，高速 CAN 总线和低速 CAN 总线。高速 CAN 总线适

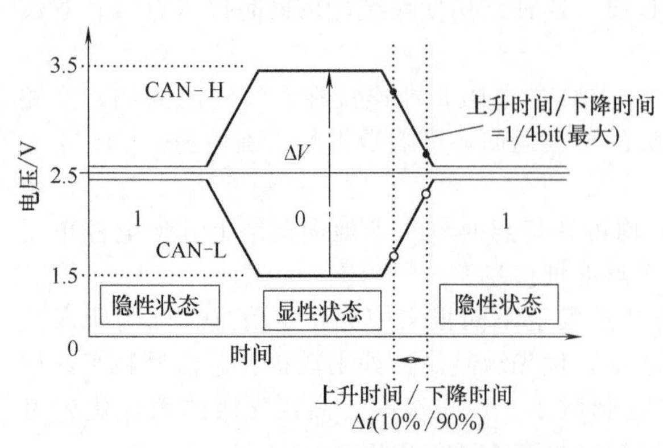

图 6-16 高速 CAN 总线的差分电压信号

用速率为 250Kbit/s～1Mbit/s。目前普遍采用的是 500Kbit/s 的高速 CAN 总线。

低速 CAN 总线产生较晚，速率不超过 125Kbit/s，主要具有容错功能，其协议在硬件和软件上有所改进。

（1）高速 CAN 总线

① 高速 CAN 总线的信号　CAN 总线采用差分信号，高速 CAN 总线的差分电压信号如图 6-16 所示。CAN-H 线上传送的信号和 CAN-L 线上传送的信号的相位正好是相反的。电压的数值如表 6-1 所示，是标准化的。

表 6-1　高速 CAN 总线电压的数值

状态	CAN-H 线电压/V	CAN-L 线电压/V	差分输出信号电压/V	逻辑信号
显性	3.5	1.5	3.5－1.5＝2	0
隐性	2.5	2.5	2.5－2.5＝0(＜2)	1

② 高速 CAN 总线的特点　因高速 CAN 总线电控单元内部结构不同，以下七种情况中，只有两种情况在物理层容错范围内，其他几种情况，网络是不能运行的，并且各个电控单元之间也不可以实现通信。

a. CAN-H 线与地线短路时，无法运行；

b. CAN-H 线与电源正极短路时，CAN-L 线在物理层容错范围内，差分放大器可以接收并放大信号，但数值变低，可以降级运行；

c. CAN-L 线与地线短路时，CAN-H 线在物理层容错范围内，差分放大器可以接收并放大信号，但数值变低，可以降级运行；

d. CAN-L 线与电源正极短路时，无法运行；

e. CAN-H 线断路时，无法运行；

f. CAN-L 线断路时，无法运行；

g. CAN-H 线与 CAN-L 线短路时，无法运行。

③ 高速 CAN 总线的休眠与唤醒

高速 CAN 总线系统只需要 CAN 线路接口持续供电即可。当协议控制器被唤醒时，它将打断网络休眠，执行苏醒过程。一般高速 CAN 总线受点火开关控制。

（2）低速 CAN 总线

① 低速 CAN 总线的信号　低速 CAN 总线的差分电压信号如图 6-17 所示，CAN-H 线上传送的信号和 CAN-L 线上传送的信号的相位是相反的，且电压的数值与高速 CAN 总线的电压有所区别。电压的数值如表 6-2 所示，也是标准化的。

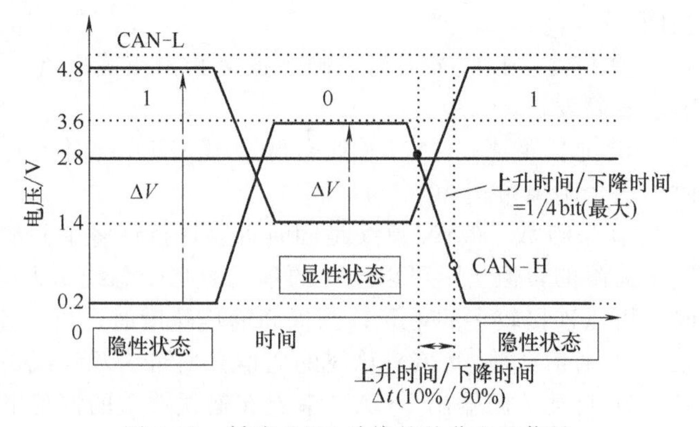

图 6-17 低速 CAN 总线的差分电压信号

表 6-2　低速 CAN 总线电压的数值

状态	CAN-H 线电压/V	CAN-L 线电压/V	差分输出信号电压/V	逻辑信号
显性	3.6	1.4	3.6−1.4=2.2(>2)	0
隐性	0	5	0−5=−5(<0)	1

② 低速 CAN 总线的特点　低速 CAN 总线有容错功能，也就是当任意一根总线出现故障时，则采取单线降级模式工作，例如当 CAN-H 线对地短路时，CAN-H 线不能工作，CAN-L 线可以单线工作，但是工作速度降低。

③ 低速 CAN 总线的休眠与唤醒　如车辆解锁、操作车内电器等都可以唤醒低速 CAN 总线系统；锁住车门可使低速 CAN 总线从觉醒状态转为休眠状态。

(3) 网关　车载网络系统是由不同的总线组成的，因此，就需要一个连接不同总线的特殊设备，这个设备称为网关（Gateway）。在网关的作用下，使得不同速率和作用的总线能够进行信息交流和交换。可以说网关是所有总线数据交换的纽带，网关出现故障时，不同总线之间无法进行数据交换。网关还具有改变信息优先级的功能，例如车辆发生相撞事故，气囊控制单元收到负加速度传感器信号后，会发出点燃气囊的信号，这个信号的优先级在驱动系统中非常高，用于点燃各个部位的安全气囊；但这个信号传到舒适系统后，网关调低了它的优先级，因为它在舒适系统的功能只是打开车门、车内灯和闪光灯。

(4) CAN 总线的故障类型　车载网络系统故障的排除应根据该系统的结构和控制回路具体分析。一般说来，引起汽车车载网络信息传输系统故障的原因有三类：电源系统故障、车载网络系统的节点（电控模块）故障和车载网络的链路（或通信线路）故障。

二、汽车车载网络系统故障类型

1. CAN 总线电源系统故障

根据 CAN 总线的组成可知，CAN 总线的核心部分是含有单片机的电控单元 ECU，ECU 的正常工作电压为 10.1～15.0V。如果汽车电源系统提供的工作电压低于该范围，就会造成一些对工作电压要求高的电控模块出现短暂的停工，从而使整个汽车多路信息传输系统出现短暂无法通信的现象。

电动汽车 CAN 总线中电源系统故障产生的原因主要是蓄电池、DC/DC 变换器、供电线路、熔断丝等元器件有故障。

2. CAN 总线电控单元故障

电控单元 ECU 的故障包括软件故障和硬件故障两类。软件故障，即传输协议和软件程序有缺陷或冲突，从而使汽车网络通信出现混乱或无法工作，这种故障一般成批出现，且无法维修。硬件故障，一般由于单片机或其他集成电路故障造成系统无法正常工作，这类故障产生的原因主要是各类控制单元、传感器等元器件有故障。

3. CAN 总线链路故障

当 CAN 总线系统的链路出现故障时，如通信线路的短路、断路以及线路物理性质引起的通信信号衰弱或失真，都会引起多个电控单元无法工作或电控系统错误，使信息传输系统无法工作。CAN 总线链路故障主要类型有 CAN-H 对地短路、CAN-H 对正极短路、CAN-H 断路、CAN-L 对地短路、CAN-L 对正极短路、CAN-L 断路和 CAN-H 与 CAN-L 互短七种故障。低速 CAN 总线标准波形和故障波形如图 6-18（a）～(h）所示，高速 CAN 总线标准波形和故障波形如图 6-19（a）～(h）所示。

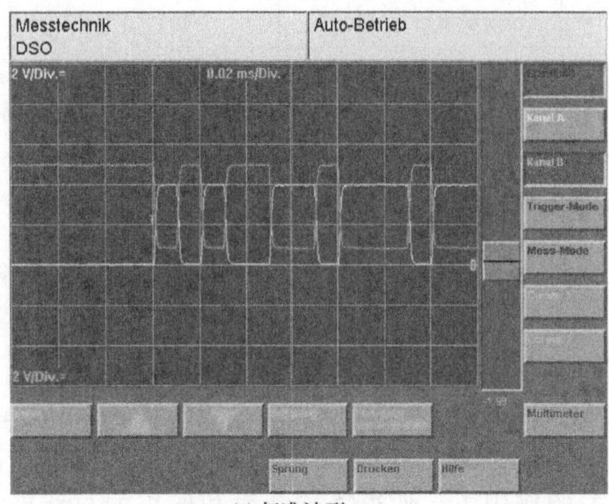

(a) 标准波形

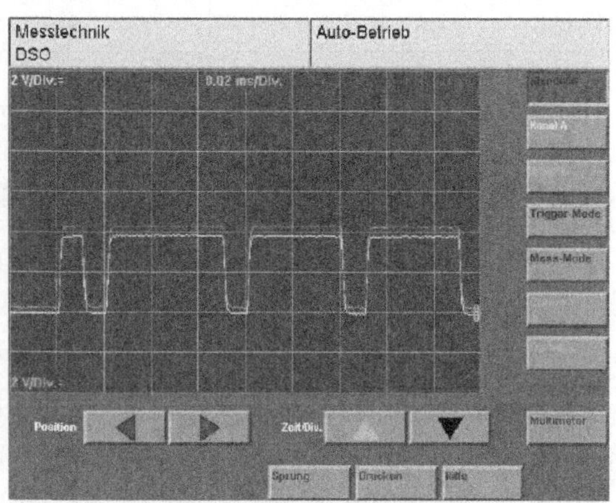

(b) CAN-H与CAN-L互短

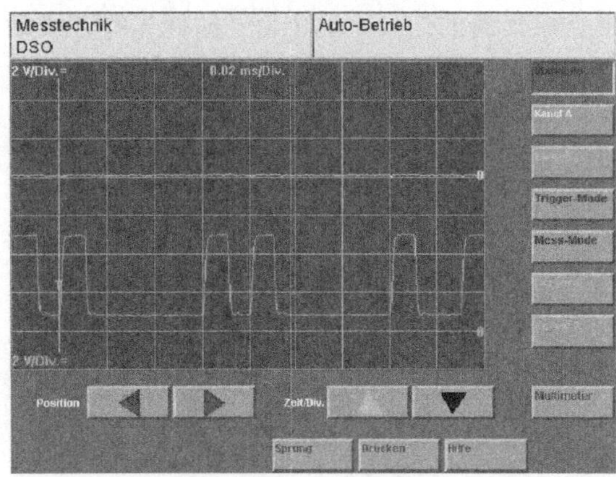

(c) CAN-H对地短路

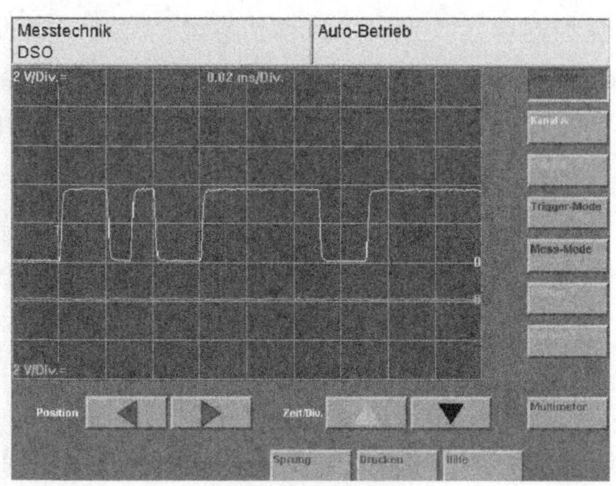

(d) CAN-L对地短路

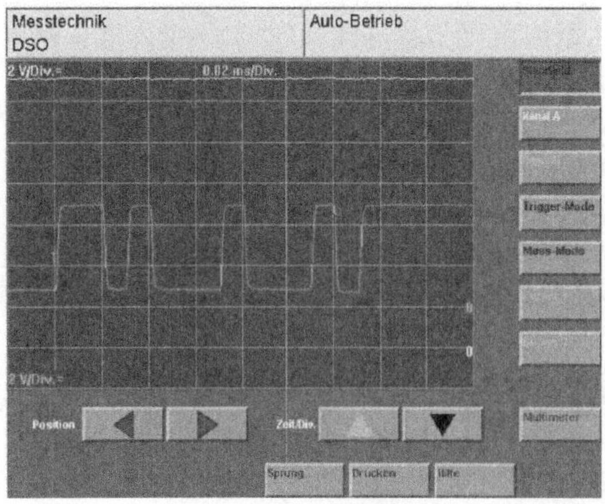

(e) CAN-H对正极短路

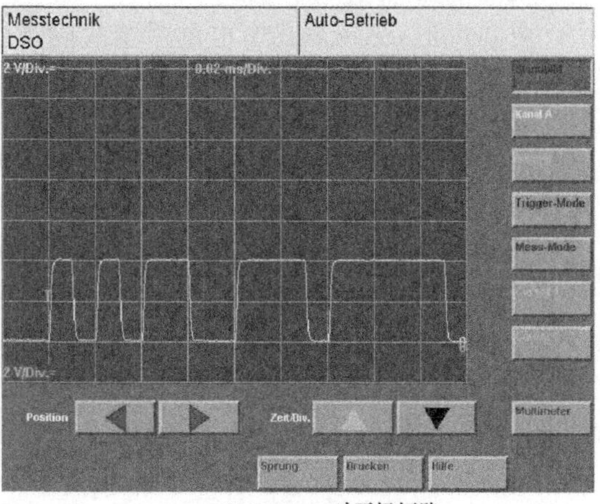

(f) CAN-L对正极短路

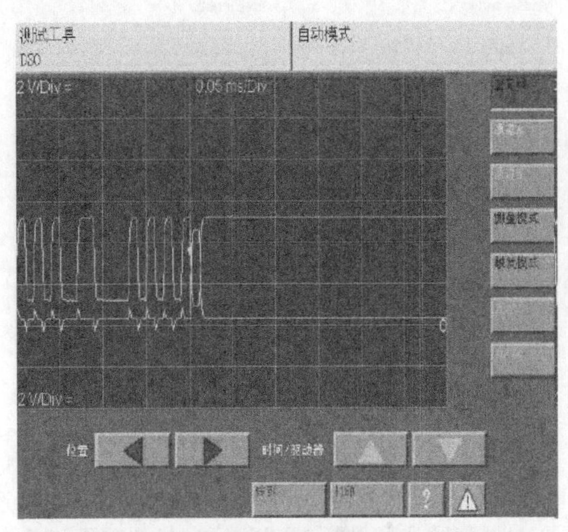

(g) CAN-H断路

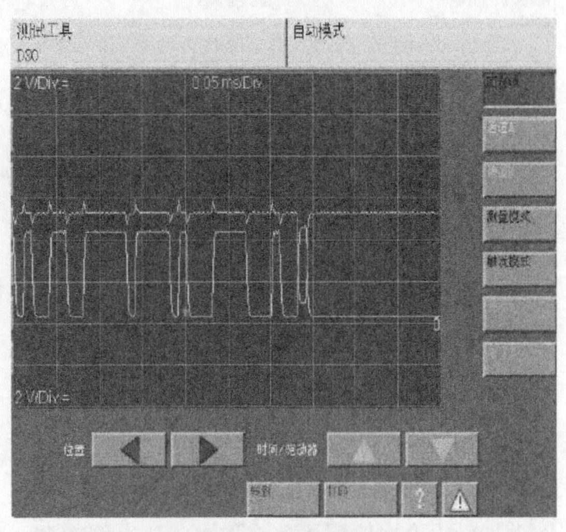

(h) CAN-L断路

图 6-18　低速 CAN 总线标准波形和故障波形

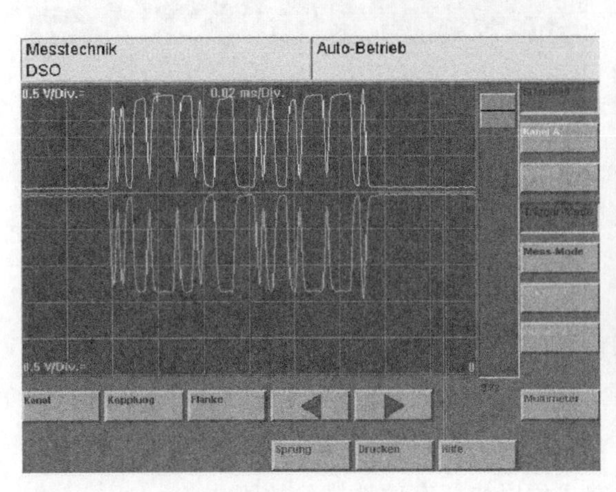

(a) 标准波形

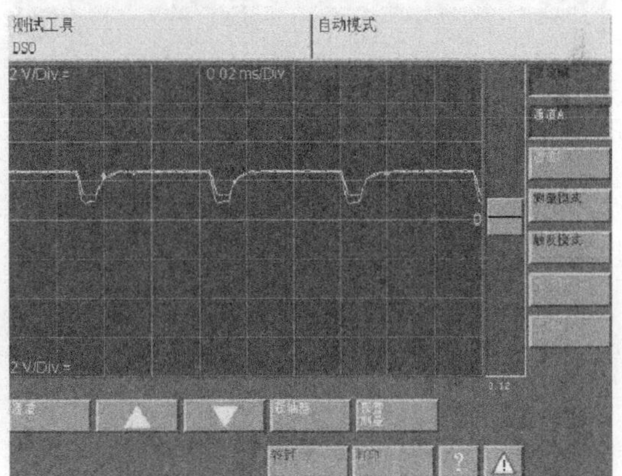

(b) CAN-H与CAN-L互短

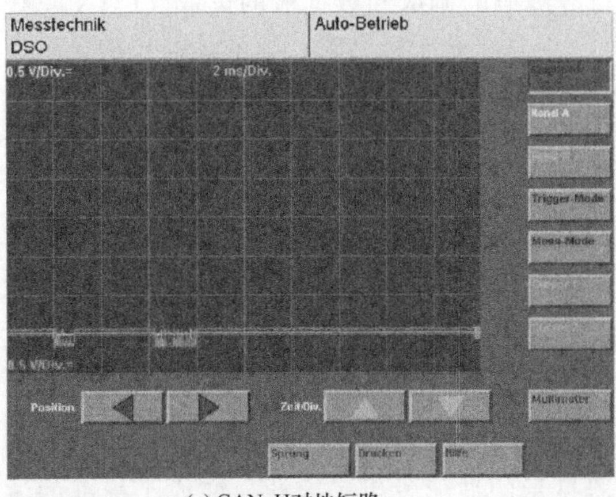

(c) CAN-H对地短路

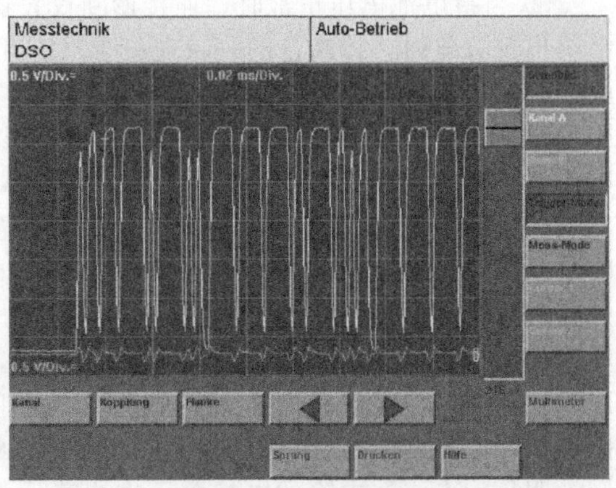

(d) CAN-L对地短路

图 6-19

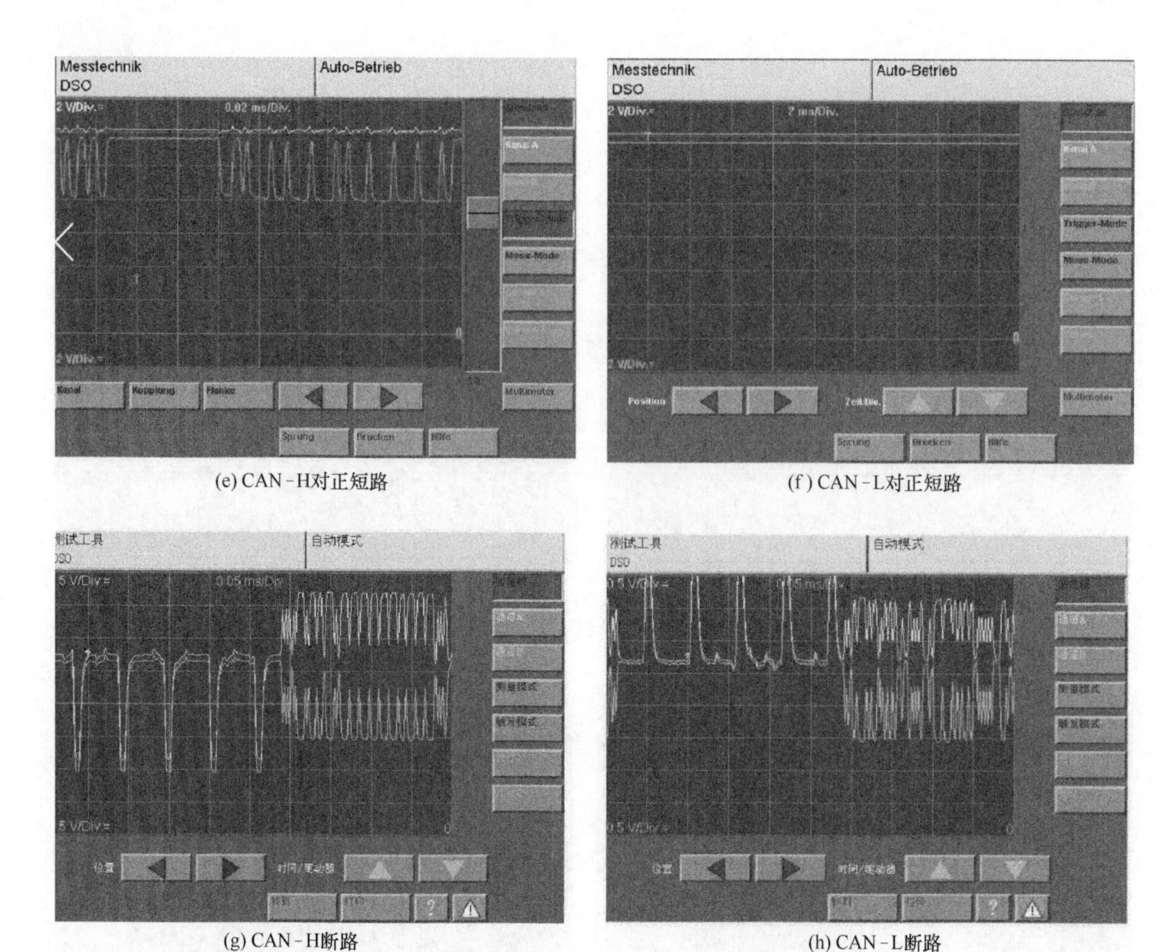

(e) CAN-H对正短路

(f) CAN-L对正短路

(g) CAN-H断路

(h) CAN-L断路

图 6-19　高速 CAN 总线标准波形和故障波形

三、 CAN 总线的故障诊断与排除方法

当 CAN 总线系统出现故障时，通过以下方式可以快速有效地排除故障。

① 用万用表测量蓄电池电压，应在 11～14V。

② 当蓄电池电压正常时，连接诊断仪，进行故障码的调取和数据流的读取。CAN 总线系统出现故障时，诊断仪的故障现象有以下几种：当总线处于短路时，故障诊断仪的显示是驱动总线损坏，某一 CAN 总线的所有电控单元无法进入或者所有电控单元处于灰屏状态；当总线某一电控单元总线出现断路时，故障诊断仪的显示是无法进入某一电控单元或者某一电控单元处于灰屏状态，某一电控单元与总线中的其他电控单元无法通信。

③ 利用示波器或者万用表具体判断出故障类型，诊断仪只能判断出故障点在总线中，粗略地判断出是断路还是短路，但是不能判断出具体的故障类型，所以需要利用示波器或万用表判断出具体的故障类型，例如根据波形图判断出 CAN-H 对地短路、CAN-H 对正极短路等。

④ 利用去元件法或者拔插法确定故障点，利用示波器虽然判断了故障类型，但是不能准确地判断出故障点。当总线出现短路时，可以采用去元件法确定具体的故障点，即当某一电控单元 CAN-H 和 CAN-L 同时从 CAN 总线中分离出来时，若示波器的波形没有变化，则说明故障点不在去除的电控单元中；若示波器显示的波形发生了变化，变成了标准的波形，则说明故障点就在去除的电控单元的线路中。利用传统的诊断方法判断出具体位置，然后更换故障线路。

电控单元也有可能出现故障，但是故障的概率较低，CAN 总线的故障大部分在链路线束中，如果外围链路线束没有故障，则更换电控单元。

四、电动汽车 CAN 总线的应用

比亚迪 E6 纯电动汽车车载网络系统拓扑结构如图 6-20 所示。该车载网络系统使用了三种速度的 CAN 总线，分别是 125Kbit/s、250Kbit/s 和 500Kbit/s。比亚迪 E6 中低速 CAN 总线都采用了高速 CAN 总线的国际协议标准 ISO 11898，所以低速 CAN 总线波形和电压与高速 CAN 总线相同。不同速率的 CAN 总线通过网关进行信息交换。每个总线中设置两个 120Ω 的终端电阻，终端电阻并联，一个设置在网关内，一个设置在某一个电控单元内，总电阻是 60Ω。

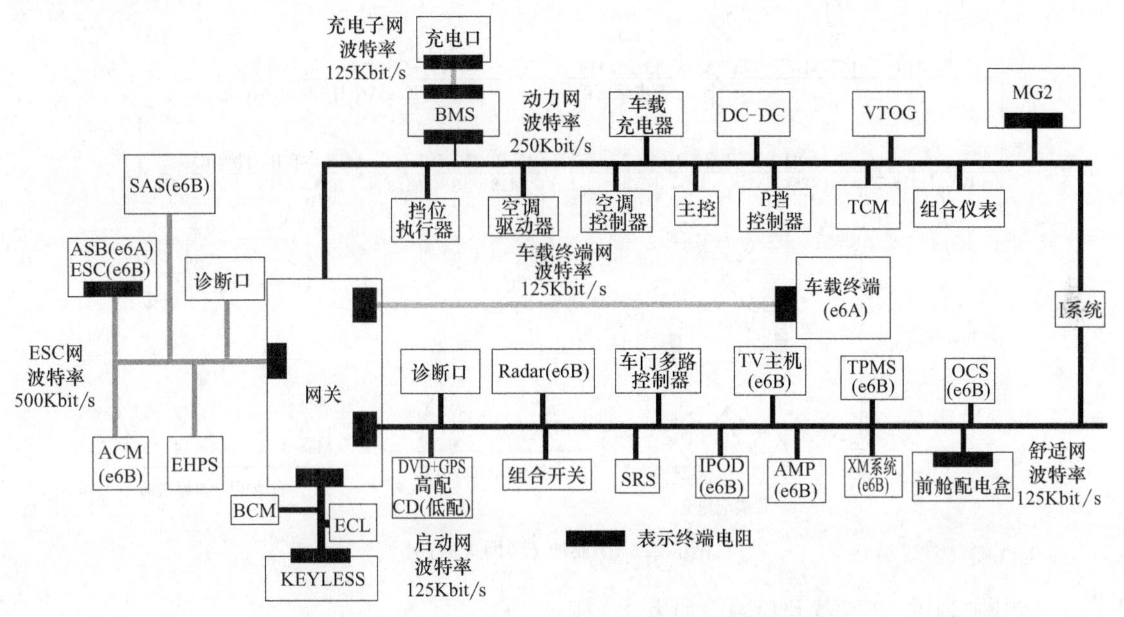

图 6-20　比亚迪 E6 纯电动汽车车载网络系统拓扑结构

1. 网关

① 比亚迪 E6 网关结构和位置如图 6-21 所示。

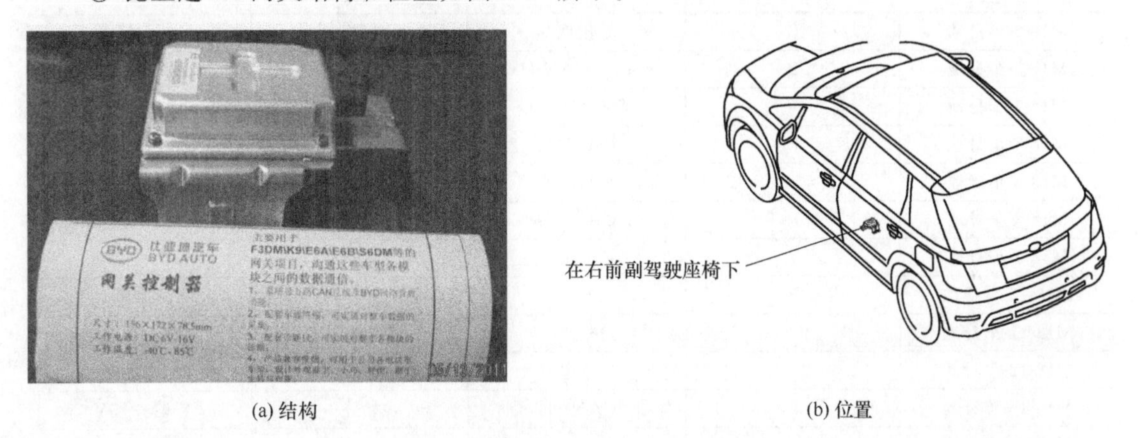

(a) 结构　　(b) 位置

图 6-21　比亚迪 E6 网关结构和位置

② 比亚迪 E6 网关线路如图 6-22 所示。

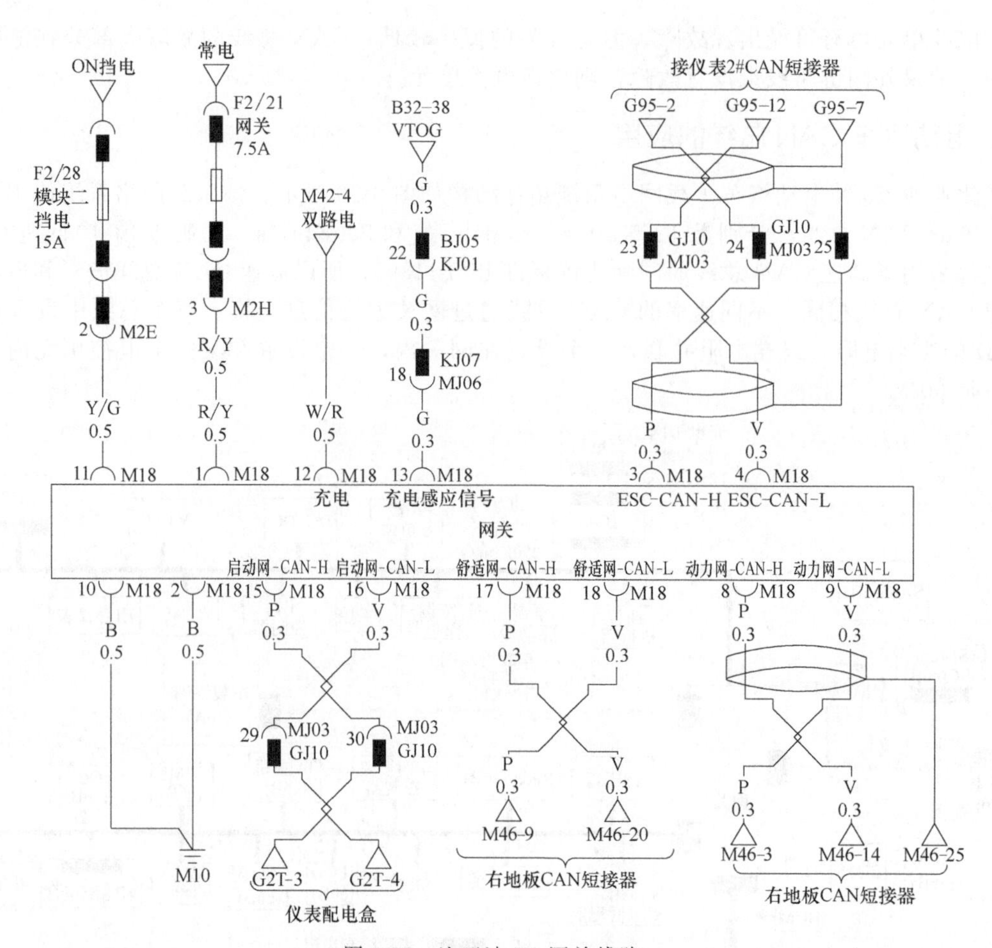

图 6-22　比亚迪 E6 网关线路

③ 比亚迪 E6 网关线路检测，如表 6-3 所示。

表 6-3　比亚迪 E6 网关线路检测

端子号	线色	端子描述	条件	正常值
M18-1-车身地	R/Y	常电	始终	11～14V
M18-2-车身地	B	接地	始终	<1V
M18-3-车身地	P	ESC CAN-H	始终	2.5～3.5V
M18-4-车身地	V	ESC CAN-L	始终	1.5～2.5V
M18-5-车身地	P	CAN2-H	始终	2.5～3.5V
M18-6-车身地	V	CAN2-L	始终	1.5～2.5V
M18-8-车身地	P	CAN0-H	始终	2.5～3.5V
M18-9-车身地	V	CAN0-L	始终	1.5～2.5V
M18-10-车身地	B	接地	始终	<1V
M18-11-车身地	Y/G	ON 挡电	ON 挡电	11～14V
M18-12-车身地	R/Y	常电	始终	11～14V
M18-15-车身地	P	CAN4-H	始终	2.5～3.5V
M18-16-车身地	V	CAN4-L	始终	1.5～2.5V
M18-17-车身地	P	CAN1-H	始终	2.5～3.5V
M18-18-车身地	V	CAN1-L	始终	1.5～2.5V

2. CAN 总线线束终端

CAN 总线线束终端电阻检测，如图 6-23 所示。

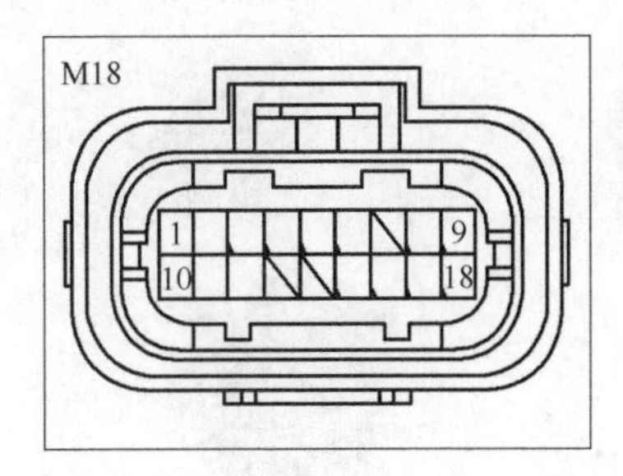

端子号	条件	正常情况
M18-3-M18-4	始终	约124Ω
M18-5-M18-6	始终	约124Ω
M18-8-M18-9	始终	无阻值
M18-15-M18-16	始终	约124Ω
M18-17-M18-18	始终	约124Ω

图 6-23　比亚迪 E6 CAN 总线线束终端电阻检测

网关的 3 和 4 端子分别为 ESC 网的 CAN-H 和 CAN-L；5 和 6 端子分别为车载终端网的 CAN-H 和 CAN-L；8 和 9 端子分别为动力网的 CAN-H 和 CAN-L；15 和 16 端子分别为启动网的 CAN-H 和 CAN-L；17 和 18 端子分别为舒适网的 CAN-H 和 CAN-L。

3. CAN 总线线束电压

CAN 总线线束电压的检测，如表 6-4 所示。

表 6-4　CAN 总线线束电压的检测

连接端子	线色	测试条件	正常值
CAN-H-车身地	P	始终	2.5～3.5V
CAN-L-车身地	V	始终	1.5～2.5V

五、LIN 总线

LIN 总线是局域网子系统（Local Interconnect Network）的简称。LIN 总线是用于汽车分布式电控系统的一种新型低成本串行通信总线，是一种基于串行数据格式、主从结构的单线 12V 的总线通信系统。

LIN 总线的目标是为现有汽车网络（例如 CAN 总线）提供辅助功能，因此 LIN 总线是一种辅助的总线网络，主要用于智能传感器和执行器的串行通信。

LIN 总线是 CAN 总线网络下的子系统。车上各个 LIN 总线系统之间的数据交换是由控制单元通过 CAN 总线实现的。

LIN 总线正逐渐发展成为低成本的串行通信的行业标准，降低了汽车上电子系统开发、生产、使用和维护的费用。LIN 总线属于汽车上的 A 级网络。

1. LIN 总线的组成

LIN 总线系统由一个主控制器、若干从属控制器和单根传输线组成。在 LIN 总线系统内，CAN 总线中的某个控制单元作为 LIN 总线中的主控单元，LIN 总线中的传感器及执行元件都可看作 LIN 总线主控单元的从控单元。如图 6-24 所示。

2. LIN 总线的特点

① 单主/多从结构，即单个主控制器/多个从属控制器，无需总线仲裁机制。

② 同步广播式发送/接收方式，依靠标识符识别数据报文，共有 64 个标识符。

③ 节点数小于 16 个，总线可以由任意一个节点提供电源。

④ 基于常用的串行通信（USART/SCI）接口硬件，从节点可以由廉价的单片机开发。

⑤ 系统配置灵活、容易，不需要改变 LIN 节点上的硬件和软件就可以在网络上增加节点。

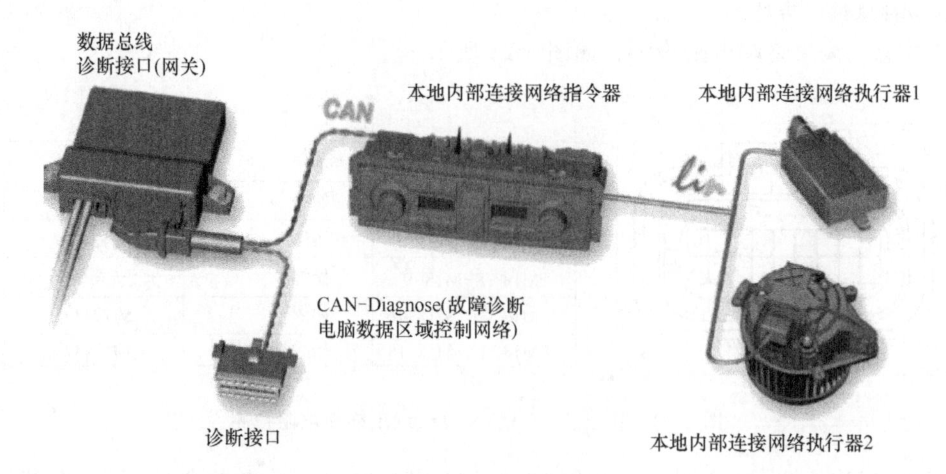

图 6-24 LIN 总线的组成

⑥ 保证延时和信号传输的正确性。

⑦ 单总线数据传输结构，依靠车身公用地线实现信号传输。

⑧ 数据传输速度可以达到 20Kbit/s 。

3. LIN 总线的功能

（1）LIN 总线主控单元（主节点） 主控单元连接在 CAN 总线上，它执行 LIN 的主要功能，其主要作用：①监控数据传输和数据传输的速率，发送信息标题；②主控单元的软件内已经设定了一个周期，这个周期用于决定何时将哪些信息发送到 LIN 总线多少次；③主控单元在 LIN 总线与 CAN 总线之间起“翻译”作用，它是 LIN 总线系统中唯一与 CAN 总线相连的控制单元；④通过 LIN 主控单元进行 LIN 系统自诊断。

（2）LIN 总线从控单元（从节点）

① 接收、传递或忽略与从主系统接收到的信息标题相关的数据。

② 可以通过一个“叫醒”信号，唤醒主系统。

③ 检查所接收数据的总量。

④ 对所发送数据的总量进行计算。

⑤ 同主系统的同步字节保持一致。

⑥ 只能按照主系统的要求同其他子系统进行数据交换。

（3）LIN 总线的传输介质 LIN 总线的传输介质一般使用单独的铜线，各节点的工作地线与车身金属体公用地线可靠连接，构成电路回路。在绘制 LIN 总线网络图时，各节点的工作地线一般没有画出。

（4）LIN 总线的信号传输 LIN 总线的主节点发送报文头到总线上，报文头中的标识符中有从节点的编号代码。LIN 总线上所有节点都可收到这个报文头，但只有一个从节点的代码与报文头中的标识符代码相同，这个从节点按设定要求作出响应，发出所采集的数据到 LIN 总线上，需要这个数据的节点可以从 LIN 总线上接收。也就是说从节点只在主节点询问时才发送数据。

图 6-25 所示为 LIN 总线的数据传输流程示意图，横坐标代表时间，纵坐标代表各节点和 LIN 总线上的信号。主节点先发报文头 1，内含从节点 1 的编号代码，经过很短的响应间隔 1，从节点 1 作出响应 1，发送数据，报文帧 1 完成。按主节点的主机任务程序中的进度表，经过一定的帧间隔时间，主节点发报文头 2，内含从节点 2 的编号代码，经过很短的响应间隔 2，从节点 2 作出响应 2，发送数据，报文帧 2 完成。接着主节点发报文头 3，内含主

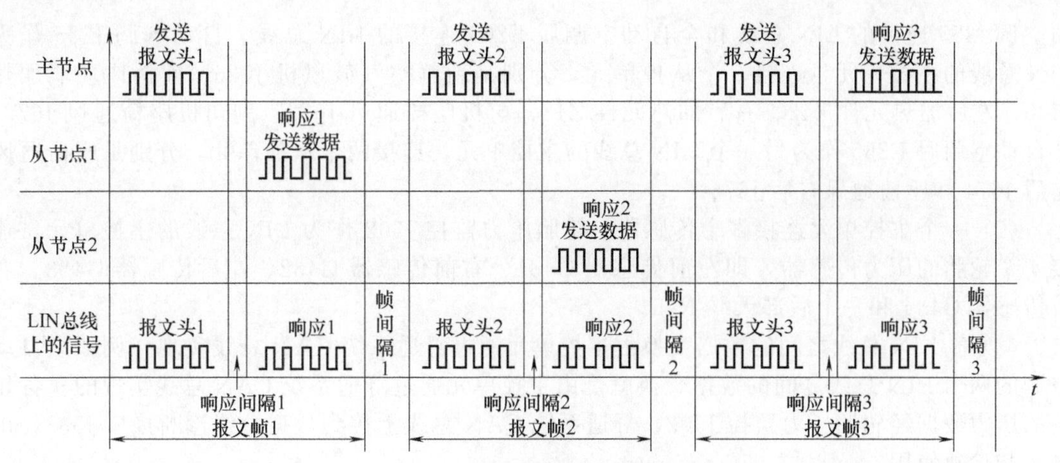

图 6-25　LIN 总线的数据传输流程示意图

节点的自身编号代码，随即主节点作出响应 3，发送数据，报文帧 3 完成。

（5）LIN 总线的通信　LIN 总线的通信电压波形，如图 6-26 所示。

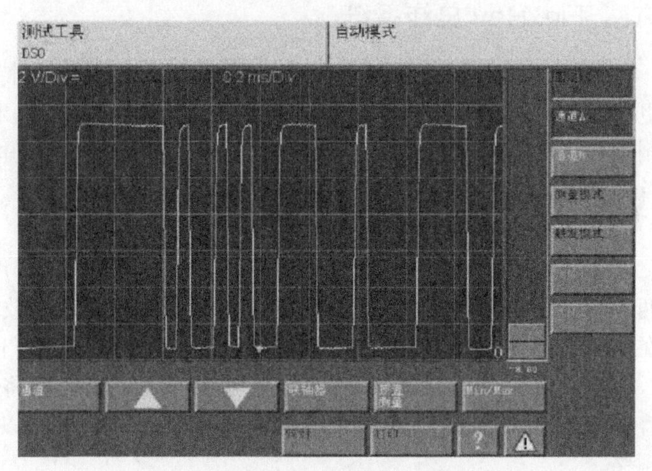

图 6-26　LIN 总线的通信电压波形

4. LIN 总线的应用

奥迪 A6 汽车舒适系统采用的 LIN 总线如图 6-27 所示。

奥迪 A6 汽车舒适系统 LIN 总线的特点如下。

（1）一个主控单元连接多个从控单元　奥迪 A6 汽车空调系统的控制由两个 LIN 总线组成，即全自

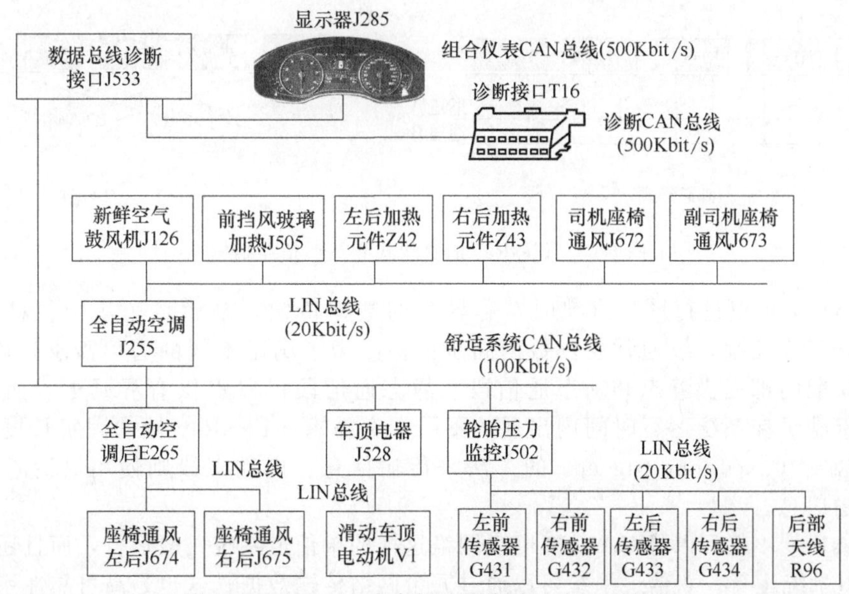

图 6-27　奥迪 A6 汽车舒适系统采用的 LIN 总线

动空调J255连接的LIN总线和全自动空调后E265连接的LIN总线。自动空调J255作为LIN总线的主控单元，连接6个从控单元，分别是新鲜空气鼓风机J126、前挡风玻璃加热J505、左后加热元件Z42、右后加热元件Z43、司机座椅通风J672、副司机座椅通风J673。全自动空调后E265作为另一个LIN总线的主控单元，连接两个从控单元，分别是座椅通风左后J674和座椅通风右后J675。

(2) 一个主控单元连接多个传感器　轮胎压力监控J502作为LIN总线的主控单元，连接4个轮胎的压力传感器，即左前传感器G431、右前传感器G432、左后传感器G433、右后传感器G434和一个后部天线R96。

(3) 各LIN总线之间的数据交换由主控单元通过舒适系统CAN总线实现　例如全自动空调的两个LIN总线之间的数据交换就是由主控单元通过舒适系统CAN总线实现的。各轮胎的压力数据经轮胎压力监控J502、舒适系统CAN总线上传到数据总线诊断接口J533，供显示和诊断使用。

六、 FlexRay总线系统

为了满足对汽车控制单元联网结构更高的要求，特别是为了实现更快的数据传输率、更强的实时控制能力和更高的容错运算，由宝马、飞利浦、飞思卡尔和博世等公司共同制定的一种新型通信标准FlexRay总线，逐步应用在电动汽车上，并且有可能代替CAN总线系统。

1. FlexRay总线的特点

① FlexRay总线运行速度较快，CAN总线运行速度最高极限为1Mbit/s。而FlexRay两个信道上的数据传输速率最大可达到10Mbit/s，总数据传输速率可达到20Mbit/s，应用在车载网络中，FlexRay的网络带宽可能是CAN的20倍之高。

② FlexRay是具备故障容错能力的总线技术，它将事件触发和时间触发两种方式相结合，具有高效的网络利用率和系统灵活的特点，可以作为新一代汽车内部网络的主干网络。

③ FlexRay提供灵活的配置，可支持各种拓扑，如总线、星形和混合拓扑，如图6-28所示，设计人员可以通过结合两种或两种以上的该类型拓扑来配置分布式系统。

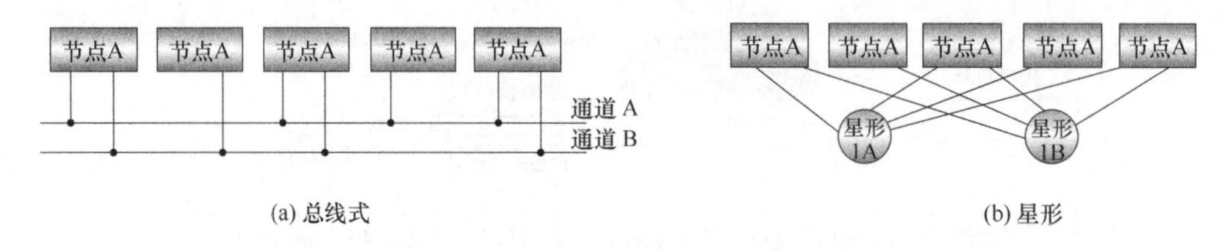

图6-28　FlexRay的总线式和星形拓扑结构

④ FlexRay可以进行同步（实时）和异步的数据传输，来满足车辆中各种系统的需求。例如分布式控制系统通常要求数据同步传输。为了满足不同的通信需求，FlexRay在每个通信周期内都提供静态和动态通信段。静态通信段可以提供有界延迟，而动态通信段则有助于满足在系统运行时间内出现的不同带宽需求。FlexRay帧的固定长度静态段用固定时间触发（fixed-time-trigger）的方法来传输信息，而动态段则使用灵活时间触发的方法来传输信息。

⑤ FlexRay不仅可以像CAN和LIN网络这样的单信道系统一般运行，而且还可以作为一个双信道系统运行。双信道系统可以通过冗余网络传输数据，这也是高可靠性系统的一项

重要性能。

2. FlexRay总线系统的组成

FlexRay总线系统由电控单元、传输介质和终端电阻组成。FlexRay节点都包括一个控制器部件和一个驱动器部件。控制器部件包括一个主机处理器和一个通信控制器。驱动器部件通常包括总线驱动器和总线监控器（可选择）。总线驱动器将通信控制器与总线相连接，总线监控器监视接入总线的连接。传输介质通常采用双绞线。终端电阻有低阻和高阻，低阻约90Ω，高阻约2.6kΩ。

3. FlexRay总线系统的运行状态

FlexRay的节点有以下六种基本的运行状态。

① 配置状态（默认配置/配置）　用于各种初始化设置，包括通信周期和数据传输速率。

② 就绪状态　用于进行内部的通信设置。

③ 唤醒状态　用于唤醒没有通信的节点，在该状态下，节点向另一节点发送唤醒信号，唤醒并激活总线驱动器、通信控制器和总线监控器。

④ 启动状态　用于启动时钟同步，并为通信做准备。

⑤ 正常状态（主动/被动）　可以进行通信的状态。

⑥ 中断状态　表明通信中断。

4. FlexRay总线系统的信号状态

FlexRay总线系统两条导线分别是“Busplus”和“Busminus”。两条导线上的电平在最低值1.5V和最高值3.5V之间变换。FlexRay的信号状态有三种：“空闲”时，两条导线的电压都为2.5V；数据是“0”时，“Busplus”上低电平，“Busminus”上高电平；数据是“1”时，“Busplus”上高电平，“Busminus”上低电平。波形如图6-29所示。

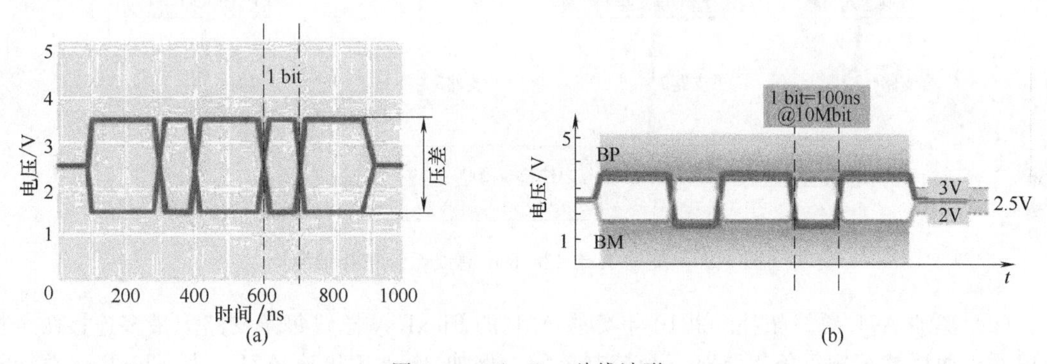

图6-29　FlexRay总线波形

CAN总线和FlexRay总线的比较如表6-5所示。

表6-5　CAN总线和FlexRay总线的比较

特性	CAN总线	FlexRay总线
布线	双绞线	双绞线
信号状态	“0”:显式;“1”:隐式	“空闲”;“Data 0”数据;“Data 1”数据
数据传输率	500Kbit/s	10Mbit/s
访问方式	事件触发	时间触发
拓扑结构	总线,被动星形	点对点,主动星形
优先设定	先发送优先级别比较高的信息	无,数据在固定的时间点发送
确认信号	接收器确认接收到有效的数据帧	发送器不会获得数据帧是否正确传输的信息

续表

特性	CAN 总线	FlexRay 总线
故障日志	在网络中能用故障日志标记故障和错误	每个接收器自行检测接收到的数据帧是否正确
帧数据长度	有效数据最长 8 字节	有效数据最长 256 字节
传输	按需要传输	由传输数据帧的时间点确定
	可以使用 CAN 总线的时间点由负载决定	传输持续时间确定，即使不需要，也保留时间槽
到达时间	CAN 总线可能超负载	可知

5. FlexRay 总线系统的应用

FlexRay 总线系统目前在汽车上使用相对较少，但宝马、奥迪的部分车辆已经开始应用。本书以奥迪为例进行 FlexRay 总线系统的介绍。

（1）奥迪 A8L 总线拓扑　奥迪 A8L 汽车 FlexRay 总线系统拓扑结构如图 6-30 所示，共有八个控制单元。分别是数据总线诊断接口 J533、图像处理控制单元 J851、ABS 控制单元 J104、水平调节控制单元 J197、四轮驱动电子控制单元 J492、传感器电子控制单元 J849、车距调节控制单元 2 J850 以及车距控制单元 J428。

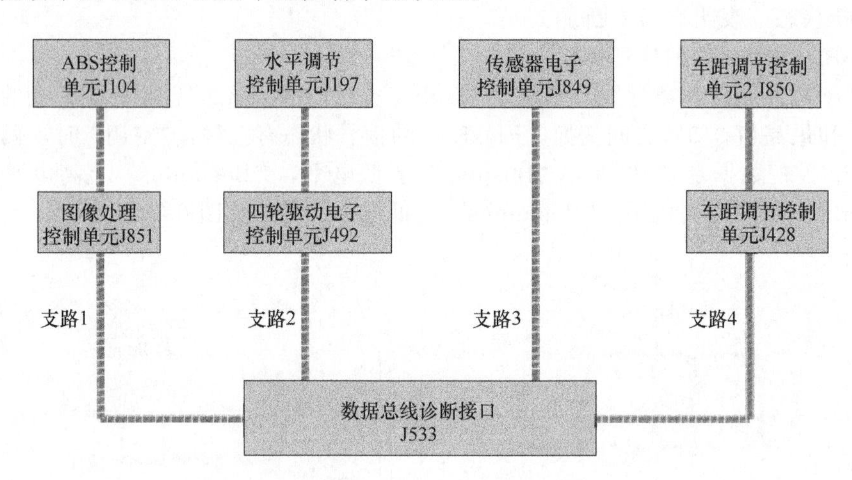

图 6-30　奥迪 A8L FlexRay 总线系统拓扑结构

（2）奥迪 A7L 总线拓扑　2010 年奥迪 A8L 的 FlexRay 总线每条支路上最多连接两个控制单元，而后续车辆每条支路有三个控制单元，例如 2011 年奥迪 A7L，其 FlexRay 总线拓扑结构如图 6-31 所示，总线中间控制单元通过四个芯脚与 FlexRay 总线连接，两个用来将总线信号“转送”给下一个控制单元，另外两个用于直接与 FlexRay 总线通信。每条支路上的“末端控制单元”接低电阻（内阻约 90Ω），而“中间控制单元”则接高电阻（内阻约 2.6kΩ）。

（3）FlexRay 总线的故障诊断　FlexRay 总线的故障主要有 FlexRay 总线线路短路和断路故障、控制单元故障和电源故障。当出现线路故障时，数据总线诊断接口 J533 能够检测到，例如数据总线诊断接口 J533 识别到一个持续不变的压差，则认为相关的线路出现短路，此时将总线支路关闭，直到再次“空闲”，也就是说，识别到休眠模式的电平。数据总线诊断接口 J533 识别到“空闲”电压持久不变，则判断出两根总线出现互短，该总线支路上再也无法发送和接收数据。当数据总线诊断接口 J533 识别到总线支路“空闲”，判断出控制单元持续发送“空闲”则关闭总线支路。若出现故障时，用故障诊断仪调取故障码以及读取数据流，利用示波器或万用表来确定故障。

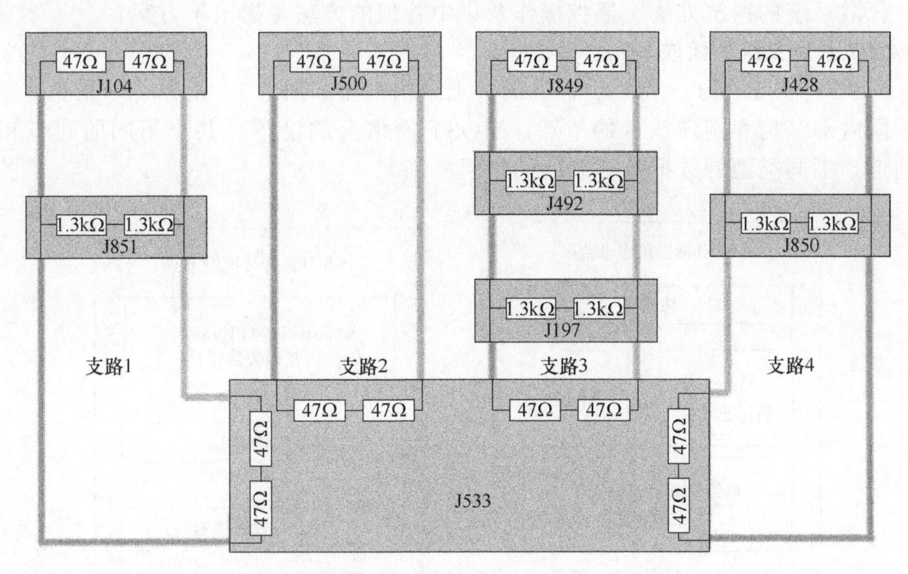

图 6-31 奥迪 A7L FlexRay 总线拓扑结构

总之经过数年的改进，FlexRay 网络标准已经成熟，将来会有更多的汽车使用 FlexRay 总线系统。

七、 MOST 总线系统

1. MOST 总线系统概述

MOST（Media Oriented System Transport）总线系统是多媒体定向系统传输的简称。在汽车网络中常见的 MOST 系统中，比较典型的是塑料光纤（Plastic Optical Fiber，POF）网络。MOST 将音响装置、电视、全球定位系统及电话等设备相互连接起来，给用户带来了极大的便利。在 MOST 系统中，不仅对通信协议给出了定义，而且也说明了分散系统的构筑方法。

MOST 总线可以不需要额外的主控计算机系统，结构灵活、性能可靠且易于扩散。MOST 网络光纤作为物理层的传输介质，可以连接视听设备、通信设备以及信息服务设备。MOST 网络支持“即插即用”方式，在网络上可以随时添加和去除设备。MOST 具有以下优点。

① 保证低成本的条件下，可以达到 24.8Mbit/s 的数据传输速度。

② 无论是否有主控计算机都可以工作。

③ 使用塑料光纤，不会受到电磁辐射干扰与搭铁环的影响。

④ 支持声音和压缩图像的实时处理。

⑤ 支持数据的同步和异步传输。

⑥ 发送/接收器嵌有虚拟网络管理系统。

⑦ 支持多种网络连接方式，提供 MOST 设备标准，方便、简洁的应用系统界面。

⑧ 通过采用 MOST 总线，不仅可以减轻连接各部件的线束的重量、降低噪声，而且可以减轻系统开发技术人员的负担，最终在用户处实现各种设备的集中控制。

MOST 总线利用一根光纤，最多可以同时传送 15 个频道的具备 CD 质量的非压缩音频数据，在一个局域网上，最多可以连接 64 个节点（装置）；从拓扑方式来看，基本上为一个环状拓扑，这种拓扑结构在增加节点时，不需要手柄及开关，而且媒体（光纤）没有集中在某特定装置的附近，可以节省光纤。MOST 网络为多媒体时代的车载电子设备所必需的高速网络、分散系统的构筑方法、遥控操作及集中管理的方法等提出了方案。

2. MOST 总线系统的组成

（1）MOST 节点结构　MOST 标准的节点结构模型如图 6-32 所示，MOST 网络可以连接基于不同内部结构和实现技术的节点。MOST 网络上的设备可共享不同的同步和异步数据传输通道，不同类型的数据具有不同的访问机制。

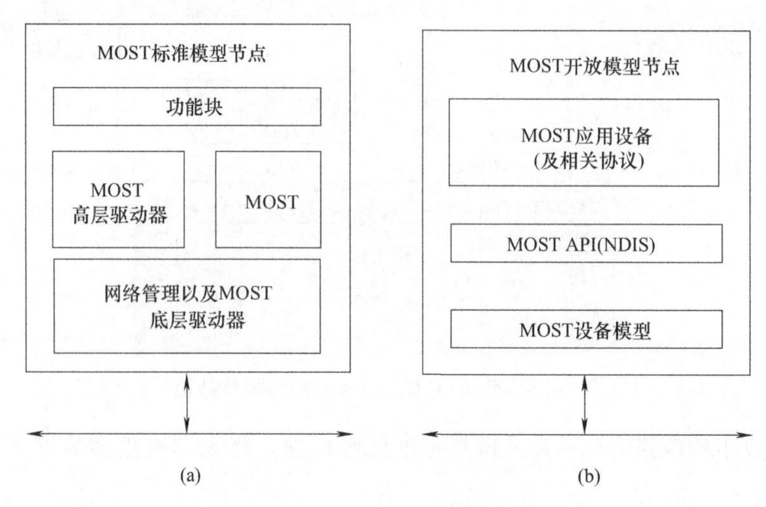

图 6-32　MOST 节点结构模型

MOST 网络有集中管理和非集中管理两种管理模式。在集中管理模式中，管理功能由网络上的一个节点实施，当其他节点需要这些服务时，必须向这个节点申请。在非集中管理模式中，网络管理分布在网络上的节点中，不需要中心管理。

一个 MOST 网络系统性能由以下 3 个方面决定：①MOST 连接机制；②MOST 系统服务；③MOST 设备。

MOST 网络启动时，为每一个网上设备分配一个地址；数据传输时，通过同步位流实现各节点的同步。

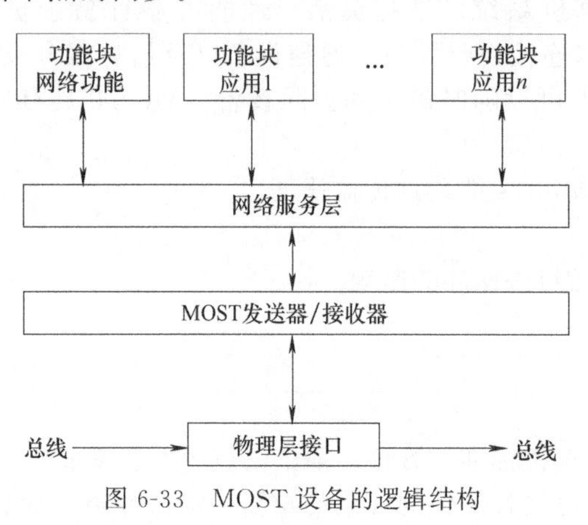

图 6-33　MOST 设备的逻辑结构

（2）MOST 设备　连接到 MOST 上的任何应用层部分都是 MOST 设备。MOST 设备是建立在 MOST 系统服务层上的，它可以应用 MOST 网络提供的信息访问功能以及位流传送的同步频道和数据报文异步传送功能。它可以向系统申请用于实时数据传送的带宽，同时还可以以报文形式访问网络和发送/接收控制数据。MOST 网络中，在网络管理系统的控制下，这些设备可以协同工作，它们之间可以同时传送数据流、控制信息和数据报文。

如图 6-33 所示，在逻辑上，一个 MOST 设备包括节点应用功能块、网络服务层、MOST 发送器/接收器以及物理层接口。一个 MOST 设备可以有多个功能块，如使用 CD，需要有“播放”、“停止”以及“设置播放时间”等功能，这些功能对于 MOST 设备来说是外部可访问的。

典型 MOST 设备的硬件结构如图 6-34 所示。其中，MOST 功能模块由控制器、发送器和接收器组成，可发送和接收信号。微控制器模块由单片机开发。应用系统功能产生控制信号和数据信号。在一些简单的设备中，可以没有微控制器模块，由 MOST 功能模块直接把应用连到网络上。

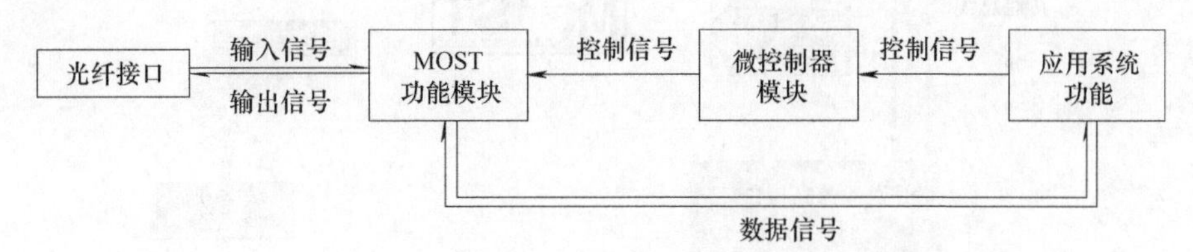

图 6-34 典型 MOST 设备的硬件结构

3. MOST 总线在汽车上的应用

MOST 网络非常适应汽车媒体设备应用环境的需求，所以汽车行业已经把 MOST 技术作为将来汽车上多媒体系统的一个标准。汽车生产商采用 MOST 网络主要是由于其性能可靠、成本低、系统简单、结构灵活、数据兼容性好和抗电磁干扰（Electromagnetic Interference，EMI）性能良好。MOST 网络在奥迪 A8L 多媒体系统的应用实物如图 6-35 所示。

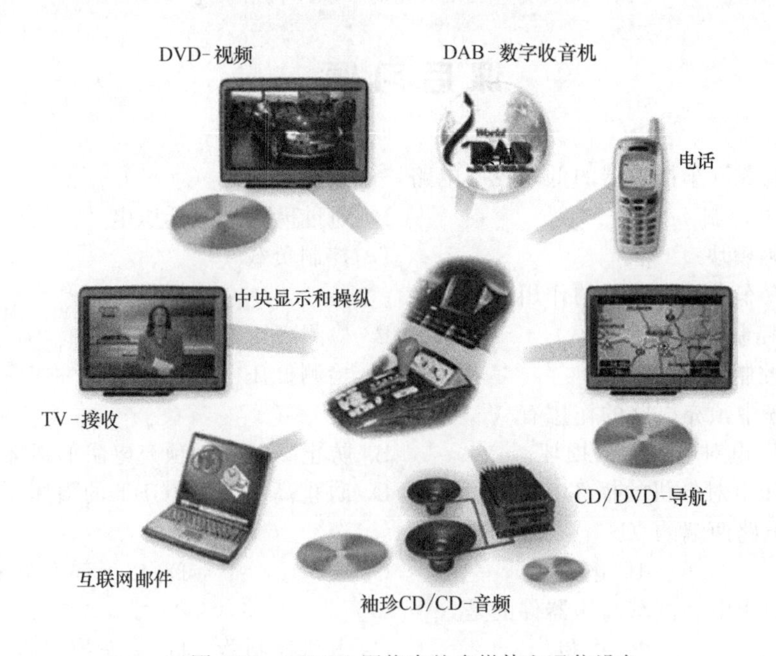

图 6-35 MOST 网络中的多媒体和通信设备

由于 MOST 网络使用光纤，可以减少 250m 的线缆，减轻 4.5kg 重量。这种结构为将来可以随时加入新媒体设备节点提供了基础，特别适合于车上媒体设备和信息设备的声控技术应用。随着车上信息设备的不断增加，驾驶中使用这些设备的情况越来越多，通过声控系统访问这些设备是最安全和最经济的方式，声控方式被认为是将来车上设备使用的首选人机接口方式。通过 MOST 网络把人机语音接口与车上媒体设备、通信设备以及其他信息设备连接，是实现这种车上设备语音访问技术的有效方式。宝马汽车（BMW）新 7 系列、戴姆勒-克莱斯勒（Daimler-Chrysler）汽车 E 系列已经采用了 MOST，奥迪（Audi）汽车的 A8、沃尔沃（Volvo）汽车 XC90 也采用了 MOST，MOST 技术已成为汽车用多媒体设备不可缺少的技术。奥迪 A8L 汽车 MOST 总线系统如图 6-36 所示。

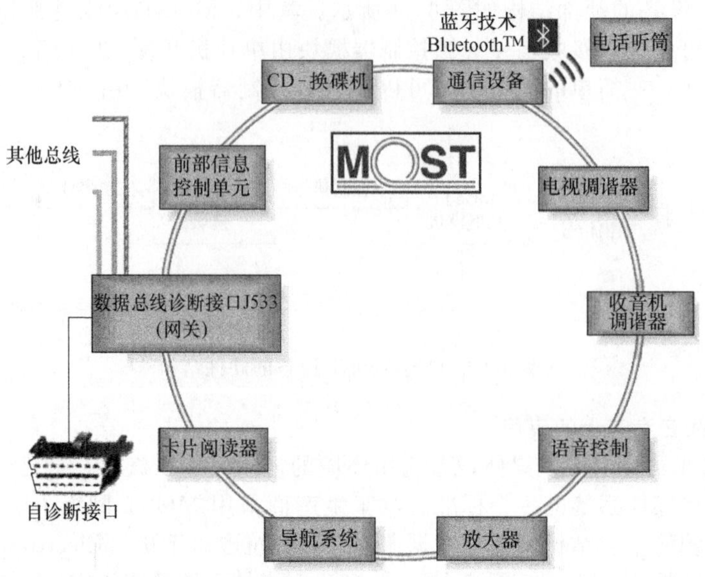

图 6-36 奥迪 A8L 使用的 MOST 网络系统

课后习题

一、选择题

1. 关于新能源汽车接触器的低压控制电路，说法正确的是（ ）。

A. 用高压电控制 B. 通过模块控制低压电

C. 控制电脑模块 D. 控制负载

2. 在电动汽车中，继电器的作用是（ ）。

A. 大电流控制小电流 B. 检测高压电

C. 小电流控制大电流 D. 检测低压电

3. 电动汽车中预充电路的作用有（ ）。

A. 防止高压电对电容器的损坏 B. 防止高电压对预充电阻的损坏

C. 防止高压电对电机的损坏 D. 防止高压电对 IGBT 的损坏

4. 纯电容电路两端的（ ）不能突变。

A. 电压 B. 电流 C. 频率 D. 以上都不正确

5. 以下不属于电动汽车高压器件的是（ ）。

A. 电池 B. 电机 C. 电机控制器 D. 整车控制器

6. 新能源汽车 CAN 网络属于总线式串行通信网络，总线的高传输速率一般为（ ）Kbit/s。

A. 500 B. 250 C. 300 D. 150

7. 比亚迪 E6（ ）传输速率为 250Kbit/s，其终端电阻分别在网关和电池管理模块中。

A. 启动 CAN B. 舒适 CAN C. 动力 CAN D. 底盘 CAN

8. 比亚迪 E6（ ）传输速率为 500Kbit/s，其终端电阻分别在网关和 ABS 模块中。

A. 启动 CAN B. 舒适 CAN C. 动力 CAN D. 底盘 CAN

9. 根据高压电缆的特性，一般以高压电器为中心对高压电缆进行划分，下列不包括在内的是（ ）。

A. 电机高压电缆　　　　B. 电池高压电缆

C. 充电高压电缆　　　　D. 收音机线束

10. 新能源汽车仪表上的 OK 灯点亮相当于传统燃油汽车电源处于哪个挡位？（　　）。

A. OFF 挡　　B. ACC 挡　　C. ON 挡　　D. ST 挡

11. 电动汽车限功率是指（　　）。

A. 车辆不能通电　　　　B. 车辆可以通电，不能正常行驶

C. 车辆不能挂挡　　　　D. 车辆防盗不能解

二、判断题

1. 将电源开关置于 OFF 位置后，低压蓄电池负极（一）端子断开后需要等待一定的时间才能检修车辆。（　　）

2. 接触高压系统的任何橙色线束、进行任何电阻检查、断开或重新连接任何连接器前，需断开低压电池负极。（　　）

3. 高压配电箱内部含有各种接触器，通过这些接触器的吸合和断开可实现动力电池包是否与负载接通，其中接触器的吸合与断开主要由电池管理控制器控制。（　　）

4. 高压配电箱能实现整车高压回路配电功能以及高压漏电检测功能。（　　）

5. 新能源汽车中高压线缆黄色的警告标记表示一直存在高压。（　　）

6. 绝缘监控电路的作用是监控高压电路漏电电流。（　　）

7. 高压互锁用于检测整车高压系统电缆连接情况，当检测到异常信号时，电子装置促使整个高压系统关闭。（　　）

第七章

电动汽车充电系统

学习目标：

了解电动汽车充电方式
了解电动汽车的充电接口
掌握电动汽车充电设施
熟悉电动汽车充电注意事项

传统汽车需要供给足够燃油才能行驶，电动汽车尤其是纯电动汽车，让其行驶必须储存足够的电量，而充电系统就是给其提供电能的一种方式，电动汽车充电系统设置便捷性和时效性直接影响着电动汽车的运行。根据现实情况，电动汽车设置了不同的充电模式，不同的充电模式对电池的充电时间有不同的要求。不同电池都有其最佳的充电电压、充电电流和充电时间。因此，电动汽车的充电技术是维持电动汽车运行的一项必要手段，对电动汽车的使用寿命影响很大。电动汽车动力电池的充电模式有有线充电方式和无线充电方式两种。而传统有线充电模式又分为常规充电方式（慢充方式）、快速充电方式（直流充电方式）和更换电池方式三种。目前电动汽车的充电还是采用以普通充电为主、快速充电为辅的充电方式。目前更换电池的方式市场没有运行，只有动力电池出现故障才进行更换，但是更换电池是电动汽车补充电量的一种发展趋势。

第一节　电动汽车充电方式

一、有线充电方式

1. 慢速充电方式

常规充电方式（又称慢充方式）是以较小电流（小于 32A），采用恒压、恒流方式对电动汽车进行充电，充电时间通常为 6～10h，有利于提高充电效率和延长电池的使用寿命。但这种充电方式难以满足紧急使用需求。慢充方式的充电电流小，相应充电工作和安装成本相对较低，充电条件容易满足，灵活方便，可在充电站、停车场、路边充电桩甚至在家庭车库都可以充电。

慢速充电有充电桩或壁挂式充电盒三相（单相）交流充电和家用单相交流充电两种。充电桩或壁挂式充电盒三相（单相）交流充电不需要配置充电线，需要匹配适合当地电网标准的充电器三相交流电有 208V/308V/400V/415V，单相交流电有 110V/220V/240V。其额定容量有 2.2kW（220V AC，10A）、3.3kW（220V AC，16A）、6.6kW（220V AC，32A）及 22.4kW（380V AC，63 A）。家用单相交流充电需配充电线，家用交流电电压为 220V。壁挂式交流充电和家用交流充电如图 7-1 所示。

慢充时需要配置车载充电器，应用车载充电器将交流供电转换为高压直流充电。所以车

(a) 壁挂式交流充电

(b) 家用交流充电

图 7-1　壁挂式交流充电和家用交流充电

载充电器是电动汽车的一种最基本的充电设备，作为标准配置固定在电动汽车上或放在后备厢里。由于只需将车载充电器的插头插到停车场或家中的电源插座上即可进行充电，因此充电过程一般由客户自己独立完成。慢充车载充电器采用的是标准三口插座，基本不存在匹配问题，充电电流一般为 32A 或者 16A，也有 10A，其功率一般是 7kW 和 3.5kW 两种，充电时 10A 以上的电流需要专门配置插线板。充电时间一般在 8～10h，充电量达到 95%以上。这种充电方式对电网没有特殊要求，只要能够满足照明要求的供电电路就能使用。常规充电主要在晚间或用电低谷期进行，价格便宜，有利于电能的有效利用。一般是市区运行的家用电动汽车的首选充电方式。

2. 快速充电方式

快速充电方式是指在短时间内（1～5h）使电动汽车的动力电池达到或接近完全充满状态的一种方法。快充是采用充电桩直流充电，如图 7-2 所示。采用快速充电方式对电池进行充电会影响电池的寿命，充电电流较大对技术安全性要求也较高。同时，当电动汽车采用快速充电模式对电池进行充电时，由于充电电流大，将会对供电网络及系统的稳定性产生负面影响。只有在紧急情况下，才考虑采用快充方法。如对确实快要用完电能而将要无法行驶的电动汽车，可利用就近的电源紧急快充一段时间，使其能够行驶到常规充电站去充电。快速充电方式以 150～400A 的大充电电流在短时间内为动力电池充电。充电功率很大，一般为 30～60kW。与常规充电相比，安装成本、充电成本都相对较高。快速充电也可称为迅速充电或应急充电，其目的是在短时间内给电动汽车充满电，充电时间应该与燃油汽车的加油时间接近，大型充电站（机）多采用这种充电方式。快速充电方式适用情况为汽车的日平均里程大于汽车最大续驶里程，需要在汽车运行间隙进行快速补充电能来满足行驶需要，电动公交车和出租车是典型的使用车型，快速充电方式以 1～3C 的大充电电流在短时间内为蓄电池充电。

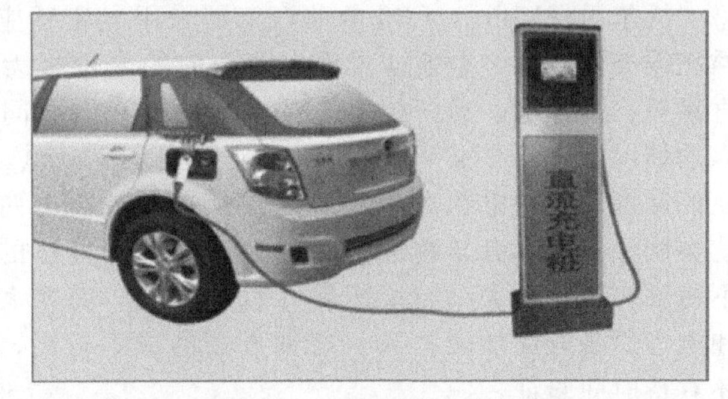

图 7-2　充电桩直流充电

3. 车辆之间相互充电

部分电动车具有车辆之间相互充电的功能，如图 7-3 所示。将放电车辆电源置为“OFF”挡，车辆设置“VTOV”放电模式，10min 内使用车辆提供的专用充电设备将两辆车连接好，即可实现车辆之间的相互充电。车辆释放电压为 380V。

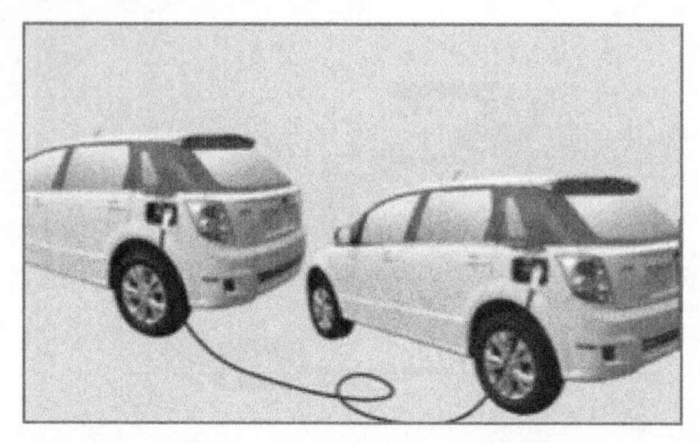

图 7-3 车辆之间相互充电

4. 更换电池方式

更换电池方式是通过直接更换车载电池的方法补充电能，即在动力电池电量耗尽时，用充满电的电池更换已经耗尽电的电池。电池归服务站或电池厂商所有，电动汽车用户只需租用电池即可。电动汽车用户把车停在一个特定的区域，然后用更换电池的机器将车上电池取下，换上已充满电的电池。在充电站，充电人员卸下已放完电的电池，通过充电架平台与充电机连接进行充电，也可以集中收集起来以后再充电。电池更换站同时具备正常充电站和快速充电站的优点，也就是说可以用低谷电给电池充电，同时又能在很短的时间内完成“加油”过程。通过使用机械设备，整个电池更换过程可以在 10min 内完成，与现有的燃油汽车加油时间大致相当。更换电池方式快速有效，更有利于电池的合理应用，是电动汽车补充电能的一种发展趋势，有广阔的前景。

二、无线充电方式

随着无线通信技术的发展，无线通信技术逐渐应用在各个领域，电动汽车的充电也采用了无线通信技术，是一种新型的电动汽车电能供给方式。电动汽车无线充电方式的原理类似于在车里使用移动电话，将电能转换成一种符合现行技术标准要求的特殊激光或微波束，在汽车顶上安装一个专用接收天线即可。有了无线充电技术，公路上行驶的电动汽车或新能源汽车可通过安装在电线杆或其他高层建筑上的发射器快速补充电能。电动汽车的无线充电方式有电磁感应式、磁共振式和微波式（无线电）三种。

1. 电磁感应式

电磁感应式充电通过送电线圈和接收线圈之间传输电力，这是接近实用化的一种充电方式。当送电线圈中有交变电流通过时，发送（初级）、接收（次级）两线圈之间产生交替变化的磁场，由此在次级线圈产生随磁场变化的感应电动势，通过接收线圈端对外输出交变电流。电磁感应传输功率大，能达几百千瓦，但电磁感应的原理受制于过短的供电端和收电端距离，传输距离是 10m 左右。

沃尔沃（Volvo）C30 电动汽车即采用电磁感应式充电。电动汽车充电不再需要电源插座或充电电缆，电能通过埋在路面内的充电板无线传送给汽车的蓄电池，实现从路面直接对汽车充电。这一技术将极大地降低充电时间，沃尔沃 C30 电动汽车在电池完全放电的情况下，给 24kW・h 的蓄电池组完全充满电，仅需要 80min。但是这种充电方式存在的问题是：送电距离比较短，并且送电与收电两部分出现较大偏差时，电力传输效率就会明显下降；有异物进入时，会出现局部发热的情况；电磁波及高频方面防护问题也不易解决；功率大小与线圈尺寸直接相关，需要大功率传送电能时，需在基础设施建设和电力设备方面加大投入。这种方式的成本较高，目前还处于实验室研发阶段，其功能还有待时间验证。

2. 磁共振式

磁共振充电设施主要由电源、电力输出、电力接收、整流器等主要部分组成，基本原理与电磁感应式基本相同。电源传送部分有电流通过时，所产生的交变磁束使接收部分产生电势，为电池充电时输出电流。与电磁感应充电方式的不同之处在于，磁共振充电方式加装了一个高频驱动电源，采用兼备线圈和电容器的 LC 共振电路，而并非由简单线圈构成送电和接收两个单元。共振频率的数值会随送电和接收单元之间距离的变化而变化，当传送距离发生改变时，传输效率也会像电磁感应一样迅速降低。因此，可通过控制电路调整共振频率，使两个单元的电路发生共振，亦即“共鸣”，也称这种磁共振状态为“磁共鸣”。在控制电路的作用下改变传送与接收的频率，可将电力传送距离增大至数米，同时将两单元电路的电阻降至最小，以提高传输效率。当然传输效率还与发送和接收电单元的直径相关，传送面积越大，传输效率也越高。目前磁共振充电方式技术上的难点是小型和高效率方面的问题。现在的技术能力大约是直径为0.5m的线圈，能在1m的距离提供60W的电力。

3. 微波式

微波式充电又叫移动式充电。对电动汽车电池而言，最理想的情况就是汽车在路上边行驶边充电，即所谓的移动式充电。这样，电动汽车用户就没有必要去寻找充电站或停放点去充电，节约了时间，微波充电使用245GHz的电波发生装置传送电力，发送装置与微波炉使用的“磁控管”基本相同。传送的微波也是交流电波，可用天线在不同方向接收，用整流电路转换成直流电为汽车电池充电，并且可以实现一点对多点的远距离传送。为防止充电时微波外漏，充电部分装有金属屏蔽装置，使用中送电与收电之间的有效屏蔽可防止微波外漏。

第二节　电动汽车充电

电动汽车的充电分交流充电和直流充电。

交流充电用在常规充电方式中，主要是通过交流充电桩、壁挂式充电盒以及家用供电插座接入交流充电口，通过车载充电器将220V或380V的交流电转为650V直流高压电给动力电池充电。

直流充电主要是通过充电站的充电柜将直流高压电直接通过直流充电口给动力电池充电。

电动汽车充电系统的主要组成部分有交流充电口、直流充电口、高压电控总成、动力电池包、电池管理器等，如图7-4所示。

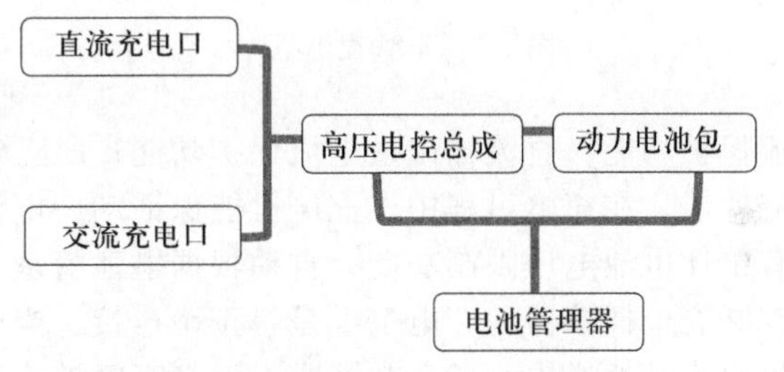

图7-4　电动汽车的充电系统组成

一、交流充电

交流充电可以分为单相交流充电和三相交流充电两种，其充电接口相同。

1. 单相交流充电

单相交流充电主要应用于家庭用户充电设施和一些标准的公共充电设施，这类充电接口比较简单，提供单相交流充电使用。充电线如图7-5所示，电源插头一般有三个端子，分别为交流火线、交流零线和接地线。它与传统的电源插座类似，只是形体和额定电流较大，选择插线板时，需要选择10A以上插线板。充电插头与电动汽车充电口相连进行充电。根据国家标准，单向交流充电电流不能超过32A，电压不能超过250V。我国在实际中，多采用220V、16A进行充电。

2. 三相交流充电

三相交流充电一般用于较大的充电站，这种充电电流较大，外形相对较大，功能复杂。由于这类插头较大，设计的形状类似于枪，所以一般称为充电枪，如图7-6所示。采用三相供电时，电流不大于63A，充电电压处于250～440V，我国三相电没有进入家庭，所以三相交流充电一般在充电站等地方使用。

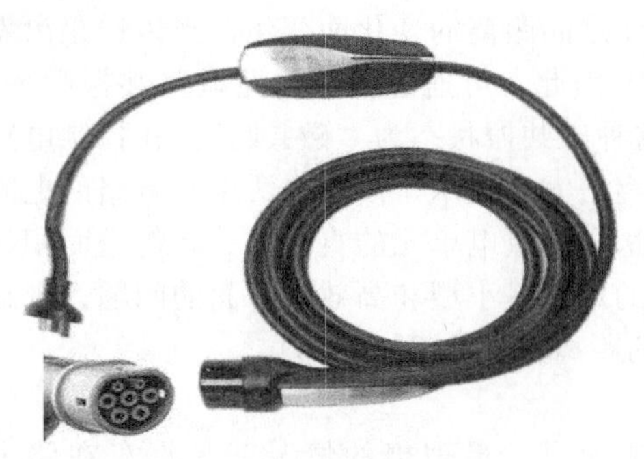

图 7-5 单相交流充电线

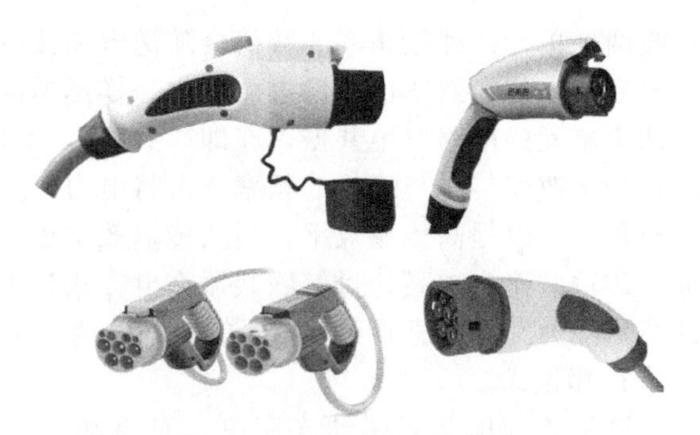

图 7-6 常见的充电枪形状

图 7-7 车载充电机

3. **车载充电机**

不管是单相交流充电还是三相交流充电，都需要车载充电机，结构如图 7-7 所示。壁挂式充电系统自带充电线，家庭充电需要车辆配充电线。

车载充电机具备通过高速 CAN 网络与电池管理系统通信的功能，能够判断动力电池连接状态是否正确，能够获得动力电池系统参数、充电前和充电过程中动力电池的实时数据；可通过高速 CAN 网络与车辆监控系统通信，上传充电机的工作状态、工作参数和故障警告信息，接受启动充电或停止充电控制命令；具备完备的安全防护措施；交流输入过电压保护功能；交流输入欠电压警告功能；交流输入过电流保护功能；直流输出过电流保护功能；直流输出短路保护功能；输出软启动功能，防止电流冲击，在充电过程中，充电机能保证动力电池的温度、充电电压和电流不超过允许值；具有单体电池电压限制功能，自动根据电池管理系统的动力电池信息动态调整充电电流；自动判断充电插接器、充电电缆是否正确连接；当充电机与充电桩和动力电池正确连接后，充电机允许开始充电；当充电机检测到与充电桩或动力电池连接不正确时，立即停止充电；充电联锁功能，保证充电机与动力电池连接分开以前车辆不能启动；高压互锁功能，当有危害人身安全的高压时，模块锁定无输出；具有阻燃功能。

4. **交流充电系统充电口的定义与功能**

GB/T 20234—2011 推荐性标准规定了交流额定电压不超过 690V，频率 50Hz，额定电流不超过 250A，交流充电口端子一般采用七孔式的充电口，如图 7-8（a）、(b）所示。交流充电口的连接如图 7-8（c）所示，交流充电口各端子定义与功能如表 7-1 所示。接口触点电气参数额定值、交流充电接口触点的额定电压和额定电流应符合表 7-2 所示的规定。

表 7-1 交流充电口端子功能定义表

触电编号/功能	功能定义	触电编号/功能	功能定义
1/交流电源(L1)	交流电源	5/保护接地(PE)	连接供电设备和车辆底盘地线
2/交流电源(L2)	备用触头		
3/交流电源(L3)	备用触头	6/控制确认(CC)	充电物理连接确认
4/中线(N)	中线	7/控制确认(CP)	控制确认

(a) 交流充电口实物

(b) 交流充电口定义

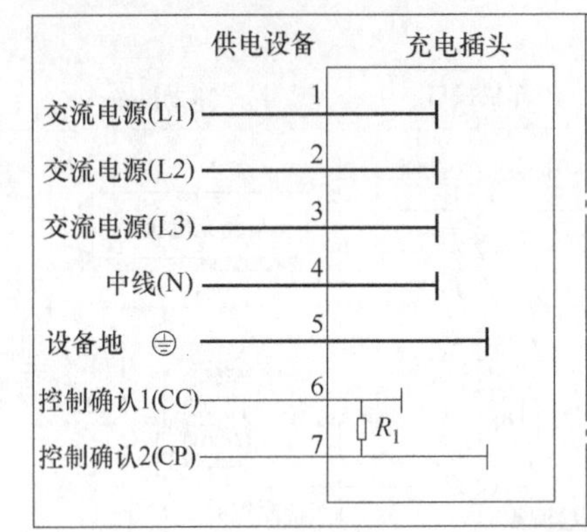

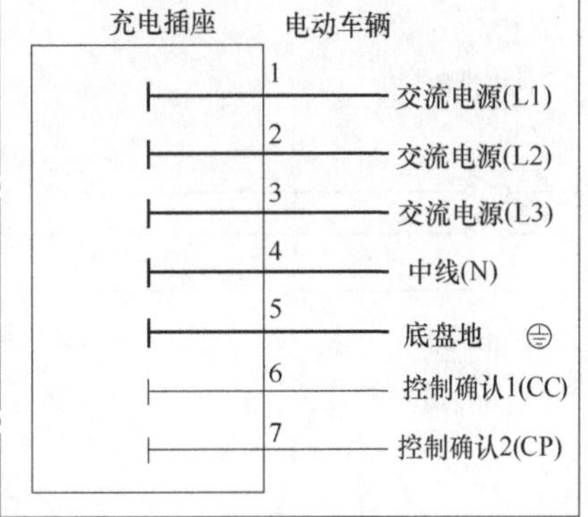

(c) 交流充电口的连接

图 7-8 交流充电口

表 7-2 交流接口触点电气参数额定值

触点标识	额定电压和电流	
	单相	三相
L1	220V 16A/32A	380V 32A/63A
L2	—	380V 32A/63A
L3	—	380V 32A/63A
N	220V 16A/32A	380V 32A/63A
PE	—	—
CC	30V 2A	30V 2A
CP	30V 2A	30V 2A

5. **慢充系统工作原理**

慢充系统结构如图 7-9 所示，慢充系统主要包括交流充电设施、交流充电连接装置以及车载充电机三个组成部分。

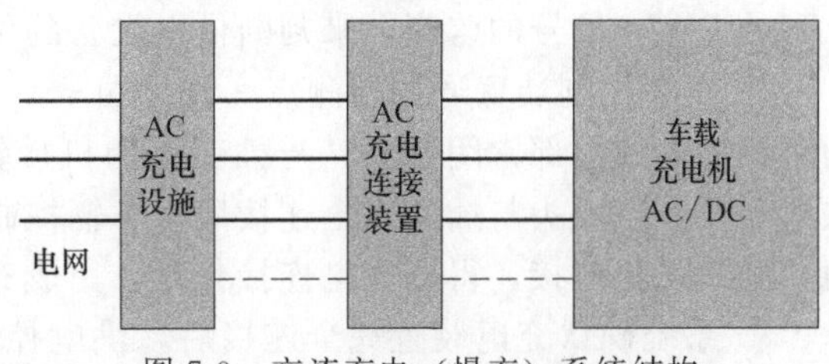

图 7-9 交流充电（慢充）系统结构

交流充电设施是为电动汽车提供交流电源的装置，一般由继电器/接触器、控制导引电路、漏电保护电路、过流/过压保护电路、计量模块、防雷模块、通信模块、人机交互界面等组成，有便携式、落地式、壁挂式等多种安装方式。

充电连接装置是充电装置与电动汽车之间的物理传输媒介。

交流充电时，将工频 50Hz 单相或三相交流电经充电设施及充电连接装置传输至车载充电机，经车载充电机整流、滤波等处理后转换为直流电，为车载储能装置充电。充电设施通过 PWM 告知电动汽车允许的最大可用电流，该电流不应超过其额定电流、连接点额定电流、电源额定电流中的最小值。

慢充系统物理接口祸合是电动汽车开始充电的先决条件。祸合时，接口保护地端子（PE）最先接通，控制导引端子（CP）与充电连接确认端子（CC）最后接通；与之对应，在充电结束物理接口解祸脱开时，CP 端子与 CC 端子最先断开，PE 端子最后断开。电动汽车交流充电系统应具有控制导引电路，以实现以下功能：对保护性接地导体连续性的持续监测，电动汽车与充电设施正确连接的确认，供电控制功能、断电控制功能以及充电电流的持续监测等。图 7-10 所示为不同交流充电系统控制原理图。

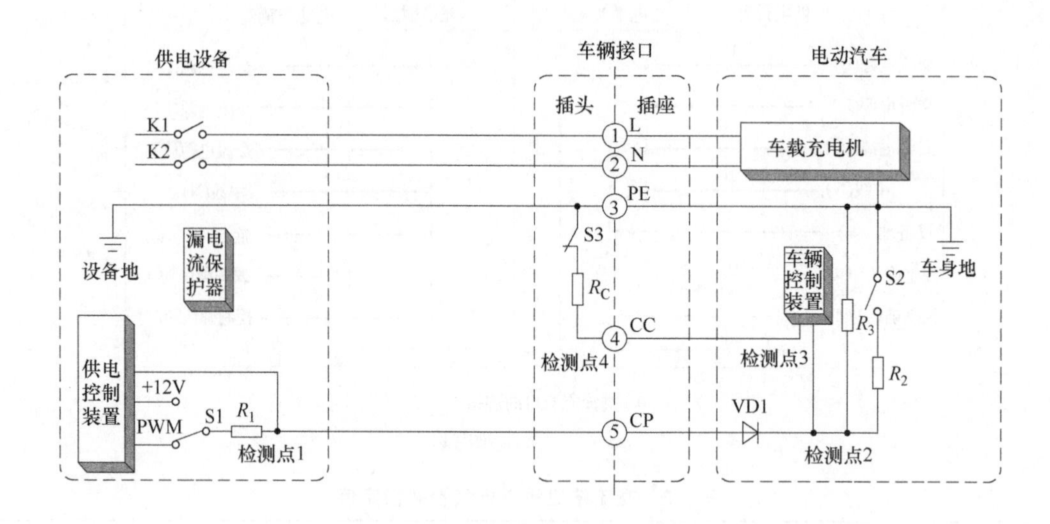

图 7-10 交流充电系统控制原理图

充电桩中的供电控制装置通过检测 CC 连接确认信号后，把 S1 开关从 12V 端切换到 PWM 端；当检测点 1 电压降到 6V 时，充电桩控制 K1、K2 开关闭合，输出电流。

充电过程大致分为以下几个步骤。

① CC 充电连接确认。当充电插头与车身交流充电口完全连接后，充电桩中供电控制装置通过检测点 4 检查到端子 CC 连接确认信号后，将 S1 开关从＋12V 挡切换至 PWM 信号挡（脉冲宽度调制信号）。

② CP 控制确认。S1 开关切换至 PWM 挡后，供电控制装置同时进行 PWM 信号的发送和检测点 1 电压的测量，以此来确认充电线路连接情况；车辆控制装置凭借对检测点 2 上接收到的 PWM 信号的监测，来判断供电设备的供电能力，并完成充电装置完全连接的确认。

③ 车辆控制装置通过检测点 3 测量端子 CC 和端子 PE 之间的电阻 R_C。线路中开关 S3 为车辆插头的内部常闭开关，与插头上的机械锁止装置相关联，按下机械锁止开关，S3 开关即断开。当插头与插座完全连接后，车辆控制装置通过测量检测点 3 与端子 PE 之间的阻值，确认完全连接，得到充电连接信号，完成充电唤醒过程。

④ 系统确认充电装置完全连接后，供电控制装置通过测量检测点 1 的电压判断车辆是

否准备就绪，当电压值达到规定值时，供电设备控制装置接通开关K1、K2，分别为供电插头的L、N端子供电。

⑤ BMS（动力电池管理系统）检测充电需求，同时给车载充电机发送工作指令以控制车辆低压电路中的相关继电器吸合，车载充电机执行充电程序，同时点亮充电指示灯。

⑥ 充电过程中，系统会周期性地检测相关检测点的电压值，确认供电线路的连接情况。车辆控制装置测量检测点2和检测点3的电压，供电控制装置测量检测点1和检测点4的电压。监测周期不大于50ms。另外车辆控制装置持续地监测检测点2收到的PWM信号，当占空比信号发生变化时，调节车载充电机的输出功率，监测周期不大于5s。

⑦ 充电完成。当BMS检测充电完成后，或达到车辆设置的充电完成条件，或驾驶员执行停止充电的指令时，车辆控制装置断开S2开关，使车载充电机停止充电；供电控制装置将S1开关切换至+12V挡。在检测到S2开关断开的信号后，供电控制装置断开供电回路。一般采用恒流-恒压充电方法，即在不同温度范围内以恒定电流充电至动力电池组，总电压达到或最高单体电压达到此温度条件下的规定电压值，以恒定电压充电至电流小于0.8A后停止充电。充电温度通常为0～55℃，此时以10A的电流充电，当单体电池最高电压高于3.6V时，降低充电电流到5A，当电芯电压达到3.7V时，充电电流为0A，请求停止充电。

为了使电动汽车与充电设施间在确保安全的前提下能以最佳充电能力进行充电，需要使二者进行能力匹配。匹配时电动汽车控制装置基于图7-10中检测点2的PWM信号占空比D来判断当前充电设施可提供的最大充电电流I_{EVSE}，同时基于检测点3与保护地端子之间的电阻值来判断当前充电接口是否已完全连接以及连接装置的额定电流I_{CABLE}，而后对I_{EVSE}、I_{CABLE}以及I_{OBC}（车载充电机自身额定输入电流）进行比较，并选取三者中最小值设置为车载充电机当前允许的最大充电输入电流，充电过程中的最大充电电流不得超过该电流值。匹配成功后即启动充电，匹配失败应提示操作人员结束充电或检查后重新进行充电流程。充电过程中如车辆或充电设施监测到有异常发生，比如车辆接口或供电接口连接断开、PWM信号中断、检测点1电压出现非6V状态、剩余电流保护器动作等，则结束充电。同时，充电过程中，电动汽车周期性地对充电设施的供电能力进行监测，当供电能力变化时，电动汽车应监测到检测点2的PWM信号占空比发生变化，车辆控制装置即根据PWM信号占空比动态调整电动汽车的实际充电电流，如出现能力无法匹配，亦应停止充电。

在充电过程中，当到达预定的充电终止条件（如达到设定充电时间或到达设定SOC值等）或者操作人员主动对电动汽车进行了停止充电操作时，车辆控制装置断开内部开关S2，使车载充电机充电电流降为0，停止充电；充电设施停止充电时，供电控制装置将控制开关S1切换至12V连接状态，开关K1、K2断开，切断主供电回路，车辆及充电设施接口锁定解锁，拔出充电接口后充电过程结束。

6. 慢充系统的故障诊断与排除

（1）常见故障

① 充电桩显示车辆未连接，其主要原因有充电枪安装不到位，或车辆与充电桩两端枪反接。

② 动力电池继电器未闭合，其主要原因有插接器未正常连接，或车载充电机输出唤醒不正常。

③ 动力电池继电器正常闭合，但充电机无输出电流，其主要原因有车端充电枪连接不到位，或高压熔丝熔断，或高压插接器及线缆正确不连接。

（2）故障排除思路

① 检查线路连接情况，检查慢充桩——充电线、慢充口、慢充线束、车载充电机、高压控制盒、动力电池之间的线路连接是否良好。

② 检查低压供电及唤醒信号是否正常　检查车载充电机指示灯状态，如三个灯都不亮，表示没有电源输入，分别检查线路熔丝、充电线、慢充口、慢充线束是否正常，若正常，更换车载充电机；检查车载充电机的12V电源及慢充唤醒信号是否正常，高压控制盒内的车载充电机熔断器是否损坏，动力电池12V唤醒信号是否正常，整车控制器、动力电池等部件的CAN总线是否正常；动力电池低压控制端搭铁及整车控制器控制端搭铁是否正常。

③ 检查高压电路是否正常，如果低压电路正常，充电仍无法完成，逐步检查充电线、慢充线束、车载充电机、高压控制盒、动力电池之间的高压电是否正常，判断是线束故障还是部件故障。

④ 使用故障诊断仪检查，分别检查动力电池及车载充电机的工作状态，对数据进行分析，找出故障所在。

(3) 检查车载充电机与充电桩连接故障

① 检查慢充桩与慢充口连接是否良好，检查车载充电机，若发现三个指示灯都不亮，分别测量充电线桩端充电枪的N、L、PE、CP、CC脚和车辆端的N、L、PE、CP、CC脚是否导通，如不导通，则修复或更换充电线总成；测量充电线车辆端充电枪的CC脚和PE脚的阻值，16A充电线阻值应为680×(1±3%)Ω，32A充电线阻值应为220×(1±3%)Ω，若阻值与标准值不符，则修复或更换充电线总成；检测PE端子是否搭铁。

② 检查慢充口与车载充电机连接是否良好，排除慢充桩——充电线问题后，启动充电，车载充电机指示灯仍都不亮，则检查慢充线束及车载充电机。

③ 检查插件端子有无烧蚀、虚接现象，分别测量充电口L、N、PE、CC、CP脚与充电线束充电机插件1、4、5、6、7脚是否导通，如不导通，则修复或更换慢充线束总成；慢充线束检查完毕，恢复好进行充电测试，如果车载充电机的指示灯还都不亮，则更换车载充电机。

④ 当该车更换车载充电机后，充电正常，故障排除。

二、直流充电

1. 直流充电系统的优点

快速充电也叫直流充电，快充系统一般使用工业380V三相电，通过功率变换后，将高压大电流通过母线直接给动力电池进行充电。在现今的电动汽车充电中，尤其是电动公交车、电动出租车，基本采用的是快速直流充电，因为快速直流充电具有以下优势。

(1) 快速高效的充电效率　为了满足新能源汽车的续航，很多厂家在电池方面都有着大储量的升级。而这样的情况下就对充电设备的充电效率有了更高的要求，而充电效率一流的直流充电桩设备很短时间内就可以让汽车充满电，以获得更便捷、更长效的使用服务，一辆出租汽车直流充电时间大约为1h。

(2) 性能稳定可靠　现如今充电技术方面的飞速发展和成熟让诸如直流充电桩这样的设备拥有着更好的稳定性，而各方面资本和开发人才的投入也让直流充电桩在内部设计和工作设计方面有着更完善的技术特点，无论是产品基础的做工还是技术上的先进性和安全性都有着越来越可靠的表现。

(3) 价格合理　直流充电桩产品与新能源汽车等领域相辅相成的特点也让其在市场开发和价格方面有着更多的可能性，消费者可以以比较合理的价格采购到质量可靠的直流充电桩产品。

2. 直流充电系统的组成

直流充电系统由充电桩、充电口、快充线束、高压控制盒、动力电池线束插件组成。

(1) 直流充电桩　在直流充电时，应用的供电设备是直流充电桩，直流充电桩自身带有充电枪。充电枪插头和充电口相对应，充电枪插头和定义如图 7-11 所示，功能如表 7-3 所示，触点电气参数额定值如表 7-4 所示。GB/T 20234—2011 推荐性标准规定直流额定电压不超过 1000V，额定电流不超过 400A。

(a) 直流充电口实物

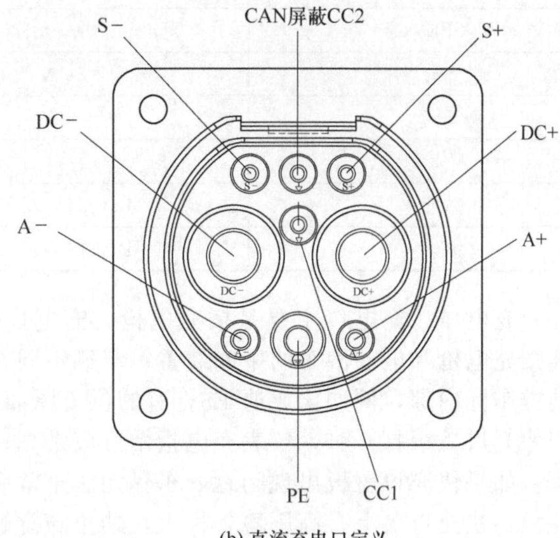

(b) 直流充电口定义

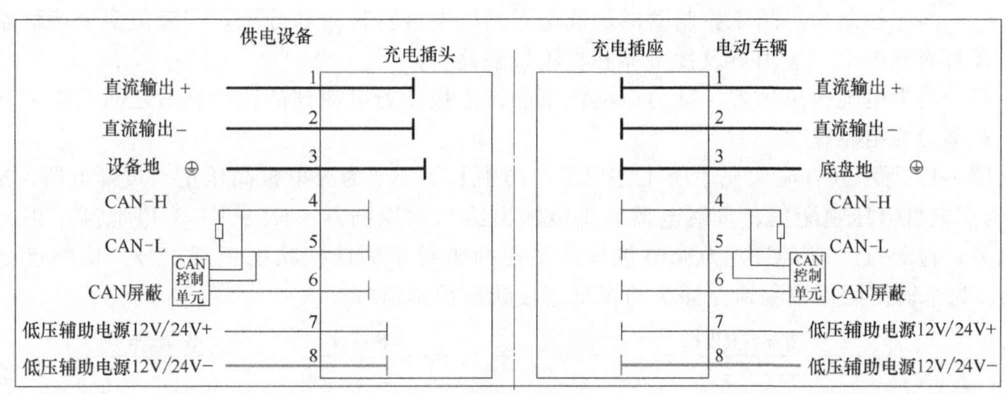

(c) 直流充电口连接

图 7-11 直流充电口

表 7-3 直流充电口端子功能定义表

触点编号/功能	功能定义
1/直流电源正(DC＋)	连接直流电源正极与电池正极
2/直流电源正(DC－)	连接直流电源正极与电池负极
3/保护接地(PE)	连接供电设备地线与车辆底盘地线
4/充电通信 CAN-H(S＋)	连接非车载充电机与电动汽车的通信线
5/充电通信 CAN-L(S－)	连接非车载充电机与电动汽车的通信线
6/控制确认(CC1)	充电连接确认 1
7/控制确认(CC2)	充电连接确认 2(通信屏蔽线)
8/低压辅助电源正(A＋)	连接非车载充电机与电动汽车提供低压辅助电源正极
9/低压辅助电源负(A－)	连接非车载充电机与电动汽车提供低压辅助电源负极

表 7-4 直流充电接口触点的额定值及功能描述

触点标识	额定电压和电流	触点功能
DC+	600V 300A	—
DC−	600V 300A	—
PE	—	保护接地(PE)
S+	2A	充电通信
S−	2A	充电通信
▽ 2A	—	CAN 屏蔽线
A+	12V/24V+ 5A	低压辅助 12V/24V+
A−	12V/24V− 5A	低压辅助 12V/24V−

(2) 充电口 充电口主要是插充电枪，充电口各端子功能与充电枪插头相同，不再叙述，连接充电枪和电动汽车的中间装置，车辆不同充电口的位置有所不同，有的位于发动机舱盖前方车标内部，例如比亚迪 E5，有的位于原加油口位置，例如比亚迪 E6。

当快充口盖板打开时，仪表充电指示灯应常亮；当快充口盖板关闭时，仪表充电指示灯应熄灭。如果快充口盖板出现问题，车辆无法正常启动。

注意：快充口盖上有高压警告标识，禁止随意触碰。

(3) 快充线束 快充线束是连接快充口到高压控制盒之间的线束。

(4) 高压控制盒 高压控制盒的功能是对高压电进行传输和分配，主要由多个接触器组成，在直流充电中，应用负极接触器和直流接触器。

(5) 动力电池线束插件 动力电池线束插件连接动力电池到高压控制盒之间的线束。

3. 直流充电原理

图 7-12 所示为直流快充系统工作原理，图中 K1、K2 为充电桩高压正、负继电器；K3、K4 为充电桩低压唤醒正、负继电器，供电输出给车辆控制器；K5、K6 为电池高压正、负继电器；检测点 1 即 CC1，为充电桩检测快充插头与车辆连接状态识别信号；检测点 2 即 CC2，为车辆控制器检测快充插头与车辆连接状态识别信号。

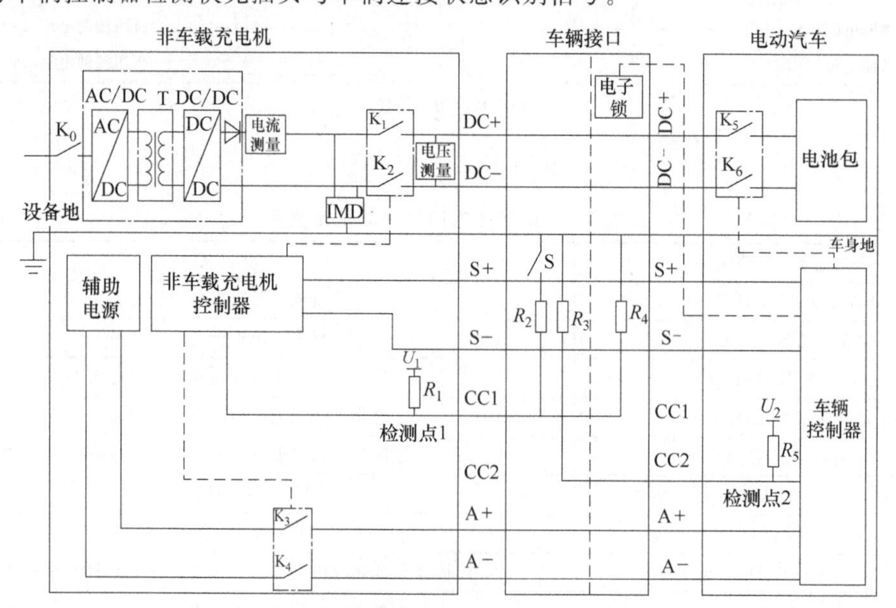

图 7-12 直流快充系统工作原理

在 CC1、CC2 两个检测点检测到的电压值符合要求之后，即认为充电桩与车辆可靠连接，K3、K4 继电器闭合，充电桩输出 12V 低压唤醒电源到车辆控制器，两者进行身份辨认，握手成功之后，整车控制器报送动力电池的充电需求，充电桩报送供电能力，二者匹配。整车控制器和 BMS 控制 K5、K6 闭合，充电桩控制 K1、K2 闭合，即进入充电阶段，整车控制器发送充电请求及充电状态报文，充电桩反馈充电机状态报文，当车辆及充电桩判定充电结束之后，断开 K1、K2、K5、K6，充电截止，断开 K3、K4，充电完成。直流快充电动汽车内部高压控制原理见第六章图 6-5。

4. 直流快充的故障诊断与排除

（1）常见故障

① 快充桩与车辆无法通信，其主要原因有唤醒线路熔丝损坏，搭铁点搭铁不良，快充枪、快充口、快充线束、低压电器盒、整车控制器、动力电池低压控制插件等部件的低压辅助电源针脚、连接确认针脚、快充 CAN 针脚等损坏、退针、烧蚀、锈蚀，动力电池和数据采集终端快充 CAN 总线间的电阻不符合。

② 快充桩与车辆通信正常但无充电电流，其主要原因有高压控制盒快充继电器线路熔丝损坏，主熔丝损坏，低压电器盒损坏，高压控制盒损坏，快充线束损坏，动力电池 BMS 快充唤醒损坏。

（2）直流充电系统故障排除思路

排除“快充桩与车辆无法通信”故障，首先检查线路连接情况，然后检查快充系统各部件低压辅助电源、连接确认信号、快充 CAN 线路等针脚情况以及电压、电阻等是否符合要求。排除“快充桩与车辆通信正常但无充电电流”故障时，显然没有了低压通信的问题，应检查高压供电线路的熔丝、线束、继电器等有无问题，检查动力电池与高压控制盒连接插件的电压，检查动力电池 BMS 快充唤醒信号是否正常，检查高压控制盒快充连接端子电压是否正常，有电压则联系动力电池厂家售后对动力电池检测，无电压则更换高压控制盒。

（3）“快充桩与车辆无法通信”的故障排除

① 检查快充桩与快充口连接是否良好，检查车辆快充口各连接端子有无损坏；快充口和快充枪有无烧蚀和锈蚀现象；快充口 PE 端与车身搭铁是否导通（标准阻值为 0.5Ω 以下）；快充口 CC1 与 PE 之间的阻值是否符合要求，阻值应为（1000±50）Ω。

② 检查充电唤醒信号是否正常，如未唤醒可能是唤醒线路中熔丝 FB27 损坏、快充口及快充线束损坏、低压电器盒损坏，应逐步检查熔丝电阻、熔丝电压（12V），快充口 A＋与快充线束 A＋、低压电器盒 A5 是否导通，如不导通，更换或维修。

③ 检查车辆端连接确认信号是否正常，如快充唤醒信号及相关线束都正常，车辆仍旧不能通信，则对车辆端连接确认信号进行检测。可能是快充口及快充线束损坏、整车控制器针脚损坏，动力电池低压控制插件损坏，应逐步检查快充口 CC2 与快充线束 CC2、整车控制器插件 17 针是否导通，检查快充口 S－与快充线束整车低压线束插件 S－是否导通，检查快充口 S＋与快充线束整车低压线束插件 S＋是否导通，如不导通，更换或维修；检查快充线束 S＋与 S－之间的阻值应为（60±5）Ω；检查快充线束整车低压线束插件 S－与动力电池低压插件 T 针及数据采集终端插件 2 针是否导通，阻值应小于 0.5Ω；检查快充线束整车低压线束插件 S＋与动力电池低压插件 S 针及数据采集终端插件 1 针是否导通，阻值应小于 0.5Ω；断开快充线束与数据终端和动力电池低压插件，检查快充线束整车低压线束插件 S＋与 S－之间的阻值应为无穷大，分别检查动力电池和数据采集终端快充 CAN 总线间的电阻，应该都为 120Ω，若不是，应更换或维修；检查快充线束整车低压线束插件 A－与车身搭铁是否导通，若不导通，应更换或维修。

第三节　充电设施

电动汽车充电设施主要包括充电机、充电站及其附属设备，如充电站监护系统、充电桩、配电室以及安全防护设备等。

一、充电机

电动汽车充电机与交流电网连接，从交流电网获取电能再按规定的方式传递给动力电池，从而建立供电电源与动力电池之间的功率转换接口。它一般由功率单元、控制单元、计量单元、充电接口、供电接口及人机交互界面等部分组成，实现充电、计量等功能，扩展具有反接、过载、短路、过热等多重保护功能，以及延时启动、软启动、断电记忆自启动等功能。充电机根据安装位置不同分车载充电机和地面充电机。

1. 车载充电机

车载充电机是指安装在电动汽车上可采用地面交流电网电源对电池组进行充电的装置，以三相或单相交流电源向电动汽车充电。由于只需将充电线插头插接到停车场或其附近的交流电源插座上即可进行充电，所以也称交流充电机。交流充电非常适合用户在家里为电动汽车充电，成本比燃油汽车低，但是速度较慢，充电时间较长。

2. 地面充电机

地面充电机又称为直流充电机，指采用直流充电模式为电动汽车动力电池总成进行充电。直流充电模式是以充电机输出的可控直流电源直接对动力电池总成进行充电。地面充电机一般安装于固定的地点，充电机的交流输入电源已事先连接完成。充电机的直流输出端在充电操作时再与电动汽车连接。地面充电机的功率大，可以提供高达上百千瓦的充电功率，可以对电动汽车进行快速充电。

二、充电站

电动汽车充电站是为电动汽车充电的站点。随着电动汽车的普及，充电站必将成为汽车工业和能源产业发展的重点。电动汽车充电站能较好地解决快速充电问题，节能减排。充电站是服务性基础设施。为提高电动汽车的使用率和方便性，除了及时给电池充电外，还可以采用更换电池组的方式（在电量耗尽时，用充满电的电池组进行更换）。这种电池更换站除了要配备大量的充电机外，还需要具有电池更换设备以自动完成电池组的更换，同时还需要大量电池及电池存放区。

1. 标准充电站（又称充电桩）

标准充电站也就是常规充电站，它是为带车载充电机的电动汽车设计的，属于交流慢充，采用正常电流充电，一般分布在居民区或工场附近的停车场，规模较大，以便能够同时为很多电动汽车充电，一般电动汽车充满电需要 6～8h。实际应用时，电动汽车驾驶员只需将车停放在充电站的指定位置，接上电线即可开始充电。

根据目前电动汽车常规充电的数据资料，一般以 20～40 辆电动汽车来配置一个充电站，这种配置是考虑充分利用晚间谷电进行充电，缺点是充电设备利用率低。在高峰时也考虑充电，则可以以 60～80 辆电动汽车来配置一个充电站，缺点是充电成本上升，增加了高峰负荷。

2. 快速充电站

快速充电站又称应急充电站，是直流充电，充电桩已经将交流电转换为直流电，插上充电枪后即可充电，充电时间与燃油汽车加油时间接近。快速充电可以提高电动汽车的使用方便性，但是也会给电力系统带来负面影响，如谐波污染、用电高峰的高电流需求等，另外对电池使用寿命也会产生很大的影响。

在上述两种充电模式中，标准充电模式适用于办公楼或商场充电，快速充电则因充电电流大而通常在公共充电站进行。根据目前电动汽车快速充电的数据资料，一般以同时向 8 辆电动汽车充电来配置一个充电站。

3. 机械充电站

机械充电站可以结合常规充电站建设同时考虑，可以根据需要选择更大容量的变压器。大型机械充电站一般是以 80～100 组充电电池同时充电的一个充电站，主要适用于出租车行业或电池租赁行业，一天不间断充可以完成 400 组电池的充电。

除了设置充电站进行电动汽车的充电外，可以根据实际采取便携式充电。

(1) 别墅　具有三相四线表计、独立的停车库，可以利用已有的住宅供电设施，从住宅配电箱专门放一路 $10mm^2$ 或 $16mm^2$ 的线路至车库的专用插座，来提供便携式充电电源。

(2) 一般住宅　具有固定的集中停车库，一般要求地下停车库（充电安全考虑），可以利用小区原有的供电配套设施进行改造，必须根据小区已有的负荷容量来考虑，包括谷电的负荷。具体方案应根据小区的供电设施、方案以及小区的建筑环境具体来确定。

4. 充电站的充电方法

电动汽车电池放电后，用直流电按与放电电流相反的方向通过电池，使它恢复工作能力，这个过程称为电池充电。电池充电时，电池正极与电源正极相连，电池负极与电源负极相连，充电电源电压必须高于电池的总电动势。充电按照所需时间分常规充电（也叫慢充）和快充，慢充有恒电流充电和恒电压充电两种。

(1) 常规充电方法　常规充电制度是依据 1940 年前国际公认的经验法则设计的。其中最著名的就是“安培小时规则”：充电电流安培数，不应超过电池待充电的安时数。实际上，常规充电的速度被电池在充电过程中的温升和气体的产生所限制。这个现象对电池充电所需要的最短时间具有重要意义。

① 恒流充电法　恒流充电法是用调整充电装置输出电压或改变与蓄电池串联电阻的方法，保持充电电流不变的充电方法。控制方法简单，但由于电池的可接收电流能力是随着充电过程的进行而逐渐下降的，到充电后期，充电电流多用于电解水，产生气体，出气量过多，因此，常选用分阶段充电法，包括二阶段充电法和三阶段充电法。

二阶段充电法采用恒电流和恒电压相结合的快速充电方法，首先，以恒电流充电至预定的电压值，然后，改为恒电压完成剩余的充电。一般两阶段之间的转换电压就是第二阶段的恒电压。

三阶段充电法在充电开始和结束时采用恒电流充电，中间用恒电压充电。当电流衰减到预定值时，由第二阶段转换到第三阶段。这种方法可以将出气量减到最少，但作为一种快速充电方法使用，受到一定的限制。

② 恒压充电法　充电电源的电压在全部充电时间里保持恒定的数值，随着电池端电压的逐渐升高，电流逐渐减少。与恒流充电法相比，其充电过程更接近于最佳充电曲线。用恒定电压快速充电时，由于充电初期电池电动势较低，充电电流很大，随着充电的进行，电流将逐渐减少，因此，只需简易控制系统。

(2) 快速充电法　快速充电法分脉冲式充电法、ReflexTM 快速充电法、变电流间歇充电法、变电压间歇充电法以及变电压变电流波浪式间歇正负零脉冲快速充电法五种。

① 脉冲式充电法　这种充电法不仅遵循蓄电池固有的充电接受率，而且能够提高电动汽车蓄电池充电接受率，从而打破了蓄电池指数充电接受曲线的限制，这也是蓄电池充电理论的新发展。

② ReflexTM快速充电法　这种技术是美国的一项专利技术，它主要面对的充电对象是镍镉电池。由于它采用了新型的充电方法，解决了镍镉电池记忆效应，因此，大大降低了蓄电池快速充电的时间。铅酸蓄电池的充电方法和对充电状态的检测方法与镍镉电池有很大的不同，但它们之间可以相互借鉴。ReflexTM充电法的一个工作周期包括正向充电脉冲和反向充电脉冲。

③ 变电流间歇充电法　这种充电法建立在恒流充电和脉冲充电的基础上，其特点是将恒流充电段改为限压变电流间歇充电段。充电前期的各段采用变电流间歇充电的方法，保证加大充电电流，获得绝大部分充电量。充电后期采用定电压充电方法，获得过充电量，将电池恢复至完全充电状态。通过间歇停充，使电池经化学反应产生的氧气和氢气有时间重新化合而被吸收掉，使浓差极化和欧姆极化自然而然地得到消除，从而减轻了电池的内压，使下一轮的恒流充电能够更加顺利地进行，使电池可以吸收更多的电量。

④ 变电压间歇充电法　在变电流间歇充电法的基础上又有人提出了变电压间歇充电法。与变电流间歇充电法不同之处在于第一阶段不是间歇恒流，而是间歇恒压。在每个恒电压充电阶段，充电电流按照自然指数规律下降，符合电池电流可接受率随着充电的进行逐渐下降的特点。

⑤ 变电压变电流波浪式间歇正负零脉冲快速充电法　这种方法集合了脉冲充电法、ReflexTM快速充电法、变电流间歇充电法及变电压间歇充电法的优点，得到发展应用。充电电路的控制一般有两种：脉冲电流的幅值可变，脉冲电流幅值固定不变。

第四节　充电设施的操作管理规范

一、充电工作岗位要求

(1) 工作时间必须穿工作服，佩戴胸卡。

(2) 严格遵守充电操作规范和电池维护安装操作规范。

(3) 禁止踩踏电池（箱），禁止在电池（箱）上堆放物品。

(4) 电池（箱）零部件定点放置，禁止随便丢弃。

(5) 工作时间不得擅自离开工作岗位，如确实需要，必须向主管领导汇报。

(6) 工作中出现的异常情况必须向上一级汇报，不得擅自处理。

(7) 工作时严禁闲谈，工作区内禁止吸烟。

(8) 充电前应对电池电压情况进行测量，如发现电压、电池形状有异常，应及时汇报。充电过程中，应及时监测电池电压的变化过程。

(9) 充电结束后，认真填写相关记录表格。

(10) 维护用具及设备，在使用中责任到人，如在工作中发现重大事故隐患，应及时向上级汇报，以得到有效处理。

(11) 每日结束工作前，应整理工作区，以保证工作区清洁。

(12) 不准带与工作无关的人员进入工作区。

(13) 不准操作与本职工作无关的设备。

二、充电操作注意事项

(1) 对于不同车型使用不同型号的充电机，按照充电调度人员的安排进行汽车充电工作。

(2) 在汽车充电过程中，认真观察电池电压、电流等参数的变化，出现异常应及时关机，并向上级汇报。

（3）确认充电插头正负极后再插接，确保插接安全可靠，两名值班充电员都确认无误后再开机充电。

（4）正常充电前，必须确认充电机充电参数设定与汽车电池类型、电池参数相匹配。

（5）在充电开始前和结束后，都应认真填写相关记录表格。

（6）充电结束后，必须先关闭充电机电源，再拔下充电插头。

（7）充电结束后，必须把充电线整理整齐，关闭并锁好汽车门窗及电池箱口。

（8）在充电过程中，不准擅自离开充电现场，不准在车厢内休息。

（9）为了避免充电设备损坏，在充电时需要注意以下几点。

① 请勿在充电口盖打开的状态下关闭充电口舱门。请勿用力拉或者扭转充电电缆。请避免使充电设备遭受撞击。

② 请勿在温度高于50℃的环境下存放或者使用充电设备。

③ 请勿把充电设备放在靠近加热器或其他热源的地方。若外部电网断电不超过24h，会重新自动启动充电，不用重新连接充电器。充电时，请勿停留在车内。

④ 充电时电源挡位需处于“OFF”挡，电源为“OK”挡时不能充电，禁止电源为“OK”挡时充电。

⑤ 充电时，行李箱内的高压配电箱处于工作状态，此时会发出几次继电器吸合的“咔哒”声，属于正常现象。

⑥ 充电时请离开充电车辆并严格按照充电站的要求进行充电。当动力电池电量充满后，系统会自动停止充电。

⑦ 停止充电时应先将充电柜或充电桩关闭，再断开充电器。家用交流充电时应先断开交流充电器，再断开插座端电源。

⑧ 启动车辆前请确保充电器已经断开，充电口盖和充电口舱门已经关闭，因为在充电器锁止机构没有完全锁止状态下，车辆可能也可以上“OK”挡，并能够挂挡行驶，有损坏充电设备及车辆的风险。充电口盖未关闭，水或外来物质有进入充电口端子的风险，会影响正常使用。

⑨ 当环境温度低于0℃时，充电时间比正常时间要长，充电能力较低，具体充电时间以仪表显示时间为参考。

⑩ 如果车辆长时间不使用，为了延长动力电池的使用寿命，每3个月对车辆充放电一次。

⑪ 为方便使用，仪表上会提示预计充满电的时间。在不同温度、电量、充电设施等情况下，充满电时间可能有一定偏差，属于正常现象。

⑫ 如果充电口舱门因天气等原因冻住，请使用热水或不高于100℃的加热装置将冰融化后再开启充电口舱门，请勿强行打开。

三、充电机安全操作规程

（1）检查充电站三相输入和直流输出线的连接插头是否可靠。

（2）选择是否在电池管理模式下运行，根据电池特性设定合适的电压、单体限制电压和充电电流等参数，第一次设定好参数后，请勿擅自改动，以便下次充电时能自动显示最近一次的充电参数。

（3）若接触器、液晶显示器、风扇等工作不正常，请勿开机，等待维修处理。

（4）充电中密切监控充电机的运行状态，包括充电电流、充电电压和电池温度，带电池管理系统的还需检测单体电压变化。

（5）电池充电接近饱和后电压上升较快，应密切观测并及时停机，充电时如发现异常应立即停机处理，记录故障情况，并及时反馈给充电技术人员，待相关人员处理。

（6）充电机安全操作注意事项如下。

① 避免充电机带“病”运行，如发现充电机内部响声异常、电流/电压显示异常、机内有不正常气味或烟雾产生、液晶屏显示异常以及各信号指示灯显示异常等，应立即停机处理。充电机运行中按下启/停按钮没有反应或充电机出现异常响声、烟雾等情况，应按下急停按钮，以免造成更多的元器件损坏。

② 如充电机在运行过程中发生异常，应将同属于该充电架上的其他充电机全部停机，切断该充电架的三相电源总开关后才能取下维修。严禁非专业人士拆开充电机，所有操作人员及维修人员需进行专业培训后才能上岗。为避免充电机电池剩余电荷危及人身安全，故障发生后应过 15min 才能拆开充电机进行维修，且维修时应采取防静电措施。

③ 按键操作时请勿用力过大，严禁用硬物涂刮充电机外壳和液晶屏。

④ 充电机外壳应用电缆良好接地，充电过程中严禁靠近充电机和电池，禁止在充电过程中突然断开电源或负载插头。

⑤ 因充电机属于大功率设备，主要靠强制风冷散热，充电时应确保其周围通风正常，并定期检查风扇是否正常工作。

⑥ 如遇雷电天气，为保证充电机不受损害，建议停止充电。如遇下雨天气过后充电的情况，因空气湿度较大，请将充电机先接通电源待机工作 30min 后才能开始充电。

⑦ 充电机运行时，禁止打开柜门，禁止拔下充电枪。

⑧ 充电机正常运行时，切忌随意断开断路器或者按下急停按钮。

四、电动汽车充电操作方法

充电桩分为直流充电桩和交流充电桩两种，这两种都是电动汽车传统式充电的供电设备。直流充电桩输入是交流电，输出是直流电，可以为电动汽车电池直接充电，充电速率快。交流充电桩输入是交流电，输出也是交流电，它接电动汽车的车载式充电机，通过车载式充电机为电池充电，受限于车载充电机的功率，充电速率慢。

1. 充电桩或壁挂式充电盒交流充电操作方法

（1）电源挡位推至“OFF”挡（启动开关按钮上的绿灯不亮），如图 7-13 所示。

（2）打开交流充电口盖，如图 7-14 所示。交流充电桩输出和输入都是交流电，一般的接口有 7 根线，包括交流电源两根线 L、N，接地线 PE，充电连接确认 CC 等。

图 7-13 电源挡关闭

图 7-14 打开交流充电口盖

（3）连接电动汽车与充电桩或壁挂式充电盒，具体操作如下。

① 双手紧握充电枪，右手大拇指按下充电枪上的红色按钮，拔下充电枪，如图 7-15

所示。

② 一手紧握充电枪手柄，一手拉充电枪电缆线，如图 7-16 所示。

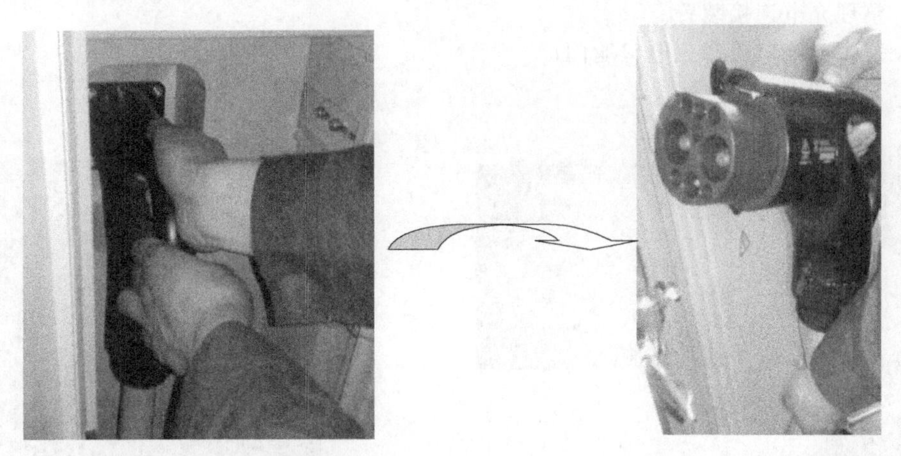

图 7-15 拔充电枪操作

图 7-16 拉充电枪操作

③ 把充电枪口对准充电口，插入充电口，听到“咔”的响声，代表卡扣已经卡到卡槽中，确认已连接完成。

(4) 检查仪表上充电指示灯是否点亮，如图 7-17 所示。

(5) 交流充电桩或壁挂式充电盒设置启动充电按钮，如图 7-18 所示。

(6) 停止充电，交流充电桩或壁挂式充电盒会自动结束充电；或自行结束充电，点击充电盒上的完成按钮，如图 7-19 所示。

(7) 拔下充电枪，插入到充电盒或充电柜上。

(8) 关闭交流充电口盖，如图 7-20 所示。

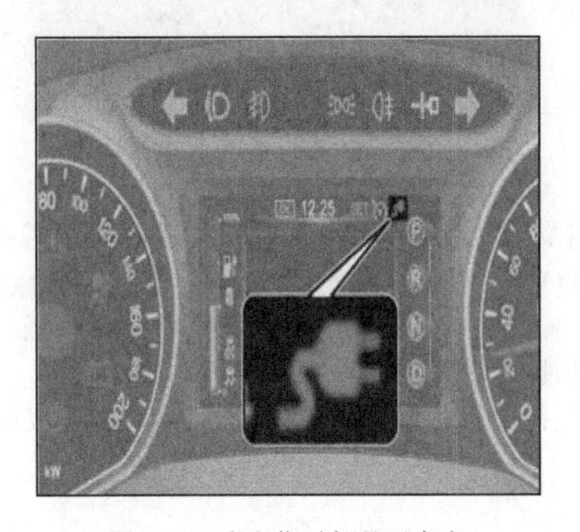

图 7-17 充电指示灯是否点亮

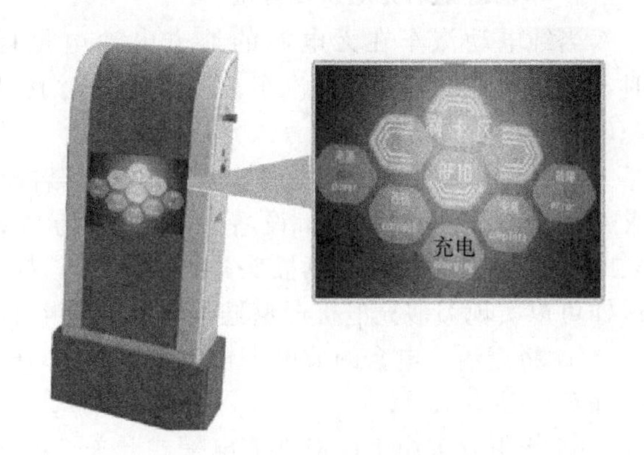

图 7-18 设置启动充电按钮

2. **通过交流充电连接装置实现家用交流充电**

(1) 电源挡位为“OFF”挡。

(2) 打开充电口舱门，打开交流充电口盖。

(3) 先连接供电端三芯插头，控制盒点亮“Ready”指示灯，同时“Charge”指示灯闪烁。

(4) 再连接车辆端充电连接器，仪表上充电连接指示灯点亮。

（5）结束充电，断开车辆端充电连接器，按下开关，拔出车辆插头。

（6）断开供电插头。

（7）整理充电连接装置。

（8）关闭充电口盖和充电口舱门。

（9）充电结束。

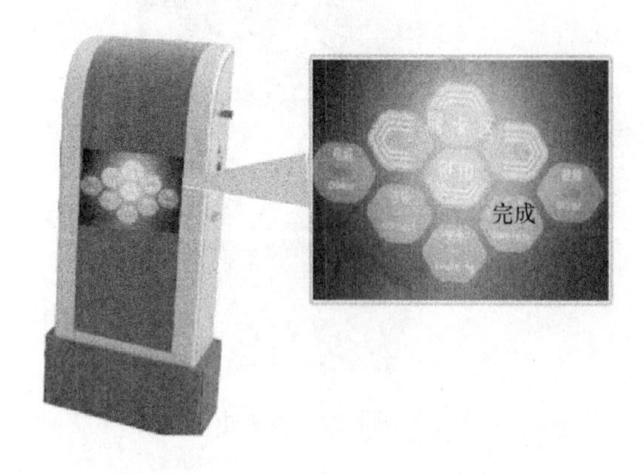

图 7-19　点击完成充电按钮

图 7-20　关闭交流充电口盖

3. 直流充电操作方法

（1）电源挡位推至“OFF”挡（启动开关按钮上的绿灯不亮），如图 7-13 所示。

（2）打开直流充电口盖，如图 7-21 所示。

（3）连接车辆与充电桩或壁挂式充电盒。

后续过程与交流充电方法一样，这里不再赘述。

图 7-21　打开直流充电口盖

4. 车辆对车辆充电操作方法

当纯电动汽车在无电源的地方电池电量耗尽时，可以用另一辆纯电动汽车充当充电盒对其进行充电。

将充电车辆点火开关置于“OFF”挡且启动脚刹或电子驻车（装有时），将放电车辆点火开关置于“OFF”挡，设置放电模式为“VTOV”，连接车辆对车辆放电连接装置，VTOG 控制器检测到车辆插头连接正常后，控制输出功率实现对充电车辆的充电的功能。这样可以实现类似充电桩或壁挂式充电盒充电的功能。对充电车辆充电的步骤具体如下。

① 将充当放电盒的放电车辆电源置为“OFF”挡，车辆挡位为“P”挡且启动脚刹或电子驻车（装有时）；

② 按下开关组上的对外放电模式开关“discharge”；

③ 仪表上弹出设置对话框，选择“VTOV”放电模式；

④ 打开充电口舱门；

⑤ 打开交流充电口盖；

⑥ 连接随车配备的车辆对辆放电连接装置，将带有车辆插头的一端与车辆插座相连，此时仪表提示相关信息，即实现放电功能，充电车辆仪表显示为充电状态；

⑦ 充电结束后，断开充电连接线，车辆结束充电；

⑧ 关闭交流充电口盖和充电口舱门。

课后习题

一、选择题

1. 电动汽车通过外部充电的方式有（　　）。

A. 交流充电和能量回收　　B. 直流充电和能量回收
C. 直流充电和交流充电　　D. 低压充电和能量回收

2. 关于车载充电机，下列说法正确的是（　　）。

A. 将交流电整流成直流电，为动力电池充电
B. 将交流电整流成直流电，为低压电池充电
C. 将直流电整流成交流电，为动力电池充电
D. 将直流电整流成交流电，为低压电池充电

3. 根据国家标准规定，电动汽车交流充电枪枪口为（　　）孔。

A. 5　　B. 6　　C. 7　　D. 8

4. 根据国家标准规定，电动汽车直流充电枪枪口为（　　）孔。

A. 6　　B. 7　　C. 8　　D. 9

5. 通过交流电对纯电动汽车的动力电池组进行充电是指（　　）。

A. 充电器　　B. 直流充电　　C. 交流充电　　D. 充电插头

6. 通过直流电对纯电动汽车的动力电池组进行充电是指（　　）。

A. 充电器　　B. 直流充电　　C. 交流充电　　D. 充电插头

7. 将电气设备或其他电能供应设备所输出的交流电，以标准电压和标准电流转变成直流充电电流的设备指的是（　　）。

A. 充电器　　B. 直流充电　　C. 交流充电　　D. 充电插头

8. 连接插电式汽车与充电设备的接口是（　　）。

A. 充电器　　B. 直流充电　　C. 充电口　　D. 交流充电

9. 交流充电插枪之后，仪表充电指示灯不亮，可能原因是（　　）。

A. CC 断路　　B. 充电枪电源未接　　C. CP 断路　　D. 点火开关损坏

10. 未插枪，仪表充电指示灯点亮，可能原因是（　　）。

A. CC 断路　　B. CC 搭铁　　C. CP 断路　　D. 点火开关损坏

11. 交流充电插枪之后，仪表长期处于充电连接中，可能原因是（　　）。

A. CC 断路　　B. CP 断路　　C. 主接触器不工作　　D. 主控制器不工作

12. 交流充电时，通过数据流不能看到的信息是（　　）。

A. 充电电流　　B. CC 信号连接情况　　C. CP 占空比　　D. 电机相电流

13. 3.3kW 交流充电柜 CC 与 PE 之间的电阻值为（　　）。

A. 220Ω 左右　　B. 680Ω 左右　　C. 1kΩ 左右　　D. 1.5kΩ 左右

14. 7kW 交流充电桩 CC 与 PE 之间的电阻值为（　　）。

A. 220Ω 左右　　B. 680Ω 左右　　C. 1kΩ 左右　　D. 1.5kΩ 左右

15. 2kW 交流充电便携式充电枪 CC 与 PE 之间的电阻值为（　　）。

A. 220Ω 左右　　B. 680Ω 左右　　C. 1kΩ 左右　　D. 1.5kΩ 左右

16. 直流充电柜枪口 CC2 与 PE 之间的电阻值为（　　）。

A. 220Ω 左右　　B. 680Ω 左右　　C. 1kΩ 左右　　D. 1.5kΩ 左右

17. 整车直流充电口 CC1 与 PE 之间的电阻值为（　　）。

A. 220Ω 左右　　B. 680Ω 左右　　C. 1kΩ 左右　　D. 1.5kΩ 左右

18. 交流充电时，充电指示灯点亮，仪表不能显示充电功率和剩余充电时间的原因可能

是（　　）。

A. 霍尔传感器损坏　B. 点火开关未开　　C. CC 未连接　　　D. 充电枪未插入

二、判断题

1. 车载充电机（VTOG 或 OBC）通过交流充电口与交流充电枪连接后，实现与交流供电设备连通，并最终实现交流充电。（　　）

2. 新能源汽车充电系统中充电接触器的作用是接通高压充电回路。（　　）

3. 恒压充电是指充电过程中充电电压始终保持不变的充电方法。（　　）

4. 在充电过程中，为了冷却车载充电器可能会自动接通电动冷却液泵和电子扇。（　　）

5. 根据国家标准 GB/T 20234，充电枪在锁止状态下，施加 200N 的拔出外力时，连接不应断开，且锁止装置不应损坏。（　　）

三、简答题

1. 快充的优缺点是什么？

2. 慢充的优缺点是什么？

第八章

混合动力电动汽车

学习目标：

了解各种类型混合动力电动汽车的组成

了解各种类型混合动力电动汽车的工作模式

纯电动汽车是解决能源危机的最佳途径，但是其续航能力、充电效率以及实际充电系统的发展限制了纯电动汽车的发展。混合动力车辆具有节能、低排放、持续续航能力、动力性能好的优点，汽车的热效率可提高10%以上，废气排放可改善30%以上。所以混合动力汽车成为目前最具有节能潜力和市场前景的车型之一。

第一节　混合动力电动汽车的概述与分类

一、混合动力电动汽车的概述

混合动力汽车（hybrid vehicle）广义上是指车辆驱动系统由两个或多个能同时运转的单个驱动系统联合组成的车辆，车辆的行驶功率依据实际的车辆行驶状态由单个驱动系统单独或共同提供。

通常所说的混合动力汽车，一般是指油电混合动力汽车（Hybrid Electric Vehicle，HEV)，即采用传统的内燃机（柴油机或汽油机）和电动机作为动力源，也有的发动机经过改造使用其他替代燃料，例如压缩天然气、丙烷和乙醇燃料等。

通过在混合动力汽车上使用电动机，使得动力系统可以按照整车的实际运行工况灵活调控，而发动机保持在综合性能最佳的区域内工作，从而降低了油耗与排放。混合动力汽车就是在纯电动汽车上加装一套内燃机，其目的是减少汽车的污染，增加纯电动汽车的行驶里程。

混合动力汽车的发动机要使用燃油，而且在起步、加速时，由于有电动机的辅助，可以在启动的瞬间产生强大的动力，因此，在享受更强劲的起步、加速的同时，还能实现较高水平的燃油经济性。

二、混合动力汽车的主要动力组件

混合动力汽车使用的动力系统包括高效强化的发动机、电动机、发电机、动力电池和动力分配装置。

1. 发动机

混合动力汽车可以广泛地采用四冲程内燃机（包括汽油机和柴油机）、二冲程内燃机（包括汽油机和柴油机）、转子发动机、燃气轮机和斯特林发动机等。利用它们各自的优势，可以构成不同特点的混合动力系统。

2. 电动机

混合动力汽车的电动机可以选择直流电动机、交流异步电动机、永磁同步电动机和开关磁阻电动机等。随着混合动力汽车的发展，直流电动机已经很少采用，多采用交流异步电动机和永磁同步电动机，开关磁阻电动机的应用也得到重视，还可以采用特种电动机作为混合动力汽车的驱动电动机，如轮毂电动机。

3. 发电机

发电机的主要作用是为动力电池进行充电，工作原理和传统汽车发电机相似，将发动机的动能转化为电能，向动力电池充电。

4. 动力电池

混合动力汽车常用的动力电池包括飞轮电池、超级电容器、化学电池、燃料电池、储能器和锌空气电池等。电池一般作为混合动力汽车的辅助能源，只有在启动发动机或电动机辅助驱动时才使用。

5. 动力分配装置

在并联和混联系统中，机械的动力分配装置是耦合发动机和电动机的关键部件。动力分配装置机械复杂性高，且直接影响整车控制策略，因而成为混合动力系统开发的重点和难点。目前采用的动力复合方式有转矩复合、速度复合和双桥动力复合。

三、混合动力电动汽车的分类

根据混合动力驱动的联结方式、结构布置形式和动力传输路线，一般把混合动力汽车分为三类。

（1）串联式混合动力汽车（Split Hybrid Electric Vehicle，SHEV） 串联式混合动力汽车主要由发动机、发电机、驱动电动机等三大动力总成用串联方式组成 HEV 的动力系统。

（2）并联式混合动力汽车（Power Hybrid Electric Vehicle，PHEV） 发动机和驱动电动机都是动力总成，两大动力总成的功率可以互相叠加输出，也可以单独输出。

（3）混动式混合动力汽车（Power-Split Hybrid Electric Vehicle，PSHEV） 综合了串联式和并联式的结构而组成的电动汽车，主要由发动机、电动-发电机和驱动电动机三大动力总成组成。

根据在混合动力系统中混合度的不同，混合动力系统还可以分为以下四类。

（1）微混合动力系统 微混合动力汽车从严格意义上来讲不属于真正的混合动力汽车，因为它的电动机并没有为汽车行驶提供持续的动力。代表车型是 PSA 集团的混合动力版 C3 和丰田的混合动力版 Vitz。

（2）轻混合动力系统 轻混合动力系统除了能够实现用发电机控制发动机的启动和停止，还能够实现：①在减速和制动工况下，对部分能量进行吸收；②在行驶过程中，发动机等速运转，发动机产生的能量可以在车轮的驱动需求和发电机的充电需求之间进行调节。轻混合动力系统的混合度一般在 20%以下。代表车型是通用的混合动力皮卡车。

（3）中混合动力系统 中混合动力系统采用的是高压电动机。另外，中混合动力系统还增加了一个功能：在汽车处于加速或者大负荷工况时，电动机能够辅助驱动车轮，从而补充发动机本身动力输出的不足，从而更好地提高整车的性能。这种系统的混合程度较高，可以达到 30%左右，目前技术已经成熟，应用广泛。代表车型有本田旗下混合动力的 Insight、Accord 和 Civic。

（4）完全混合动力系统 完全混合动力系统采用了 272～650V 的高压启动电动机，混合程度更高。与中混合动力系统相比，完全混合动力系统的混合度可以达到甚至超过 50%。代表车型有丰田的 Prius 和蔚来的 Estima。

第二节　常见混合动力汽车类型

一、串联混合动力电动汽车

1. 串联式混合动力电动汽车的组成

串联式混合动力汽车的动力系统由发动机、发电机和电动机三部分组成。发动机并不直接提供动力，也不能单独驱动车轮，只作为动力源带动发电机发电，电能通过控制器输送到动力电池或电动机，由电动机通过变速机构驱动汽车，驱动系统只是电动机。小负荷时由动力电池驱动电动机以驱动车轮，大负荷时由发动机带动发电机发电驱动电动机，图 8-1 所示为串联式混合动力系统示意图，图 8-2 所示为串联式混合动力系统能量路线图。例如当车辆处于启动、加速、爬坡工况时，发动机带动发电机和电池组共同向电动机提供电能；当电动车处于低速、滑行、怠速工况时，则由电池组驱动电动机，当电池组缺电时则由发动机-发电机组向电池组充电。串联式结构适用于城市内频繁起步和低速运行工况，可以将发动机调整在最佳工况点附近稳定运转，通过调整电池和电动机的输出来达到调整车速的目的，使发动机避免了怠速和低速运转的工况，从而提高了发动机的效率，减少了废气排放。但是它的缺点是能量转换次数多，机械效率较低。

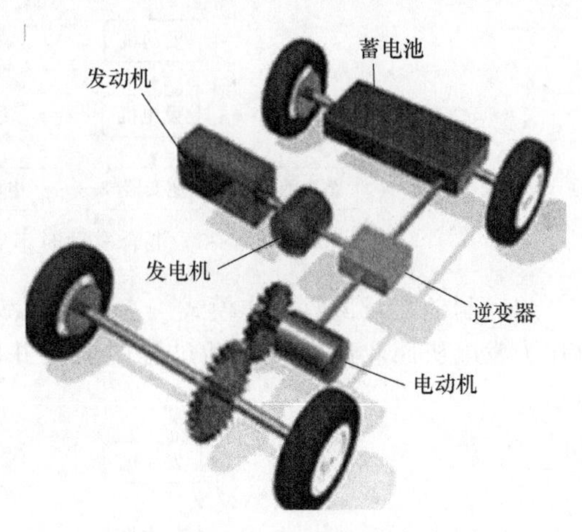

图 8-1　串联式混合动力系统示意图

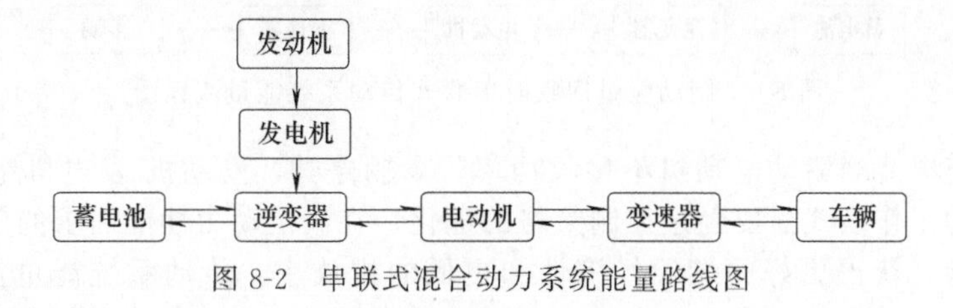

图 8-2　串联式混合动力系统能量路线图

2. 串联式混合动力电动汽车的工作模式与运行工况

（1）纯动力电池驱动工作模式　如果动力电池充满电，则发动机关闭，车辆完全从动力电池组中获得电能，驱动车辆前进。传动系统能量流程图如图 8-3 所示。

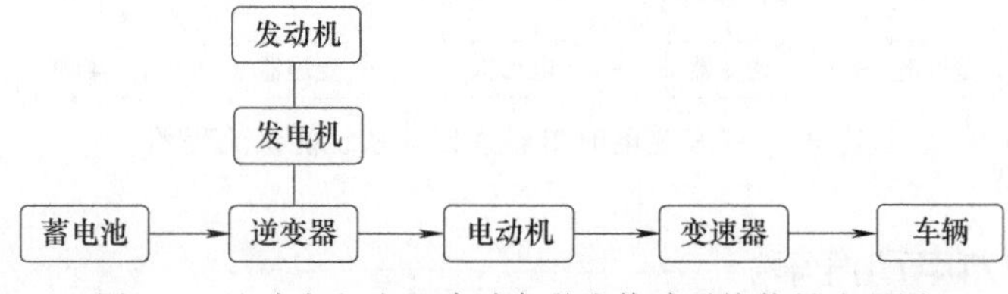

图 8-3　纯动力电池驱动时串联式传动系统能量流程图

（2）纯发动机驱动工作模式　当动力电池电量较低时，发动机被启动，此时发动机以最大功率进行工作带动发电机发电，发电机一方面为电动机提供电能驱动电动机工作，另一方面通过发电机为动力电池充电。传动系统能量流程图如图 8-4 所示。

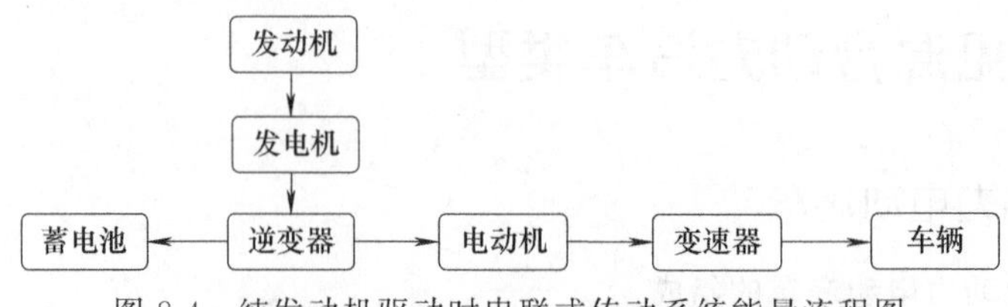

图 8-4 纯发动机驱动时串联式传动系统能量流程图

（3）混合驱动工作模式　当汽车发动机-发电机发电单元提供的最大功率低于汽车所需功率时，由电池组和发动机-发电机发电单元同时获取电能，驱动车辆。传动系统能量流程图如图 8-5 所示。

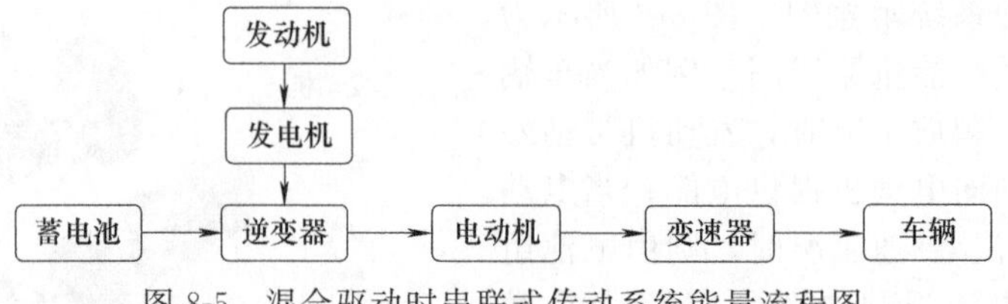

图 8-5 混合驱动时串联式传动系统能量流程图

（4）制动能量回收工作模式　在制动或减速时，电动机起到发电机的作用，由驱动电动机作为发电机回收减速或制动过程的能量并向电池组充电。传动系统能量流程图如图 8-6 所示。

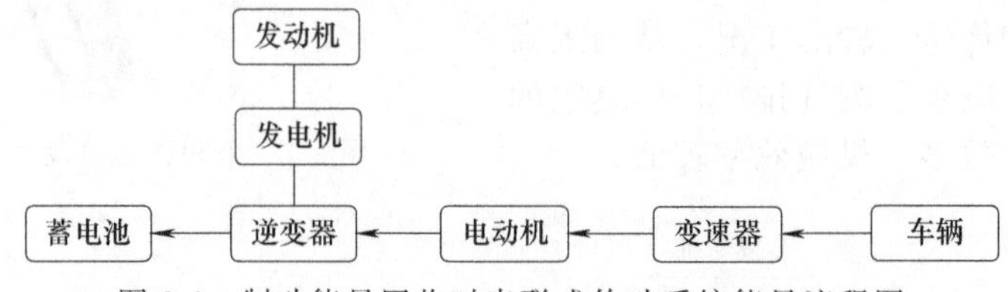

图 8-6 制动能量回收时串联式传动系统能量流程图

（5）停车充电　当驱动电动机不接收功率，车辆停驶，发动机-发电机组仅向电池组充电。实际工作的工作模式需要经过控制策略的优化，在满足动力性能需求的前提下，保护电池的状态和性能，获得更好的燃油经济性和更低的排放率。传动系统能量流程图如图 8-7 所示。

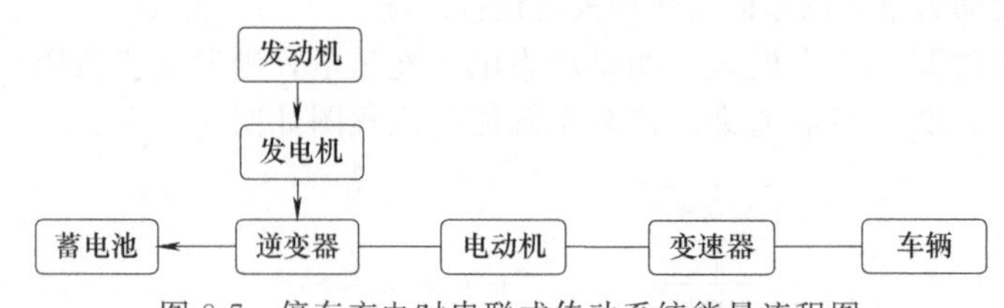

图 8-7 停车充电时串联式传动系统能量流程图

二、并联混合动力电动汽车

1. 并联式混合动力电动汽车的组成

并联式混合动力电动汽车的动力系统主要由发动机、发电/电动机、动力电池组、离合器等部件组成。并联式混合动力电动汽车采用发动机和电动机两套驱动系统，可以单独使用发动机或单独使用电动机作为动力源，也可以同时使用电动机和发动机作为动力源来驱动汽车行驶。所以并联式混合电动汽车采用发动机单独驱动、电动机单独驱动或发动机和电动机联合驱动三种工作模式。与串联式相比，并联式混合动力电动汽车的特点是并联仅用到电动机和发动机，并且发动机和电动机的最大功率较小；缺点是由于发动机与推进系统是共轴连接的，所以并联需要离合器，这使得并联结构复杂，控制难度增大。本田的 Accord 和 Civic 采用的是并联式联结方式。并联式混合动力系统结构示意图如图 8-8 所示，并联式混合动力系统能量流程图如图 8-9 所示。并联结构的特点是以机械形式进行动力复合，发动机通过变速装置和驱动桥直接相连，电机可同时用作电动机或发电机以平衡发动机所受的载荷，使其能在高效率区域工作。

图 8-8　并联式混合动力系统结构示意图

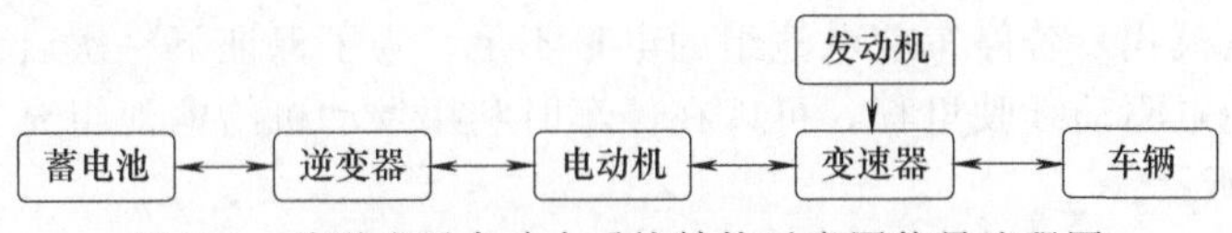

图 8-9　并联式混合动力系统结构示意图能量流程图

2. 并联式混合动力电动汽车的工作模式与运行工况

（1）纯电动机驱动模式　在市区行驶时，如果动力电池完全充满，则选用纯动力电池驱动方式，此时发动机不工作，发动机和变速器之间的离合器分离，不传递动力。动力电池组释放电能，经逆变器将直流电转换为交流电，给动力电动机供电，动力电动机将转矩输入变速器、后桥，从而驱动车辆行驶。传动系统能量流程图如图 8-10 所示。

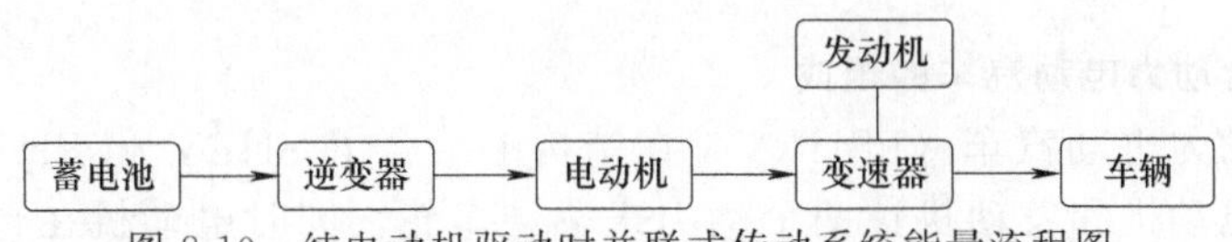

图 8-10　纯电动机驱动时并联式传动系统能量流程图

（2）纯发动机驱动模式　当车辆匀速行驶，满足发动机高效工作区域时，使用纯发动机驱动，可以获得较高的效率。此时发动机工作，发动机与变速器之间的离合器结合，传递动力，驱动汽车工作。传动系统能量流程图如图 8-11 所示。

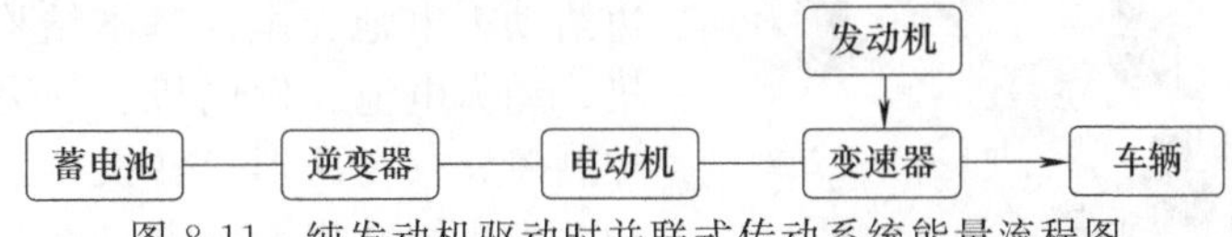

图 8-11　纯发动机驱动时并联式传动系统能量流程图

（3）混合驱动模式　在起步、坡道或加速阶段，一方面发动机运转，与离合器结合，将转矩输入变速器，另一方面动力电池组经逆变器将直流电转换为交流电，给电动机供电，电动机也将转矩输入变速器驱动变速器转动，发动机和电动机共同将动力输入变速器、后桥，从而驱动车辆加速行驶。传动系统能量流程图如图 8-12 所示。

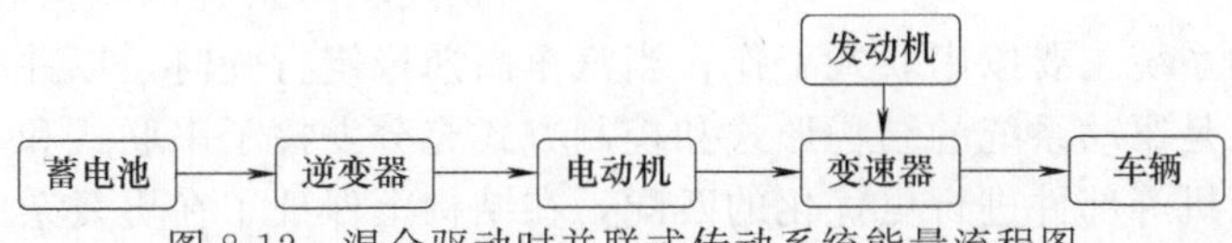

图 8-12　混合驱动时并联式传动系统能量流程图

（4）行车充电模式　当发动机输出功率大于车辆负荷，电池组荷电状态未达到最高限值时，发动机多余能量用来带动电动机给电池组充电。传动系统能量流程图如图 8-13 所示。

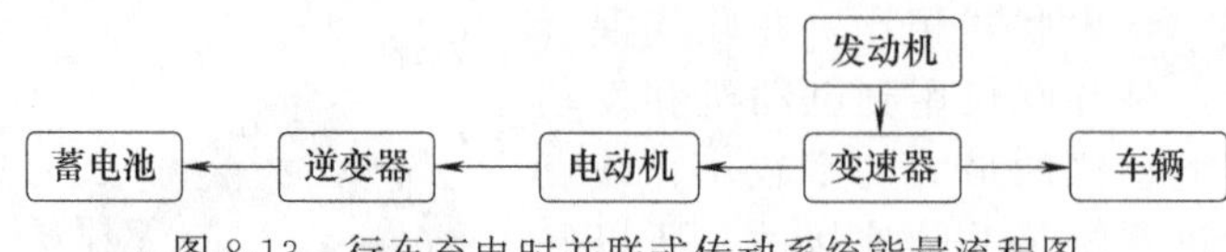

图 8-13　行车充电时并联式传动系统能量流程图

（5）制动能量回收模式　车辆减速制动时电动机作为发电机使用，提供制动力矩，同时回收电能给电池组充电。传动系统能量流程图如图 8-14 所示。

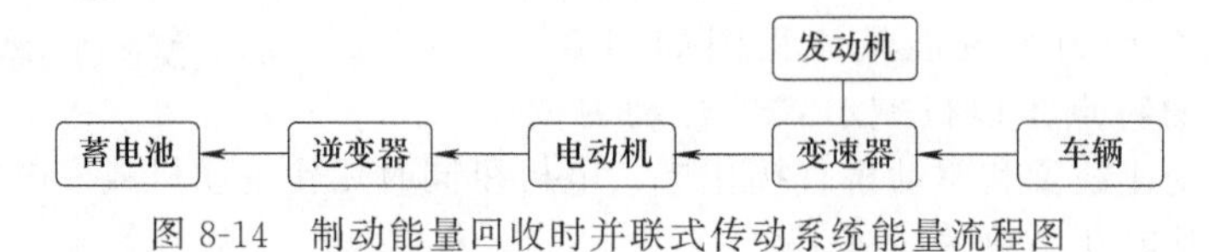

图 8-14　制动能量回收时并联式传动系统能量流程图

（6）停车充电模式　若停车前电池组的电量不足，为了保证下一次启动时可以使用纯电动机启动，增加纯电驱动续驶里程，可以在停车时利用发动机给电池组充电。传动系统能量流程图如图 8-15 所示。

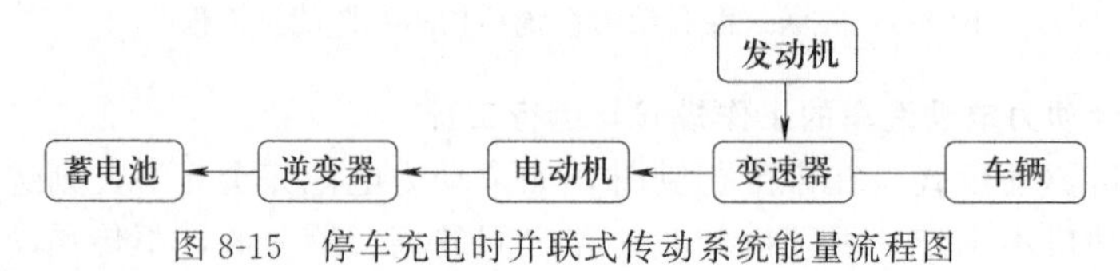

图 8-15　停车充电时并联式传动系统能量流程图

三、混联动力电动汽车

1. 混联式混合动力电动汽车的组成

混联式混合动力电动汽车（PSHEV）在结构上结合了 SHEV 和 PHEV 的特点，混联式混合动力利用电动机和发动机这两个动力来驱动车轮，同时电动机在行驶过程中还可以发电。

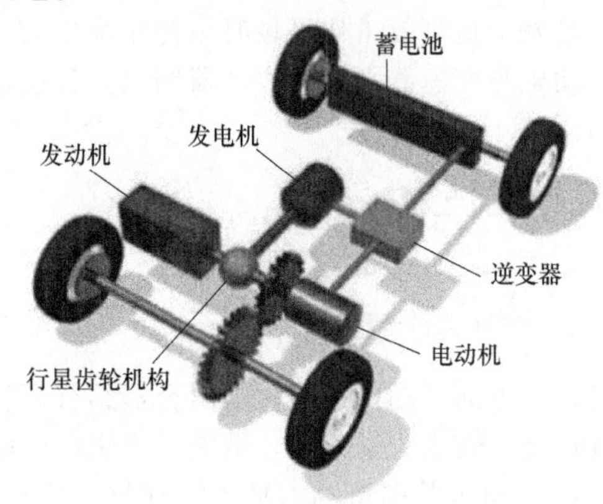

图 8-16　混联式混合动力系统结构示意图

根据行驶条件的不同，可以仅靠电动机驱动来行驶，或者利用发动机和电动机驱动行驶。另外还安装有发电机，所以可以一边行驶，一边给动力电池充电。基本结构由电动机、发动机、动力电池、发电机、动力分离装置、电子控制单元（变压器、转换器）组成。混联式混合动力系统结构示意图如图 8-16 所示，传动系统能量路线图如图 8-17 所示。利用动力分离装置将发动机的动力分成两份，一部分用来直接驱动车轮，另一部分用来发电，给电动机供应电力和给动力电池充电。

混联式驱动系统的一般控制策略：在汽车低速行驶时，驱动系统主要以串联式工作；当汽车高速稳定行驶时，以并联式为主。混合动力电动汽车的优点是驱动系统的结构形式和控制方式充分发挥了串联式和并联式的优点，能够使发动机、发电机等部件进行更优化的匹配，在结构上保证了在更复杂的工况下使系统工

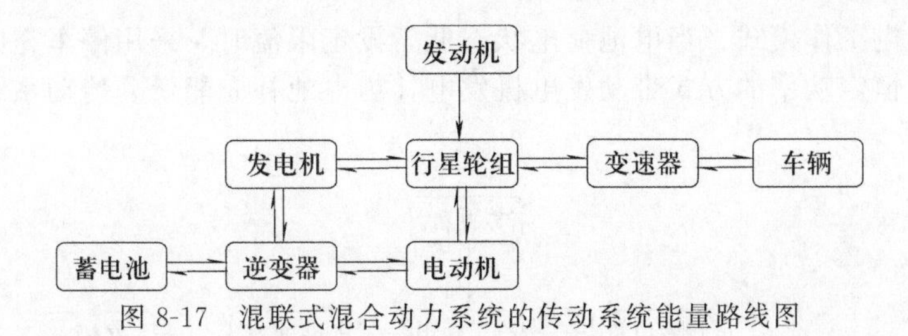

图 8-17 混联式混合动力系统的传动系统能量路线图

作在最优状态。与串联式混合动力汽车相比，动力系统更小、成本降低，多种工作模式下可获得更好的性能，发动机参与驱动，减少了能量转换损失，纯电行驶降低排放，缺点是发动机工作时有害气体的排放高于串联式混合动力汽车；与并联式相比，混联式的动力复合形式更复杂，整车多能源控制系统要求更高、更复杂。因此在机械结构和控制方面对动力复合装置提出了更多的要求。目前的混联式结构一般以行星齿轮机构作为动力复合装置。混联式混合动力电动汽车的代表为丰田普锐斯。

2. 混联式混合动力电动汽车的工作模式与运行工况

混联式混合动力汽车兼具并联和串联混合动力汽车的工作模式。

（1）纯电动机驱动工作模式　在市区行驶时，如果动力电池完全充满，则选用纯动力电池驱动方式，利用电池的电能，通过驱动电动机单独驱动汽车行驶。传动系统能量流程图如图 8-18 所示。

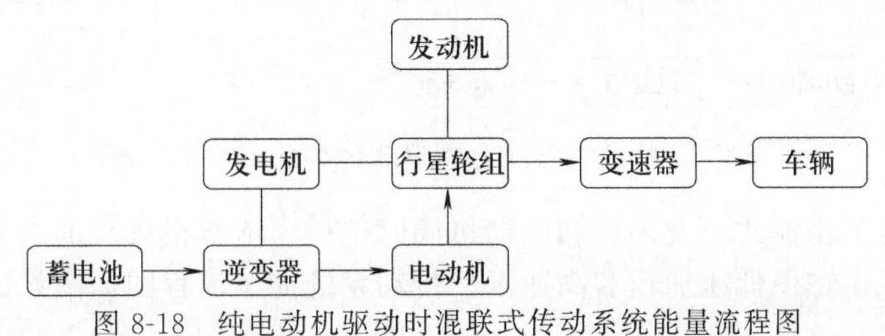

图 8-18 纯电动机驱动时混联式传动系统能量流程图

（2）发动机单独驱动工作模式　高速巡航时，由发动机单独驱动，此种情况和传统汽车工作状况相同，此时发动机工作在经济转速区域。传动系统能量流程图如图 8-19 所示。

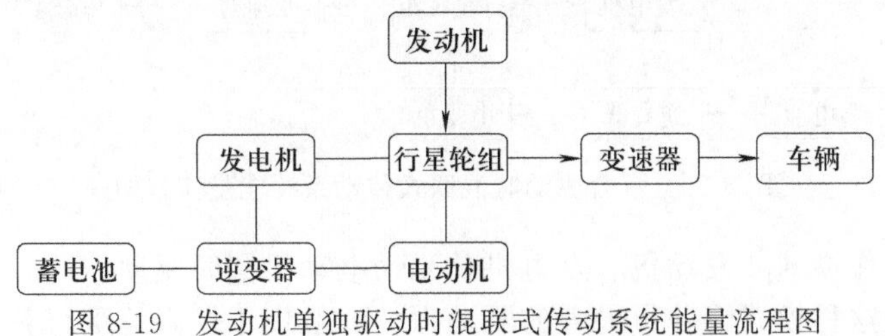

图 8-19 发动机单独驱动时混联式传动系统能量流程图

（3）行车充电工作模式　当动力电池电量较低，汽车运行所需功率低时，发动机一方面驱动汽车行驶，另一方面对动力电池进行充电。传动系统能量流程图如图 8-20 所示。

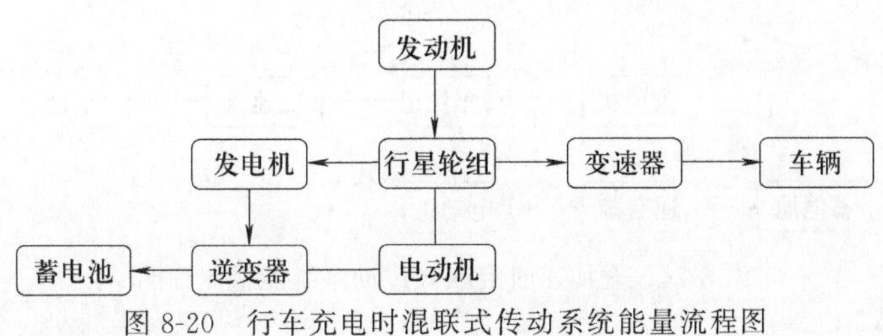

图 8-20 行车充电时混联式传动系统能量流程图

(4) 停车充电工作模式　当电池荷电状态低于设定限值时，采用停车充电模式，发动机在经济区以输出恒定功率的方式带动发电机发电，为电池补充能量。传动系统能量流程图如图 8-21 所示。

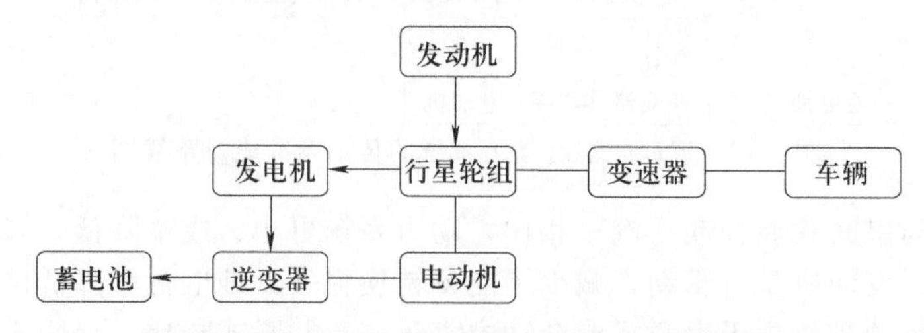

图 8-21　停车充电时混联式传动系统能量流程图

(5) 制动能量回收工作模式　汽车制动时，车轮提供反向扭矩，带动驱动电动机来作为发电机发电，以此回收能量。通过回收制动能量，混合动力车能很好地控制油耗和排放。这种模式工作在中高速滑行和制动工况下。传动系统能量流程图如图 8-22 所示。

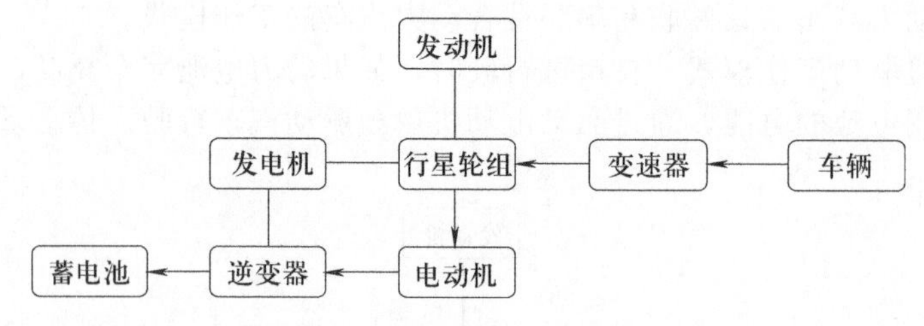

图 8-22　制动能量回收时混联式传动系统能量流程图

(7) 混合驱动工作模式　发动机和电动机同时工作，能提供较大的动力输出，因此这种模式通常适合于工作在中低速加速和高速区。传动系统能量流程图如图 8-23 所示。

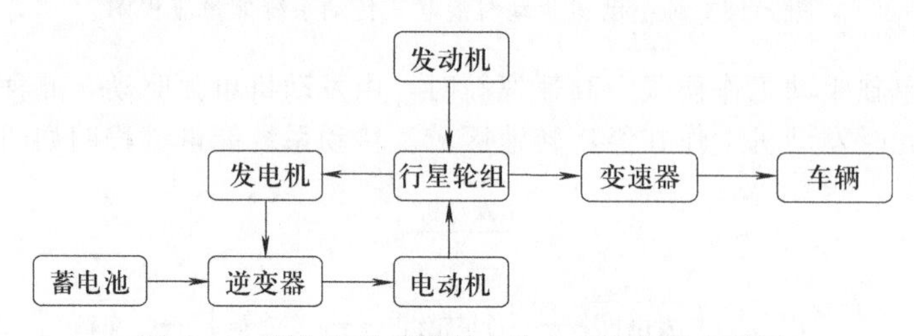

图 8-23　混合驱动时混联式传动系统能量流程图

(8) 全加速工作模式　发动机、发电机及驱动电动机同时驱动。此时，所有的能量都输出用于驱动汽车，这种模式能获得最大的驱动力。一般用于极限速度行驶、超车等情况。传动系统能量流程图如图 8-24 所示。

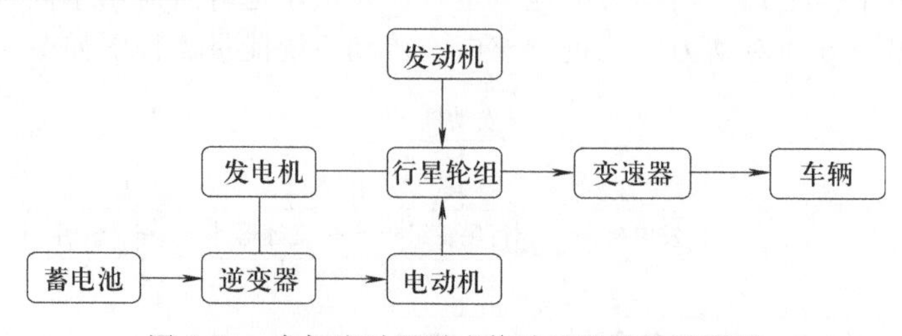

图 8-24　全加速时混联式传动系统能量流程图

四、插电式混合动力电动汽车

插电式混合动力汽车（Plug-in Hybrid Electric Vehicle，PHEV）是新型的混合动力电动汽车。插电式混合动力汽车与普通混合动力汽车的区别：普通混合动力汽车的电池容量很小，仅在启/停、加/减速的时候供应/回收能量，不能外部充电，不能用纯电模式较长距离行驶；插电式混合动力车的电池容量相对比较大，可以外部充电，可以用纯电模式行驶，电池电量耗尽后再以混合动力模式（以内燃机为主）行驶，并向电池充电。插电式混合动力汽车的优点是纯电模式下行车安静，有很好的起步和加速性，油耗低；缺点是成本高，车重大。代表车型有丰田普锐斯和保时捷918。

课后习题

一、选择题

1. 混合动力系统简称（　　）。

A. HPS　　B. ABS　　C. HSP　　D. HEV

2. 以下哪项不是混合动力汽车的简称？（　　）。

A. HV　　B. HEV　　C. HE　　D. HC

3. 由燃料电池和电能储存器组成的混合动力电动汽车常缩写为（　　）。

A. FCHV　　B. HHV　　C. HEV　　D. HV

4. 并联式混合动力电动汽车简称（　　）。

A. PHEV　　B. SHEV　　C. THEV　　D. YHEV

5. SHEV的全称是（　　）。

A. 并联式混合动力电动汽车　　B. 串联式混合动力汽车

C. 混联式混合动力汽车　　D. 串并联式混合动力汽车

6. 以下哪项不能称为混联式混合动力汽车？（　　）

A. 串并联混合式混合动力汽车　　B. 并联式混合动力汽车

C. 混联式混合动力汽车　　D. 串联式混合动力汽车

7. 丰田普锐斯的动力系统采用以下哪种形式？（　　）

A. 串联式混合动力系统　　B. 并联式混合动力系统

C. 混联式混合动力系统　　D. 串并联式混合动力系统

二、判断题

1. 电动汽车续驶里程长，承载量少。（　　）

2. 电动汽车成本低。（　　）

3. 动力传动系统的作用是产生动力并将其传给驱动轮。（　　）

4. HEV只有一种动力源。（　　）

5. 一般混合动力汽车是指同时装备两种动力源——热动力源（由传统内燃机产生）与电动力源（电池与电动机产生）的汽车。（　　）

6. PHEV的显著特点是采用发动机和电动机两套独立机构驱动车轮，发动机和电动机通常采用不同的离合器来驱动汽车。（　　）

7. 从能源转换效率和汽车的行驶性能对串联式、并联式和混联式混合动力系统进行比较的话，混联式混合动力系统的性能低于串联式、并联式系统。（　　）

三、简答题

1. 简述并联式混合动力电动汽车的工作模式。

2. 简述串联式混合动力电动汽车的工作模式。

3. 简述混联式混合动力电动汽车的工作模式。

第九章

纯电动汽车的故障诊断与排除

学习目标：

掌握电路图的读图方法

学会诊断仪故障码的读取和数据流的分析

了解纯电动汽车的故障诊断方法

纯电动汽车的基础电气系统和传统汽车基本相同，不再详细分析，本章主要是对纯电动汽车特有的系统进行故障诊断与分析，纯电动汽车的故障主要有纯电动汽车无法启动、纯电动汽车启动后无法通高压电、纯电动汽车通高压电后无法行驶以及纯电动汽车无法正常充电四大类故障，现在以比亚迪 E5 为例对纯电动汽车进行故障诊断与分析，从而学习纯电动汽车的故障诊断方法与思路。

一、故障 1：纯电动汽车无法启动

案例：踩下比亚迪 E5 纯电动汽车的制动踏板，按下启动按钮，车辆无法启动。

比亚迪 E5 电路如图 9-1 所示，根据电路图分析可知，比亚迪 E5 的启动条件是 BCM 电控单元工作正常、智能钥匙 Keyless 工作正常、转向轴锁工作正常，电控单元能够接收到启动按钮和制动踏板信号，在 BCM 的控制下 IG1 和 IG2 工作正常，车辆才能启动。根据工作条件，主要查看以下几个方面。

1. 查看 BCM 电控单元、智能钥匙 Keyless、转向轴锁是否有故障

BCM 电控单元、智能钥匙 Keyless、转向轴锁工作是否正常取决于电源线是否供电、搭铁线是否搭铁良好、启动网工作是否正常和电控单元本身是否正常。首先用故障诊断仪通过防盗系统进入三个电控单元，若三个电控单元能进入则说明其工作正常，若无法进入则检查其电源、搭铁、启动总线和电控单元本身。前提是诊断仪工作正常、OBD 诊断接口和诊断网线以及网关工作正常。

BCM 电控单元的电源线路：蓄电池→保险 F2/25→MICU-W23。BCM 电控单元的搭铁线路：MICU-W22→Eg01。BCM 电控单元启动 CAN 总线的端子是 G2R-9 和 G2R-8。如果 BCM 无法进入，则用万用表测量 MICU-W23 对车身的电压，正常值为 11～14V；测量 MICU-W22 对地的电阻，正常值小于 1Ω；测量启动网 CAN-L 的 G2R-9 端子，电压正常值为 1.5～2.5V；CAN-H 的 G2R-8 端子，电压正常值为 2.5～3.5V。

智能钥匙 Keyless 的电源线路：蓄电池→保险 F2/3→G25（A)-1。搭铁线是 G25（A)-9 和 G25（A)-10。启动网 CAN-L 端子是 G25（B)-6 和 CAN-H 端子是 G25（B)-12。测量方法与 BCM 相同。智能钥匙的好坏可以通过按遥控器直接判断，若按下有反应，转向灯会闪烁，则钥匙系统正常；若未闪，可能是智能钥匙、高频接收器或智能钥匙电控单元以及线路故障。先用诊断仪进入钥匙系统，若能进入则说明电控单元正常。

转向轴锁电路：蓄电池→ACC 继电器常闭触点→F2/22→MICU-W7，通过 BCM 的解锁驱动端子提供短暂 12V 电源 BCM（G2P)-1→转向轴锁 G17-2。搭铁线是转向轴锁 G17-1→Eg03。

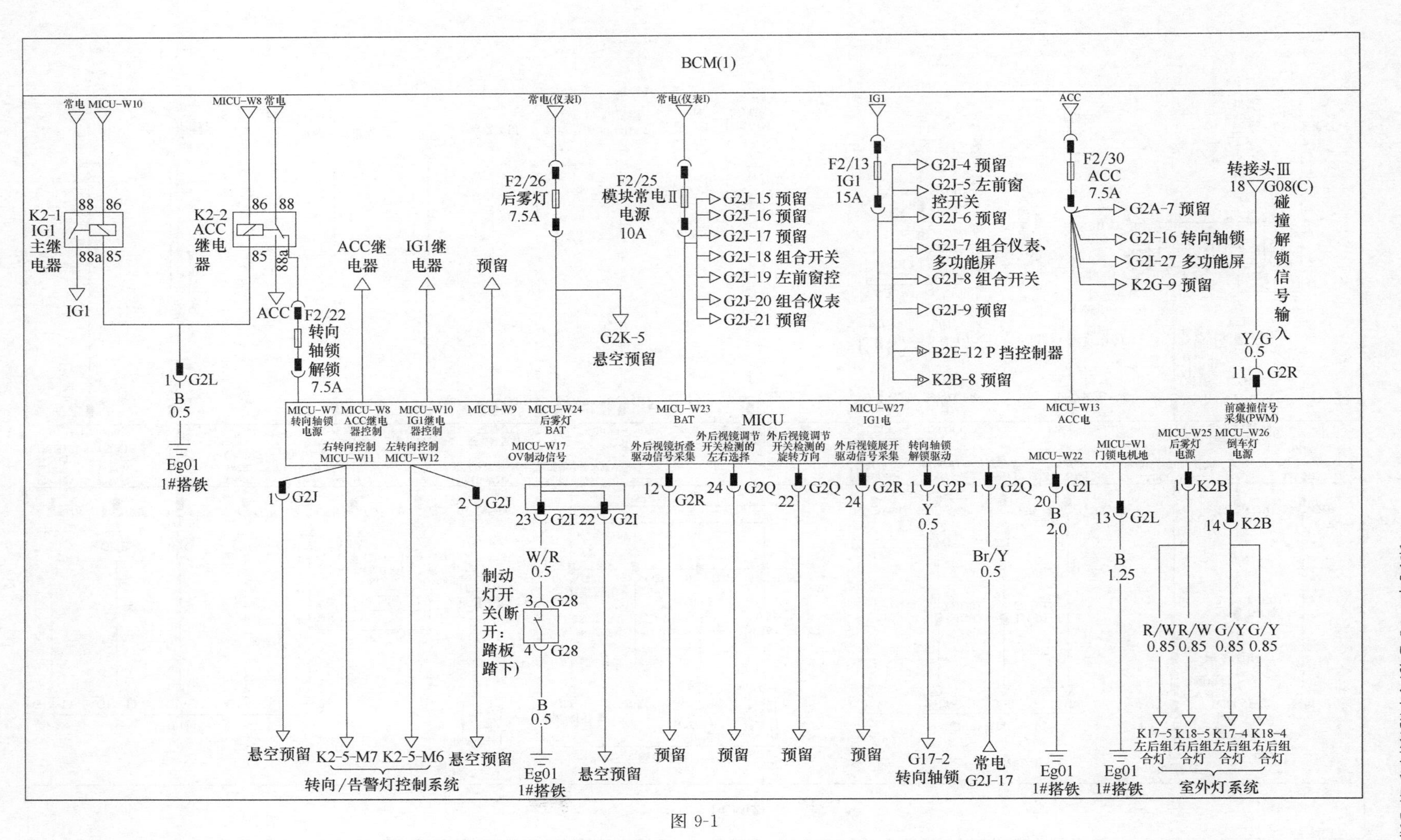
BCM(1)
MICU
K2-1 IG1 主继电器
K2-2 ACC 继电器
ACC继电器
IG1继电器
预留
F2/26 后雾灯 7.5A
F2/25 模块常电Ⅱ电源 10A
F2/13 IG1 15A
F2/30 ACC 7.5A
F2/22 转向轴锁解锁 7.5A
G2K-5 悬空预留
G2J-15 预留
G2J-16 预留
G2J-17 预留
G2J-18 组合开关
G2J-19 左前窗控
G2J-20 组合仪表
G2J-21 预留
G2J-4 预留
G2J-5 左前窗控开关
G2J-6 预留
G2J-7 组合仪表、多功能屏
G2J-8 组合开关
G2J-9 预留
B2E-12 P 挡控制器
K2B-8 预留
G2A-7 预留
G2I-16 转向轴锁
G2I-27 多功能屏
K2G-9 预留
转接头Ⅲ 18 G08(C) 碰撞解锁信号输入
MICU-W7 转向轴锁电源
MICU-W8 ACC继电器控制
MICU-W10 IG1继电器控制
MICU-W9
MICU-W24 后雾灯 BAT
MICU-W23 BAT
MICU-W27 IG1电
MICU-W13 ACC电
前碰撞信号采集(PWM)
右转向控制 MICU-W11
左转向控制 MICU-W12
MICU-W17 OV制动信号
外后视镜折叠驱动信号采集
外后视镜调节开关检测的左右选择
外后视镜调节开关检测的旋转方向
外后视镜展开驱动信号采集
转向轴锁解锁驱动
MICU-W22
MICU-W1 门锁电机地
MICU-W25 后雾灯电源
MICU-W26 倒车灯电源
制动灯开关(断开：踏板踏下)
悬空预留
K2-5-M7 K2-5-M6
转向/告警灯控制系统
Eg01 1#搭铁
G17-2 转向轴锁
常电 G2J-17
K17-5 左后组合灯
K18-5 右后组合灯
K17-4 左后组合灯
K18-4 右后组合灯
室外灯系统

图 9-1

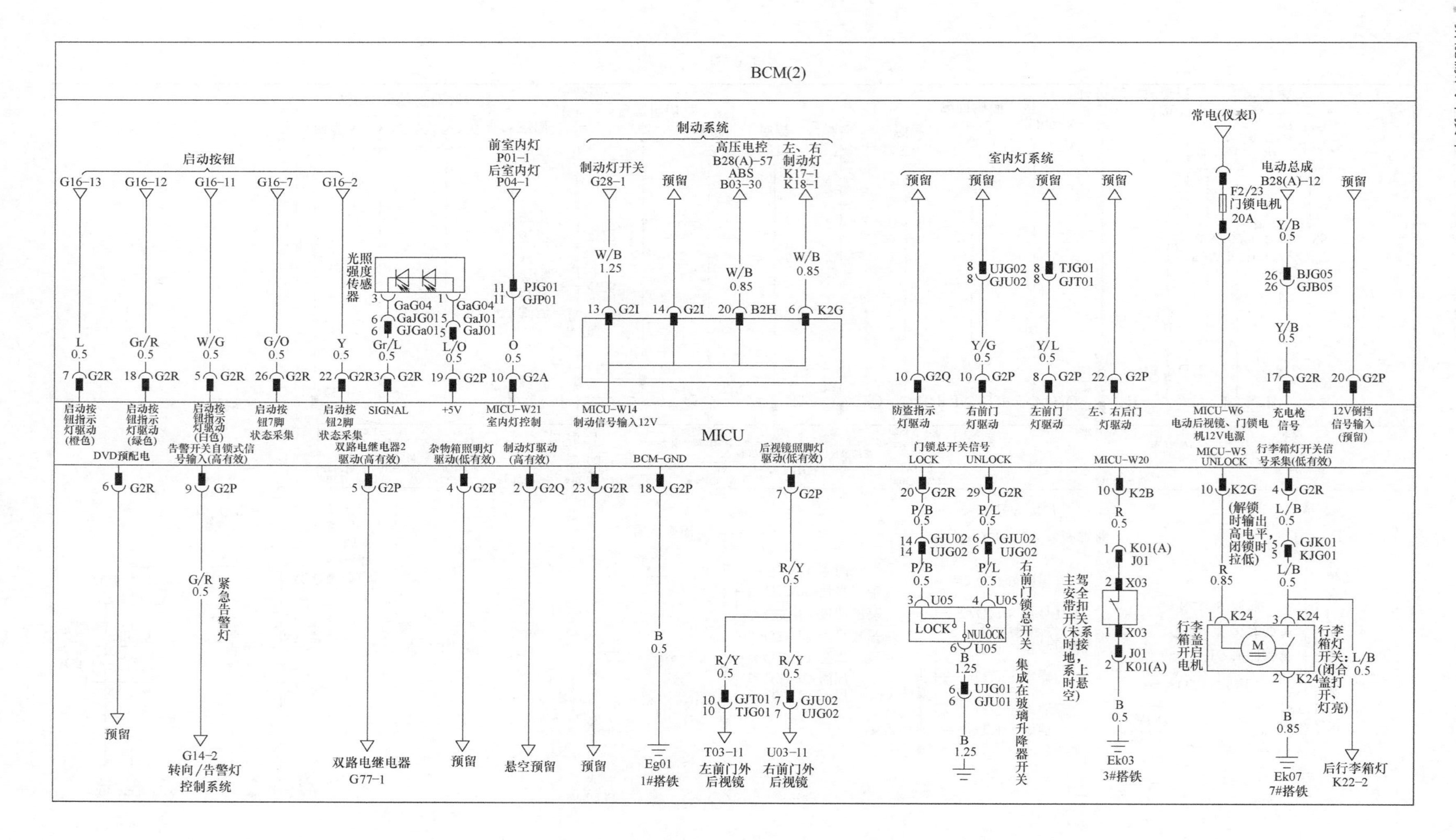
BCM(2)
MICU
启动按钮
G16-13
G16-12
G16-11
G16-7
G16-2
光照强度传感器
前室内灯 P01-1 后室内灯 P04-1
制动系统
制动灯开关 G28-1
高压电控 B28(A)-57 ABS B03-30
左、右制动灯 K17-1 K18-1
室内灯系统
常电(仪表I)
F2/23 门锁电机 20A
电动总成 B28(A)-12
预留
启动按钮指示灯驱动(橙色)
启动按钮指示灯驱动(绿色)
启动按钮指示灯驱动(白色)
启动按钮7脚状态采集
启动按钮2脚状态采集
SIGNAL
+5V
MICU-W21 室内灯控制
MICU-W14 制动信号输入12V
防盗指示灯驱动
右前门灯驱动
左前门灯驱动
左、右后门灯驱动
MICU-W6 电动后视镜、门锁电机12V电源
充电枪信号
12V倒挡信号输入(预留)
DVD预配电
告警开关自锁式信号输入(高有效)
双路电继电器2驱动(高有效)
杂物箱照明灯驱动(低有效)
制动灯驱动(高有效)
BCM-GND
后视镜照脚灯驱动(低有效)
门锁总开关信号 LOCK UNLOCK
MICU-W20
MICU-W5 UNLOCK
行李箱灯开关信号采集(低有效)
紧急告警灯
(解锁时输出高电平，闭锁时拉低)
右前门锁总开关 集成在玻璃升降器开关
主驾安全带扣开关(未系时接地，系上时悬空)
行李箱盖开启电机
行李箱灯开关：(闭合盖打开、灯亮)
G14-2 转向/告警灯控制系统
双路电继电器 G77-1
悬空预留
Eg01 1#搭铁
T03-11 左前门外后视镜
U03-11 右前门外后视镜
Ek03 3#搭铁
Ek07 7#搭铁
后行李箱灯 K22-2

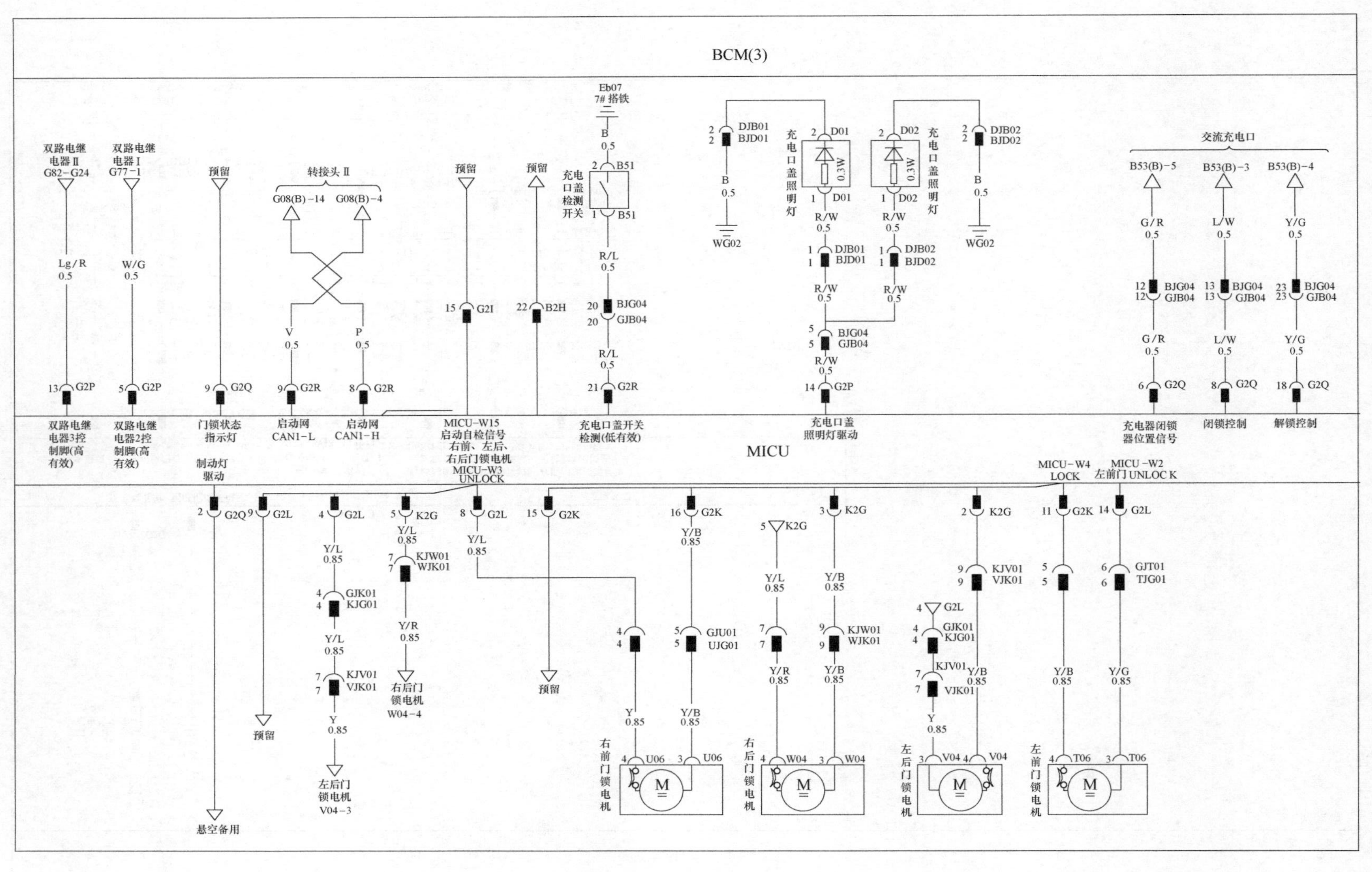
BCM(3)
MICU
交流充电口
转接头Ⅱ
充电口盖检测开关
充电口盖照明灯
双路电继电器Ⅱ G82-G24
双路电继电器Ⅰ G77-1
门锁状态指示灯
启动网 CAN1-L
启动网 CAN1-H
充电口盖开关检测(低有效)
充电口盖照明灯驱动
充电器闭锁器位置信号
闭锁控制
解锁控制
制动灯驱动
右前门锁电机
右后门锁电机
左后门锁电机
左前门锁电机
预留
悬空备用

图 9-1

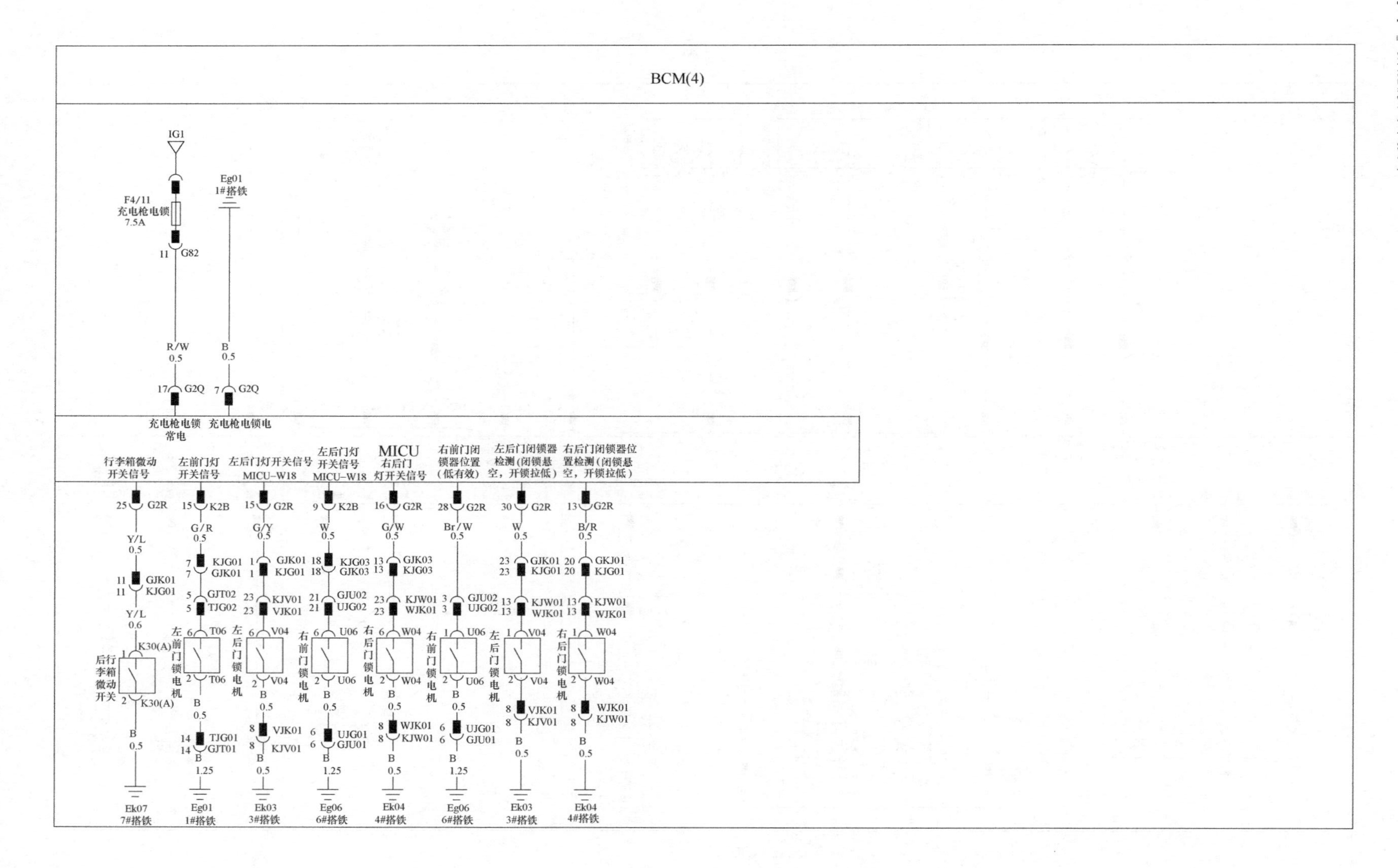
BCM(4)
IG1
F4/11
充电枪电锁
7.5A
G82
Eg01
1#搭铁
充电枪电锁常电
充电枪电锁电
行李箱微动开关信号
左前门灯开关信号
左后门灯开关信号 MICU-W18
左后门灯开关信号 MICU-W18
MICU
右后门灯开关信号
右前门闭锁器位置（低有效）
左后门闭锁器检测（闭锁悬空，开锁拉低）
右后门闭锁器位置检测（闭锁悬空，开锁拉低）
后行李箱微动开关
左前门锁电机
左后门锁电机
右前门锁电机
右后门锁电机
右前门锁电机
左后门锁电机
右后门锁电机
Ek07
7#搭铁
Eg01
1#搭铁
Ek03
3#搭铁
Eg06
6#搭铁
Ek04
4#搭铁
Eg06
6#搭铁
Ek03
3#搭铁
Ek04
4#搭铁

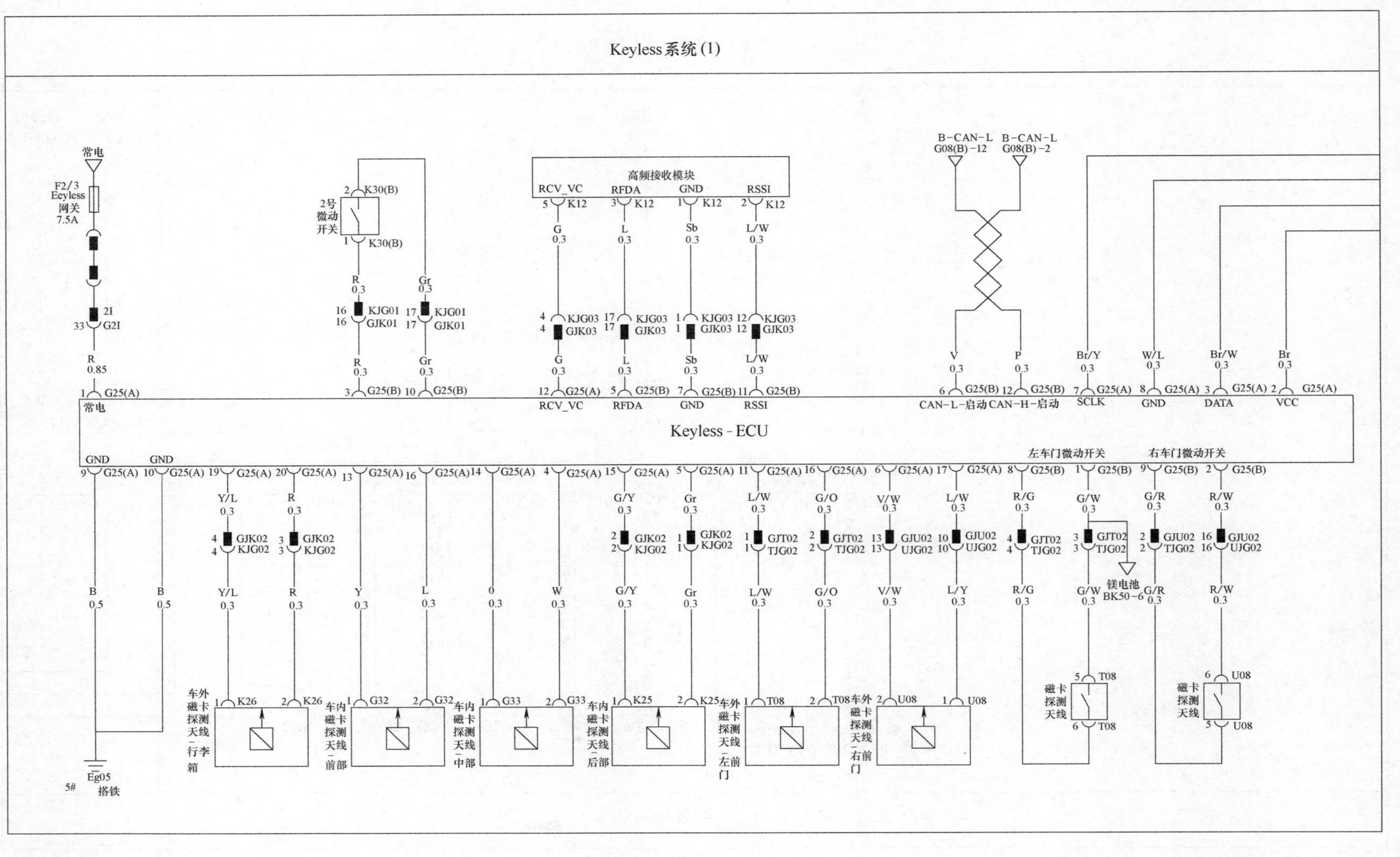
Keyless系统(1)
常电
F2/3 Eeyless 网关 7.5A
2号微动开关
K30(B)
高频接收模块
RCV_VC
RFDA
GND
RSSI
B-CAN-L G08(B)-12
B-CAN-L G08(B)-2
Keyless-ECU
CAN-L-启动
CAN-H-启动
SCLK
DATA
VCC
左车门微动开关
右车门微动开关
镁电池 BK50-6
车外磁卡探测天线-行李箱
车内磁卡探测天线-前部
车内磁卡探测天线-中部
车内磁卡探测天线-后部
车外磁卡探测天线-左前门
车外磁卡探测天线-右前门
磁卡探测天线
Eg05
搭铁

图 9-1

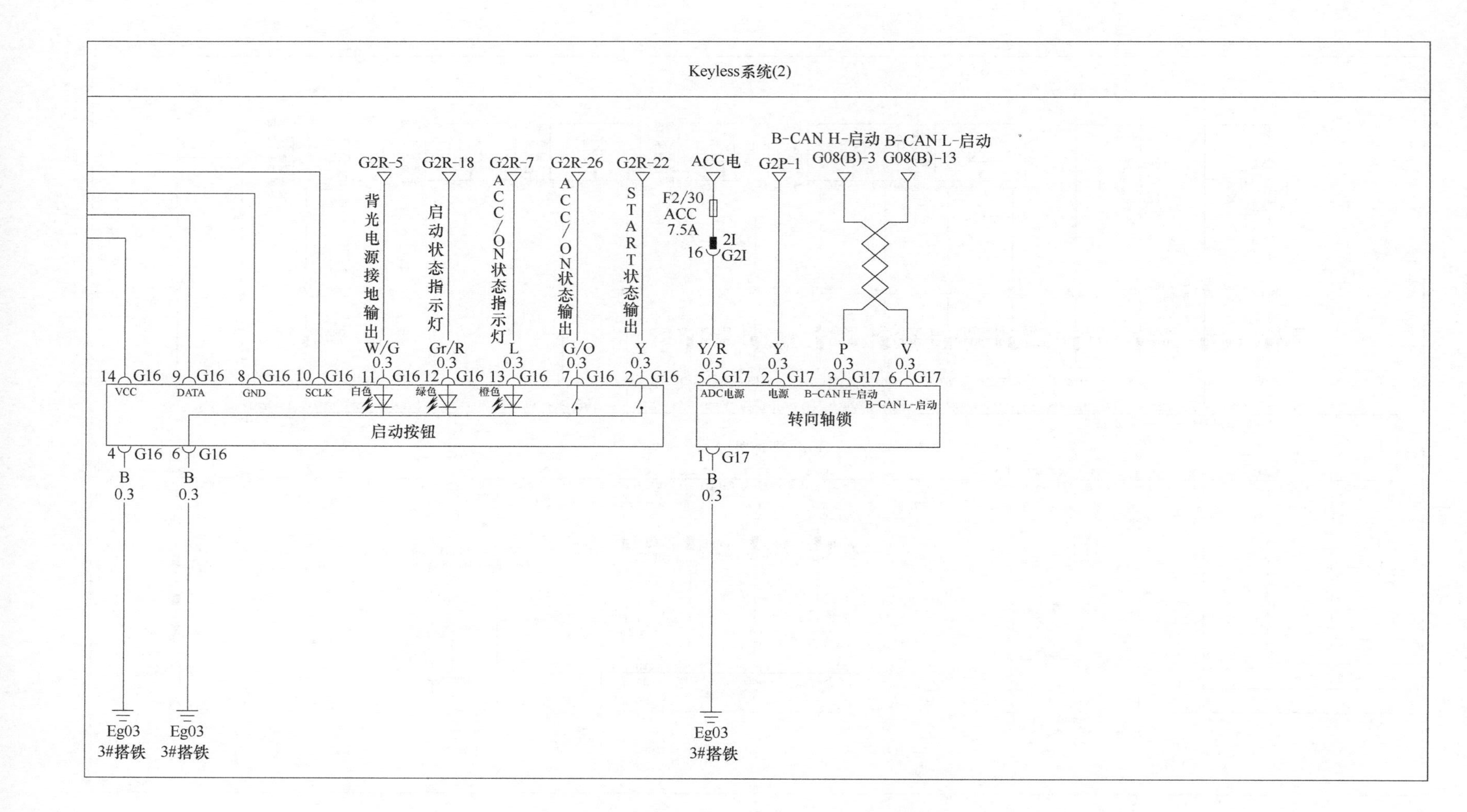
Keyless系统(2)
G2R-5
背光电源接地输出
W/G
0.3
G2R-18
启动状态指示灯
Gr/R
0.3
G2R-7
ACC/ON状态指示灯
L
0.3
G2R-26
ACC/ON状态输出
G/O
0.3
G2R-22
START状态输出
Y
0.3
ACC电
F2/30
ACC
7.5A
2I
16 G2I
Y/R
0.5
G2P-1
Y
0.3
B-CAN H-启动
G08(B)-3
P
0.3
B-CAN L-启动
G08(B)-13
V
0.3
14 G16 VCC
9 G16 DATA
8 G16 GND
10 G16 SCLK
11 G16 白色
12 G16 绿色
13 G16 橙色
7 G16
2 G16
启动按钮
4 G16
B
0.3
6 G16
B
0.3
5 G17 ADC电源
2 G17 电源
3 G17 B-CAN H-启动
6 G17 B-CAN L-启动
转向轴锁
1 G17
B
0.3
Eg03
3#搭铁
Eg03
3#搭铁
Eg03
3#搭铁

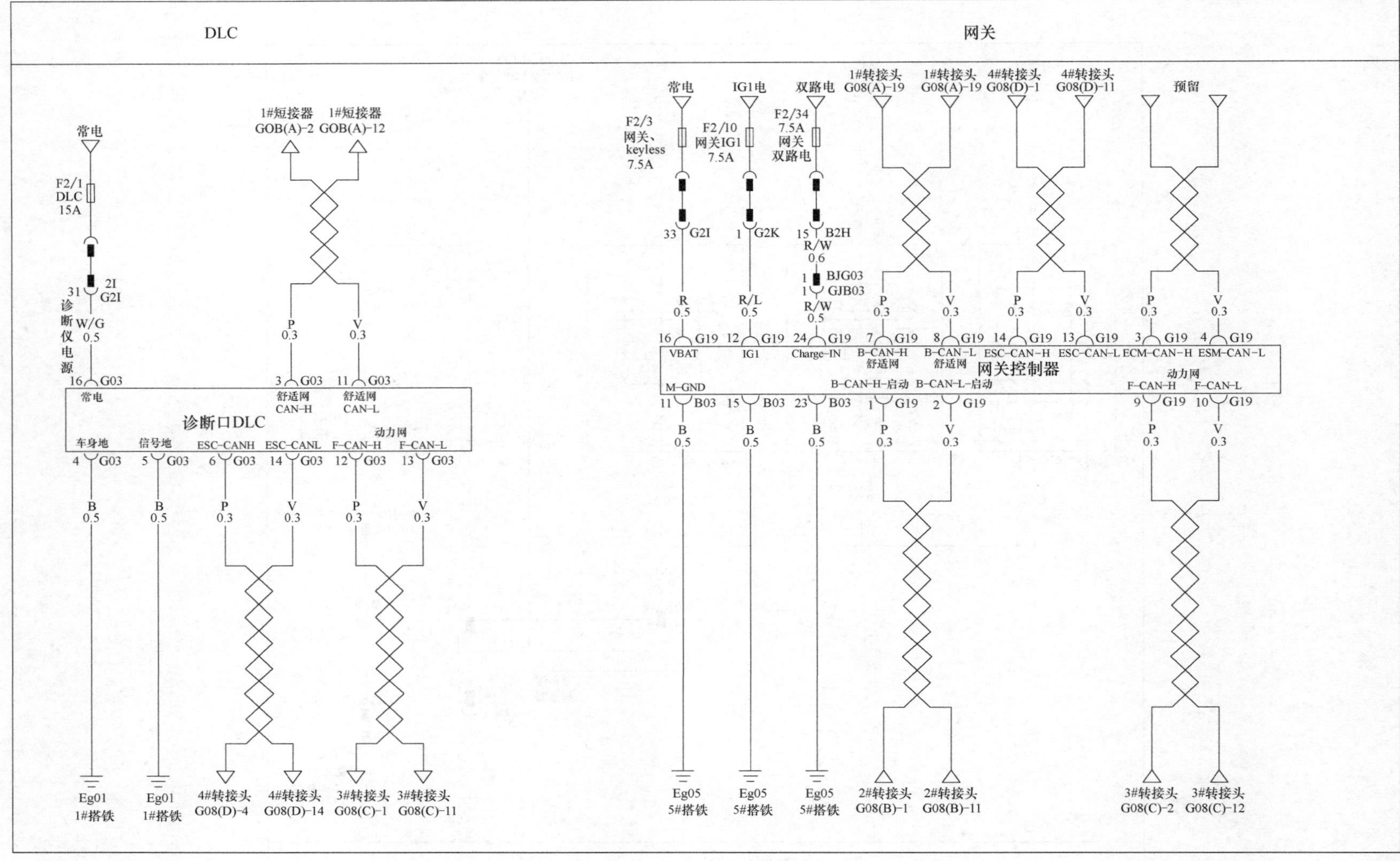
DLC
网关
常电
F2/1
DLC
15A
31
诊断仪电源
2I
G2I
W/G
0.5
1#短接器
GOB(A)-2
1#短接器
GOB(A)-12
诊断口DLC
常电
舒适网 CAN-H
舒适网 CAN-L
车身地
信号地
ESC-CANH
ESC-CANL
动力网
F-CAN-H
F-CAN-L
Eg01
1#搭铁
4#转接头
G08(D)-4
G08(D)-14
3#转接头
G08(C)-1
G08(C)-11
常电
IG1电
双路电
F2/3
网关、keyless
7.5A
F2/10
网关IG1
7.5A
F2/34
7.5A
网关双路电
G2I
G2K
B2H
BJG03
GJB03
1#转接头
G08(A)-19
4#转接头
G08(D)-1
G08(D)-11
预留
网关控制器
VBAT
IG1
Charge-IN
B-CAN-H 舒适网
B-CAN-L 舒适网
ESC-CAN-H
ESC-CAN-L
ECM-CAN-H
ESM-CAN-L
M-GND
B-CAN-H-启动
B-CAN-L-启动
Eg05
5#搭铁
2#转接头
G08(B)-1
G08(B)-11
3#转接头
G08(C)-2
G08(C)-12

图 9-1

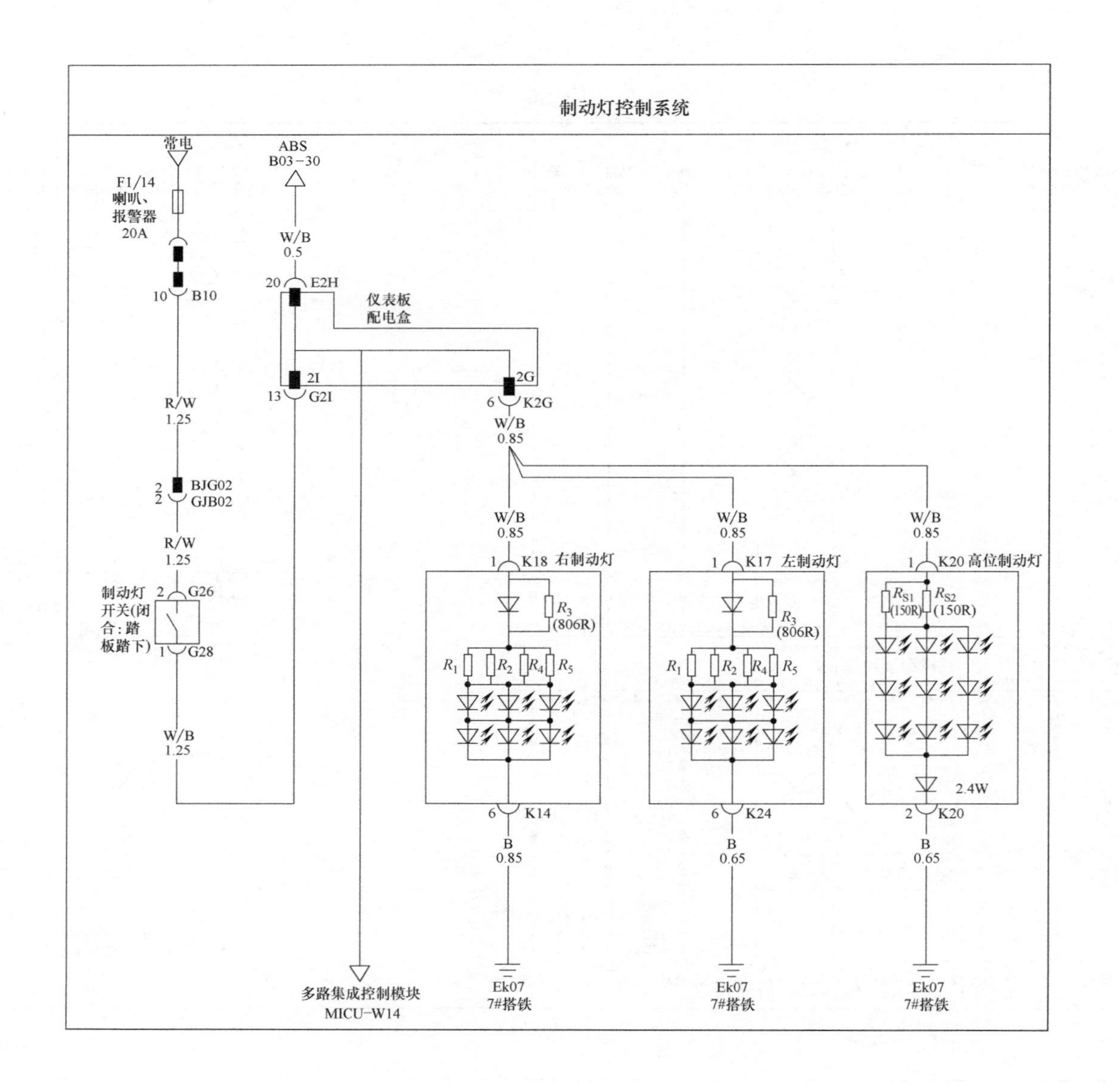
制动灯控制系统
常电
F1/14
喇叭、
报警器
20A
10 B10
R/W
1.25
BJG02
GJB02
R/W
1.25
制动灯开关(闭合：踏板踏下)
2 G26
1 G28
W/B
1.25
ABS
B03-30
W/B
0.5
20 E2H
仪表板
配电盒
2I
13 G2I
2G
6 K2G
W/B
0.85
多路集成控制模块
MICU-W14
W/B
0.85
1 K18 右制动灯
R3
(806R)
R1 R2 R4 R5
6 K14
B
0.85
Ek07
7#搭铁
W/B
0.85
1 K17 左制动灯
R3
(806R)
R1 R2 R4 R5
6 K24
B
0.65
Ek07
7#搭铁
W/B
0.85
1 K20 高位制动灯
RS1
(150R)
RS2
(150R)
2.4W
2 K20
B
0.65
Ek07
7#搭铁

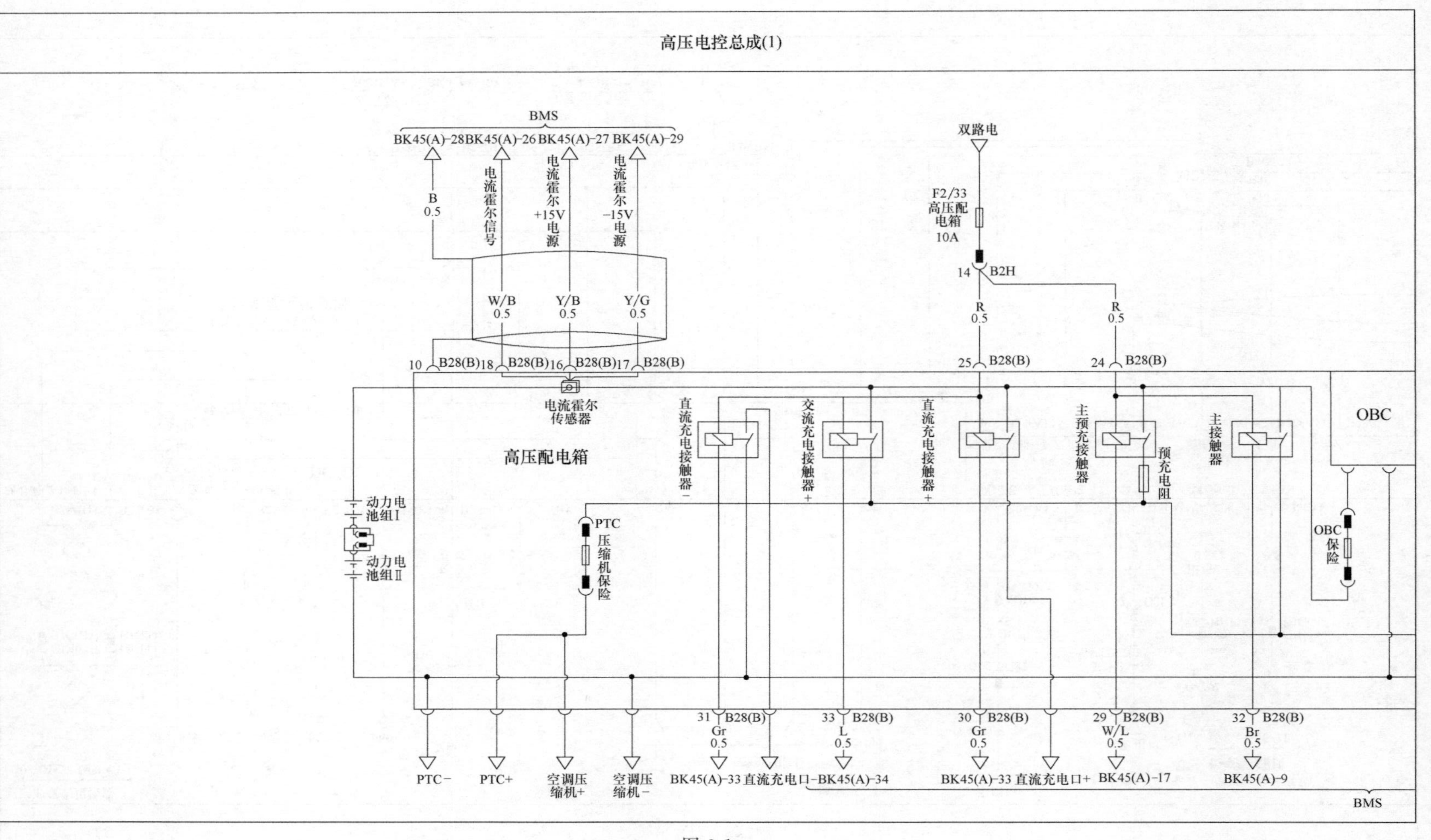

高压电控总成(1)
BMS
BK45(A)-28 BK45(A)-26 BK45(A)-27 BK45(A)-29
B 0.5
电流霍尔信号
电流霍尔+15V电源
电流霍尔-15V电源
W/B 0.5
Y/B 0.5
Y/G 0.5
10 B28(B) 18 B28(B) 16 B28(B) 17 B28(B)
电流霍尔传感器
高压配电箱
动力电池组Ⅰ
动力电池组Ⅱ
PTC压缩机保险
双路电
F2/33 高压配电箱 10A
14 B2H
R 0.5
25 B28(B)
24 B28(B)
直流充电接触器-
交流充电接触器+
直流充电接触器+
主预充接触器
预充电阻
主接触器
OBC
OBC保险
31 B28(B) Gr 0.5
33 B28(B) L 0.5
30 B28(B) Gr 0.5
29 B28(B) W/L 0.5
32 B28(B) Br 0.5
PTC-
PTC+
空调压缩机+
空调压缩机-
BK45(A)-33 直流充电口-
BK45(A)-34
BK45(A)-33 直流充电口+
BK45(A)-17
BK45(A)-9
BMS

图 9-1

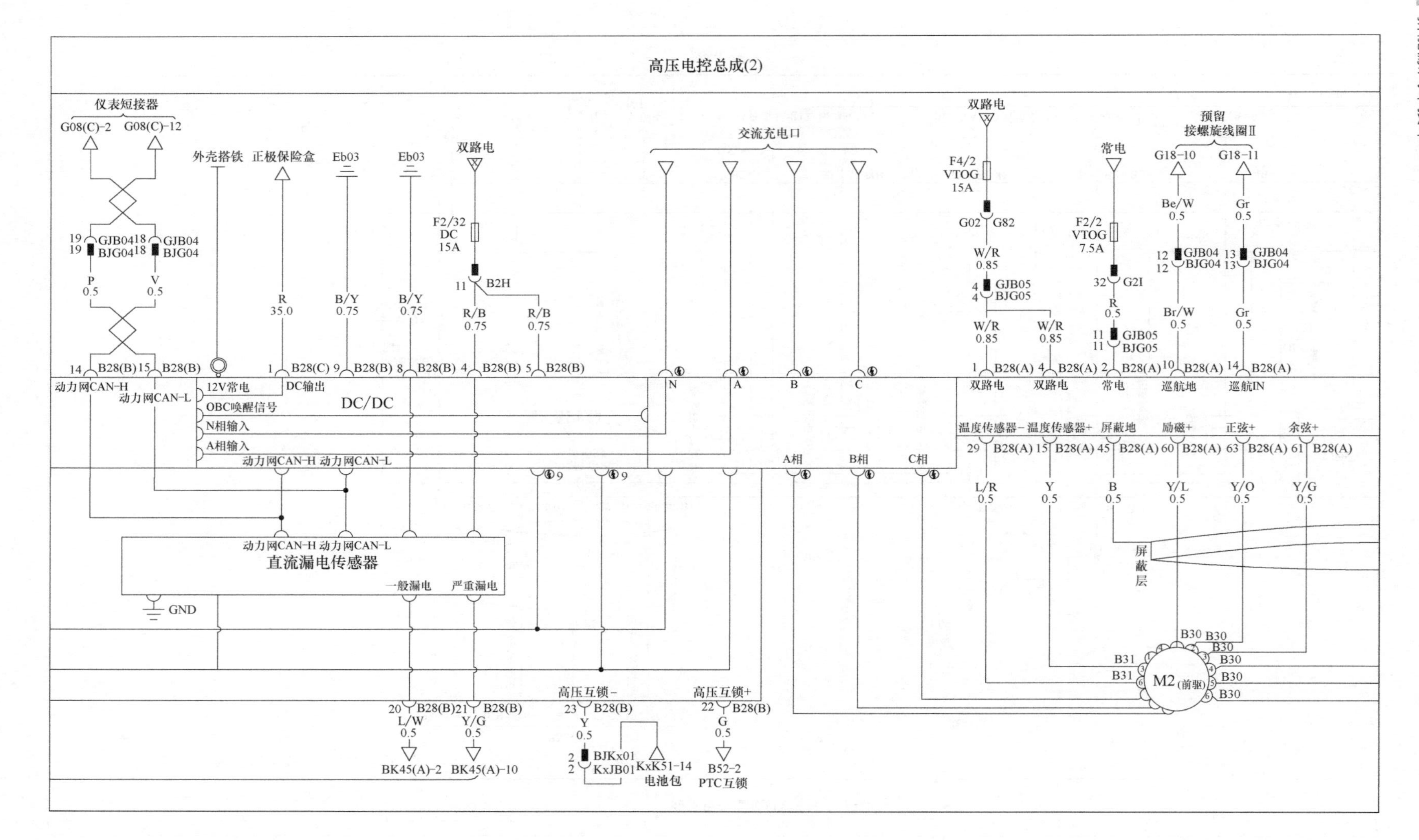
高压电控总成(2)
仪表短接器
G08(C)-2
G08(C)-12
外壳搭铁
正极保险盒
Eb03
Eb03
双路电
F2/32 DC 15A
B2H
交流充电口
双路电
F4/2 VTOG 15A
G02
G82
GJB05 BJG05
常电
F2/2 VTOG 7.5A
G2I
GJB05 BJG05
预留
接螺旋线圈Ⅱ
G18-10
G18-11
GJB04 BJG04
动力网CAN-H
动力网CAN-L
12V常电
DC输出
DC/DC
OBC唤醒信号
N相输入
A相输入
动力网CAN-H 动力网CAN-L
双路电
双路电
常电
巡航地
巡航IN
温度传感器-
温度传感器+
屏蔽地
励磁+
正弦+
余弦+
A相
B相
C相
屏蔽层
动力网CAN-H 动力网CAN-L
直流漏电传感器
一般漏电
严重漏电
GND
M2(前驱)
高压互锁-
高压互锁+
BK45(A)-2
BK45(A)-10
BJKx01
KxJB01
KxK51-14
电池包
B52-2
PTC互锁

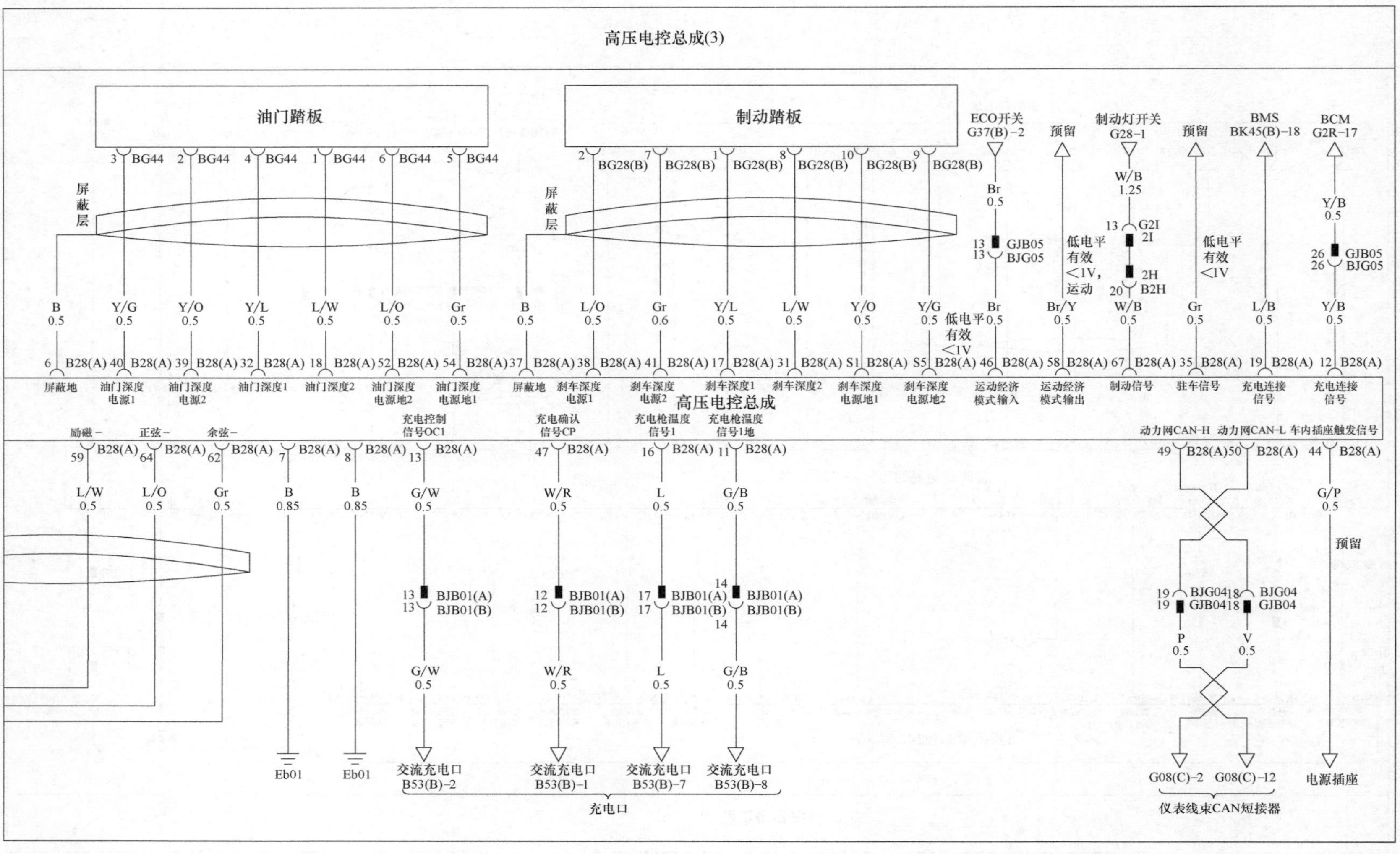

高压电控总成(3)
油门踏板
制动踏板
屏蔽层
ECO开关 G37(B)-2
预留
制动灯开关 G28-1
预留
BMS BK45(B)-18
BCM G2R-17
GJB05 BJG05
低电平有效<1V，运动
G2I 2I
2H B2H
低电平有效<1V
低电平有效<1V
高压电控总成
屏蔽地
油门深度电源1
油门深度电源2
油门深度1
油门深度2
油门深度电源地2
油门深度电源地1
屏蔽地
刹车深度电源1
刹车深度电源2
刹车深度1
刹车深度2
刹车深度电源地1
刹车深度电源地2
运动经济模式输入
运动经济模式输出
制动信号
驻车信号
充电连接信号
充电连接信号
励磁－
正弦－
余弦－
充电控制信号OC1
充电确认信号CP
充电枪温度信号1
充电枪温度信号1地
动力网CAN-H
动力网CAN-L
车内插座触发信号
BJB01(A) BJB01(B)
BJG04 GJB04
预留
Eb01
Eb01
交流充电口 B53(B)-2
交流充电口 B53(B)-1
交流充电口 B53(B)-7
交流充电口 B53(B)-8
充电口
G08(C)-2
G08(C)-12
仪表线束CAN短接器
电源插座

图 9-1

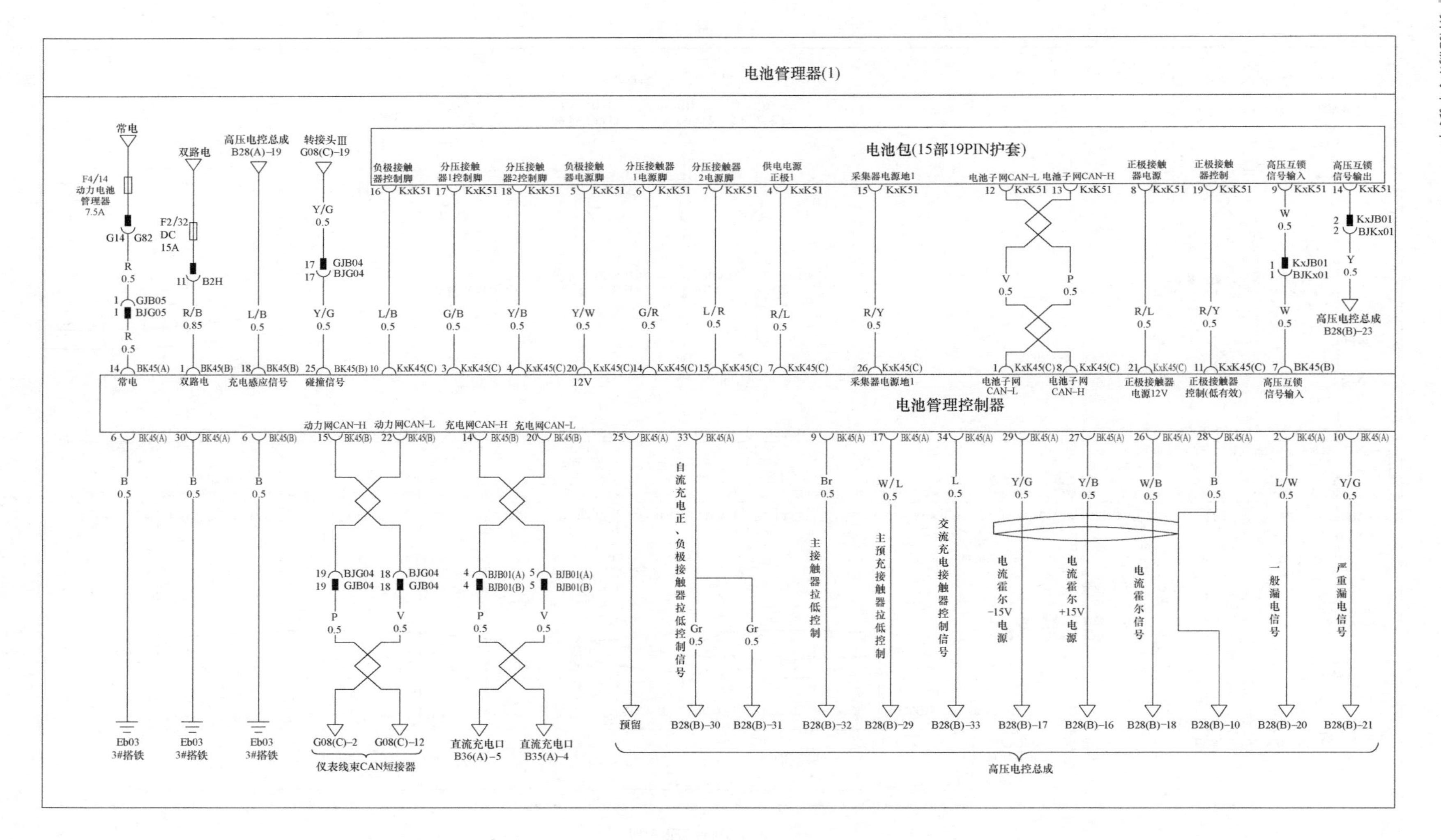
电池管理器(1)
常电
F4/14 动力电池管理器 7.5A
G14 G82
R 0.5
GJB05
BJG05
双路电
F2/32 DC 15A
B2H
R/B 0.85
高压电控总成 B28(A)-19
L/B 0.5
转接头Ⅲ G08(C)-19
Y/G 0.5
GJB04
BJG04
电池包(15部19PIN护套)
负极接触器控制脚
分压接触器1控制脚
分压接触器2控制脚
负极接触器电源脚
分压接触器1电源脚
分压接触器2电源脚
供电电源正极1
采集器电源地1
电池子网CAN-L
电池子网CAN-H
正极接触器电源
正极接触器控制
高压互锁信号输入
高压互锁信号输出
KxK51
KxJB01
BJKx01
高压电控总成 B28(B)-23
常电
双路电
充电感应信号
碰撞信号
12V
采集器电源地1
电池子网CAN-L
电池子网CAN-H
正极接触器电源12V
正极接触器控制(低有效)
高压互锁信号输入
电池管理控制器
动力网CAN-H
动力网CAN-L
充电网CAN-H
充电网CAN-L
BK45(A)
BK45(B)
KxK45(C)
Eb03 3#搭铁
G08(C)-2
G08(C)-12
仪表线束CAN短接器
BJB01(A)
BJB01(B)
直流充电口 B36(A)-5
直流充电口 B35(A)-4
预留
自流充电正、负极接触器拉低控制信号
主接触器拉低控制
主预充接触器拉低控制
交流充电接触器控制信号
电流霍尔-15V电源
电流霍尔+15V电源
电流霍尔信号
一般漏电信号
严重漏电信号
B28(B)-30
B28(B)-31
B28(B)-32
B28(B)-29
B28(B)-33
B28(B)-17
B28(B)-16
B28(B)-18
B28(B)-10
B28(B)-20
B28(B)-21
高压电控总成

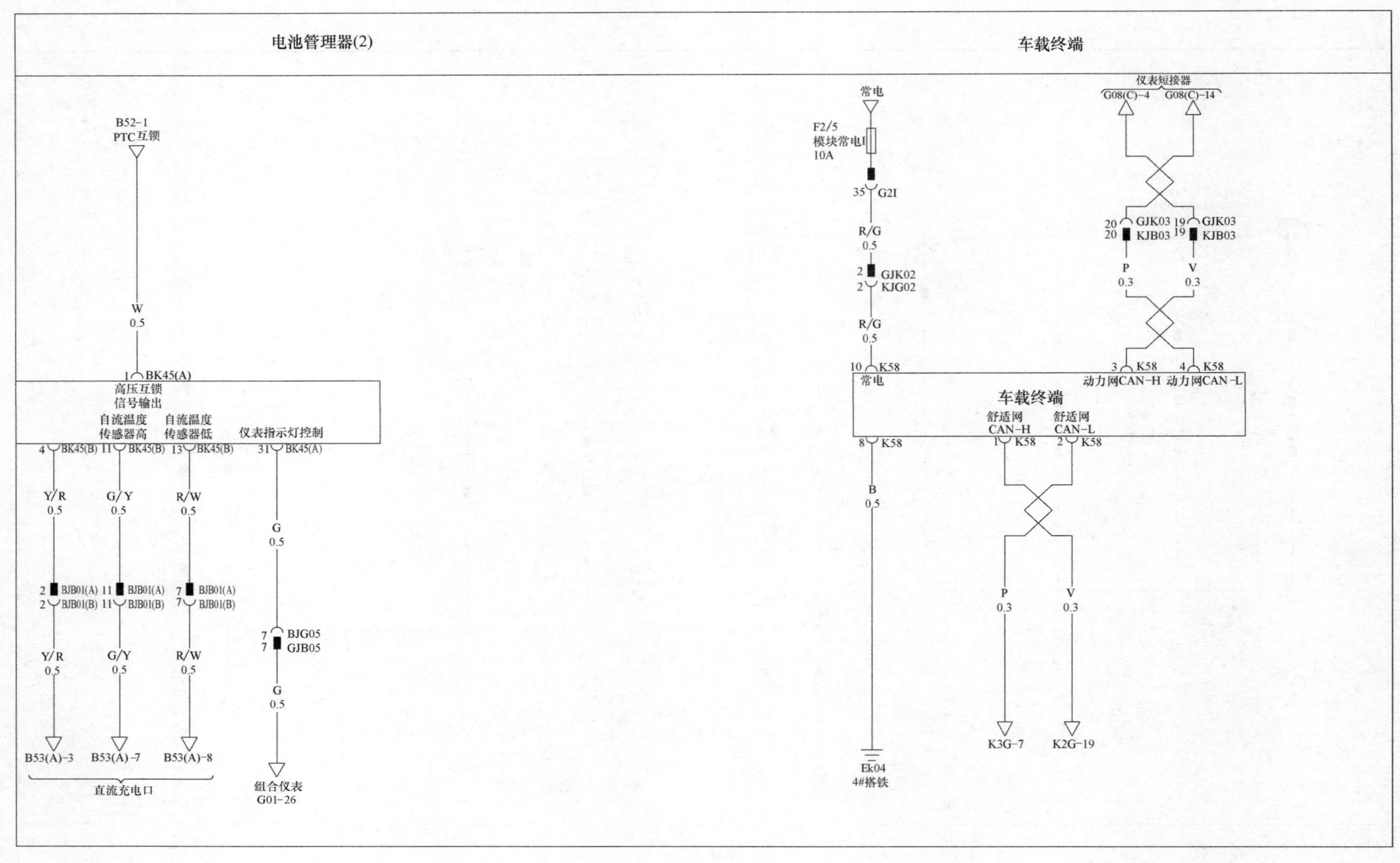

电池管理器(2)
车载终端
B52-1
PTC互锁
W
0.5
1 BK45(A)
高压互锁
信号输出
自流温度
传感器高
自流温度
传感器低
仪表指示灯控制
4 BK45(B)
11 BK45(B)
13 BK45(B)
31 BK45(A)
Y/R
0.5
G/Y
0.5
R/W
0.5
G
0.5
2 BJB01(A)
2 BJB01(B)
11 BJB01(A)
11 BJB01(B)
7 BJB01(A)
7 BJB01(B)
7 BJG05
7 GJB05
B53(A)-3
B53(A)-7
B53(A)-8
直流充电口
组合仪表
G01-26
常电
F2/5
模块常电1
10A
35 G2I
R/G
0.5
2 GJK02
2 KJG02
10 K58
常电
车载终端
动力网CAN-H
动力网CAN-L
舒适网
CAN-H
舒适网
CAN-L
8 K58
1 K58
2 K58
3 K58
4 K58
B
0.5
Ek04
4#搭铁
P
0.3
V
0.3
K3G-7
K2G-19
20 GJK03
20 KJB03
19 GJK03
19 KJB03
仪表短接器
G08(C)-4
G08(C)-14

图 9-1

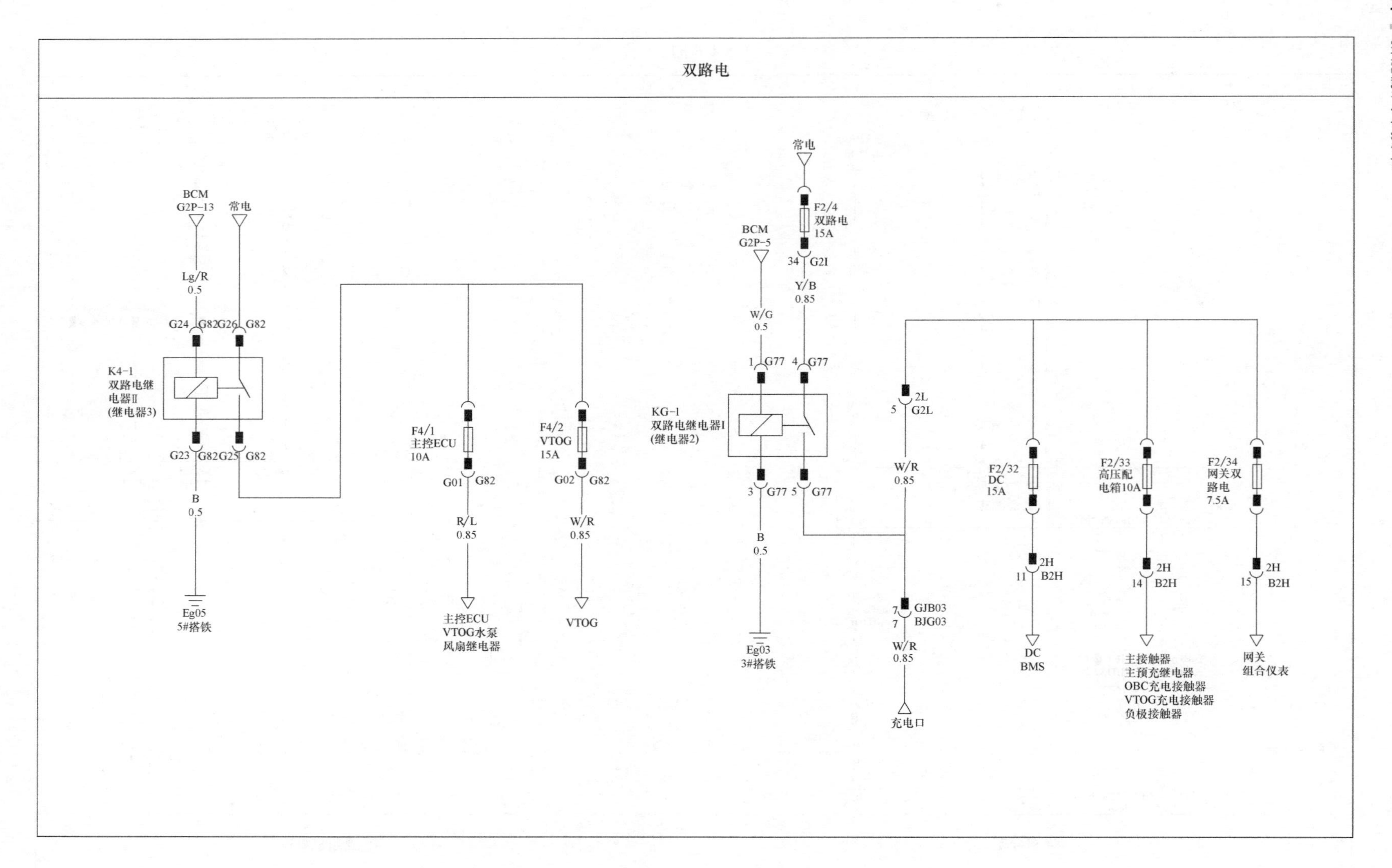
双路电
BCM
G2P-13
常电
Lg/R
0.5
G24
G82G26
G82
K4-1
双路电继
电器II
(继电器3)
G23
G82G25
G82
B
0.5
Eg05
5#搭铁
F4/1
主控ECU
10A
G01
G82
R/L
0.85
主控ECU
VTOG水泵
风扇继电器
F4/2
VTOG
15A
G02
G82
W/R
0.85
VTOG
常电
F2/4
双路电
15A
BCM
G2P-5
34
G21
Y/B
0.85
W/G
0.5
1
G77
4
G77
KG-1
双路电继电器I
(继电器2)
3
G77
5
G77
B
0.5
Eg03
3#搭铁
2L
5
G2L
W/R
0.85
7
GJB03
7
BJG03
W/R
0.85
充电口
F2/32
DC
15A
2H
11
B2H
DC
BMS
F2/33
高压配
电箱10A
2H
14
B2H
主接触器
主预充继电器
OBC充电接触器
VTOG充电接触器
负极接触器
F2/34
网关双
路电
7.5A
2H
15
B2H
网关
组合仪表

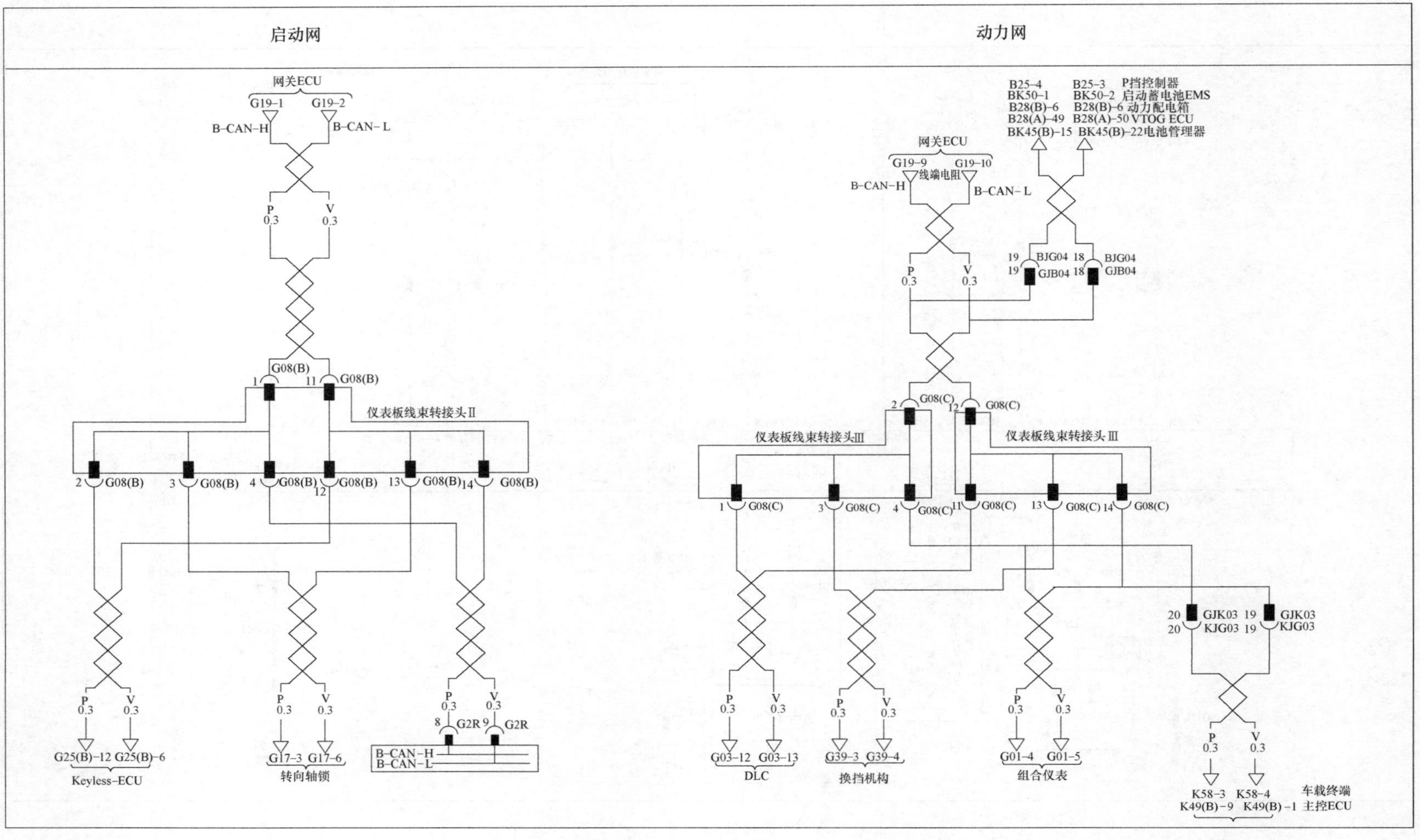
启动网
网关ECU
G19-1
G19-2
B-CAN-H
B-CAN-L
G08(B)
仪表板线束转接头Ⅱ
G25(B)-12 G25(B)-6
Keyless-ECU
G17-3 G17-6
转向轴锁
G2R
B-CAN-H
B-CAN-L
动力网
B25-4 B25-3 P挡控制器
BK50-1 BK50-2 启动蓄电池EMS
B28(B)-6 B28(B)-6 动力配电箱
B28(A)-49 B28(A)-50 VTOG ECU
BK45(B)-15 BK45(B)-22电池管理器
网关ECU
G19-9
G19-10
线端电阻
B-CAN-H
B-CAN-L
BJG04
GJB04
G08(C)
仪表板线束转接头Ⅲ
仪表板线束转接头Ⅲ
GJK03
KJG03
G03-12 G03-13
DLC
G39-3 G39-4
换挡机构
G01-4 G01-5
组合仪表
K58-3 K58-4 车载终端
K49(B)-9 K49(B)-1 主控ECU

图 9-1

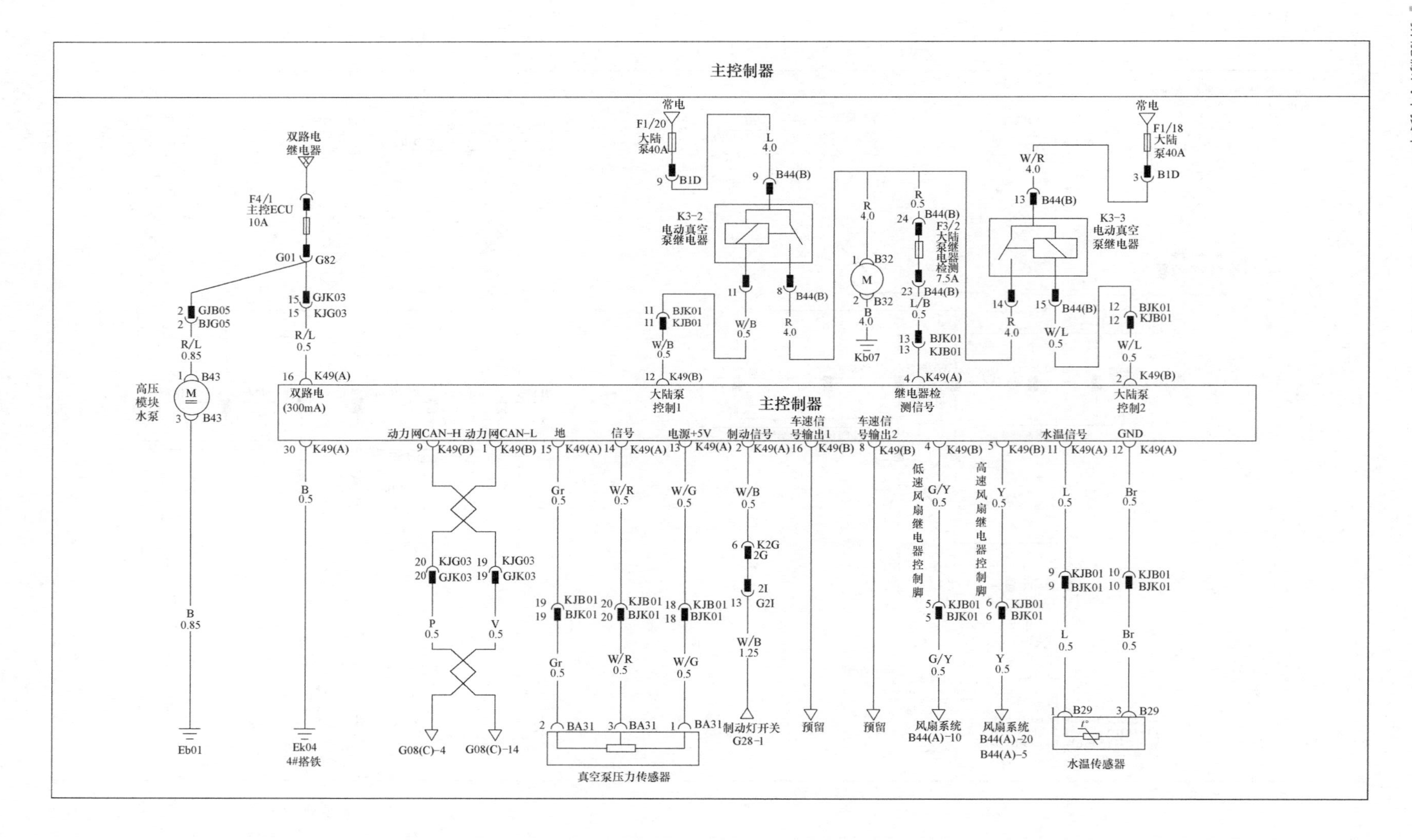

主控制器
常电
F1/20 大陆泵40A
F1/18 大陆泵40A
K3-2 电动真空泵继电器
K3-3 电动真空泵继电器
F3/2 大陆泵继电器检测7.5A
双路电继电器
F4/1 主控ECU 10A
高压模块水泵
双路电(300mA)
大陆泵控制1
大陆泵控制2
继电器检测信号
动力网CAN-H
动力网CAN-L
地
信号
电源+5V
制动信号
车速信号输出1
车速信号输出2
低速风扇继电器控制脚
高速风扇继电器控制脚
水温信号
GND
Eb01
Ek04 4#搭铁
G08(C)-4
G08(C)-14
真空泵压力传感器
制动灯开关 G28-1
预留
预留
风扇系统 B44(A)-10
风扇系统 B44(A)-20 B44(A)-5
水温传感器

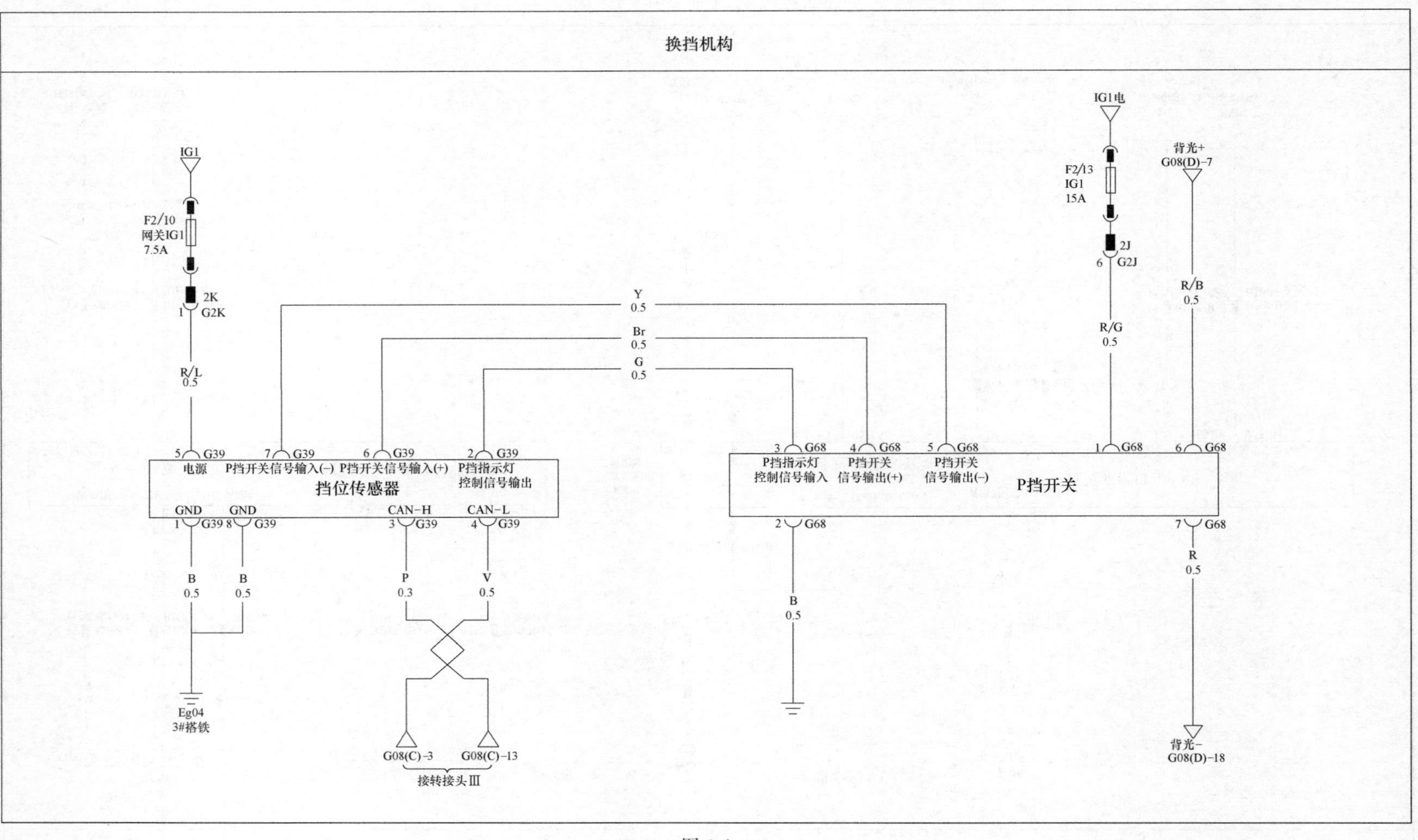
换挡机构
IG1
F2/10
网关IG1
7.5A
2K
G2K
R/L
0.5
Y
0.5
Br
0.5
G
0.5
电源
P挡开关信号输入(-)
P挡开关信号输入(+)
P挡指示灯
控制信号输出
挡位传感器
G39
GND
CAN-H
CAN-L
B
0.5
P
0.3
V
0.5
Eg04
3#搭铁
G08(C)-3
G08(C)-13
接转接头Ⅲ
IG1电
F2/13
IG1
15A
2J
G2J
背光+
G08(D)-7
R/B
0.5
R/G
0.5
P挡指示灯
控制信号输入
P挡开关
信号输出(+)
P挡开关
信号输出(-)
P挡开关
G68
R
0.5
背光-
G08(D)-18

图 9-1

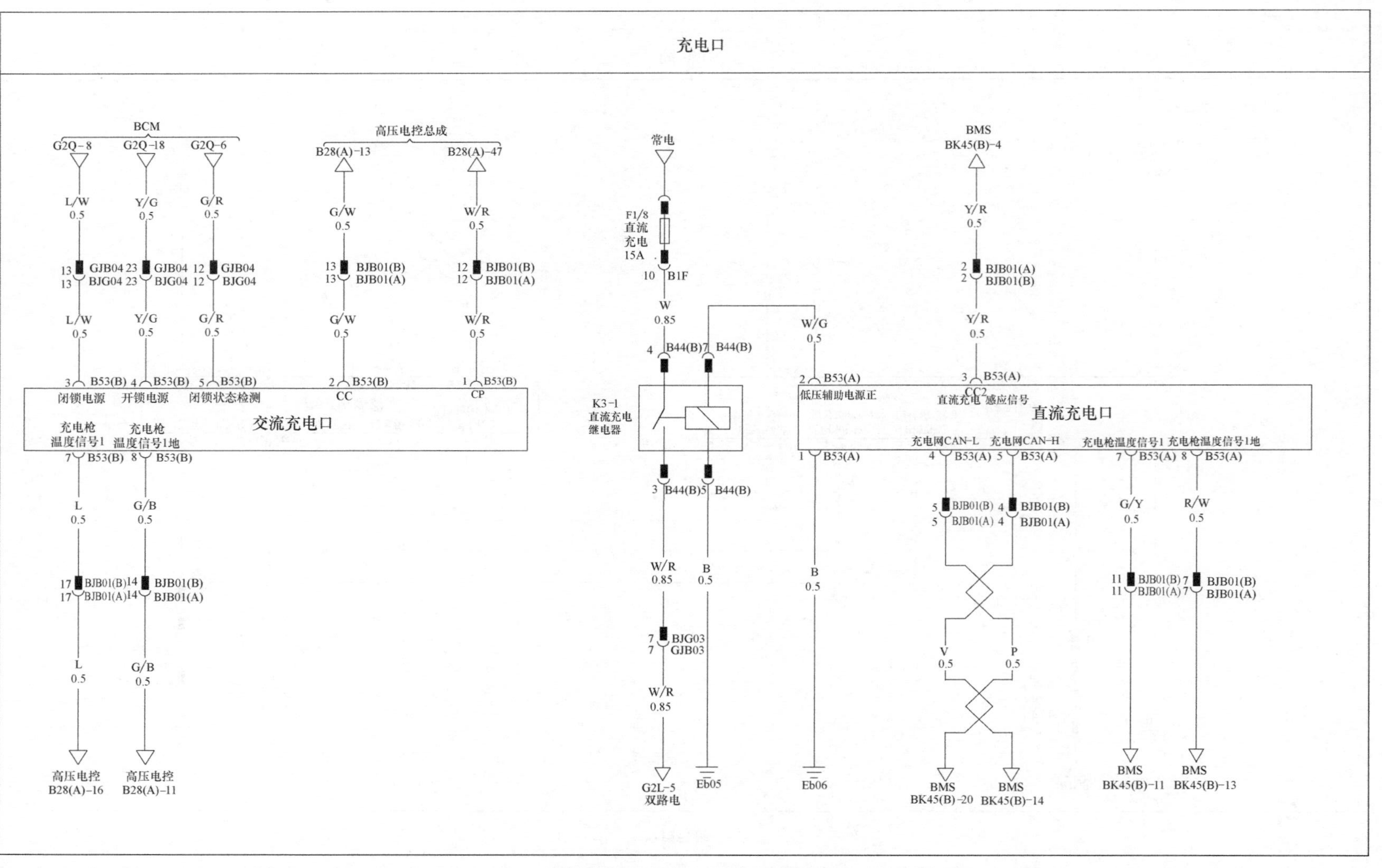

图 9-1 比亚迪 E5 电气原理图

启动网 CAN-L 端子是 G17-6 和 CAN-H 端子是 G17-3。转向轴锁电源的测量是在启动情况下进行的。测量方法与 BCM 相同。

当三个电控单元全部可以和诊断仪通信时，可以利用诊断仪进行故障的诊断和排除。

2. 查看一键启动信号是否正常

启动信号是否正常可在诊断仪读取 BCM 的数据流中获得。当没有数据流时，可进行启动按钮信号的检查。启动按钮信号的测量略。

3. 查看制动信号是否正常

制动信号是否正常可在诊断仪读取 BCM 的数据流中获得。当没有数据流时，可进行制动信号的检查。制动信号电路：蓄电池→保险 F1/14→制动灯开关→MICU-W14。测量方法是踩下制动踏板，MICU-W14 电压应为 12V，未踩下为 0V。

4. 查看 ACC 继电器和 IG1 继电器电路是否正常

ACC 继电器和 IG1 继电器是否工作可以通过诊断仪读取 BCM 的数据流获得。若不工作，则对继电器和相关线路进行检测，检测过程同传统汽车继电器线路相同，检测过程略。

在本案例中，通过一步步测量发现，在踩制动踏板时读取的电压为 0V，说明无制动踏板信号，通过测量发现保险丝 F1/14 发生断路，更换同型号保险后，能够正常启动。

二、故障 2：纯电动汽车启动后无法通高压电

案例：比亚迪 E5 纯电动汽车踩下制动踏板，按下启动按钮，车辆能够启动，但是 OK 灯不亮，没有通高压电。

通过电路分析可知，当汽车启动着后，BCM 控制双路电继电器工作，双路电继电器分别向 DC/DC、BMS、漏电传感器、VTOG 供电，同时向主预充接触器、主接触器、负极接触器控制部分供电，所以若要通高压电，首先需双路电继电器工作，进而使得 BMS、VTOG 和 DC/DC 工作。当 BMS 工作时，首先检查高压互锁机构是否互锁，漏电传感器是否检测到漏电，单体电池电压和电池温度等是否正常，同时需通过动力 CAN 总线检测相关电控单元全部工作正常时，控制各接触器按照工作顺序接地，接触器触点闭合，高压通电，若有一个相关电控单元出现故障或者网络出现故障，都无法通高压电。检查过程首先应使用诊断仪，根据诊断仪的诊断现象进行下一步的分析。故障诊断思路如下。

1. 查看 BMS、DC/DC、VTOG 电控单元是否能够通信

首先使用诊断仪对全车电控单元进行全车扫描，在扫描中观察哪些与高压电有关的电控单元无法与诊断仪进行通信，重要的电控单元有电池管理系统（BMS）、DC/DC、VTOG，根据其是否进入，进行故障位置的初步判断。若电控单元无法进入，则进行电源、搭铁和动力网的检查。

通过电路图（图 9-1）可知，VTOG 的常用供电线路：蓄电池→保险 F2/2→B28（A）-2→VTOG。双路电电源是双路电→保险 F2/32→B28（A）-1 和 4→VTOG。搭铁端子是 B28（A）-7 和 B28（A）-8。动力 CAN-H 是 B28（B）-14，CAN-L 是 B28（B）-15。

电池管理系统（BMS）常用供电线路：蓄电池→保险 F4/14→BK45（A）-14→BMS。双路电供电线路：双路电→保险 F2/32→BK45（B）-1→BMS。搭铁端子是 BK45（A）-6 和 BK45（A）-30。动力 CAN 总线是 CAN-H 是 BK45（B）-15，CAN-L 是 BK45（B）-22。

DC/DC 供电线路：双路电→保险 F2/32→B28（B）-4→DC/DC。搭铁端子是 B28（B）-9。动力 CAN 总线四合一共用。

根据以上三个电控单元可知，双路电是三个电控单元公共电源，当诊断仪进行故障诊断时，结合故障现象和诊断仪测量数据以及电路的其他特点，可确切判断出电路的故障属于电源、搭铁还是 CAN 总线通信部分。

2. 查看高压互锁装置是否互锁到位

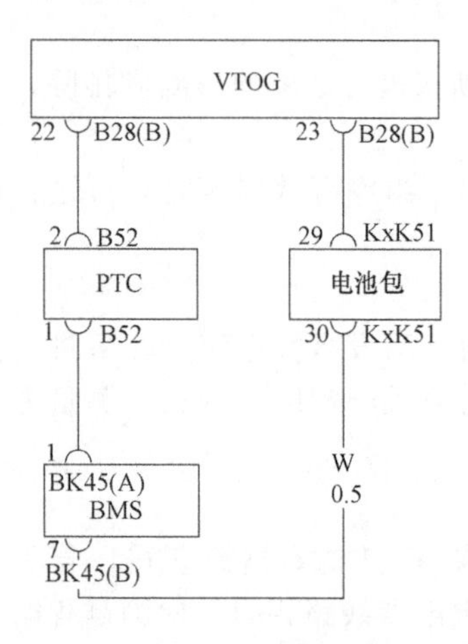

图 9-2 比亚迪 E5 高压互锁电路图

当三个电控单元都可以通信时，再次扫描，进行故障码的读取和数据流的分析。若有故障码则根据故障码进行相关线路分析，其中一个就是高压互锁故障，当检测到高压互锁出现故障时，根据相关电路进行故障的诊断与排除。高压互锁的电路回路：BK45（A)-7→电池包 KxK51-30→电池包 KxK51-29→高压电控总成 B28（B)-23→高压电控总成 B28（B)-22→PTC 的 B52-2→PTC 的 B52-1→BK45（A)-1。E5 高压互锁电路如图 9-2 所示，通过 BMS 来监测高压回路是否正常，正常情况是 BMS 的 1 号端子和 7 号端子通过 PTC、VTOG 和电池包构成回路，可测量 BMS 两端线路通断来进行判断。假设测量电阻无穷大，说明有断路点，逐次拔下 PTC、VTOG 以及电池包逐一排除。

3. 查看高压主预充接触器和主接触器是否正常工作

当诊断仪中无故障码时，读取 BMS 的数据流，查看主预充接触器和主接触器的工作情况，接触器电路如图 9-1 所示。主预充接触器控制线路：双路电→F2/33→主预充线圈→BMSBK45（A)-17。主接触器控制线路：双路电→F2/33→主接触预线圈→BMSBK45（A）-9。当主接触器相关线路出现故障时，数据流显示主预充已完成，主预充接触器断开，主接触器断开。当主预充接触器相关线路出现故障则诊断仪数据显示主预充时，对主预充接触器的控制部分进行检测，正常情况下拔掉 BMS 时，BK45（A)-17 电压是 12V，当主接触器出现故障时，对主接触器控制部分检测，正常情况下拔掉 BMS 时，BK45（A)-9 电压是 12V，若检测不正常，则应继续检测控制部分电源、接触器线圈以及线圈接地控制。具体检测过程略。

三、故障 3：纯电动汽车通高压电后无法行驶

案例：比亚迪 E5 纯电动汽车踩下制动踏板，按下启动按钮，车辆能够启动，OK 灯亮，但是挂挡后无法行驶。

1. 利用故障诊断仪读取故障码和数据流查看挡位信号是否正常

根据纯电动汽车的工作原理可知，纯电动汽车的行驶条件之一是挡位工作正常。挡位是否正常可以在挡位传感器的数据流读取，当挡位信号出现故障时，根据电路图（图 9-1）进行故障的诊断和排除。具体测量过程略。

2. 利用故障诊断仪读取故障码和数据流查看油门踏板信号是否正常

纯电动汽车的行驶条件之二是油门踏板信号正常。根据电路图（图 9-1）进行油门信号的测量，具体测量过程略。

3. 利用故障诊断仪读取故障码和数据流查看旋变信号是否正常

纯电动汽车的行驶条件之三是旋变信号正常。旋变是否正常可以通过 VTOG 读取故障码进行判断，若旋变出现故障，会出现相应故障码，根据故障码进行三个旋变绕组的测量和屏蔽线的测量。旋变电路如图 9-1 所示，测量励磁＋和励磁－的线圈电阻，正弦＋和正弦－的线圈电阻，余弦＋和余弦－的线圈电阻，测量屏蔽线通断。具体测量过程略。

四、故障 4：纯电动汽车无法正常充电

纯电动汽车的充电系统相当于传统汽车加油站，若充电系统出现故障，车辆则无法行驶，所以需要掌握充电系统的故障诊断与排除方法。

案例：比亚迪 E5 纯电动汽车交流电充电枪插上后，仪表一直显示充电连接中，但实际上车辆无法充电，且一段时间后自动断电。

纯电动汽车进行交流电充电，首先要插充电枪，充电枪口有 CC 端子进行充电枪物理连接的测量。当 CC 端检测到充电枪后，将信息发送至高压总成，高压总成将充电连接信号发送至车身控制器，车身控制器将控制双路电继电器工作。双路电可为电池管理器提供电源，进而启动电池管理器，电池管理器一方面接通充电继电器，另一方面检测动力电池的电压、温度等信息，计算出充电时间、充电电流，再通过充电线将信号发送至高压电控总成，高压电控总成通过 CP 端发送占空比信号到充电口至充电枪，充电枪按照 CP 信号发送充电电流和充电时间。

比亚迪 E5 的充电电路：充电口 B53（B）-2 CC 端→高压电控总成 B28（A）-13 CC→高压电控总成 B28（A）-12→车身控制器 G2R-17。车身控制器 BCM 接收信号后，控制双路电继电器工作，电路是 G2R-13 和 G2R-5→双路电继电器线圈→搭铁，继电器触点闭合。BMS 将充电信息通过充电感应信号发送至高压电控总成，电路是电池管理器 BK45（B）-18→高压电控总成 B28（A）-19，高压电控总成 B28（A）-47 进行充电信号的确定。

当出现故障时，可根据故障现象进行故障的初步判断，例如充电枪接好后，仪表无任何显示，说明电脑无法监测到充电枪，物理连接监测信号线 CC 端可能出现故障。当连接好后，若无法进行高压充电，一直显示充电连接中，则原因可能是无法获得充电确认信号，若无法给出占空比信号，则可能是 CP 端故障，可根据故障现象进行故障的分析和相关测量。

纯电动汽车在工作中的故障是随机出现的，故障可能千变万化，在此不再一一列举，但是根据其工作原理，可通过相关测量进行故障的诊断和排除。

课后习题

一、选择题

1. 打开点火开关后，仪表正常点亮，但是解码仪无法与整车通信，原因可能是（　　）。

A. 智能钥匙失效　　B. 整车无电
C. 点火开关损坏　　D. OBD 诊断接口损坏

2. 以下可以辅助新能源汽车进行高压系统故障诊断的是（　　）。

A. 解码仪　　B. 气压表
C. 胎压表　　D. 深度尺

3. 以下模块故障会造成仪表无 SOC 的是（　　）。

A. 电机控制器　　B. 主控制器
C. 动力电池管理器　　D. 充电控制器

4. 通过电池管理器的数据流，不能得到的信息是（　　）。

A. SOC　　B. 电池包总电压
C. 单体电池电压　　D. 电机相电流

5. 整车不能通电成功，仪表充电指示灯点亮，原因可能是（　　）。

A. CC 端信号线搭铁　　B. CP 端搭铁
C. CC 端断路　　D. CP 端断路

6. 以下最有可能会造成动力系统故障灯点亮的原因是（　　）。

A. 高压互锁检测线断路　　B. 低压蓄电池正常
C. 动力电池包 SOC 过低　　D. 霍尔传感器损坏

7. 低压蓄电池灯亮起的原因可能是（　　）。

A. 主控制器损坏　　B. 电机控制器损坏

C. DC/DC 不工作　　D. 点火开关损坏

8. 车载充电机不工作的原因可能是（　　）。

A. 整车无电　　B. 不能交流充电

C. 不能通高压电　　D. 不能断电

9. 以下会造成动力电池故障灯点亮的原因是（　　）。

A. 主接触器故障　　B. 电机控制器不工作

C. 分压接触器不工作　　D. 漏电模块不工作

10. 打开点火开关，仪表正常点亮，解码仪扫描全车，动力电池管理器不能通信的原因可能是（　　）。

A. 点火开关损坏　　B. 诊断接口损坏

C. 动力电池管理器保险烧毁　　D. 动力电池包损坏

11. 打开点火开关，仪表正常点亮，解码仪扫描全车，电机控制器不能通信的原因可能是（　　）。

A. 点火开关损坏　　B. 电机控制器 CAN 线断路

C. 电动机损坏　　D. 变速箱损坏

12. 打开点火开关，仪表正常点亮，解码仪扫描全车，整车控制器不能通信的原因可能是（　　）。

A. 点火开关损坏　　B. 诊断接口损坏

C. 主接触器不工作　　D. 整车控制器供电保险断路

13. DC/DC 不工作会造成（　　）。

A. 整车无电　　B. 不能智能充电

C. 不能通高压电　　D. 不能断电

14. 以下不能确定保险熔断的是（　　）。

A. 测量保险两端的电压值　　B. 测量保险两端的电阻值

C. 拔出保险，目视观察　　D. 测量模块供电电压

15. 以下不会造成全车无电的是（　　）。

A. 蓄电池正极保险烧毁　　B. 低压蓄电池休眠

C. 蓄电池负极虚接　　D. DC/DC 不工作

16. 以下会造成整车无法驱动的是（　　）。

A. 智能钥匙电量不足　　B. 动力电池包 SOC 低

C. 旋变传感器余弦信号线断路　　D. DC/DC 不工作

17. 交流充电时，通过数据流不能看到的信息是（　　）。

A. 充电电流　　B. CC 端信号连接情况

C. CP 端占空比　　D. 电机相电流

18. 松开制动踏板，动力系统故障灯点亮的原因可能是（　　）。

A. 制动开关损坏　　B. CC 端搭铁

C. 整车控制器电源断路　　D. 余弦信号线断路

19. 高压互锁锁止的原因可能是（　　）。

A. 高压插接件断开　　B. 保险烧毁

C. 高压用电器不工作　　D. 整车不能通高压电

20. 交流充电时，充电指示灯点亮，仪表不能显示充电功率和剩余充电时间的原因可能是（　　）。

A. 霍尔传感器损坏　　B. 点火开关未开

C. CC端未连接　　D. 充电枪未插入

21. 车辆行驶时，动力系统故障指示灯突然点亮，车速逐渐降低，10s以后，整车停止运行，可能原因是（　　）。

A. 电动机损坏　　B. 电机控制器损坏

C. 车轮损坏　　D. 高压互锁断开

22. 电动机转速信号丢失会造成（　　）。

A. 整车不能驱动　　B. 整车限功率

C. 整车无法交流充电　　D. 全车无电

二、判断题

1. 动力电池管理器检测到电池包数据异常时，将不允许整车通高压电。（　　）

2. 电机控制器电源断路，整车可以正常行驶。（　　）

3. BMS电源断路，整车可以正常行驶。（　　）

4. 未插枪，仪表充电指示灯亮，可能是充电指示灯控制线搭铁。（　　）

5. 未插枪，仪表充电指示灯亮，一定是CC端搭铁。（　　）

6. 低压插接件松脱有可能会造成高压互锁锁止。（　　）

7. 电源短路可能会造成保险烧毁。（　　）

8. 动力系统故障灯点亮的原因一定出在电池管理器上。（　　）

9. CAN-H对CAN-L的电阻值为60Ω，此通信网络一定正常。（　　）

10. DC/DC不工作最终会造成全车无电。（　　）

参考文献

［1］ 孙旭，陈社会．新能源汽车原理与检修［M］．北京：机械工业出版社，2018．

［2］ 庆伟．新能源汽车概论［M］．北京：机械工业出版社，2017．

［3］ 邱家彩．汽车新能源运用技术［M］．北京：北京工业大学出版社，2018．

［4］ 陈全世．先进电动汽车技术［M］．北京：化学工业出版社，2012．

［5］ 吴文琳．电动汽车结构原理与使用维修［M］．北京：化学工业出版社，2017．

［6］ 刘鸿建．汽车单片机与车载网络技术［M］．北京：化学工业出版社，2014．

［7］ 徐艳民．电动汽车动力电池及电源管理［M］．上海：上海科学技术出版社，2013．

［8］ 朱军．新能源汽车动力系统控制原理及应用［M］．上海：上海科学技术出版社，2013．

［9］ 王文伟，毕荣华．电动汽车技术基础［M］．北京：机械工业出版社，2018．

新能源汽车技术

实训项目书

张亚宁　王　瑾　主　编

孙国君　副主编

张维军　主　审

化学工业出版社

·北京·

目　录

第一章　绪论 …… 1
实训项目一　北汽新能源汽车的认识和了解 …… 1
实训项目二　比亚迪新能源汽车的认识和了解 …… 2
实训项目三　丰田新能源汽车的认识和了解 …… 3
实训项目四　特斯拉新能源汽车的认识和了解 …… 4
实训项目五　新能源汽车维修工具的认识和使用 …… 5
实训项目六　新能源汽车维修防护用品的认识和使用 …… 8
第二章　纯电动汽车 …… 9
实训项目一　纯电动汽车的主电源和驱动系统的认识 …… 9
实训项目二　纯电动汽车的充电系统和空调系统的认识 …… 12
实训项目三　纯电动汽车维修开关的认识与插拔 …… 15
实训项目四　纯电动汽车驱动系统能量传递路线 …… 16
实训项目五　纯电动汽车交流充电系统能量传递路线 …… 17
实训项目六　纯电动汽车 DC/DC 系统能量传递路线 …… 18
实训项目七　纯电动汽车空调控制系统能量传递路线 …… 19
第三章　电动汽车动力电池系统 …… 20
实训项目一　动力电池的主要数据采集 …… 20
实训项目二　动力电池的维护与保养 …… 21
实训项目三　电池管理器（BMS）电路图的识读与绘制 …… 24
实训项目四　高压配电箱电路图的识读与绘制 …… 25
实训项目五　电池管理器（BMS）插接器的测量 …… 26
实训项目六　高压配电箱低压插接器的测量 …… 27
实训项目七　纯电动汽车接触器的认识与测量 …… 28
实训项目八　动力电池的更换 …… 30
实训项目九　动力电池系统的故障诊断与排除 1 …… 32
实训项目十　动力电池系统的故障诊断与排除 2 …… 33
第四章　电动汽车电机驱动系统 …… 34
实训项目一　纯电动汽车电机控制器电路图的识读与绘制 …… 34
实训项目二　纯电动汽车整车控制器电路图的识读与绘制 …… 35
实训项目三　电机控制器的测量 …… 36
实训项目四　整车控制器的测量 …… 37
实训项目五　故障诊断仪数据流的读取 …… 38
实训项目六　驱动系统防冻液的更换 …… 39
实训项目七　驱动系统绝缘性的检查 …… 40
实训项目八　纯电动汽车无法行驶的故障诊断与排除 …… 41
第五章　电动汽车底盘与车身系统 …… 42
实训项目一　纯电动汽车真空助力制动系统的认识 …… 42
实训项目二　电动真空泵一直运转的故障诊断与排除 …… 44

实训项目三　电动真空泵一直不运转的故障诊断与排除 …… 45
实训项目四　纯电动汽车空调的结构认识 …… 46
实训项目五　纯电动汽车空调的电路分析 …… 48
实训项目六　纯电动汽车空调制冷系统不制冷的故障诊断与排除 …… 49
实训项目七　纯电动汽车空调制热系统不加热的故障诊断与排除 …… 50
第六章　电动汽车电气系统 …… 51
实训项目一　纯电动汽车仪表指示灯和故障指示灯的认识 …… 51
实训项目二　汽车 CAN 总线标准波形和电压的测量 …… 52
实训项目三　汽车 CAN 总线故障波形和电压的测量 …… 53
实训项目四　汽车 CAN 总线的故障诊断与排除 1 …… 56
实训项目五　汽车 CAN 总线的故障诊断与排除 2 …… 57
第七章　电动汽车充电系统 …… 58
实训项目一　家庭单相交流充电盒的预约充电操作 …… 58
实训项目二　三相交流充电操作 …… 59
实训项目三　交流充电系统的检测 …… 60
实训项目四　直流充电系统的充电操作 …… 61
实训项目五　纯电动汽车直流充电系统的充电口检测 …… 62
实训项目六　充电系统正在连接的故障诊断与排除 …… 63
第八章　混合动力电动汽车 …… 64
实训项目　混合动力汽车的结构认识与使用 …… 64
第九章　纯电动汽车的故障诊断与排除 …… 66
实训项目一　纯电动汽车无法启动的故障诊断与排除 1 …… 66
实训项目二　纯电动汽车无法启动的故障诊断与排除 2 …… 67
实训项目三　纯电动汽车无法启动的故障诊断与排除 3 …… 68
实训项目四　纯电动汽车无法启动的故障诊断与排除 4 …… 69
实训项目五　纯电动汽车无法启动的故障诊断与排除 5 …… 70
实训项目六　纯电动汽车启动后 OK 灯不亮的故障诊断与排除 1 …… 71
实训项目七　纯电动汽车启动后 OK 灯不亮的故障诊断与排除 2 …… 72
实训项目八　纯电动汽车启动后 OK 灯不亮的故障诊断与排除 3 …… 73
实训项目九　纯电动汽车启动后 OK 灯不亮的故障诊断与排除 4 …… 74
实训项目十　纯电动汽车启动后 OK 灯不亮的故障诊断与排除 5 …… 75
实训项目十一　纯电动汽车 OK 灯亮后挂挡无法行驶的故障诊断与排除 1 …… 76
实训项目十二　纯电动汽车 OK 灯亮后挂挡无法行驶的故障诊断与排除 2 …… 77
实训项目十三　纯电动汽车 OK 灯亮后挂挡无法行驶的故障诊断与排除 3 …… 78
实训项目十四　纯电动汽车无法充电的故障诊断与排除 1 …… 79
实训项目十五　纯电动汽车无法充电的故障诊断与排除 2 …… 80
实训项目十六　纯电动汽车无法充电的故障诊断与排除 3 …… 81

第一章

绪论

实训项目一

<table>
<tr><td>项目内容</td><td colspan="3">北汽新能源汽车的认识和了解</td></tr>
<tr><td>项目准备</td><td colspan="3">信息化教学设备(手机)、北汽新能源汽车维修手册等</td></tr>
<tr><td>项目工位</td><td colspan="3">5 个</td></tr>
<tr><td>车辆信息</td><td colspan="2">车型:</td><td>VIN:</td></tr>
<tr><td>实训内容</td><td colspan="3">写出北汽新能源汽车的特点、性能与使用情况:</td></tr>
<tr><td>学生
学习总结</td><td colspan="3"></td></tr>
<tr><td rowspan="3">关键能力
考核</td><td>按时到场</td><td>工装齐备</td><td>书、本、笔齐全</td></tr>
<tr><td>安全操作</td><td>工具的正确使用</td><td>独立完成工作页</td></tr>
<tr><td>查阅资料</td><td>协作能力</td><td>7S 管理规范</td></tr>
<tr><td>教师
评语及建议</td><td colspan="2"></td><td>评价结果:________
A 优　B 良　C 合格　D 不合格
教师签名:________
时　　间:____年____月____日</td></tr>
</table>

实训项目二

<table>
<tr><td>项目内容</td><td colspan="3">比亚迪新能源汽车的认识和了解</td></tr>
<tr><td>项目准备</td><td colspan="3">信息化教学设备(手机)、比亚迪新能源汽车维修手册等</td></tr>
<tr><td>项目工位</td><td colspan="3">5个</td></tr>
<tr><td>车辆信息</td><td colspan="2">车型:</td><td>VIN:</td></tr>
<tr><td>实训内容</td><td colspan="3">写出比亚迪新能源汽车的特点、性能与使用情况:</td></tr>
<tr><td>学生学习总结</td><td colspan="3"></td></tr>
<tr><td rowspan="3">关键能力考核</td><td>按时到场</td><td>工装齐备</td><td>书、本、笔齐全</td></tr>
<tr><td>安全操作</td><td>工具的正确使用</td><td>独立完成工作页</td></tr>
<tr><td>查阅资料</td><td>协作能力</td><td>7S管理规范</td></tr>
<tr><td>教师评语及建议</td><td colspan="2"></td><td>评价结果:____
A优 B良 C合格 D不合格
教师签名:____
时 间:____年____月____日</td></tr>
</table>

实训项目三

项目内容	丰田新能源汽车的认识和了解		
项目准备	信息化教学设备(手机)、丰田能源汽车维修手册等		
项目工位	5个		
车辆信息	车型:	VIN:	
实训内容	写出丰田新能源汽车的特点、性能与使用情况:		
学生学习总结			
关键能力考核	按时到场	工装齐备	书、本、笔齐全
	安全操作	工具的正确使用	独立完成工作页
	查阅资料	协作能力	7S管理规范
教师评语及建议		评价结果:________ A优 B良 C合格 D不合格 教师签名:________ 时 间:____年____月____日	

实训项目四

<table>
<tr><td>项目内容</td><td colspan="3">特斯拉新能源汽车的认识和了解</td></tr>
<tr><td>项目准备</td><td colspan="3">信息化教学设备(手机)、特斯拉新能源汽车维修手册等</td></tr>
<tr><td>项目工位</td><td colspan="3">5 个</td></tr>
<tr><td>车辆信息</td><td colspan="2">车型：</td><td>VIN：</td></tr>
<tr><td>实训内容</td><td colspan="3">写出特斯拉新能源汽车的特点、性能与使用情况：</td></tr>
<tr><td>学生
学习总结</td><td colspan="3"></td></tr>
<tr><td rowspan="3">关键能力
考核</td><td>按时到场</td><td>工装齐备</td><td>书、本、笔齐全</td></tr>
<tr><td>安全操作</td><td>工具的正确使用</td><td>独立完成工作页</td></tr>
<tr><td>查阅资料</td><td>协作能力</td><td>7S 管理规范</td></tr>
<tr><td>教师
评语及建议</td><td colspan="2"></td><td>评价结果：____________
A 优　B 良　C 合格　D 不合格
教师签名：____________
时　　间：____年____月____日</td></tr>
</table>

实训项目五

<table>
<tr><td>项目内容</td><td colspan="3">新能源汽车维修工具的认识和使用</td></tr>
<tr><td>项目准备</td><td colspan="3">绝缘工具、万用表、绝缘表、放电计、汽车诊断仪、动力电池举升机等</td></tr>
<tr><td>项目工位</td><td colspan="3">5 个</td></tr>
<tr><td rowspan="6">实训内容</td><td>绝缘工具的认识与使用</td><td colspan="2">a. 掌握　b. 未掌握</td></tr>
<tr><td>万用表的认识与使用</td><td colspan="2">a. 掌握　b. 未掌握</td></tr>
<tr><td>绝缘表的认识与使用</td><td colspan="2">a. 掌握　b. 未掌握</td></tr>
<tr><td>放电计的认识与使用</td><td colspan="2">a. 掌握　b. 未掌握</td></tr>
<tr><td>汽车诊断仪的认识</td><td colspan="2">a. 掌握　b. 未掌握</td></tr>
<tr><td>动力电池举升机的认识与使用</td><td colspan="2">a. 掌握　b. 未掌握</td></tr>
<tr><td>学生
学习总结</td><td colspan="3"></td></tr>
<tr><td rowspan="3">关键能力
考核</td><td>按时到场</td><td>工装齐备</td><td>书、本、笔齐全</td></tr>
<tr><td>安全操作</td><td>工具的正确使用</td><td>独立完成工作页</td></tr>
<tr><td>查阅资料</td><td>协作能力</td><td>7S 管理规范</td></tr>
<tr><td>教师
评语及建议</td><td colspan="2"></td><td>评价结果：________
A 优　B 良　C 合格　D 不合格
教师签名：________
时　　间：____年____月____日</td></tr>
</table>

记　录　表
写出绝缘工具的使用方法：
写出万用表的使用方法：
写出绝缘表的使用方法：

记　录　表
写出放电计的使用方法：
写出汽车诊断仪的使用方法：
写出动力电池举升机的使用方法：

实训项目六

<table>
<tr><td>项目内容</td><td colspan="3">新能源汽车维修防护用品的认识和使用</td></tr>
<tr><td>项目准备</td><td colspan="3">绝缘帽、绝缘手套、护目镜、隔离带等</td></tr>
<tr><td>项目工位</td><td colspan="3">5 个</td></tr>
<tr><td rowspan="6">实训内容</td><td colspan="2">绝缘帽和绝缘手套的使用与检查</td><td>a. 掌握　b. 未掌握</td></tr>
<tr><td colspan="2">护目镜的使用与检查</td><td>a. 掌握　b. 未掌握</td></tr>
<tr><td colspan="2">隔离带的使用</td><td>a. 掌握　b. 未掌握</td></tr>
<tr><td colspan="3">绝缘帽和绝缘手套的使用与检查：</td></tr>
<tr><td colspan="3">护目镜的使用与检查：</td></tr>
<tr><td colspan="3">隔离带的使用：</td></tr>
<tr><td>学生
学习总结</td><td colspan="3"></td></tr>
<tr><td rowspan="3">关键能力
考核</td><td>按时到场</td><td>工装齐备</td><td>书、本、笔齐全</td></tr>
<tr><td>安全操作</td><td>工具的正确使用</td><td>独立完成工作页</td></tr>
<tr><td>查阅资料</td><td>协作能力</td><td>7S 管理规范</td></tr>
<tr><td>教师
评语及建议</td><td colspan="2"></td><td>评价结果：________
A 优　B 良　C 合格　D 不合格
教师签名：________
时　　间：____年____月____日</td></tr>
</table>

第二章

纯电动汽车

实训项目一

<table>
<tr><td>项目内容</td><td colspan="3">纯电动汽车的主电源和驱动系统的认识</td></tr>
<tr><td>项目准备</td><td colspan="3">纯电动汽车、纯电动汽车整车实训台架等</td></tr>
<tr><td>项目工位</td><td colspan="3">3 个</td></tr>
<tr><td>车辆信息</td><td>车型：</td><td colspan="2">VIN：</td></tr>
<tr><td rowspan="5">实训内容</td><td>动力电池</td><td colspan="2">a. 掌握　b. 未掌握</td></tr>
<tr><td>电机控制器</td><td colspan="2">a. 掌握　b. 未掌握</td></tr>
<tr><td>整车控制器</td><td colspan="2">a. 掌握　b. 未掌握</td></tr>
<tr><td>电池管理器</td><td colspan="2">a. 掌握　b. 未掌握</td></tr>
<tr><td>三相电动机</td><td colspan="2">a. 掌握　b. 未掌握</td></tr>
<tr><td>学生
学习总结</td><td colspan="3"></td></tr>
<tr><td rowspan="3">关键能力
考核</td><td>按时到场</td><td>工装齐备</td><td>书、本、笔齐全</td></tr>
<tr><td>安全操作</td><td>工具的正确使用</td><td>独立完成工作页</td></tr>
<tr><td>查阅资料</td><td>协作能力</td><td>7S 管理规范</td></tr>
<tr><td>教师
评语及建议</td><td colspan="2"></td><td>评价结果：________
A 优　B 良　C 合格　D 不合格
教师签名：________
时　间：____年____月____日</td></tr>
</table>

记　录　表
写出动力电池的位置与作用：
写出电机控制器的位置与作用：
写出整车控制器的位置与作用：

记　录　表
写出电池管理器的位置与作用：
写出三相电动机的位置与作用：

实训项目二

<table>
<tr><td>项目内容</td><td colspan="3">纯电动汽车的充电系统和空调系统的认识</td></tr>
<tr><td>项目准备</td><td colspan="3">纯电动汽车、纯电动汽车整车实训台架等</td></tr>
<tr><td>项目工位</td><td colspan="3">3 个</td></tr>
<tr><td>车辆信息</td><td>车型：</td><td colspan="2">VIN：</td></tr>
<tr><td rowspan="7">实训内容</td><td>充电枪</td><td>a. 掌握</td><td>b. 未掌握</td></tr>
<tr><td>交流充电线</td><td>a. 掌握</td><td>b. 未掌握</td></tr>
<tr><td>交流充电接口</td><td>a. 掌握</td><td>b. 未掌握</td></tr>
<tr><td>直流充电接口</td><td>a. 掌握</td><td>b. 未掌握</td></tr>
<tr><td>DC/DC</td><td>a. 掌握</td><td>b. 未掌握</td></tr>
<tr><td>车载充电机</td><td>a. 掌握</td><td>b. 未掌握</td></tr>
<tr><td>空调控制器</td><td>a. 掌握</td><td>b. 未掌握</td></tr>
<tr><td>学生
学习总结</td><td colspan="3"></td></tr>
<tr><td rowspan="3">关键能力
考核</td><td>按时到场</td><td>工装齐备</td><td>书、本、笔齐全</td></tr>
<tr><td>安全操作</td><td>工具的正确使用</td><td>独立完成工作页</td></tr>
<tr><td>查阅资料</td><td>协作能力</td><td>7S 管理规范</td></tr>
<tr><td>教师
评语及建议</td><td colspan="2"></td><td>评价结果：________________
A 优　B 良　C 合格　D 不合格
教师签名：________________
时　　间：____年____月____日</td></tr>
</table>

记　录　表
写出充电枪的作用与使用方法：
写出交流和直流充电接口的位置：

记　录　表
写出 DC/DC 的位置与作用：
写出空调控制器的位置和作用：

实训项目三

<table>
<tr><td>项目内容</td><td colspan="3">纯电动汽车维修开关的认识与插拔</td></tr>
<tr><td>项目准备</td><td colspan="3">纯电动汽车、纯电动汽车整车实训台架等</td></tr>
<tr><td>项目工位</td><td colspan="3">3 个</td></tr>
<tr><td>车辆信息</td><td colspan="2">车型：</td><td>VIN：</td></tr>
<tr><td rowspan="2">实训内容</td><td colspan="3">写出维修开关的认识与插拔过程：</td></tr>
<tr><td colspan="3">维修开关插拔注意事项：</td></tr>
<tr><td>学生
学习总结</td><td colspan="3"></td></tr>
<tr><td rowspan="3">关键能力
考核</td><td>按时到场</td><td>工装齐备</td><td>书、本、笔齐全</td></tr>
<tr><td>安全操作</td><td>工具的正确使用</td><td>独立完成工作页</td></tr>
<tr><td>查阅资料</td><td>协作能力</td><td>7S 管理规范</td></tr>
<tr><td>教师
评语及建议</td><td colspan="2"></td><td>评价结果：____________
A 优　B 良　C 合格　D 不合格
教师签名：____________
时　　间：____年____月____日</td></tr>
</table>

实训项目四

<table>
<tr><td>项目内容</td><td colspan="3">纯电动汽车驱动系统能量传递路线</td></tr>
<tr><td>项目准备</td><td colspan="3">纯电动汽车、纯电动汽车整车实训台架、纯电动汽车电路图等</td></tr>
<tr><td>项目工位</td><td colspan="3">3 个</td></tr>
<tr><td>车辆信息</td><td colspan="2">车型：</td><td>VIN：</td></tr>
<tr><td>实训内容</td><td colspan="3">画出驱动系统能量传递路线：</td></tr>
<tr><td>学生
学习总结</td><td colspan="3"></td></tr>
<tr><td rowspan="3">关键能力
考核</td><td>按时到场</td><td>工装齐备</td><td>书、本、笔齐全</td></tr>
<tr><td>安全操作</td><td>工具的正确使用</td><td>独立完成工作页</td></tr>
<tr><td>查阅资料</td><td>协作能力</td><td>7S 管理规范</td></tr>
<tr><td>教师
评语及建议</td><td colspan="2"></td><td>评价结果：____________
A 优　B 良　C 合格　D 不合格
教师签名：____________
时　间：____年____月____日</td></tr>
</table>

实训项目五

<table>
<tr><td>项目内容</td><td colspan="3">纯电动汽车交流充电系统能量传递路线</td></tr>
<tr><td>项目准备</td><td colspan="3">纯电动汽车、纯电动汽车整车实训台架、纯电动汽车电路图等</td></tr>
<tr><td>项目工位</td><td colspan="3">3 个</td></tr>
<tr><td>车辆信息</td><td>车型：</td><td colspan="2">VIN：</td></tr>
<tr><td>实训内容</td><td colspan="3">画出交流充电系统能量传递路线：</td></tr>
<tr><td>学生学习总结</td><td colspan="3"></td></tr>
<tr><td rowspan="3">关键能力考核</td><td>按时到场</td><td>工装齐备</td><td>书、本、笔齐全</td></tr>
<tr><td>安全操作</td><td>工具的正确使用</td><td>独立完成工作页</td></tr>
<tr><td>查阅资料</td><td>协作能力</td><td>7S 管理规范</td></tr>
<tr><td>教师评语及建议</td><td></td><td colspan="2">评价结果：____________
A 优　B 良　C 合格　D 不合格
教师签名：____________
时　间：____年____月____日</td></tr>
</table>

实训项目六

<table>
<tr><td>项目内容</td><td colspan="3">纯电动汽车 DC/DC 系统能量传递路线</td></tr>
<tr><td>项目准备</td><td colspan="3">纯电动汽车、纯电动汽车整车实训台架、纯电动汽车电路图等</td></tr>
<tr><td>项目工位</td><td colspan="3">3 个</td></tr>
<tr><td>车辆信息</td><td>车型：</td><td colspan="2">VIN：</td></tr>
<tr><td>实训内容</td><td colspan="3">画出 DC/DC 系统能量传递路线：</td></tr>
<tr><td>学生
学习总结</td><td colspan="3"></td></tr>
<tr><td rowspan="3">关键能力
考核</td><td>按时到场</td><td>工装齐备</td><td>书、本、笔齐全</td></tr>
<tr><td>安全操作</td><td>工具的正确使用</td><td>独立完成工作页</td></tr>
<tr><td>查阅资料</td><td>协作能力</td><td>7S 管理规范</td></tr>
<tr><td>教师
评语及建议</td><td colspan="2"></td><td>评价结果：________
A 优　B 良　C 合格　D 不合格
教师签名：________
时　　间：____年____月____日</td></tr>
</table>

实训项目七

<table>
<tr><td>项目内容</td><td colspan="3">纯电动汽车空调控制系统能量传递路线</td></tr>
<tr><td>项目准备</td><td colspan="3">纯电动汽车、纯电动汽车整车实训台架、纯电动汽车电路图等</td></tr>
<tr><td>项目工位</td><td colspan="3">3 个</td></tr>
<tr><td>车辆信息</td><td colspan="2">车型：</td><td>VIN：</td></tr>
<tr><td>实训内容</td><td colspan="3">画出空调控制系统能量传递路线：</td></tr>
<tr><td>学生学习总结</td><td colspan="3"></td></tr>
<tr><td rowspan="3">关键能力考核</td><td>按时到场</td><td>工装齐备</td><td>书、本、笔齐全</td></tr>
<tr><td>安全操作</td><td>工具的正确使用</td><td>独立完成工作页</td></tr>
<tr><td>查阅资料</td><td>协作能力</td><td>7S 管理规范</td></tr>
<tr><td>教师评语及建议</td><td colspan="2"></td><td>评价结果：________
A 优　B 良　C 合格　D 不合格
教师签名：________
时　间：____年____月____日</td></tr>
</table>

第三章

电动汽车动力电池系统

实训项目一

<table>
<tr><td>项目内容</td><td colspan="3">动力电池的主要数据采集</td></tr>
<tr><td>项目准备</td><td colspan="3">纯电动汽车整车实训台架、纯电动汽车动力电池实训台架、万用表等</td></tr>
<tr><td>项目工位</td><td colspan="3">3个</td></tr>
<tr><td>车辆信息</td><td colspan="2">车型：</td><td>VIN：</td></tr>
<tr><td rowspan="5">实训内容</td><td>动力电池类型</td><td colspan="2"></td></tr>
<tr><td>单体电池数量</td><td colspan="2"></td></tr>
<tr><td>单体电池电压</td><td colspan="2"></td></tr>
<tr><td>电池信息采集器个数</td><td colspan="2"></td></tr>
<tr><td>动力电池电压</td><td colspan="2"></td></tr>
<tr><td>学生
学习总结</td><td colspan="3"></td></tr>
<tr><td rowspan="3">关键能力
考核</td><td>按时到场</td><td>工装齐备</td><td>书、本、笔齐全</td></tr>
<tr><td>安全操作</td><td>工具的正确使用</td><td>独立完成工作页</td></tr>
<tr><td>查阅资料</td><td>协作能力</td><td>7S管理规范</td></tr>
<tr><td>教师
评语及建议</td><td colspan="2"></td><td>评价结果：________
A优　B良　C合格　D不合格
教师签名：________
时　　间：____年____月____日</td></tr>
</table>

实训项目二

<table>
<tr><td>项目内容</td><td colspan="3">动力电池的维护与保养</td></tr>
<tr><td>项目准备</td><td colspan="3">纯电动汽车、动力电池更换绝缘工具、个人防护套装、动力电池升降平台、放电计等</td></tr>
<tr><td>项目工位</td><td colspan="3">2 个</td></tr>
<tr><td>车辆信息</td><td>车型：</td><td colspan="2">VIN：</td></tr>
<tr><td rowspan="6">实
训
内
容</td><td>电池极柱座橡胶护套的齐全检查</td><td>a. 完成</td><td>b. 未完成</td></tr>
<tr><td>动力电池极柱的氧化检查</td><td>a. 完成</td><td>b. 未完成</td></tr>
<tr><td>动力电池高压正端子的绝缘检查</td><td>a. 完成</td><td>b. 未完成</td></tr>
<tr><td>动力电池高压负端子的绝缘检查</td><td>a. 完成</td><td>b. 未完成</td></tr>
<tr><td>动力电池低压插头的检查</td><td>a. 完成</td><td>b. 未完成</td></tr>
<tr><td>冷却液液位的检查</td><td>a. 完成</td><td>b. 未完成</td></tr>
<tr><td>学生
学习总结</td><td colspan="3"></td></tr>
<tr><td rowspan="3">关键能力
考核</td><td>按时到场</td><td>工装齐备</td><td>书、本、笔齐全</td></tr>
<tr><td>安全操作</td><td>工具的正确使用</td><td>独立完成工作页</td></tr>
<tr><td>查阅资料</td><td>协作能力</td><td>7S 管理规范</td></tr>
<tr><td>教师
评语及建议</td><td colspan="2"></td><td>评价结果：________
A 优　B 良　C 合格　D 不合格
教师签名：________
时　　间：____年____月____日</td></tr>
</table>

记　录　表
电池极柱座橡胶护套的齐全检查：
动力电池极柱的氧化检查：
动力电池高压正端子的绝缘检查：

记　录　表
动力电池高压负端子的绝缘检查：
动力电池低压插头的检查：
冷却液液位的检查：

实训项目三

<table>
<tr><td>项目内容</td><td colspan="3">电池管理器(BMS)电路图的识读与绘制</td></tr>
<tr><td>项目准备</td><td colspan="3">纯电动汽车整车电路图等</td></tr>
<tr><td>项目工位</td><td colspan="3">3 个</td></tr>
<tr><td>车辆信息</td><td colspan="2">车型：</td><td>VIN：</td></tr>
<tr><td>实训内容</td><td colspan="3">画出电池管理器(BMS)电路原理图：</td></tr>
<tr><td>学生
学习总结</td><td colspan="3"></td></tr>
<tr><td rowspan="3">关键能力
考核</td><td>按时到场</td><td>工装齐备</td><td>书、本、笔齐全</td></tr>
<tr><td>安全操作</td><td>工具的正确使用</td><td>独立完成工作页</td></tr>
<tr><td>查阅资料</td><td>协作能力</td><td>7S 管理规范</td></tr>
<tr><td>教师
评语及建议</td><td colspan="2"></td><td>评价结果：________
A 优　B 良　C 合格　D 不合格
教师签名：________
时　间：____年____月____日</td></tr>
</table>

实训项目四

<table>
<tr><td>项目内容</td><td colspan="3">高压配电箱电路图的识读与绘制</td></tr>
<tr><td>项目准备</td><td colspan="3">纯电动汽车整车电路图等</td></tr>
<tr><td>项目工位</td><td colspan="3">3 个</td></tr>
<tr><td>车辆信息</td><td colspan="2">车型：</td><td>VIN：</td></tr>
<tr><td>实训内容</td><td colspan="3">画出高压配电箱电路原理图：</td></tr>
<tr><td>学生
学习总结</td><td colspan="3"></td></tr>
<tr><td rowspan="3">关键能力
考核</td><td>按时到场</td><td>工装齐备</td><td>书、本、笔齐全</td></tr>
<tr><td>安全操作</td><td>工具的正确使用</td><td>独立完成工作页</td></tr>
<tr><td>查阅资料</td><td>协作能力</td><td>7S 管理规范</td></tr>
<tr><td>教师
评语及建议</td><td colspan="2"></td><td>评价结果：________
A 优　B 良　C 合格　D 不合格
教师签名：________
时　　间：____年____月____日</td></tr>
</table>

实训项目五

<table>
<tr><td>项目内容</td><td colspan="6">电池管理器(BMS)插接器的测量</td></tr>
<tr><td>项目准备</td><td colspan="6">纯电动汽车、电动汽车维修个人防护套装、万用表等</td></tr>
<tr><td>项目工位</td><td colspan="6">2 个</td></tr>
<tr><td>车辆信息</td><td colspan="3">车型：</td><td colspan="3">VIN：</td></tr>
<tr><td rowspan="12">实训内容</td><td colspan="6">电池管理器各管脚功能与测量</td></tr>
<tr><td>连接端子</td><td>测量条件</td><td>测量值</td><td>连接端子</td><td>测量条件</td><td>测量值</td></tr>
<tr><td></td><td></td><td></td><td></td><td></td><td></td></tr>
<tr><td></td><td></td><td></td><td></td><td></td><td></td></tr>
<tr><td></td><td></td><td></td><td></td><td></td><td></td></tr>
<tr><td></td><td></td><td></td><td></td><td></td><td></td></tr>
<tr><td></td><td></td><td></td><td></td><td></td><td></td></tr>
<tr><td></td><td></td><td></td><td></td><td></td><td></td></tr>
<tr><td></td><td></td><td></td><td></td><td></td><td></td></tr>
<tr><td></td><td></td><td></td><td></td><td></td><td></td></tr>
<tr><td></td><td></td><td></td><td></td><td></td><td></td></tr>
<tr><td></td><td></td><td></td><td></td><td></td><td></td></tr>
<tr><td>学生
学习总结</td><td colspan="6"></td></tr>
<tr><td rowspan="3">关键能力
考核</td><td colspan="2">按时到场</td><td colspan="2">工装齐备</td><td colspan="2">书、本、笔齐全</td></tr>
<tr><td colspan="2">安全操作</td><td colspan="2">工具的正确使用</td><td colspan="2">独立完成工作页</td></tr>
<tr><td colspan="2">查阅资料</td><td colspan="2">协作能力</td><td colspan="2">7S 管理规范</td></tr>
<tr><td>教师
评语及建议</td><td colspan="3"></td><td colspan="3">评价结果：______________
A 优　B 良　C 合格　D 不合格
教师签名：______________
时　　间：____年____月____日</td></tr>
</table>

实训项目六

<table>
<tr><td>项目内容</td><td colspan="6">高压配电箱低压插接器的测量</td></tr>
<tr><td>项目准备</td><td colspan="6">纯电动汽车、纯电动汽车实训台架、个人防护套装、万用表等</td></tr>
<tr><td>项目工位</td><td colspan="6">2 个</td></tr>
<tr><td>车辆信息</td><td colspan="3">车型：</td><td colspan="3">VIN：</td></tr>
<tr><td rowspan="12">实训内容</td><td colspan="6">高压配电箱各管脚功能与测量</td></tr>
<tr><td>连接端子</td><td>测量条件</td><td>测量值</td><td>连接端子</td><td>测量条件</td><td>测量值</td></tr>
<tr><td></td><td></td><td></td><td></td><td></td><td></td></tr>
<tr><td></td><td></td><td></td><td></td><td></td><td></td></tr>
<tr><td></td><td></td><td></td><td></td><td></td><td></td></tr>
<tr><td></td><td></td><td></td><td></td><td></td><td></td></tr>
<tr><td></td><td></td><td></td><td></td><td></td><td></td></tr>
<tr><td></td><td></td><td></td><td></td><td></td><td></td></tr>
<tr><td></td><td></td><td></td><td></td><td></td><td></td></tr>
<tr><td></td><td></td><td></td><td></td><td></td><td></td></tr>
<tr><td></td><td></td><td></td><td></td><td></td><td></td></tr>
<tr><td></td><td></td><td></td><td></td><td></td><td></td></tr>
<tr><td>学生
学习总结</td><td colspan="6"></td></tr>
<tr><td rowspan="3">关键能力
考核</td><td colspan="2">按时到场</td><td colspan="2">工装齐备</td><td colspan="2">书、本、笔齐全</td></tr>
<tr><td colspan="2">安全操作</td><td colspan="2">工具的正确使用</td><td colspan="2">独立完成工作页</td></tr>
<tr><td colspan="2">查阅资料</td><td colspan="2">协作能力</td><td colspan="2">7S 管理规范</td></tr>
<tr><td>教师
评语及建议</td><td colspan="3"></td><td colspan="3">评价结果：________
A 优　B 良　C 合格　D 不合格
教师签名：________
时　　间：____年____月____日</td></tr>
</table>

实训项目七

<table>
<tr><td>项目内容</td><td colspan="3">纯电动汽车接触器的认识与测量</td></tr>
<tr><td>项目准备</td><td colspan="3">纯电动汽车整车实训台架、整车电路图、个人防护套装、万用表等</td></tr>
<tr><td>项目工位</td><td colspan="3">3 个</td></tr>
<tr><td>车辆信息</td><td colspan="2">车型：</td><td>VIN：</td></tr>
<tr><td rowspan="7">实训内容</td><td>序号</td><td>接触器类型</td><td>任务完成情况</td></tr>
<tr><td>1</td><td></td><td>a. 掌握　　b. 未掌握</td></tr>
<tr><td>2</td><td></td><td>a. 掌握　　b. 未掌握</td></tr>
<tr><td>3</td><td></td><td>a. 掌握　　b. 未掌握</td></tr>
<tr><td>4</td><td></td><td>a. 掌握　　b. 未掌握</td></tr>
<tr><td>5</td><td></td><td>a. 掌握　　b. 未掌握</td></tr>
<tr><td>6</td><td></td><td>a. 掌握　　b. 未掌握</td></tr>
<tr><td>学生
学习总结</td><td colspan="3"></td></tr>
<tr><td rowspan="3">关键能力
考核</td><td>按时到场</td><td>工装齐备</td><td>书、本、笔齐全</td></tr>
<tr><td>安全操作</td><td>工具的正确使用</td><td>独立完成工作页</td></tr>
<tr><td>查阅资料</td><td>协作能力</td><td>7S 管理规范</td></tr>
<tr><td>教师
评语及建议</td><td colspan="2"></td><td>评价结果：________
A 优　B 良　C 合格　D 不合格
教师签名：________
时　　间：____年____月____日</td></tr>
</table>

记 录 表
画出 1 号接触器控制电路并进行性能测量：
画出 2 号接触器控制电路并进行性能测量：
画出 3 号接触器控制电路并进行性能测量：
画出 4 号接触器控制电路并进行性能测量：
画出 5 号接触器控制电路并进行性能测量：
画出 6 号接触器控制电路并进行性能测量：

实训项目八

<table>
<tr><td>项目内容</td><td colspan="3">动力电池的更换</td></tr>
<tr><td>项目准备</td><td colspan="3">纯电动汽车、动力电池更换绝缘工具、个人防护套装、动力电池升降平台、放电计等</td></tr>
<tr><td>项目工位</td><td colspan="3">2 个</td></tr>
<tr><td>车辆信息</td><td>车型：</td><td colspan="2">VIN：</td></tr>
<tr><td rowspan="3">实训内容</td><td colspan="3">动力电池拆卸之前的检查：</td></tr>
<tr><td colspan="3">动力电池安装之前的检查：</td></tr>
<tr><td colspan="3">动力电池安装之后的检查：</td></tr>
<tr><td>学生
学习总结</td><td colspan="3"></td></tr>
<tr><td rowspan="3">关键能力
考核</td><td>按时到场</td><td>工装齐备</td><td>书、本、笔齐全</td></tr>
<tr><td>安全操作</td><td>工具的正确使用</td><td>独立完成工作页</td></tr>
<tr><td>查阅资料</td><td>协作能力</td><td>7S 管理规范</td></tr>
<tr><td>教师
评语及建议</td><td colspan="2"></td><td>评价结果：____________
A 优　B 良　C 合格　D 不合格
教师签名：____________
时　间：____年____月____日</td></tr>
</table>

记　录　表
写出动力电池更换步骤：

实训项目九

<table>
<tr><td>项目内容</td><td colspan="3">动力电池系统的故障诊断与排除 1
(参考 BMS 无法通信、信息采集器线路故障等)</td></tr>
<tr><td>项目准备</td><td colspan="3">纯电动汽车、纯电动汽车电路图、个人防护套装、故障诊断仪、万用表等</td></tr>
<tr><td>项目工位</td><td colspan="3">2 个</td></tr>
<tr><td>车辆信息</td><td colspan="2">车型:</td><td>VIN:</td></tr>
<tr><td rowspan="7">实训内容</td><td colspan="2">车辆基本检查</td><td></td></tr>
<tr><td colspan="2">纯电动汽车故障现象</td><td></td></tr>
<tr><td colspan="2">故障代码</td><td></td></tr>
<tr><td colspan="2">数据流</td><td></td></tr>
<tr><td colspan="2">电路原理图</td><td></td></tr>
<tr><td colspan="2">测量数据</td><td></td></tr>
<tr><td colspan="2">故障点确认</td><td></td></tr>
<tr><td>学生
学习总结</td><td colspan="3"></td></tr>
<tr><td rowspan="3">关键能力
考核</td><td>按时到场</td><td>工装齐备</td><td>书、本、笔齐全</td></tr>
<tr><td>安全操作</td><td>工具的正确使用</td><td>独立完成工作页</td></tr>
<tr><td>查阅资料</td><td>协作能力</td><td>7S 管理规范</td></tr>
<tr><td>教师
评语及建议</td><td colspan="2"></td><td>评价结果:____
A 优　B 良　C 合格　D 不合格
教师签名:____
时　　间:____年____月____日</td></tr>
</table>

实训项目十

<table>
<tr><td>项目内容</td><td colspan="3">动力电池系统的故障诊断与排除 2
(参考 BMS 无法通信、信息采集器线路故障等)</td></tr>
<tr><td>项目准备</td><td colspan="3">纯电动汽车、纯电动汽车电路图、个人防护套装、故障诊断仪、万用表等</td></tr>
<tr><td>项目工位</td><td colspan="3">2 个</td></tr>
<tr><td>车辆信息</td><td>车型:</td><td colspan="2">VIN:</td></tr>
<tr><td rowspan="7">实训内容</td><td>车辆基本检查</td><td colspan="2"></td></tr>
<tr><td>纯电动汽车故障现象</td><td colspan="2"></td></tr>
<tr><td>故障代码</td><td colspan="2"></td></tr>
<tr><td>数据流</td><td colspan="2"></td></tr>
<tr><td>电路原理图</td><td colspan="2"></td></tr>
<tr><td>测量数据</td><td colspan="2"></td></tr>
<tr><td>故障点确认</td><td colspan="2"></td></tr>
<tr><td>学生
学习总结</td><td colspan="3"></td></tr>
<tr><td rowspan="3">关键能力
考核</td><td>按时到场</td><td>工装齐备</td><td>书、本、笔齐全</td></tr>
<tr><td>安全操作</td><td>工具的正确使用</td><td>独立完成工作页</td></tr>
<tr><td>查阅资料</td><td>协作能力</td><td>7S 管理规范</td></tr>
<tr><td>教师
评语及建议</td><td colspan="2"></td><td>评价结果:____
A 优 B 良 C 合格 D 不合格
教师签名:____
时 间:____年____月____日</td></tr>
</table>

实训项目一

<table>
<tr><td>项目内容</td><td colspan="3">纯电动汽车电机控制器电路图的识读与绘制</td></tr>
<tr><td>项目准备</td><td colspan="3">纯电动汽车、纯电动汽车整车电路图等</td></tr>
<tr><td>项目工位</td><td colspan="3">3 个</td></tr>
<tr><td>车辆信息</td><td>车型：</td><td colspan="2">VIN：</td></tr>
<tr><td>实训内容</td><td colspan="3">画出纯电动汽车电机控制器系统电路图：</td></tr>
<tr><td>学生
学习总结</td><td colspan="3"></td></tr>
<tr><td rowspan="3">关键能力
考核</td><td>按时到场</td><td>工装齐备</td><td>书、本、笔齐全</td></tr>
<tr><td>安全操作</td><td>工具的正确使用</td><td>独立完成工作页</td></tr>
<tr><td>查阅资料</td><td>协作能力</td><td>7S 管理规范</td></tr>
<tr><td>教师
评语及建议</td><td colspan="2"></td><td>评价结果：____________
A 优　B 良　C 合格　D 不合格
教师签名：____________
时　　间：____年____月____日</td></tr>
</table>

实训项目二

<table>
<tr><td>项目内容</td><td colspan="3">纯电动汽车整车控制器电路图的识读与绘制</td></tr>
<tr><td>项目准备</td><td colspan="3">纯电动汽车、纯电动汽车整车电路图等</td></tr>
<tr><td>项目工位</td><td colspan="3">3 个</td></tr>
<tr><td>车辆信息</td><td>车型：</td><td colspan="2">VIN：</td></tr>
<tr><td>实训内容</td><td colspan="3">画出纯电动汽车整车控制器系统电路图：</td></tr>
<tr><td>学生
学习总结</td><td colspan="3"></td></tr>
<tr><td rowspan="3">关键能力
考核</td><td>按时到场</td><td>工装齐备</td><td>书、本、笔齐全</td></tr>
<tr><td>安全操作</td><td>工具的正确使用</td><td>独立完成工作页</td></tr>
<tr><td>查阅资料</td><td>协作能力</td><td>7S 管理规范</td></tr>
<tr><td>教师
评语及建议</td><td colspan="2"></td><td>评价结果：________
A 优　B 良　C 合格　D 不合格
教师签名：________
时　　间：____年____月____日</td></tr>
</table>

实训项目三

<table>
<tr><td>项目内容</td><td colspan="6">电机控制器的测量</td></tr>
<tr><td>项目准备</td><td colspan="6">纯电动汽车、纯电动汽车实训台架、纯电动汽车维修手册、个人防护套装、万用表等</td></tr>
<tr><td>项目工位</td><td colspan="6">2 个</td></tr>
<tr><td>车辆信息</td><td colspan="3">车型：</td><td colspan="3">VIN：</td></tr>
<tr><td rowspan="12">实训内容</td><td colspan="6">电机控制器各管脚功能与测量</td></tr>
<tr><td>连接端子</td><td>测量条件</td><td>测量值</td><td>连接端子</td><td>测量条件</td><td>测量值</td></tr>
<tr><td></td><td></td><td></td><td></td><td></td><td></td></tr>
<tr><td></td><td></td><td></td><td></td><td></td><td></td></tr>
<tr><td></td><td></td><td></td><td></td><td></td><td></td></tr>
<tr><td></td><td></td><td></td><td></td><td></td><td></td></tr>
<tr><td></td><td></td><td></td><td></td><td></td><td></td></tr>
<tr><td></td><td></td><td></td><td></td><td></td><td></td></tr>
<tr><td></td><td></td><td></td><td></td><td></td><td></td></tr>
<tr><td></td><td></td><td></td><td></td><td></td><td></td></tr>
<tr><td></td><td></td><td></td><td></td><td></td><td></td></tr>
<tr><td></td><td></td><td></td><td></td><td></td><td></td></tr>
<tr><td>学生
学习总结</td><td colspan="6"></td></tr>
<tr><td rowspan="3">关键能力
考核</td><td colspan="2">按时到场</td><td colspan="2">工装齐备</td><td colspan="2">书、本、笔齐全</td></tr>
<tr><td colspan="2">安全操作</td><td colspan="2">工具的正确使用</td><td colspan="2">独立完成工作页</td></tr>
<tr><td colspan="2">查阅资料</td><td colspan="2">协作能力</td><td colspan="2">7S 管理规范</td></tr>
<tr><td>教师
评语及建议</td><td colspan="3"></td><td colspan="3">评价结果：________
A 优　B 良　C 合格　D 不合格
教师签名：________
时　　间：____年____月____日</td></tr>
</table>

实训项目四

<table>
<tr><td>项目内容</td><td colspan="6">整车控制器的测量</td></tr>
<tr><td>项目准备</td><td colspan="6">纯电动汽车、纯电动汽车实训台架、电动汽车维修手册、个人防护套装、万用表等</td></tr>
<tr><td>项目工位</td><td colspan="6">2个</td></tr>
<tr><td>车辆信息</td><td colspan="3">车型：</td><td colspan="3">VIN：</td></tr>
<tr><td rowspan="12">实训内容</td><td colspan="6">整车控制器各管脚功能与测量</td></tr>
<tr><td>连接端子</td><td>测量条件</td><td>测量值</td><td>连接端子</td><td>测量条件</td><td>测量值</td></tr>
<tr><td></td><td></td><td></td><td></td><td></td><td></td></tr>
<tr><td></td><td></td><td></td><td></td><td></td><td></td></tr>
<tr><td></td><td></td><td></td><td></td><td></td><td></td></tr>
<tr><td></td><td></td><td></td><td></td><td></td><td></td></tr>
<tr><td></td><td></td><td></td><td></td><td></td><td></td></tr>
<tr><td></td><td></td><td></td><td></td><td></td><td></td></tr>
<tr><td></td><td></td><td></td><td></td><td></td><td></td></tr>
<tr><td></td><td></td><td></td><td></td><td></td><td></td></tr>
<tr><td></td><td></td><td></td><td></td><td></td><td></td></tr>
<tr><td></td><td></td><td></td><td></td><td></td><td></td></tr>
<tr><td>学生
学习总结</td><td colspan="6"></td></tr>
<tr><td rowspan="3">关键能力
考核</td><td colspan="2">按时到场</td><td colspan="2">工装齐备</td><td colspan="2">书、本、笔齐全</td></tr>
<tr><td colspan="2">安全操作</td><td colspan="2">工具的正确使用</td><td colspan="2">独立完成工作页</td></tr>
<tr><td colspan="2">查阅资料</td><td colspan="2">协作能力</td><td colspan="2">7S管理规范</td></tr>
<tr><td>教师
评语及建议</td><td colspan="3"></td><td colspan="3">评价结果：________
A优　B良　C合格　D不合格
教师签名：________
时　　间：____年____月____日</td></tr>
</table>

实训项目五

<table>
<tr><td>项目内容</td><td colspan="3">故障诊断仪数据流的读取</td></tr>
<tr><td>项目准备</td><td colspan="3">纯电动汽车、纯电动汽车实训台架、故障诊断仪、万用表等</td></tr>
<tr><td>项目工位</td><td colspan="3">3 个</td></tr>
<tr><td>车辆信息</td><td colspan="2">车型：</td><td>VIN：</td></tr>
<tr><td rowspan="2">实训内容</td><td colspan="3">整车控制器数据流：</td></tr>
<tr><td colspan="3">电机控制器数据流：</td></tr>
<tr><td>学生
学习总结</td><td colspan="3"></td></tr>
<tr><td rowspan="3">关键能力
考核</td><td>按时到场</td><td>工装齐备</td><td>书、本、笔齐全</td></tr>
<tr><td>安全操作</td><td>工具的正确使用</td><td>独立完成工作页</td></tr>
<tr><td>查阅资料</td><td>协作能力</td><td>7S 管理规范</td></tr>
<tr><td>教师
评语及建议</td><td colspan="2"></td><td>评价结果：____________
A 优　B 良　C 合格　D 不合格
教师签名：____________
时　　间：____年____月____日</td></tr>
</table>

实训项目六

<table>
<tr><td>项目内容</td><td colspan="3">驱动系统防冻液的更换</td></tr>
<tr><td>项目准备</td><td colspan="3">纯电动汽车、纯电动汽车实训台架、防冻液更换机、防冻液等</td></tr>
<tr><td>项目工位</td><td colspan="3">3 个</td></tr>
<tr><td>车辆信息</td><td colspan="2">车型：</td><td>VIN：</td></tr>
<tr><td rowspan="2">实训内容</td><td colspan="3">写出驱动电机防冻液的更换过程：</td></tr>
<tr><td colspan="3">写出 PTC 防冻液的更换过程：</td></tr>
<tr><td>学生
学习总结</td><td colspan="3"></td></tr>
<tr><td rowspan="3">关键能力
考核</td><td>按时到场</td><td>工装齐备</td><td>书、本、笔齐全</td></tr>
<tr><td>安全操作</td><td>工具的正确使用</td><td>独立完成工作页</td></tr>
<tr><td>查阅资料</td><td>协作能力</td><td>7S 管理规范</td></tr>
<tr><td>教师
评语及建议</td><td colspan="2"></td><td>评价结果：________
A 优　B 良　C 合格　D 不合格
教师签名：________
时　　间：____年____月____日</td></tr>
</table>

实训项目七

<table>
<tr><td>项目内容</td><td colspan="3">驱动系统绝缘性的检查</td></tr>
<tr><td>项目准备</td><td colspan="3">纯电动汽车、纯电动汽车实训台架、绝缘表、绝缘垫等</td></tr>
<tr><td>项目工位</td><td colspan="3">3 个</td></tr>
<tr><td>车辆信息</td><td colspan="2">车型：</td><td>VIN：</td></tr>
<tr><td rowspan="2">实训内容</td><td colspan="3">驱动电机直流线束绝缘性的检查：</td></tr>
<tr><td colspan="3">驱动电机三相绕组绝缘性和导通性的检查：</td></tr>
<tr><td>学生
学习总结</td><td colspan="3"></td></tr>
<tr><td rowspan="3">关键能力
考核</td><td>按时到场</td><td>工装齐备</td><td>书、本、笔齐全</td></tr>
<tr><td>安全操作</td><td>工具的正确使用</td><td>独立完成工作页</td></tr>
<tr><td>查阅资料</td><td>协作能力</td><td>7S 管理规范</td></tr>
<tr><td>教师
评语及建议</td><td colspan="2"></td><td>评价结果：____________
A 优　B 良　C 合格　D 不合格
教师签名：____________
时　　间：____年____月____日</td></tr>
</table>

实训项目八

<table>
<tr><td>项目内容</td><td colspan="3">纯电动汽车无法行驶的故障诊断与排除</td></tr>
<tr><td>项目准备</td><td colspan="3">纯电动汽车、纯电动汽车电路图、个人防护套装、故障诊断仪、万用表等</td></tr>
<tr><td>项目工位</td><td colspan="3">2个</td></tr>
<tr><td>车辆信息</td><td>车型：</td><td colspan="2">VIN：</td></tr>
<tr><td rowspan="7">实训内容</td><td>车辆基本检查</td><td colspan="2"></td></tr>
<tr><td>纯电动汽车故障现象</td><td colspan="2"></td></tr>
<tr><td>故障代码</td><td colspan="2"></td></tr>
<tr><td>数据流</td><td colspan="2"></td></tr>
<tr><td>电路原理图</td><td colspan="2"></td></tr>
<tr><td>测量数据</td><td colspan="2"></td></tr>
<tr><td>故障点确认</td><td colspan="2"></td></tr>
<tr><td>学生
学习总结</td><td colspan="3"></td></tr>
<tr><td rowspan="3">关键能力
考核</td><td>按时到场</td><td>工装齐备</td><td>书、本、笔齐全</td></tr>
<tr><td>安全操作</td><td>工具的正确使用</td><td>独立完成工作页</td></tr>
<tr><td>查阅资料</td><td>协作能力</td><td>7S管理规范</td></tr>
<tr><td>教师
评语及建议</td><td colspan="2"></td><td>评价结果：________
A优　B良　C合格　D不合格
教师签名：________
时　　间：____年____月____日</td></tr>
</table>

第五章

电动汽车底盘与车身系统

实训项目一

<table>
<tr><td>项目内容</td><td colspan="3">纯电动汽车真空助力制动系统的认识</td></tr>
<tr><td>项目准备</td><td colspan="3">纯电动汽车、纯电动汽车实训台架、个人防护套装等</td></tr>
<tr><td>项目工位</td><td colspan="3">3 个</td></tr>
<tr><td>车辆信息</td><td>车型：</td><td colspan="2">VIN：</td></tr>
<tr><td rowspan="5">实训内容</td><td>纯电动汽车真空泵</td><td colspan="2">a. 掌握　b. 未掌握</td></tr>
<tr><td>纯电动汽车真空罐</td><td colspan="2">a. 掌握　b. 未掌握</td></tr>
<tr><td>纯电动汽车真空压力传感器</td><td colspan="2">a. 掌握　b. 未掌握</td></tr>
<tr><td>电动真空助力制动系统电路图的识读与绘制</td><td colspan="2">a. 掌握　b. 未掌握</td></tr>
<tr><td>故障诊断仪数据流的读取</td><td colspan="2">a. 掌握　b. 未掌握</td></tr>
<tr><td>学生
学习总结</td><td colspan="3"></td></tr>
<tr><td rowspan="3">关键能力
考核</td><td>按时到场</td><td>工装齐备</td><td>书、本、笔齐全</td></tr>
<tr><td>安全操作</td><td>工具的正确使用</td><td>独立完成工作页</td></tr>
<tr><td>查阅资料</td><td>协作能力</td><td>7S 管理规范</td></tr>
<tr><td>教师
评语及建议</td><td colspan="2"></td><td>评价结果：________
A 优　B 良　C 合格　D 不合格
教师签名：________
时　　间：____年____月____日</td></tr>
</table>

记　录　表
写出纯电动汽车真空泵的位置与作用：
写出纯电动汽车真空罐的位置与作用：
写出纯电动汽车真空压力传感器的位置与作用：
画出纯电动汽车真空助力制动系统电路图：
写出故障诊断仪数据流：

实训项目二

<table>
<tr><td>项目内容</td><td colspan="3">电动真空泵一直运转的故障诊断与排除</td></tr>
<tr><td>项目准备</td><td colspan="3">纯电动汽车、纯电动汽车电路图、个人防护套装、故障诊断仪、万用表等</td></tr>
<tr><td>项目工位</td><td colspan="3">2 个</td></tr>
<tr><td>车辆信息</td><td>车型：</td><td colspan="2">VIN：</td></tr>
<tr><td rowspan="7">实
训
内
容</td><td>车辆基本检查</td><td colspan="2"></td></tr>
<tr><td>纯电动汽车故障现象</td><td colspan="2"></td></tr>
<tr><td>故障代码</td><td colspan="2"></td></tr>
<tr><td>数据流</td><td colspan="2"></td></tr>
<tr><td>电路原理图</td><td colspan="2"></td></tr>
<tr><td>测量数据</td><td colspan="2"></td></tr>
<tr><td>故障点确认</td><td colspan="2"></td></tr>
<tr><td>学生
学习总结</td><td colspan="3"></td></tr>
<tr><td rowspan="3">关键能力
考核</td><td>按时到场</td><td>工装齐备</td><td>书、本、笔齐全</td></tr>
<tr><td>安全操作</td><td>工具的正确使用</td><td>独立完成工作页</td></tr>
<tr><td>查阅资料</td><td>协作能力</td><td>7S 管理规范</td></tr>
<tr><td>教师
评语及建议</td><td colspan="2"></td><td>评价结果：________
A 优　B 良　C 合格　D 不合格
教师签名：________
时　　间：____年____月____日</td></tr>
</table>

实训项目三

<table>
<tr><td>项目内容</td><td colspan="3">电动真空泵一直不运转的故障诊断与排除</td></tr>
<tr><td>项目准备</td><td colspan="3">纯电动汽车、纯电动汽车电路图、个人防护套装、故障诊断仪、万用表等</td></tr>
<tr><td>项目工位</td><td colspan="3">2 个</td></tr>
<tr><td>车辆信息</td><td>车型：</td><td colspan="2">VIN：</td></tr>
<tr><td rowspan="7">实训内容</td><td>车辆基本检查</td><td colspan="2"></td></tr>
<tr><td>纯电动汽车故障现象</td><td colspan="2"></td></tr>
<tr><td>故障代码</td><td colspan="2"></td></tr>
<tr><td>数据流</td><td colspan="2"></td></tr>
<tr><td>电路原理图</td><td colspan="2"></td></tr>
<tr><td>测量数据</td><td colspan="2"></td></tr>
<tr><td>故障点确认</td><td colspan="2"></td></tr>
<tr><td>学生
学习总结</td><td colspan="3"></td></tr>
<tr><td rowspan="3">关键能力
考核</td><td>按时到场</td><td>工装齐备</td><td>书、本、笔齐全</td></tr>
<tr><td>安全操作</td><td>工具的正确使用</td><td>独立完成工作页</td></tr>
<tr><td>查阅资料</td><td>协作能力</td><td>7S 管理规范</td></tr>
<tr><td>教师
评语及建议</td><td colspan="2"></td><td>评价结果：________
A 优　B 良　C 合格　D 不合格
教师签名：________
时　　间：____年____月____日</td></tr>
</table>

实训项目四

<table>
<tr><td>项目内容</td><td colspan="3">纯电动汽车空调的结构认识</td></tr>
<tr><td>项目准备</td><td colspan="3">纯电动汽车、纯电动汽车实训台架、个人绝缘防护品、绝缘工具等</td></tr>
<tr><td>项目工位</td><td colspan="3">3 个</td></tr>
<tr><td>车辆信息</td><td>车型：</td><td colspan="2">VIN：</td></tr>
<tr><td rowspan="5">实训内容</td><td>纯电动汽车电动压缩机</td><td colspan="2">a. 掌握　　b. 未掌握</td></tr>
<tr><td>纯电动汽车高压电路</td><td colspan="2">a. 掌握　　b. 未掌握</td></tr>
<tr><td>纯电动汽车 PTC 管</td><td colspan="2">a. 掌握　　b. 未掌握</td></tr>
<tr><td>纯电动汽车空调系统电路的识读</td><td colspan="2">a. 掌握　　b. 未掌握</td></tr>
<tr><td>故障诊断仪数据流的读取</td><td colspan="2">a. 掌握　　b. 未掌握</td></tr>
<tr><td>学生
学习总结</td><td colspan="3"></td></tr>
<tr><td rowspan="3">关键能力
考核</td><td>按时到场</td><td>工装齐备</td><td>书、本、笔齐全</td></tr>
<tr><td>安全操作</td><td>工具的正确使用</td><td>独立完成工作页</td></tr>
<tr><td>查阅资料</td><td>协作能力</td><td>7S 管理规范</td></tr>
<tr><td>教师
评语及建议</td><td colspan="2"></td><td>评价结果：________________
A 优　B 良　C 合格　D 不合格
教师签名：________________
时　　间：____年____月____日</td></tr>
</table>

记　录　表
写出电动压缩机的位置与作用：
写出 PTC 的位置与作用：
写出纯电动汽车空调系统高压电路的位置与作用：

实训项目五

<table>
<tr><td>项目内容</td><td colspan="3">纯电动汽车空调的电路分析</td></tr>
<tr><td>项目准备</td><td colspan="3">纯电动汽车实训台架、纯电动汽车电路图等</td></tr>
<tr><td>项目工位</td><td colspan="3">3 个</td></tr>
<tr><td>车辆信息</td><td colspan="2">车型：</td><td>VIN：</td></tr>
<tr><td>实训内容</td><td colspan="3">画出纯电动汽车空调电路图并分析工作过程：</td></tr>
<tr><td>学生
学习总结</td><td colspan="3"></td></tr>
<tr><td rowspan="3">关键能力
考核</td><td>按时到场</td><td>工装齐备</td><td>书、本、笔齐全</td></tr>
<tr><td>安全操作</td><td>工具的正确使用</td><td>独立完成工作页</td></tr>
<tr><td>查阅资料</td><td>协作能力</td><td>7S 管理规范</td></tr>
<tr><td>教师
评语及建议</td><td colspan="2"></td><td>评价结果：________
A 优　B 良　C 合格　D 不合格
教师签名：________
时　　间：____年____月____日</td></tr>
</table>

实训项目六

<table>
<tr><td>项目内容</td><td colspan="3">纯电动汽车空调制冷系统不制冷的故障诊断与排除</td></tr>
<tr><td>项目准备</td><td colspan="3">纯电动汽车、纯电动汽车电路图、个人防护套装、故障诊断仪、万用表等</td></tr>
<tr><td>项目工位</td><td colspan="3">2 个</td></tr>
<tr><td>车辆信息</td><td colspan="2">车型：</td><td>VIN：</td></tr>
<tr><td rowspan="7">实
训
内
容</td><td colspan="2">车辆基本检查</td><td></td></tr>
<tr><td colspan="2">纯电动汽车故障现象</td><td></td></tr>
<tr><td colspan="2">故障代码</td><td></td></tr>
<tr><td colspan="2">数据流</td><td></td></tr>
<tr><td colspan="2">电路原理图</td><td></td></tr>
<tr><td colspan="2">测量数据</td><td></td></tr>
<tr><td colspan="2">故障点确认</td><td></td></tr>
<tr><td>学生
学习总结</td><td colspan="3"></td></tr>
<tr><td rowspan="3">关键能力
考核</td><td>按时到场</td><td>工装齐备</td><td>书、本、笔齐全</td></tr>
<tr><td>安全操作</td><td>工具的正确使用</td><td>独立完成工作页</td></tr>
<tr><td>查阅资料</td><td>协作能力</td><td>7S 管理规范</td></tr>
<tr><td>教师
评语及建议</td><td colspan="2"></td><td>评价结果：________
A 优　B 良　C 合格　D 不合格
教师签名：________
时　　间：____年____月____日</td></tr>
</table>

实训项目七

<table>
<tr><td>项目内容</td><td colspan="3">纯电动汽车空调制热系统不加热的故障诊断与排除</td></tr>
<tr><td>项目准备</td><td colspan="3">纯电动汽车、纯电动汽车电路图、个人防护套装、故障诊断仪、万用表等</td></tr>
<tr><td>项目工位</td><td colspan="3">2个</td></tr>
<tr><td>车辆信息</td><td>车型：</td><td colspan="2">VIN：</td></tr>
<tr><td rowspan="7">实训内容</td><td>车辆基本检查</td><td colspan="2"></td></tr>
<tr><td>纯电动汽车故障现象</td><td colspan="2"></td></tr>
<tr><td>故障代码</td><td colspan="2"></td></tr>
<tr><td>数据流</td><td colspan="2"></td></tr>
<tr><td>电路原理图</td><td colspan="2"></td></tr>
<tr><td>测量数据</td><td colspan="2"></td></tr>
<tr><td>故障点确认</td><td colspan="2"></td></tr>
<tr><td>学生
学习总结</td><td colspan="3"></td></tr>
<tr><td rowspan="3">关键能力
考核</td><td>按时到场</td><td>工装齐备</td><td>书、本、笔齐全</td></tr>
<tr><td>安全操作</td><td>工具的正确使用</td><td>独立完成工作页</td></tr>
<tr><td>查阅资料</td><td>协作能力</td><td>7S管理规范</td></tr>
<tr><td>教师
评语及建议</td><td colspan="2"></td><td>评价结果：____________
A优　B良　C合格　D不合格
教师签名：____________
时　　间：____年____月____日</td></tr>
</table>

第六章

电动汽车电气系统

实训项目一

<table>
<tr><td>项目内容</td><td colspan="4">纯电动汽车仪表指示灯和故障指示灯的认识</td></tr>
<tr><td>项目准备</td><td colspan="4">纯电动汽车、纯电动汽车实训台架等</td></tr>
<tr><td>项目工位</td><td colspan="4">3 个</td></tr>
<tr><td>车辆信息</td><td colspan="2">车型：</td><td colspan="2">VIN：</td></tr>
<tr><td rowspan="12">实
训
内
容</td><td>序号</td><td>仪表灯</td><td>序号</td><td>仪表灯</td></tr>
<tr><td></td><td></td><td></td><td></td></tr>
<tr><td></td><td></td><td></td><td></td></tr>
<tr><td></td><td></td><td></td><td></td></tr>
<tr><td></td><td></td><td></td><td></td></tr>
<tr><td></td><td></td><td></td><td></td></tr>
<tr><td></td><td></td><td></td><td></td></tr>
<tr><td></td><td></td><td></td><td></td></tr>
<tr><td></td><td></td><td></td><td></td></tr>
<tr><td></td><td></td><td></td><td></td></tr>
<tr><td></td><td></td><td></td><td></td></tr>
<tr><td></td><td></td><td></td><td></td></tr>
<tr><td>学生
学习总结</td><td colspan="4"></td></tr>
<tr><td rowspan="3">关键能力
考核</td><td>按时到场</td><td>工装齐备</td><td colspan="2">书、本、笔齐全</td></tr>
<tr><td>安全操作</td><td>工具的正确使用</td><td colspan="2">独立完成工作页</td></tr>
<tr><td>查阅资料</td><td>协作能力</td><td colspan="2">7S 管理规范</td></tr>
<tr><td>教师
评语及建议</td><td colspan="2"></td><td colspan="2">评价结果：________
A 优　B 良　C 合格　D 不合格
教师签名：________
时　　间：____年____月____日</td></tr>
</table>

实训项目二

<table>
<tr><td>项目内容</td><td colspan="3">汽车 CAN 总线标准波形和电压的测量</td></tr>
<tr><td>项目准备</td><td colspan="3">纯电动汽车、纯电动汽车实训台架、万用表、示波器等</td></tr>
<tr><td>项目工位</td><td colspan="3">3 个</td></tr>
<tr><td>车辆信息</td><td colspan="2">车型：</td><td>VIN：</td></tr>
<tr><td rowspan="2">实训内容</td><td colspan="3">学习示波器的使用：</td></tr>
<tr><td colspan="3">画出汽车 CAN 总线标准波形并进行电压的测量：</td></tr>
<tr><td>学生
学习总结</td><td colspan="3"></td></tr>
<tr><td rowspan="3">关键能力
考核</td><td>按时到场</td><td>工装齐备</td><td>书、本、笔齐全</td></tr>
<tr><td>安全操作</td><td>工具的正确使用</td><td>独立完成工作页</td></tr>
<tr><td>查阅资料</td><td>协作能力</td><td>7S 管理规范</td></tr>
<tr><td>教师
评语及建议</td><td colspan="2"></td><td>评价结果：________
A 优　B 良　C 合格　D 不合格
教师签名：________
时　　间：____年____月____日</td></tr>
</table>

实训项目三

<table>
<tr><td>项目内容</td><td colspan="3">汽车 CAN 总线故障波形和电压的测量</td></tr>
<tr><td>项目准备</td><td colspan="3">纯电动或燃油汽车、纯电动或燃油汽车实训台架、万用表、示波器等</td></tr>
<tr><td>项目工位</td><td colspan="3">3 个</td></tr>
<tr><td>车辆信息</td><td colspan="2">车型：</td><td>VIN：</td></tr>
<tr><td rowspan="7">实训内容</td><td colspan="2">CAN-H 断路的波形和电压的测量</td><td>a. 掌握　b. 未掌握</td></tr>
<tr><td colspan="2">CAN-H 对正短路的波形和电压的测量</td><td>a. 掌握　b. 未掌握</td></tr>
<tr><td colspan="2">CAN-H 对地短路的波形和电压的测量</td><td>a. 掌握　b. 未掌握</td></tr>
<tr><td colspan="2">CAN-L 断路的波形和电压的测量</td><td>a. 掌握　b. 未掌握</td></tr>
<tr><td colspan="2">CAN-L 对正短路的波形和电压的测量</td><td>a. 掌握　b. 未掌握</td></tr>
<tr><td colspan="2">CAN-L 对地短路的波形和电压的测量</td><td>a. 掌握　b. 未掌握</td></tr>
<tr><td colspan="2">CAN-H 与 CAN-L 互短的波形和电压的测量</td><td>a. 掌握　b. 未掌握</td></tr>
<tr><td>学生学习总结</td><td colspan="3"></td></tr>
<tr><td rowspan="3">关键能力考核</td><td>按时到场</td><td>工装齐备</td><td>书、本、笔齐全</td></tr>
<tr><td>安全操作</td><td>工具的正确使用</td><td>独立完成工作页</td></tr>
<tr><td>查阅资料</td><td>协作能力</td><td>7S 管理规范</td></tr>
<tr><td>教师评语及建议</td><td colspan="2"></td><td>评价结果：＿＿＿＿
A 优　B 良　C 合格　D 不合格
教师签名：＿＿＿＿
时　间：＿＿年＿＿月＿＿日</td></tr>
</table>

记 录 表
画出 CAN-H 断路的波形并进行电压的测量：
画出 CAN-H 对正短路的波形并进行电压的测量：
画出 CAN-H 对地短路的波形并进行电压的测量：
画出 CAN-L 断路的波形并进行电压的测量：

记　录　表
画出 CAN-L 对正短路的波形并进行电压的测量：
画出 CAN-L 对地短路的波形并进行电压的测量：
画出 CAN-H 和 CAN-L 互短的波形并进行电压的测量：

实训项目四

<table>
<tr><td>项目内容</td><td colspan="3">汽车 CAN 总线的故障诊断与排除 1
(参考 CAN-L 短路和断路、CAN-H 短路和断路故障)</td></tr>
<tr><td>项目准备</td><td colspan="3">纯电动汽车、电动汽车整车电路图、个人防护套装、故障诊断仪、万用表、绝缘工具等</td></tr>
<tr><td>项目工位</td><td colspan="3">2 个</td></tr>
<tr><td>车辆信息</td><td>车型：</td><td colspan="2">VIN：</td></tr>
<tr><td rowspan="7">实训内容</td><td>车辆基本检查</td><td colspan="2"></td></tr>
<tr><td>纯电动汽车故障现象</td><td colspan="2"></td></tr>
<tr><td>故障代码</td><td colspan="2"></td></tr>
<tr><td>数据流</td><td colspan="2"></td></tr>
<tr><td>电路原理图</td><td colspan="2"></td></tr>
<tr><td>测量数据</td><td colspan="2"></td></tr>
<tr><td>故障点确认</td><td colspan="2"></td></tr>
<tr><td>学生
学习总结</td><td colspan="3"></td></tr>
<tr><td rowspan="3">关键能力
考核</td><td>按时到场</td><td>工装齐备</td><td>书、本、笔齐全</td></tr>
<tr><td>安全操作</td><td>工具的正确使用</td><td>独立完成工作页</td></tr>
<tr><td>查阅资料</td><td>协作能力</td><td>7S 管理规范</td></tr>
<tr><td>教师
评语及建议</td><td colspan="2"></td><td>评价结果：________
A 优　B 良　C 合格　D 不合格
教师签名：________
时　　间：____年____月____日</td></tr>
</table>

实训项目五

<table>
<tr><td>项目内容</td><td colspan="3">汽车 CAN 总线的故障诊断与排除 2
(参考 CAN-L 短路和断路、CAN-H 短路和断路故障)</td></tr>
<tr><td>项目准备</td><td colspan="3">纯电动汽车、电动汽车整车电路图、个人防护套装、故障诊断仪、万用表、绝缘工具等</td></tr>
<tr><td>项目工位</td><td colspan="3">2 个</td></tr>
<tr><td>车辆信息</td><td colspan="2">车型:</td><td>VIN:</td></tr>
<tr><td rowspan="7">实
训
内
容</td><td colspan="2">车辆基本检查</td><td></td></tr>
<tr><td colspan="2">纯电动汽车故障现象</td><td></td></tr>
<tr><td colspan="2">故障代码</td><td></td></tr>
<tr><td colspan="2">数据流</td><td></td></tr>
<tr><td colspan="2">电路原理图</td><td></td></tr>
<tr><td colspan="2">测量数据</td><td></td></tr>
<tr><td colspan="2">故障点确认</td><td></td></tr>
<tr><td>学生
学习总结</td><td colspan="3"></td></tr>
<tr><td rowspan="3">关键能力
考核</td><td>按时到场</td><td>工装齐备</td><td>书、本、笔齐全</td></tr>
<tr><td>安全操作</td><td>工具的正确使用</td><td>独立完成工作页</td></tr>
<tr><td>查阅资料</td><td>协作能力</td><td>7S 管理规范</td></tr>
<tr><td>教师
评语及建议</td><td colspan="2"></td><td>评价结果:____________
A 优　B 良　C 合格　D 不合格
教师签名:____________
时　　间:____年____月____日</td></tr>
</table>

第七章

电动汽车充电系统

实训项目一

<table>
<tr><td>项目内容</td><td colspan="3">家庭单相交流充电盒的预约充电操作</td></tr>
<tr><td>项目准备</td><td colspan="3">纯电动汽车、纯电动汽车整车实训台架、壁挂式单相交流充电设备等</td></tr>
<tr><td>项目工位</td><td colspan="3">1 个</td></tr>
<tr><td>车辆信息</td><td>车型：</td><td colspan="2">VIN：</td></tr>
<tr><td>实训内容</td><td colspan="3">根据维修手册、使用手册制订壁挂式单相交流充电盒预约充电的规范操作步骤：</td></tr>
<tr><td>学生学习总结</td><td colspan="3"></td></tr>
<tr><td rowspan="3">关键能力考核</td><td>按时到场</td><td>工装齐备</td><td>书、本、笔齐全</td></tr>
<tr><td>安全操作</td><td>工具的正确使用</td><td>独立完成工作页</td></tr>
<tr><td>查阅资料</td><td>协作能力</td><td>7S 管理规范</td></tr>
<tr><td>教师评语及建议</td><td colspan="2"></td><td>评价结果：________
A 优　B 良　C 合格　D 不合格
教师签名：________
时　　间：____年____月____日</td></tr>
</table>

实训项目二

<table>
<tr><td>项目内容</td><td colspan="3">三相交流充电操作</td></tr>
<tr><td>项目准备</td><td colspan="3">纯电动汽车、纯电动汽车整车实训台架、壁挂式三相交流充电设备等</td></tr>
<tr><td>项目工位</td><td colspan="3">1个</td></tr>
<tr><td>车辆信息</td><td colspan="2">车型：</td><td>VIN：</td></tr>
<tr><td>实训内容</td><td colspan="3">根据维修手册、使用手册制订壁挂式三相交流充电盒预约充电的规范操作步骤：</td></tr>
<tr><td>学生学习总结</td><td colspan="3"></td></tr>
<tr><td rowspan="3">关键能力考核</td><td>按时到场</td><td>工装齐备</td><td>书、本、笔齐全</td></tr>
<tr><td>安全操作</td><td>工具的正确使用</td><td>独立完成工作页</td></tr>
<tr><td>查阅资料</td><td>协作能力</td><td>7S管理规范</td></tr>
<tr><td>教师评语及建议</td><td colspan="2"></td><td>评价结果：____________
A优　B良　C合格　D不合格
教师签名：____________
时　间：____年____月____日</td></tr>
</table>

实训项目三

项目内容	交流充电系统的检测		
项目准备	220V/380V 电源接口、纯电动汽车、充电桩、电动汽车绝缘手套等		
项目工位	2 个		
车辆信息	车型：	VIN：	
实训内容	一、写出交流充电口定义 二、交流充电口和充电线的检测		
	触点编号	功能定义	
	1-		
	2-		
	3-		
	4-		
	5-		
	6-		
	7-		
学生学习总结			
关键能力考核	按时到场	工装齐备	书、本、笔齐全
	安全操作	工具的正确使用	独立完成工作页
	查阅资料	协作能力	7S 管理规范
教师评语及建议		评价结果：______ A 优　B 良　C 合格　D 不合格 教师签名：______ 时　间：____年____月____日	

实训项目四

<table>
<tr><td>项目内容</td><td colspan="3">直流充电系统的充电操作</td></tr>
<tr><td>项目准备</td><td colspan="3">充电机、充电枪、纯电动汽车等</td></tr>
<tr><td>项目工位</td><td colspan="3">1个</td></tr>
<tr><td>车辆信息</td><td colspan="2">车型：</td><td>VIN：</td></tr>
<tr><td>实训内容</td><td colspan="3">纯电动汽车直流充电的操作：</td></tr>
<tr><td>学生学习总结</td><td colspan="3"></td></tr>
<tr><td rowspan="3">关键能力考核</td><td>按时到场</td><td>工装齐备</td><td>书、本、笔齐全</td></tr>
<tr><td>安全操作</td><td>工具的正确使用</td><td>独立完成工作页</td></tr>
<tr><td>查阅资料</td><td>协作能力</td><td>7S管理规范</td></tr>
<tr><td>教师评语及建议</td><td colspan="2"></td><td>评价结果：____
A优　B良　C合格　D不合格
教师签名：____
时　　间：____年____月____日</td></tr>
</table>

实训项目五

项目内容	纯电动汽车直流充电系统的充电口检测	
项目准备	380V 电源接口、纯电动汽车、充电桩、电动汽车绝缘手套等	
项目工位	2 个	
车辆信息	车型：	VIN：

实训内容

一、写出直流充电口定义

二、直流充电口和充电线的检测

1 CAN屏蔽CC2 7
2 6
3 5
4 CC1

触点编号	功能定义
1-	
2-	
3-	
4-	
5-	
6-	
7-	

学生学习总结	

关键能力考核		
按时到场	工装齐备	书、本、笔齐全
安全操作	工具的正确使用	独立完成工作页
查阅资料	协作能力	7S 管理规范

教师评语及建议		评价结果：______ A 优　B 良　C 合格　D 不合格 教师签名：______ 时　　间：____年____月____日

实训项目六

<table>
<tr><td>项目内容</td><td colspan="3">充电系统正在连接的故障诊断与排除</td></tr>
<tr><td>项目准备</td><td colspan="3">220V/380V 电源接口、纯电动汽车、充电桩、纯电动汽车电路图、故障诊断仪、万用表、绝缘工具、手套等</td></tr>
<tr><td>项目工位</td><td colspan="3">2 个</td></tr>
<tr><td>车辆信息</td><td>车型：</td><td colspan="2">VIN：</td></tr>
<tr><td rowspan="7">实训内容</td><td>车辆基本检查</td><td colspan="2"></td></tr>
<tr><td>纯电动汽车故障现象</td><td colspan="2"></td></tr>
<tr><td>故障代码</td><td colspan="2"></td></tr>
<tr><td>数据流</td><td colspan="2"></td></tr>
<tr><td>电路原理图</td><td colspan="2"></td></tr>
<tr><td>测量数据</td><td colspan="2"></td></tr>
<tr><td>故障点确认</td><td colspan="2"></td></tr>
<tr><td>学生
学习总结</td><td colspan="3"></td></tr>
<tr><td rowspan="3">关键能力
考核</td><td>按时到场</td><td>工装齐备</td><td>书、本、笔齐全</td></tr>
<tr><td>安全操作</td><td>工具的正确使用</td><td>独立完成工作页</td></tr>
<tr><td>查阅资料</td><td>协作能力</td><td>7S 管理规范</td></tr>
<tr><td>教师
评语及建议</td><td colspan="2"></td><td>评价结果：________
A 优　B 良　C 合格　D 不合格
教师签名：________
时　　间：____年____月____日</td></tr>
</table>

第八章

混合动力电动汽车

实训项目

<table>
<tr><td>项目内容</td><td colspan="3">混合动力汽车的结构认识与使用</td></tr>
<tr><td>项目准备</td><td colspan="3">串联混合动力电动汽车、并联混合动力电动汽车、混联混合动力电动汽车等</td></tr>
<tr><td>项目工位</td><td colspan="3">3 个</td></tr>
<tr><td rowspan="3">车辆信息</td><td>车型 1：</td><td colspan="2">VIN：</td></tr>
<tr><td>车型 2：</td><td colspan="2">VIN：</td></tr>
<tr><td>车型 3：</td><td colspan="2">VIN：</td></tr>
<tr><td rowspan="3">实训内容</td><td>串联混合动力电动汽车的结构认识</td><td colspan="2">a. 掌握　b. 未掌握</td></tr>
<tr><td>并联混合动力电动汽车的结构认识</td><td colspan="2">a. 掌握　b. 未掌握</td></tr>
<tr><td>混联混合动力电动汽车的结构认识</td><td colspan="2">a. 掌握　b. 未掌握</td></tr>
<tr><td>学生
学习总结</td><td colspan="3"></td></tr>
<tr><td rowspan="3">关键能力
考核</td><td>按时到场</td><td>工装齐备</td><td>书、本、笔齐全</td></tr>
<tr><td>安全操作</td><td>工具的正确使用</td><td>独立完成工作页</td></tr>
<tr><td>查阅资料</td><td>协作能力</td><td>7S 管理规范</td></tr>
<tr><td>教师
评语及建议</td><td colspan="2"></td><td>评价结果：________
A 优　B 良　C 合格　D 不合格
教师签名：________
时　　间：____年____月____日</td></tr>
</table>

记　录　表
写出串联混合动力电动汽车的结构与工作过程：
写出并联混合动力电动汽车的结构与工作过程：
写出混联混合动力电动汽车的结构与工作过程：

第九章 纯电动汽车的故障诊断与排除

实训项目一

<table>
<tr><td>项目内容</td><td colspan="3">纯电动汽车无法启动的故障诊断与排除 1
（参考 BCM、转向柱锁、智能钥匙无通信、无制动、IG 继电器故障）</td></tr>
<tr><td>项目准备</td><td colspan="3">纯电动汽车、纯电动汽车电路图、故障诊断仪、万用表、绝缘工具、手套等</td></tr>
<tr><td>项目工位</td><td colspan="3">2 个</td></tr>
<tr><td>车辆信息</td><td colspan="2">车型：</td><td>VIN：</td></tr>
<tr><td rowspan="7">实
训
内
容</td><td colspan="2">车辆基本检查</td><td></td></tr>
<tr><td colspan="2">纯电动汽车故障现象</td><td></td></tr>
<tr><td colspan="2">故障代码</td><td></td></tr>
<tr><td colspan="2">数据流</td><td></td></tr>
<tr><td colspan="2">电路原理图</td><td></td></tr>
<tr><td colspan="2">测量数据</td><td></td></tr>
<tr><td colspan="2">故障点确认</td><td></td></tr>
<tr><td>学生
学习总结</td><td colspan="3"></td></tr>
<tr><td rowspan="3">关键能力
考核</td><td>按时到场</td><td>工装齐备</td><td>书、本、笔齐全</td></tr>
<tr><td>安全操作</td><td>工具的正确使用</td><td>独立完成工作页</td></tr>
<tr><td>查阅资料</td><td>协作能力</td><td>7S 管理规范</td></tr>
<tr><td>教师
评语及建议</td><td colspan="2"></td><td>评价结果：________
A 优　B 良　C 合格　D 不合格
教师签名：________
时　　间：____年____月____日</td></tr>
</table>

实训项目二

<table>
<tr><td>项目内容</td><td colspan="3">纯电动汽车无法启动的故障诊断与排除 2
(参考 BCM、转向柱锁、智能钥匙无通信、无制动、IG 继电器故障)</td></tr>
<tr><td>项目准备</td><td colspan="3">纯电动汽车、纯电动汽车电路图、故障诊断仪、万用表、绝缘工具、手套等</td></tr>
<tr><td>项目工位</td><td colspan="3">2 个</td></tr>
<tr><td>车辆信息</td><td colspan="2">车型:</td><td>VIN:</td></tr>
<tr><td rowspan="7">实训内容</td><td colspan="2">车辆基本检查</td><td></td></tr>
<tr><td colspan="2">纯电动汽车故障现象</td><td></td></tr>
<tr><td colspan="2">故障代码</td><td></td></tr>
<tr><td colspan="2">数据流</td><td></td></tr>
<tr><td colspan="2">电路原理图</td><td></td></tr>
<tr><td colspan="2">测量数据</td><td></td></tr>
<tr><td colspan="2">故障点确认</td><td></td></tr>
<tr><td>学生
学习总结</td><td colspan="3"></td></tr>
<tr><td rowspan="3">关键能力
考核</td><td>按时到场</td><td>工装齐备</td><td>书、本、笔齐全</td></tr>
<tr><td>安全操作</td><td>工具的正确使用</td><td>独立完成工作页</td></tr>
<tr><td>查阅资料</td><td>协作能力</td><td>7S 管理规范</td></tr>
<tr><td>教师
评语及建议</td><td colspan="2"></td><td>评价结果:____________
A 优 B 良 C 合格 D 不合格
教师签名:____________
时 间:____年____月____日</td></tr>
</table>

实训项目三

<table>
<tr><td>项目内容</td><td colspan="3">纯电动汽车无法启动的故障诊断与排除 3
（参考 BCM、转向柱锁、智能钥匙无通信、无制动、IG 继电器故障）</td></tr>
<tr><td>项目准备</td><td colspan="3">纯电动汽车、纯电动汽车电路图、故障诊断仪、万用表、绝缘工具、手套等</td></tr>
<tr><td>项目工位</td><td colspan="3">2 个</td></tr>
<tr><td>车辆信息</td><td>车型：</td><td colspan="2">VIN：</td></tr>
<tr><td rowspan="7">实
训
内
容</td><td>车辆基本检查</td><td colspan="2"></td></tr>
<tr><td>纯电动汽车故障现象</td><td colspan="2"></td></tr>
<tr><td>故障代码</td><td colspan="2"></td></tr>
<tr><td>数据流</td><td colspan="2"></td></tr>
<tr><td>电路原理图</td><td colspan="2"></td></tr>
<tr><td>测量数据</td><td colspan="2"></td></tr>
<tr><td>故障点确认</td><td colspan="2"></td></tr>
<tr><td>学生
学习总结</td><td colspan="3"></td></tr>
<tr><td rowspan="3">关键能力
考核</td><td>按时到场</td><td>工装齐备</td><td>书、本、笔齐全</td></tr>
<tr><td>安全操作</td><td>工具的正确使用</td><td>独立完成工作页</td></tr>
<tr><td>查阅资料</td><td>协作能力</td><td>7S 管理规范</td></tr>
<tr><td>教师
评语及建议</td><td colspan="2"></td><td>评价结果：________
A 优　B 良　C 合格　D 不合格
教师签名：________
时　　间：____年____月____日</td></tr>
</table>

实训项目四

<table>
<tr><td>项目内容</td><td colspan="3">纯电动汽车无法启动的故障诊断与排除 4
(参考 BCM、转向柱锁、智能钥匙无通信、无制动、IG 继电器故障)</td></tr>
<tr><td>项目准备</td><td colspan="3">纯电动汽车、纯电动汽车电路图、故障诊断仪、万用表、绝缘工具、手套等</td></tr>
<tr><td>项目工位</td><td colspan="3">2 个</td></tr>
<tr><td>车辆信息</td><td>车型:</td><td colspan="2">VIN:</td></tr>
<tr><td rowspan="7">实
训
内
容</td><td>车辆基本检查</td><td colspan="2"></td></tr>
<tr><td>纯电动汽车故障现象</td><td colspan="2"></td></tr>
<tr><td>故障代码</td><td colspan="2"></td></tr>
<tr><td>数据流</td><td colspan="2"></td></tr>
<tr><td>电路原理图</td><td colspan="2"></td></tr>
<tr><td>测量数据</td><td colspan="2"></td></tr>
<tr><td>故障点确认</td><td colspan="2"></td></tr>
<tr><td>学生
学习总结</td><td colspan="3"></td></tr>
<tr><td rowspan="3">关键能力
考核</td><td>按时到场</td><td>工装齐备</td><td>书、本、笔齐全</td></tr>
<tr><td>安全操作</td><td>工具的正确使用</td><td>独立完成工作页</td></tr>
<tr><td>查阅资料</td><td>协作能力</td><td>7S 管理规范</td></tr>
<tr><td>教师
评语及建议</td><td colspan="2"></td><td>评价结果:________
A 优　B 良　C 合格　D 不合格
教师签名:________
时　间:____年____月____日</td></tr>
</table>

实训项目五

<table>
<tr><td>项目内容</td><td colspan="3">纯电动汽车无法启动的故障诊断与排除 5
（参考 BCM、转向柱锁、智能钥匙无通信、无制动、IG 继电器故障）</td></tr>
<tr><td>项目准备</td><td colspan="3">纯电动汽车、纯电动汽车电路图、故障诊断仪、万用表、绝缘工具、手套等</td></tr>
<tr><td>项目工位</td><td colspan="3">2 个</td></tr>
<tr><td>车辆信息</td><td>车型：</td><td colspan="2">VIN：</td></tr>
<tr><td rowspan="7">实
训
内
容</td><td>车辆基本检查</td><td colspan="2"></td></tr>
<tr><td>纯电动汽车故障现象</td><td colspan="2"></td></tr>
<tr><td>故障代码</td><td colspan="2"></td></tr>
<tr><td>数据流</td><td colspan="2"></td></tr>
<tr><td>电路原理图</td><td colspan="2"></td></tr>
<tr><td>测量数据</td><td colspan="2"></td></tr>
<tr><td>故障点确认</td><td colspan="2"></td></tr>
<tr><td>学生
学习总结</td><td colspan="3"></td></tr>
<tr><td rowspan="3">关键能力
考核</td><td>按时到场</td><td>工装齐备</td><td>书、本、笔齐全</td></tr>
<tr><td>安全操作</td><td>工具的正确使用</td><td>独立完成工作页</td></tr>
<tr><td>查阅资料</td><td>协作能力</td><td>7S 管理规范</td></tr>
<tr><td>教师
评语及建议</td><td colspan="2"></td><td>评价结果：________
A 优　B 良　C 合格　D 不合格
教师签名：________
时　　间：____年____月____日</td></tr>
</table>

实训项目六

<table>
<tr><td>项目内容</td><td colspan="3">纯电动汽车启动后 OK 灯不亮的故障诊断与排除 1
(参考高压互锁、BMS 无法通信、双路电、CAN 总线、接触器等故障)</td></tr>
<tr><td>项目准备</td><td colspan="3">纯电动汽车、纯电动汽车电路图、故障诊断仪、万用表、绝缘工具、手套等</td></tr>
<tr><td>项目工位</td><td colspan="3">2 个</td></tr>
<tr><td>车辆信息</td><td colspan="2">车型：</td><td>VIN：</td></tr>
<tr><td rowspan="7">实
训
内
容</td><td colspan="2">车辆基本检查</td><td></td></tr>
<tr><td colspan="2">纯电动汽车故障现象</td><td></td></tr>
<tr><td colspan="2">故障代码</td><td></td></tr>
<tr><td colspan="2">数据流</td><td></td></tr>
<tr><td colspan="2">电路原理图</td><td></td></tr>
<tr><td colspan="2">测量数据</td><td></td></tr>
<tr><td colspan="2">故障点确认</td><td></td></tr>
<tr><td>学生
学习总结</td><td colspan="3"></td></tr>
<tr><td rowspan="3">关键能力
考核</td><td>按时到场</td><td>工装齐备</td><td>书、本、笔齐全</td></tr>
<tr><td>安全操作</td><td>工具的正确使用</td><td>独立完成工作页</td></tr>
<tr><td>查阅资料</td><td>协作能力</td><td>7S 管理规范</td></tr>
<tr><td>教师
评语及建议</td><td colspan="2"></td><td>评价结果：________
A 优　B 良　C 合格　D 不合格
教师签名：________
时　　间：____年____月____日</td></tr>
</table>

实训项目七

<table>
<tr><td>项目内容</td><td colspan="3">纯电动汽车启动后 OK 灯不亮的故障诊断与排除 2
(参考高压互锁、BMS 无法通信、双路电、CAN 总线、接触器等故障)</td></tr>
<tr><td>项目准备</td><td colspan="3">纯电动汽车、纯电动汽车电路图、故障诊断仪、万用表、绝缘工具、手套等</td></tr>
<tr><td>项目工位</td><td colspan="3">2 个</td></tr>
<tr><td>车辆信息</td><td colspan="2">车型:</td><td>VIN:</td></tr>
<tr><td rowspan="7">实训内容</td><td colspan="2">车辆基本检查</td><td></td></tr>
<tr><td colspan="2">纯电动汽车故障现象</td><td></td></tr>
<tr><td colspan="2">故障代码</td><td></td></tr>
<tr><td colspan="2">数据流</td><td></td></tr>
<tr><td colspan="2">电路原理图</td><td></td></tr>
<tr><td colspan="2">测量数据</td><td></td></tr>
<tr><td colspan="2">故障点确认</td><td></td></tr>
<tr><td>学生
学习总结</td><td colspan="3"></td></tr>
<tr><td rowspan="3">关键能力
考核</td><td>按时到场</td><td>工装齐备</td><td>书、本、笔齐全</td></tr>
<tr><td>安全操作</td><td>工具的正确使用</td><td>独立完成工作页</td></tr>
<tr><td>查阅资料</td><td>协作能力</td><td>7S 管理规范</td></tr>
<tr><td>教师
评语及建议</td><td colspan="2"></td><td>评价结果:________
A 优 B 良 C 合格 D 不合格
教师签名:________
时 间:____年____月____日</td></tr>
</table>

实训项目八

<table>
<tr><td>项目内容</td><td colspan="3">纯电动汽车启动后OK灯不亮的故障诊断与排除3
(参考高压互锁、BMS无法通信、双路电、CAN总线、接触器等故障)</td></tr>
<tr><td>项目准备</td><td colspan="3">纯电动汽车、纯电动汽车电路图、故障诊断仪、万用表、绝缘工具、手套等</td></tr>
<tr><td>项目工位</td><td colspan="3">2个</td></tr>
<tr><td>车辆信息</td><td>车型:</td><td colspan="2">VIN:</td></tr>
<tr><td rowspan="7">实训内容</td><td>车辆基本检查</td><td colspan="2"></td></tr>
<tr><td>纯电动汽车故障现象</td><td colspan="2"></td></tr>
<tr><td>故障代码</td><td colspan="2"></td></tr>
<tr><td>数据流</td><td colspan="2"></td></tr>
<tr><td>电路原理图</td><td colspan="2"></td></tr>
<tr><td>测量数据</td><td colspan="2"></td></tr>
<tr><td>故障点确认</td><td colspan="2"></td></tr>
<tr><td>学生
学习总结</td><td colspan="3"></td></tr>
<tr><td rowspan="3">关键能力
考核</td><td>按时到场</td><td>工装齐备</td><td>书、本、笔齐全</td></tr>
<tr><td>安全操作</td><td>工具的正确使用</td><td>独立完成工作页</td></tr>
<tr><td>查阅资料</td><td>协作能力</td><td>7S管理规范</td></tr>
<tr><td>教师
评语及建议</td><td colspan="2"></td><td>评价结果:______
A优　B良　C合格　D不合格
教师签名:______
时　间:____年____月____日</td></tr>
</table>

实训项目九

<table>
<tr><td>项目内容</td><td colspan="6">纯电动汽车启动后OK灯不亮的故障诊断与排除4
(参考高压互锁、BMS无法通信、双路电、CAN总线、接触器等故障)</td></tr>
<tr><td>项目准备</td><td colspan="6">纯电动汽车、纯电动汽车电路图、故障诊断仪、万用表、绝缘工具、手套等</td></tr>
<tr><td>项目工位</td><td colspan="6">2个</td></tr>
<tr><td>车辆信息</td><td colspan="3">车型：</td><td colspan="3">VIN：</td></tr>
<tr><td rowspan="7">实
训
内
容</td><td colspan="3">车辆基本检查</td><td colspan="3"></td></tr>
<tr><td colspan="3">纯电动汽车故障现象</td><td colspan="3"></td></tr>
<tr><td colspan="3">故障代码</td><td colspan="3"></td></tr>
<tr><td colspan="3">数据流</td><td colspan="3"></td></tr>
<tr><td colspan="3">电路原理图</td><td colspan="3"></td></tr>
<tr><td colspan="3">测量数据</td><td colspan="3"></td></tr>
<tr><td colspan="3">故障点确认</td><td colspan="3"></td></tr>
<tr><td>学生
学习总结</td><td colspan="6"></td></tr>
<tr><td rowspan="3">关键能力
考核</td><td colspan="2">按时到场</td><td colspan="2">工装齐备</td><td colspan="2">书、本、笔齐全</td></tr>
<tr><td colspan="2">安全操作</td><td colspan="2">工具的正确使用</td><td colspan="2">独立完成工作页</td></tr>
<tr><td colspan="2">查阅资料</td><td colspan="2">协作能力</td><td colspan="2">7S管理规范</td></tr>
<tr><td>教师
评语及建议</td><td colspan="3"></td><td colspan="3">评价结果：____________
A优　B良　C合格　D不合格
教师签名：____________
时　　间：____年____月____日</td></tr>
</table>

实训项目十

<table>
<tr><td>项目内容</td><td colspan="3">纯电动汽车启动后OK灯不亮的故障诊断与排除5
(参考高压互锁、BMS无法通信、双路电、CAN总线、接触器等故障)</td></tr>
<tr><td>项目准备</td><td colspan="3">纯电动汽车、纯电动汽车电路图、故障诊断仪、万用表、绝缘工具、手套等</td></tr>
<tr><td>项目工位</td><td colspan="3">2个</td></tr>
<tr><td>车辆信息</td><td>车型:</td><td colspan="2">VIN:</td></tr>
<tr><td rowspan="7">实训内容</td><td>车辆基本检查</td><td colspan="2"></td></tr>
<tr><td>纯电动汽车故障现象</td><td colspan="2"></td></tr>
<tr><td>故障代码</td><td colspan="2"></td></tr>
<tr><td>数据流</td><td colspan="2"></td></tr>
<tr><td>电路原理图</td><td colspan="2"></td></tr>
<tr><td>测量数据</td><td colspan="2"></td></tr>
<tr><td>故障点确认</td><td colspan="2"></td></tr>
<tr><td>学生
学习总结</td><td colspan="3"></td></tr>
<tr><td rowspan="3">关键能力
考核</td><td>按时到场</td><td>工装齐备</td><td>书、本、笔齐全</td></tr>
<tr><td>安全操作</td><td>工具的正确使用</td><td>独立完成工作页</td></tr>
<tr><td>查阅资料</td><td>协作能力</td><td>7S管理规范</td></tr>
<tr><td>教师
评语及建议</td><td colspan="2"></td><td>评价结果:________
A优　B良　C合格　D不合格
教师签名:________
时　　间:____年____月____日</td></tr>
</table>

实训项目十一

<table>
<tr><td>项目内容</td><td colspan="6">纯电动汽车 OK 灯亮后挂挡无法行驶的故障诊断与排除 1
（参考油门踏板、旋变、挡位信号等故障）</td></tr>
<tr><td>项目准备</td><td colspan="6">纯电动汽车、纯电动汽车电路图、故障诊断仪、万用表、绝缘工具、手套等</td></tr>
<tr><td>项目工位</td><td colspan="6">2 个</td></tr>
<tr><td>车辆信息</td><td colspan="3">车型：</td><td colspan="3">VIN：</td></tr>
<tr><td rowspan="7">实训内容</td><td colspan="3">车辆基本检查</td><td colspan="3"></td></tr>
<tr><td colspan="3">纯电动汽车故障现象</td><td colspan="3"></td></tr>
<tr><td colspan="3">故障代码</td><td colspan="3"></td></tr>
<tr><td colspan="3">数据流</td><td colspan="3"></td></tr>
<tr><td colspan="3">电路原理图</td><td colspan="3"></td></tr>
<tr><td colspan="3">测量数据</td><td colspan="3"></td></tr>
<tr><td colspan="3">故障点确认</td><td colspan="3"></td></tr>
<tr><td>学生
学习总结</td><td colspan="6"></td></tr>
<tr><td rowspan="3">关键能力
考核</td><td colspan="2">按时到场</td><td colspan="2">工装齐备</td><td colspan="2">书、本、笔齐全</td></tr>
<tr><td colspan="2">安全操作</td><td colspan="2">工具的正确使用</td><td colspan="2">独立完成工作页</td></tr>
<tr><td colspan="2">查阅资料</td><td colspan="2">协作能力</td><td colspan="2">7S 管理规范</td></tr>
<tr><td>教师
评语及建议</td><td colspan="3"></td><td colspan="3">评价结果：________
A 优　B 良　C 合格　D 不合格
教师签名：________
时　间：____年____月____日</td></tr>
</table>

实训项目十二

<table>
<tr><td>项目内容</td><td colspan="3">纯电动汽车 OK 灯亮后挂挡无法行驶的故障诊断与排除 2
（参考油门踏板、旋变、挡位信号等故障）</td></tr>
<tr><td>项目准备</td><td colspan="3">纯电动汽车、纯电动汽车电路图、故障诊断仪、万用表、绝缘工具、手套等</td></tr>
<tr><td>项目工位</td><td colspan="3">2 个</td></tr>
<tr><td>车辆信息</td><td>车型：</td><td colspan="2">VIN：</td></tr>
<tr><td rowspan="7">实
训
内
容</td><td>车辆基本检查</td><td colspan="2"></td></tr>
<tr><td>纯电动汽车故障现象</td><td colspan="2"></td></tr>
<tr><td>故障代码</td><td colspan="2"></td></tr>
<tr><td>数据流</td><td colspan="2"></td></tr>
<tr><td>电路原理图</td><td colspan="2"></td></tr>
<tr><td>测量数据</td><td colspan="2"></td></tr>
<tr><td>故障点确认</td><td colspan="2"></td></tr>
<tr><td>学生
学习总结</td><td colspan="3"></td></tr>
<tr><td rowspan="3">关键能力
考核</td><td>按时到场</td><td>工装齐备</td><td>书、本、笔齐全</td></tr>
<tr><td>安全操作</td><td>工具的正确使用</td><td>独立完成工作页</td></tr>
<tr><td>查阅资料</td><td>协作能力</td><td>7S 管理规范</td></tr>
<tr><td>教师
评语及建议</td><td colspan="2"></td><td>评价结果：________
A 优　B 良　C 合格　D 不合格
教师签名：________
时　　间：____年____月____日</td></tr>
</table>

实训项目十三

<table>
<tr><td>项目内容</td><td colspan="3">纯电动汽车 OK 灯亮后挂挡无法行驶的故障诊断与排除 3
(参考油门踏板、旋变、挡位信号等故障)</td></tr>
<tr><td>项目准备</td><td colspan="3">纯电动汽车、纯电动汽车电路图、故障诊断仪、万用表、绝缘工具、手套等</td></tr>
<tr><td>项目工位</td><td colspan="3">2 个</td></tr>
<tr><td>车辆信息</td><td>车型:</td><td colspan="2">VIN:</td></tr>
<tr><td rowspan="7">实训内容</td><td>车辆基本检查</td><td colspan="2"></td></tr>
<tr><td>纯电动汽车故障现象</td><td colspan="2"></td></tr>
<tr><td>故障代码</td><td colspan="2"></td></tr>
<tr><td>数据流</td><td colspan="2"></td></tr>
<tr><td>电路原理图</td><td colspan="2"></td></tr>
<tr><td>测量数据</td><td colspan="2"></td></tr>
<tr><td>故障点确认</td><td colspan="2"></td></tr>
<tr><td>学生
学习总结</td><td colspan="3"></td></tr>
<tr><td rowspan="3">关键能力
考核</td><td>按时到场</td><td>工装齐备</td><td>书、本、笔齐全</td></tr>
<tr><td>安全操作</td><td>工具的正确使用</td><td>独立完成工作页</td></tr>
<tr><td>查阅资料</td><td>协作能力</td><td>7S 管理规范</td></tr>
<tr><td>教师
评语及建议</td><td colspan="2"></td><td>评价结果:________
A 优　B 良　C 合格　D 不合格
教师签名:________
时　间:____年____月____日</td></tr>
</table>

实训项目十四

<table>
<tr><td>项目内容</td><td colspan="3">纯电动汽车无法充电的故障诊断与排除 1
(参考 CC、CP、PE 故障等)</td></tr>
<tr><td>项目准备</td><td colspan="3">220V/380V 电源接口、纯电动汽车、充电桩、纯电动汽车电路图、故障诊断仪、万用表、绝缘工具、手套等</td></tr>
<tr><td>项目工位</td><td colspan="3">2 个</td></tr>
<tr><td>车辆信息</td><td>车型：</td><td colspan="2">VIN：</td></tr>
<tr><td rowspan="7">实训内容</td><td>车辆基本检查</td><td colspan="2"></td></tr>
<tr><td>纯电动汽车故障现象</td><td colspan="2"></td></tr>
<tr><td>故障代码</td><td colspan="2"></td></tr>
<tr><td>数据流</td><td colspan="2"></td></tr>
<tr><td>电路原理图</td><td colspan="2"></td></tr>
<tr><td>测量数据</td><td colspan="2"></td></tr>
<tr><td>故障点确认</td><td colspan="2"></td></tr>
<tr><td>学生
学习总结</td><td colspan="3"></td></tr>
<tr><td rowspan="3">关键能力
考核</td><td>按时到场</td><td>工装齐备</td><td>书、本、笔齐全</td></tr>
<tr><td>安全操作</td><td>工具的正确使用</td><td>独立完成工作页</td></tr>
<tr><td>查阅资料</td><td>协作能力</td><td>7S 管理规范</td></tr>
<tr><td>教师
评语及建议</td><td colspan="2"></td><td>评价结果：______
A 优　B 良　C 合格　D 不合格
教师签名：______
时　间：____年____月____日</td></tr>
</table>

实训项目十五

<table>
<tr><td>项目内容</td><td colspan="3">纯电动汽车无法充电的故障诊断与排除 2
（参考 CC、CP、PE 故障等）</td></tr>
<tr><td>项目准备</td><td colspan="3">220V/380V 电源接口、纯电动汽车、充电桩、纯电动汽车电路图、故障诊断仪、万用表、绝缘工具、手套等</td></tr>
<tr><td>项目工位</td><td colspan="3">2 个</td></tr>
<tr><td>车辆信息</td><td>车型：</td><td colspan="2">VIN：</td></tr>
<tr><td rowspan="7">实
训
内
容</td><td>车辆基本检查</td><td colspan="2"></td></tr>
<tr><td>纯电动汽车故障现象</td><td colspan="2"></td></tr>
<tr><td>故障代码</td><td colspan="2"></td></tr>
<tr><td>数据流</td><td colspan="2"></td></tr>
<tr><td>电路原理图</td><td colspan="2"></td></tr>
<tr><td>测量数据</td><td colspan="2"></td></tr>
<tr><td>故障点确认</td><td colspan="2"></td></tr>
<tr><td>学生
学习总结</td><td colspan="3"></td></tr>
<tr><td rowspan="3">关键能力
考核</td><td>按时到场</td><td>工装齐备</td><td>书、本、笔齐全</td></tr>
<tr><td>安全操作</td><td>工具的正确使用</td><td>独立完成工作页</td></tr>
<tr><td>查阅资料</td><td>协作能力</td><td>7S 管理规范</td></tr>
<tr><td>教师
评语及建议</td><td colspan="2"></td><td>评价结果：________
A 优　B 良　C 合格　D 不合格
教师签名：________
时　　间：____年____月____日</td></tr>
</table>

实训项目十六

<table>
<tr><td>项目内容</td><td colspan="3">纯电动汽车无法充电的故障诊断与排除 3
(参考 CC、CP、PE 故障等)</td></tr>
<tr><td>项目准备</td><td colspan="3">220V/380V 电源接口、纯电动汽车、充电桩、纯电动汽车电路图、故障诊断仪、万用表、绝缘工具、手套等</td></tr>
<tr><td>项目工位</td><td colspan="3">2 个</td></tr>
<tr><td>车辆信息</td><td colspan="2">车型:</td><td>VIN:</td></tr>
<tr><td rowspan="7">实
训
内
容</td><td colspan="2">车辆基本检查</td><td></td></tr>
<tr><td colspan="2">纯电动汽车故障现象</td><td></td></tr>
<tr><td colspan="2">故障代码</td><td></td></tr>
<tr><td colspan="2">数据流</td><td></td></tr>
<tr><td colspan="2">电路原理图</td><td></td></tr>
<tr><td colspan="2">测量数据</td><td></td></tr>
<tr><td colspan="2">故障点确认</td><td></td></tr>
<tr><td>学生
学习总结</td><td colspan="3"></td></tr>
<tr><td rowspan="3">关键能力
考核</td><td>按时到场</td><td>工装齐备</td><td>书、本、笔齐全</td></tr>
<tr><td>安全操作</td><td>工具的正确使用</td><td>独立完成工作页</td></tr>
<tr><td>查阅资料</td><td>协作能力</td><td>7S 管理规范</td></tr>
<tr><td>教师
评语及建议</td><td colspan="2"></td><td>评价结果:________
A 优 B 良 C 合格 D 不合格
教师签名:________
时 间:____年____月____日</td></tr>
</table>